혼군, 명군, 폭군

《汉武帝的三张面孔》

作者: 姜鹏

copyright 2011 by 华东师范大学出版社有限公司

All rights reserved.

Korean Translation Copyright by 国王的书斋出版社

Korean language edition arranged with 华东师范大学出版社有限公司

through EntersKorea Co., Ltd.

혼군, 명군, 폭군

초판 1쇄 발행   2016년 11월 3일

지은이   강붕
옮긴이   김영진
펴낸이   변선욱
펴낸곳   왕의서재
마케팅   변창욱, 박경준
디자인   꼼지락

출판등록   2008년 7월 25일 제313-2008-120호
주소   서울특별시 양천구 목동 919 성우네트빌 1411
전화   02-3142-8004
팩스   02-3142-8011
이메일   latentman75@gmail.com
블로그   blog.naver.com/kinglib

ISBN   979-11-86615-18-8 03910

책값은 표지 뒤쪽에 있습니다.
파본은 구입하신 서점에서 교환해드립니다.

이 도서의 국립중앙도서관 출판예정도서목록(CIP)은 서지정보유통지원시스템 홈페이지(http://seoji.nl.go.kr)와
국가자료공동목록시스템(http://www.nl.go.kr/kolisnet)에서 이용하실 수 있습니다. (CIP제어번호: CIP2016023959)

국립중앙도서관 출판예정도서목록(CIP)

혼군, 명군, 폭군 : 사마천, 반고, 사마광은 한무제를 완벽히 다른 인물로 평가했다 /
강붕 지음 ; 김영진 옮김. — 서울 : 왕의서재, 2016

   p. ;   cm

원표제: 汉武帝的三张面孔
원저자명: 姜鹏
중국어 원작을 한국어로 번역
ISBN 979-11-86615-18-8 03910 : ₩22000

무제(왕:한나라)[武帝]
한시대[漢時代]

912.032-KDC6
951.01-DDC23   CIP2016023959

사마천, 반고, 사마광은 한무제를 완벽히 다른 인물로 평가했다

혼군, 명군, 폭군

강붕 지음 | **김영진** 옮김

昏名暴

왕의
서재

무엇 때문에 한무제는
세 얼굴의 제왕으로 그려지나?

한무제에 관련된 고사는 일찍이 여러 형식으로 소개됐다. 전기, 소설, 희극, TV 연속극 등에서 무수하게 또 중복되어 다루어졌다. 그런데 단지 그의 일생을 시간적인 사건으로 나열하여 소개하는 것이라면 그 의미는 그리 크지 않다.

　본서는 한무제의 세 가지 면모를 다룬다. 뭣 때문에 세 가지 면모라고 하는가? 본서는 단순하게 한 각도에서 한무제와 그 시대를 살펴본 것이 아니라 시종일관 《사기》, 《한서》, 《자치통감》을 비교해가며 상관기록을 검토했다. 이 비교로부터 우리는 한무제 시대에 벌어진 중대한 사건과 인물에서 세 역사서의 서술이 서로 다르다는 점을 확인할 수 있다. 세 역사서 저자들은 한무제의 정체를 모두 선명하게 묘사했는데 서로 크게 다르다.

　본서는 일찍이 각 역사서에 서술한 한무제의 형상을 비교 검토하면서 왜 다르게 서술했는지를 분석했다. 《사기》, 《한서》, 《자치통감》은 모두 중국 전통문화에서 가장 중요한 역사서이고, 작가인 사마천, 반고, 사마광 또한 모두 당시 최정상의 사학자라고 평가할 수 있다. 그러면 그들은 한무제라는 한 사람의 일대기를 두고 왜 서로 다르게 서술했을까? 이는 전해지는 속담처럼 "역사는 마치 제각기 사람이 한 어린 처녀를 두고 서로 다르게 화장시켜 주는 것처럼 달라질 수 있기 때문이다." 이 말은 매우 천박한 관점을 드러내지만, 역사를 깊게 평가하는 데에는 큰 도움을 줄 수 있다. 마치 우리가 한 가지 물건을 보면서 각기 다른 위치에서 봤을 때 그 내용이 달라질 수 있는 이치와 같다. 그러나 어떤 각도에서 보더라도 모두가 진실을 포함하고 있다.

세 역사학자가 한 분석을 살펴보면 뜻밖의 사실을 발견하게 된다. 그들은 어떤 입장에서 한무제를 다루었고, 누가 한무제의 형상을 더욱 진실하게 서술했을까? 과연 세 역사가의 뒤에 선 우리는 그들의 관점을 뛰어넘어 더 진실한 한무제의 형상을 파악할 수 있을까? 독자 여러분이 인내하며 이 책을 완독한다면 자연스럽게 그 답안을 얻을 수 있을 것이다.

한무제의 일생을 필자는 16글자로 총정리했다. 즉 내강황권內强

皇權(안으로 황권을 강화하고), 외복사이外服四夷(밖으로 사방의 오랑캐를 복종시켰다.), 미신신선迷信神仙(미신과 신선을 숭배하며), 만년개철晚年改轍(만년에 종래의 정책을 철회했다.)는 것이다. 이 16글자는 한무제의 내정, 외교, 신앙, 만년의 반성 등 각 방면의 주요한 특징을 다루고 있다. 필자는 본서를 시간순으로 서술하지 않았고, 16글자의 줄거리에 따라 한무제의 일생을 4부문으로 다르게 평가하고 서술했다.

진시황에서 한무제까지 안으로 황권을 강화하고 미신과 신선을 숭배한 것에 관하여

어릴 적 중국 고대사를 배울 때 만약 "서초패왕 항우가 왜 실패했는가?"란 질문에 맞닥뜨리면 많은 사람이 "항우는 역사의 수레를 뒤로 몰고 갔기 때문이다."라고 대답했다. 이 말이 절대 틀리지 않는다면 "왜 항우가 역사의 수레를 뒤로 몰고 갔다."고 대답했을까?

많은 전문가가 이렇게 평가한다. 진시황이 중국을 통일하고 분봉分封 제도를 폐지하고 군현郡縣 제도를 실행한 것이 역사의 규율에 부합한 것이라고 한다. 그런데 항우는 진나라를 멸망시킨 뒤 또다시 분봉 제도로 회귀해 역사의 수레를 뒤로 몰고 갔기 때문에 실패할 수밖에 없었다는 것이다.

항우는 정말로 역사의 수레를 뒤로 몰고 간 것인가? 그럼 한나라 건립 후에 여전히 분봉 제도를 지속한 유방은 어떻게 설명할 수 있는가? 역사의 발전은 모두 이렇게 간단하게 그 진퇴를 결정하는 것이 아니다. 만약에 역사의 발전 궤적이 규칙에 따라 움직인다면 그런 역사는 큰 의미가 없다.

사회나 사람이나 매한가지로 새로운 환경에 접했을 때는 적응하고 흡수할 시간이 필요하다. 비록 진시황 때에 군현제가 확립되었으나, 진시황이 죽은 뒤에 이 제도는 거대한 도전에 부딪혔다. 진나라 말기에 대혼란이 일어난 것은 실제로 분봉제와 군현제의 충돌이라고 할 수 있다. 진나라 반기의 도화선이 된 진승과 오광의 농민 봉기군으로 시작된 진나라 말기의 혼란은 마침내는 출신이 미천한 유방이 중국을 다시 통일함으로써 완결됐다.

그러나 진나라 멸망을 주도했던 세력을 살펴보면 주요하게 진나라에 멸망했던 6국 귀족 세력이 주동이었다는 점을 확인할 수 있다. 예컨대 초楚나라 회왕懷王 웅심熊心, 제왕齊王 담儋, 조왕趙王 헐歇, 위왕魏王 구咎, 한왕韓王 신信 등은 스스로 봉기했거나, 혹은 남들에 의해서 옹립됐다. 이들의 공통된 특징은 모두 진나라가 중국을 통일하기 전 6국의 잔여세력이었다는 점이다. 항우는 초나라 장수 신분으로 진나라를 멸망시키는 과정에서 6국 잔여세력의 연합 맹주 역할을 했다.

이 때문에 진나라 말기에 벌어진 전란은 한편으로 전국칠웅戰國七雄의 연장 선상에 있었다고도 말할 수 있다. 물론 이전처럼 어떤 국가가 패권을 차지하는가의 문제는 아니었다. 군현제의 추진이야말로 이 전쟁에 새로운 의미를 부여했다. 바로 분봉제와 군현제로 대변되는 신구新舊 제도의 힘 겨루기였다. 군현제도는 6국 귀족 소유의 토지와 백성들을 삭탈했고, 이에 반항하는 귀족 세력들이 진나라 타도의 기치를 올렸다. 그들은 이전 분봉제로 회귀하려고 했다. 투쟁의 결과 진나라는 멸망했고, 군현제도 역시 잠시 좌절됐다. 진나라 타도에 참여한 각국 귀족들로서는 다시 분봉제로 회귀하게 되는 목적을 달성했다. 따라서 항우는 스스로 원해서 역사의 수레를 뒤로 몰고 간 것이 아닌 셈이다.

유방은 항우를 소멸시킨 후에 여전히 분봉제도를 없애지 않고 성이 다른 제후왕에게 분봉하면서 통일 전선을 공고히 했다. 이는 당시 통치수단과 조건에 분봉제가 부합했던 것으로 군현제보다 실효적이었다는 사실을 방증한다. 그러나 이는 역사발전에서 분봉제가 군현재보다 더 좋은 제도라는 것을 의미하지는 않는다. 군현제와 분봉제의 모순은 한무제가 등극한 후에 안으로 황권을 강화하는 정책이 실행된 후에 비로소 해결될 수 있었다.

본서의 제2강에서 제9강까지는 한무제가 제후세력에 타격을 가하고, 사회체제 밖의 세력을 소멸시키고, 재상의 권한을 약화하는 것을 기술하고 있다. 또한, 귀족세력이 문객門客을 양성하던 풍토에 타격을 가하고, 각 방면을 하나의 통일 사상인 유학儒學으로 귀착시키는 과정을 기술했다. 이 목적을 달성하려고 한무제는 일련의 가혹한 관리라고 일컬어지는 혹리酷吏를 임용하고 배양했다.

분봉제를 약화하고 황권皇權을 공고하게 한 한무제는 확실히 진시황의 계승자라고 할 수 있으며, 이른바 '진황한무秦皇漢武'라는 단어가 세간에 회자하는 것은 빈말이 아니었다는 것을 알 수 있다.

한무제는 실제로 진시황이 걸었던 순행巡行, 봉선封禪, 신선을 찾는 등의 행위를 그대로 답습했다. 본서의 제20강에서 23강까지는 한무제가 신선을 찾고 봉선 활동을 한 행적을 두고 한무제의 신앙 세계를 소개했다. 한무제가 미신과 신선을 숭배한 일련의 행동은 사마천의 《봉선서封禪書》에 자세하고 생동감 있게 묘사되어 후인들의 찬사를 받고 있다. 그러나 '한무제가 무엇 때문에 진시황이 범한 잘못을 그대로 답습했는가?'는 사마천이 쓴 내용만으로 확실한 답안을 찾기 어렵다. 단지 반고의 《한서》에 한무제의 일련의 행위는 천자로서 하늘과 소통하고 장기간 나라의 안정을 도모할 목적이었다고 기술하고 있다. 여기서 우리는 반고의 관점이 단순하게 한무제를 옹호하려는 것이 아니라는 점을 확인할 수 있다. 실제로 한무제의 행위는 진시황과 유사하고, 그들의 천성과 습성 또한 비슷했다. 그들은 초보적으로 통일된 큰 제국을 유지하기 위해서 의식적으로도 상당한 노력을 기울였다.

이러한 각도에서 진시황과 한무제까지의 일백 년이란 기간은 완전한 역사의 한 과정이었고, 이 과정 중에서 중앙 황권에 힘이 더해지고 군현제가 분봉제를 대신하게 됐다. 신제도의 확립이 구제도를 역사무대에서 밀어내는 데는 반드시 오랜 시간과 복잡한 과정을 거치기 마련이다. 필자는 단순하게 군현제가 분봉제를 대신하는 것이 진보라고 여기지 않는다. 단지 이 두 제도는 역사의 변천 과정에서 서로 장기적으로 복잡하게 얽혔을 뿐이다. 그래서 항우의 경우처럼 역사의 수레를 뒤로 몰고 갔기 때문에 실패했다는 관점에는 동의할 수 없다.

밖으로 사방의 오랑캐를 복종시키고
만년에 종래의 정책을 철회한 것에 관하여

한무제는 거듭 흉노에게 타격을 가했다. 마침내 장기적으로 한족이 흉노의 압박에서 벗어나는 계기가 됐다. 그 후 오랫동안 한인들은 흉노에 우세를 점할 수 있었다. 이뿐만 아니라 한무제는 변경을 개척하고 군현제를 공고하게 해 진시황이 남긴 영토를 크게 확장했다.

　　일찍이 《자치통감》에 중국역사에서 세 차례에 걸친 영토 확장에 관해 내린 결론이 있다. 첫 번째는 진시황 시대, 두 번째와 세 번째는 한나라와 당나라 전성기의 영토였다. 이를 상세히 비교하면 중국 역사상 비약적으로 영토가 확장된 시기는 한무제 시대였다는 것을 알 수 있다. 한무제의 노력으로 한 제국의 영토는 진시황 시대를 초월했다. 또 당나라 시대의 영토는 비록 변화가 있지만, 기본적으로 한무제 시대의 영토를 고수하는 것에 불과했다. 이런 의미에서 보면 한무제 시대는 중국 역사상 첫 번째로 '대국의 굴기'라고 평가할 수 있다.

그러나 한무제 시대 영토 확장을 위해서 일반 백성은 혹독한 대가를 치렀다. 한무제는 흉노와의 전쟁에서 우세를 차지하려고 이광리李廣利에게 대군을 이끌고 사막을 가로질러 천리千里를 타격하게 하고 대완국大宛國에서 한혈보마汗血寶馬를 차지하기에 이르렀다.

《사기》에는 태초太初 원년(기원전 104년)에 첫 번째로 한나라 군대가 대완국에 원정을 나갈 때 '관동에 메뚜기가 크게 창궐하여 서쪽으로 둔황敦煌에까지 다다랐다'고 기술하고 있다. 이 기록이 비록 전쟁을 직접 기술한 것은 아니지만, 당시 민생들이 겪었던 고초를 간접적으로 드러내고 있다. 장기적으로 한나라와 흉노의 관계는 당시 민감한 변경·외교 문제가 얽히고설켜서 무척 해결하기 어려웠다.

국가 정책과 국민 생활은 언제나 깊은 연관성을 지니지만, 두 가지를 모두 만족하게 하기란 실로 어렵다. 본서 제10강에서 제19강까지는 한무제가 밖으로 사방의 오랑캐를 복종시킨 내용이다.

한 국가의 대외정책은 언제나 내부 정치 환경과 밀접하게 연관되어 있다. 장기간의 대외정벌은 대량의 재정을 고갈시키고 일반 백성의 생활에 직접적인 영향을 끼쳐서 사회가 혼란에 빠질 위험을 노출한다. 어떻게 안으로 협동하여 대외 문제를 해결하느냐가 관건이다. 그러나 한무제와 태자 유거 사이에 의견이 달랐다. 부자지간에 틈이 벌어지자 이를 이용하는 정치세력이 등장했고, 태자쟁탈전이 벌어졌다. 최종적으로 거대한 정치 변고가 생겨났고, 한무제 만년에 그 유명한 무고지화巫蠱之禍가 일어났다.

　무고지화 중에 태자 유거는 먼저 장안에서 반란을 일으켰지만, 뒤에 패하여 도망갔고 최종적으로 자결하고 만다. 한무제는 만년에 이를 매우 가슴 아파하며 국내 사회모순을 직시하게 됐다. 마침내 태자가 생전에 주장했던 안으로 민생안정노선이 합리적이라고 여기게 된 것이다. 그래서 한무제는 뒤에 태자의 명예를 회복시켜 주고 윤대죄기조輪台罪己詔를 반포해 자기가 지은 잘못을 인정하고 국책을 개혁했다. 사마광은 한무제가 만년에 반성하고 개혁한 것이 한나라가 진나라처럼 망하지 않았던 이유라고 설명하고 있다.

　사마천은 직접 무고의 사건을 봤다. 《사기》에 이 무고지화를 우회적인 방법으로 기술해 두었다. 무고의 사건이 발생한 얼마 뒤에 사마천은《사기》의 집필을 끝낸다. 그래서 우리는《사기》에서 한무제가 만년에 종래 정책을 철회하고 개혁했던 내용을 살펴볼 수 없다. 그 까닭에 대해 사마천이 당시 정치 환경에 대해 크게 실망했거나, 혹은 사마천이 세상을 떠났을 가능성도 있다. 본서의 제24강에서 29강까지는《한서》,《자치통감》,《사기》를 비교해 가면서 한무제가 만년에 종래의 정책을 철회한 내용에 대해 살펴볼 것이다.

  이상으로 본서의 주요한 내용을 개괄해 보았다. 어떻게 한무제 시대를 파악하고 또 어떻게 한무제 개인을 평가하느냐는 복잡한 문제다. 우리는 사마천, 반고, 사마광 등 고명한 세 역사가의 다른 묘사를 통하여 그들이 활동했던 시대적인 언어 환경을 해부해보고, 각기 다른 시대에 한무제의 형상이 어떻게 변화되었는지를 살펴볼 것이다.

차 례

제
1
강

제왕帝王의 면모

한무제漢武帝에 관한 서로 다른 평가

한무제는 고대 중국에 저명하고 전형적인 제왕이고, 중국의 위대한 역대 제왕으로 일컬어지는 "진황한무秦皇漢武(진시황과 한무제), 당종 송조唐宗宋祖(당태종과 송태조)" 중 한 사람이다. 재위 기간은 54년으로 청나라 건륭황제를 제외하면 가장 길게 통치했다. 이 54년 동안에 한무제는 여러 큰일을 겪었지만, 그가 한평생 남긴 업적과 발자취를 우리는 16자로 개괄할 수 있다.

> 내강황권內强皇權, 안으로 황권皇權을 강화하고,
>
> 외복사이外服四夷. 밖으로 사이四夷를 복종시켰다.
>
> 미신신선迷信神仙, 미신과 신선을 숭배하며,
>
> 만년개철晩年改轍. 만년에는 종래의 정책을 철회했다.

이 16자는 한무제의 통치, 무공, 신앙 그리고 자아비판 등 각 방면의 발자취를 포괄한다. 한무제는 중국 역사상 매우 논쟁이 많았던 인물로 그가 일궈낸 업적에 대한 평가와 의견이 서로 다르다.

어떤 사람은 한무제가 총명하고 낭만적이라고 했고, 어떤 사람은 한무제의 심계가 너무 심하고 수단이 악독하다고 했다. 한무제를 궁정적으로 평가하는 사람들이 있는가 하면 부정적으로 평가하는 사람들도 있다.

하물며 고대 중국 역사서는 그 종류가 큰 바다처럼 넓어서 그 분량은 헤아릴 수 없을 정도이고, 역사가마다 한무제 시기에 대한 견해와 평가를 달리해 누구의 말을 믿어야 할지 모를 지경이다. 예컨대 동한東漢 시기 사학가 반고班固의《한서漢書》와 송대宋代 사학가인 사마광司馬光의《자치통감資治痛鑒》에서 묘사된 한무제의 형상은 서로 다르다. 반고는《한서漢書》에서 한무제를 이렇게 평가했다.

> 무제武帝와 같이 웅대한 재주와 지략으로 문제文帝와 경제景帝의 공손하고 검소한 정책을 고치지 아니해 백성을 구제했다면, 비록《시경詩經》이나《서경書經》에서 일컬어지는 성군聖君과 현군賢君이라 하더라도 어찌 이보다 더할 수 있겠는가?

《한서》 권 6

반고는 한무제의 뛰어난 재능과 정치적으로 남긴 치적을 깊게 믿고 의심하지 않았다. 그러나 사마광의 한무제에 대한 평가는 달랐다.

> 무제武帝는 사치함을 지극히 하고 욕망을 다해 형벌을 번거롭게 하고, 세금을 무겁게 거두어서, 안으로는 대궐을 사치스럽게 꾸미고, 밖으로는 사이四夷를 정벌함을 일삼다. 또 신선과 괴이한 것을 믿고 현혹됐으며 순행과 유람이 그 한도가 없어서 백성으로 하여금

피폐해 일어나 도적이 되게 했으니, 진시황秦始皇과 다른 것이 별로 없었다.

《자치통감資治痛鑒》권 22

사마광의 평가는 비관적이고 부정적인 측면이 매우 강하다. 반고와 사마광은 모두 중국 역사상 가장 명망 있는 역사가이고, 그들의 저서인《한서》와《자치통감》역시 중국 역사상 가장 권위 있는 역사서라고 할 수 있다. 그런데 그들이 내린 한무제에 대한 평가는 서로 상극相剋이 되어 한편은 한무제를 더할 나위 없이 좋았던 제왕이라 칭하고, 한편은 지극히 포악무도한 제왕으로 평가하고 있으니, 우리는 그 영문을 모르겠고, 누구의 의견을 따라야 할지 갈피를 잡을 수 없다.

이 두 역사가를 제외하고 권위와 실력을 갖춘 역사가가 한무제에 대해 기록한 것이 있었던가? 있다. 바로 사마천司馬遷이다. 사마천은《사기》의 여러 편에서 한무제 시대를 그렸다. 또한, 사마천이 한무제를 보는 시각은 다른 사학자들과 비교하면 우월한 점이 있다. 바로 사마천이 한무제 시대에 살았고, 심지어 한무제를 섬겼기 때문이다.

그러나 사마천은 정작 그에 대한 평가는 매우 신중하고 그 뜻을 어렵게 기술해 일반인들은 선뜻 이해하기 어렵다. 그 까닭은 당시 사정을 그대로 말할 수 없거나 직접적인 압력을 느껴서 실상을 직접 기술하지 않고, 우회적으로 표현했기 때문이다. 하나 사마천의 글을 자세히 살펴보면 한무제에 대한 그의 의견을 명확하게 알 수 있다.

오늘날까지 전해오는 고대 중국의 역사서와 수천 종의 소설들 가운데 가장 중요한 것을 꼽으라면 역시 사마천의 《사기》, 반고의 《한서》 그리고 사마광의 《자치통감》이라고 할 수 있다. 또 이 세 역사서는 모두 한무제에 대해 매우 의미심장하게 다뤘다. 이 역사서들을 통해 한무제의 각기 다른 형상을 비교해 가면서 그의 진면목을 살펴볼 수 있다.

하나의 스토리, 세 가지 견해

먼저 한 가지 예를 살펴보기로 한다. 정화征和 21년(BC 91), 연말에 한무제와 태자 유거劉据 사이에 반인륜적인 참극이 벌어졌다. 앞서 제시한 16자 중에 '만년개철晚年改轍'에 해당하는 시간으로 한무제는 만년에 침통하게 스스로 지난 행위를 반성하게 됐는데, 그것은 이 사건과 관련 있다. 대체 어떤 일이 생긴 걸까?

당시 강충江充이란 사람이 한무제의 신임을 받고 있었다. 그는 태자太子와 태자의 생모인 위황후衛皇后가 무속을 이용해 한무제를 저주한다고 고했다. 이와 같은 죄명은 당시로는 엄청난 일이었다.

한무제가 조사하라는 명령을 내리자 강충은 태자와 위황후의 침궁 속에 남을 저주할 때 쓰이는 무속 도구를 발견했다. 태자는 자신을 지키려고 군사를 일으켰는데, 결국 황제의 군대에 패해 자결하고 위황후도 자살했다. 이것이 그 유명한 '무고지화巫蠱之禍'이다.《사기》,《한서》,《자치통감》을 비교해 보면 같은 사건인 '무고지화'에 관한 서술방법뿐만 아니라 한무제의 형상도 다른 것을 발견할 수 있다.

먼저《한서》에는 이 사건의 자초지종이 대단히 분명하게 밝혀져 있다. 즉, 한번은 태자의 가속 중에 법령을 어긴 사람이 강충에게 체포된 일이 있었다. 태자가 강충을 찾아가 이해를 구하고 한무제에게 이 일을 비밀에 부쳐 더는 문제 거리가 되지 말도록 당부했다. 그런데 강충은 태자의 체면을 무시하고, 한무제에게 바로 보고했다. 그의 보고를 들은 한무제는 강충을 공무를 중하게 여기고 법을 지키는 공직자라고 크게 칭찬했고, 강충의 위엄과 명성이 장안을 진동시킬 정도였다.

뒤에 한무제가 날이 갈수록 점차 노쇠해지자 강충은 멀지 않는 장래에 한무제가 승하하면 태자가 등극할 것이고, 지난날에 자신이 태자를 무시한 사건 때문에 위태로워질 것이라 노심초사했다. 그래서 강충은 태자의 계승을 방해하는 것이 자신에게 유리하다고 판단해 무고巫蠱를 통해서 태자를 함정에 빠뜨릴 계책을 짜게 됐다.

《한서》에는 이 사건의 원흉은 명백하게 강충이란 소인배였고, 한무제는 단지 그에게 속았던 것으로 기재됐다. 이 때문에 태자가 자결한 뒤에 한무제는 그 일에 대해 후회하고 또 태자를 생각해 '사자궁思子宮'과 '귀래망사대歸來望思臺'를 짓고, 사랑하는 자식을 잃은 자애로운 아비의 형상을 생생하게 부각했다.

그러나 《자치통감》을 다시 살펴보면 이 사건의 경위가 다르다. 《자치통감》에는 강충과 태자 사이에 모순이 있기 전에 먼저 하나의 에피소드를 끼워두었다. '무고지화'가 일어나기 3년 전에 한무제가 총애하는 조첩여라는 후궁이 14개월 동안 회임한 끝에 한 아들이 태어났다. 이것은 매우 비정상적인 일로 보통 10달 동안 회임하는 것과 너무 달랐다. 하지만 한무제는 상고의 성왕聖王인 요임금도 14개월을 회임 끝에 탄생했다며 오히려 기뻐했다. 또 그 아이와 조첩여를 요堯

임금과 그 모친에 비교해 아이를 난 곳을 '요모문堯母門'이라 불렀다.

　　당시 위황후와 태자 유거는 모두 무탈하게 건재한데, 한무제는 무슨 생각으로 갓 태어난 아들과 조첩여를 요임금과 요임금의 모친으로 비교했던가? 요임금은 세속에서 흔히 '요순우탕堯舜禹湯'으로 열거되는 고대 전설적인 성왕聖王 중에서도 으뜸가는 임금인데, 그의 화신이 세상에 다시 등장했다면 감히 누가 그와 경쟁해 황위를 다툴 수 있겠는가? 이 소식을 들은 황후와 태자의 심정은 어떠했을까? 이때 마치 바람을 보고 노를 젓는 기회주의적인 사람들은 한무제의 동태를 살피고, 또 무슨 모략을 꾸몄을까? 이 사건은 '무고지화'와 직접적인 관계가 없어 보이나, 사마광은 날카롭게 이것이 바로 '무고지화'의 화근이었다고 지적했다.

> 이 때문에 간신(강충)이 상上(한무제)의 뜻을 역탐해서 갓 태어난 아이를 특별히 사랑해 후사로 삼고자 함을 알고, 마침내 황후와 태자를 제거할 마음을 두고서 끝내 무고의 화를 만들었다.
>
> 《자치통감》 권 22

　　이것이 바로 사마광이 밝힌 무고지화의 진상이다. 만약 한무제가 진실로 이와 같은 뜻이 있었다면 정말로 황당무계한 일이라고 할 수 있다. 한무제가 아무런 생각도 없이 '요모문堯母門'이란 이름을 붙였다면 그것도 신중하지 못한 처사다. 결과적으로 한무제와 태자의 반인륜적인 참극의 책임자는 다른 사람이 아니라 바로 한무제 자신이다.

마지막으로《사기》를 살펴보면 놀랍게도 '무고지화' 같은 대형 사건에 관해 명확하게 드러내지 않았다. 심지어《사기》에는 태자 유거에 관한 전기傳記도 없다. 사마천은 이 일에 관해 관심이 없었던 것인가? 천만의 말씀이다. 기실 사마천은 우리에게 이 사건에 대한 실마리를 남겨두었다. 그는 이 사건에 지대한 관심이 있었고 또 가슴 아파했다. 그 까닭은 그의 절친한 두 친구인 전인田仁과 임안任安이 바로 이 '무고지화'로 연좌돼 죽었기 때문이다.

《사기》〈전숙열전田叔列傳〉 끝에 사마천은 지극히 간단하게 전인의 일생을 회고하고, 그가 죽은 원인은 태자가 도망가는 것을 도왔기 때문이었다고 기술했다. 또 사마천은 임안이 무고지화로 연좌되어 감옥에 있을 때 〈보임소경서報任少卿書〉라는 저명한 편지를 보냈다. 이 편지 속에 사마천이 직접 '무고지화'를 언급하지는 않았지만, 그 정서가 매우 격동적이라는 점을 살펴볼 수 있다. 사마천은 '무고지화'에 관해 쓰고 싶은 생각이 없었던 것이 아니라 단지 쓰지 못했을 뿐이고, 반드시 그 원인이 있었을 것이다. 사마천의 정서는 강렬했지만 억지로 참는 것이었고, 거대한 압력에 휩싸인 듯하다. 직책이 역사를 기록하는 사마천 같은 사람에게 누가 이런 거대한 압력을 불어넣었을까? 비록 필적을 많이 남기지 않았지만, 사마천은 수단이 악랄하고 사람들을 못살게 구는 정치가 한무제의 형상을 우리에게 생생하게 남겨주었다.

똑같은 무고의 사건에서 반고는《한서》에 강충이라는 소인배를 등장시켜 그가 한무제를 속이고 참극을 만들었다고 기록했다. 《자치통감》에는 바로 한무제를 비판하면서 반인륜적인 참극은 완전히 한무제의 손에서 조성된 것으로 강충은 단지 그의 하수인에 불과했다고 기록했다. 사마천은 직접 목격한 사람으로 말을 하고자 했으나 기록을 남기지는 못했다.

이 세 결과를 비교해 보면 매우 의미가 있다. 똑같은 사건의 세 가지 다른 견해는 한무제의 세 가지 다른 면모를 스케치하는 데 도움이 된다. 이 희극의 무대에 주인공은 한무제 한 사람이지만 연출가는 세 역사가로 서로 제각기 다른 한무제의 형상을 만들어냈는데, 그 속에는 무슨 사연이 담겨 있는가? 우리는 먼저 세 사람의 역사가와 그들의 저서가 한무제와 각기 어떤 관계가 있는지를 알아보아야 한다.

《사기》, 《한서》 그리고 《자치통감》과 한무제

먼저 《사기》와 한무제는 어떤 관계가 있을까? 앞에서 언급했던 것처럼 사마천과 한무제의 관계는 대단히 특수하다.

첫째, 사마천은 한무제 시대에서 살았기에 그 시대의 목격자라고 할 수 있다. 비록 사마천의 생몰 연도에 약간의 의문이 있지만, 학자들 연구로는 사마천은 한무제 시대의 처음과 끝을 같이했다.

둘째, 사마천은 시대의 참여자라고 할 수 있다. 한나라는 진나라 제도를 계승해 한무제 때 이르러 역법曆法을 개혁한다. 사마천은 이 작업을 주관했다. 역법을 편찬하고 수정해 저명한 《태초력太初曆》을 만들었다.

셋째, 《사기》의 편찬 목적은 "하늘과 인간의 관계를 탐구하고, 옛날과 지금의 변화를 달통해 일가一家의 말을 이루고자 한다"는 것이었다. '옛날과 지금의 변화를 달통한다'에서 '지금'은 바로 그 당시 한무제 시대를 가리키는 것이다. 따라서 사마천이 《사기》를 편찬한 가장 중요한 목적 중 하나는 한무제 시대의 역사 연원을 탐색하는 일이라 할 수 있다. 이 때문에 우리는 사마천을 그 시대의 사고자思考者라고 일컬을 수 있다.

사마천은 한무제 시대의 목격자이고 참여자이며 최종적으로 시대의 사고자로서 냉정하고 준엄하게 그 시대의 중요한 기록을 썼다고 할 수 있다. 또 다른 방면으로《사기》의 완성은 한무제 시대의 중요한 내용 중 하나다. 사마천의《사기》와 한무제 시대의 관계는 마치 네 안에 내가 있고, 내 안에 네가 있는 것처럼 서로 꿰뚫어서 혼연일체를 이루고 있다.

《한서》의 기자 반고가 출생할 때 한무제는 이미 120여 년 전에 서거했다. 이 책은 작가는 반고로 알려졌지만 실제로는 반고의 아버지 반표班彪 때부터 편찬하기 시작한 것이다.

반가班家의 조상은 변경 부근의 갑부로 목축업에 의지해서 기반을 일궜다. 뒤에 권문세가로 성공하고, 서한 황실과 혈연관계를 맺었다. 서한 말기, 반고의 고모할머니는 한성제漢成帝의 첩여婕妤가 된다. 바로 역사상 저명한 반첩여班婕妤다. '첩여'는 황제 후궁의 비빈妃嬪 품계로, 지위는 황후보다 낮지만, 보통 황제가 매우 총애하는 후궁이라 할 수 있다. 이런 관계로 한성제는 반가에게 궁중 소장도서의 사본을 하사했다. 당시 궁중 소장 도서를 열람하는 것은 매우 어려운 일로 일반인들은 한평생 볼 기회도 없었다. 책을 열람하려는 사람으로 그의 집은 문전성시를 이루고 큰 열람실처럼 변했다.

이런 사정을 통해서 우리는 두 가지를 살펴볼 수 있다. 첫째, 반고의 집안과 한실漢室의 관계는 매우 친밀했다는 것이고, 둘째로 이 도서들은 반표와 반고가《한서》를 편찬하는 데 기반이 됐다는 점이다. 반표는 서한이 멸망하는 것을 직접 봤고, 광무제 유수가 한실을 중흥하는 과정에 있었다. 우리는 반씨 가족과 서한 황실의 관계에서 자연적으로《한서》의 정치적인 경향이 반영됐다는 점을 알 수 있다.

《한서》의 중요 편찬목적은 서한 왕조의 위대함과 정통성을 알리는 것이었고, 가장 적합한 시대가 한무제 때였다. 따라서 필연적으로 한무제의 형상은 이를 논증하려는 목적의식이 강하게 투영됐다고 할 수 있다.

사마광은 한무제와 1200여 년 전후인 송대宋代에 살았다는 점에 주의할 필요가 있다. 우리와 사마광의 시대는 아직 1천 년에도 이르지 못했다. 그러면《자치통감》에서 한무제의 형상은 비교적 객관적이고 진실에 가까운 것일까? 우선 사마광이 편찬한《자치통감》의 시대적 배경을 살펴보아야 한다.

《자치통감》은 송대 제6대 황제인 신종神宗 시대에 편찬됐다. 신종이 막 즉위했을 때 사마광의 직무는 '한림시독학사翰林侍讀學士'로 황제에게 역사를 강의하는 일이었다.《자치통감》은 사마광이 신종을 위해 역사 강의를 했던 교재라고 할 수 있다.《자치통감》이란 서명은 신종이 정해준 것이다. 신종은 이 책을 "지나간 일에 비추어 나라를 다스리는 데 보탬이 된다"고 칭찬했다고 한다.

사마광의 중요한 신분은 조정 대신이었고, 신종은 그를 역사를 학습하고 나라를 통치하는 데 활용하고자 했다. 그러면 사마광은 어떻게《자치통감》을 통해서 황제에게 영향을 주고, 어떻게 역사 경험을 현재의 정책 제정에 활용할지 고려했을 것이다.

옛 속담에 "병은 증세에 따라 처방한다"는 말이 있다. 그렇다면 역사적인 경험으로 신종에게 영향을 주려면 어떤 인물이 적합할까?

당시 신종은 20세에 즉위해 젊고 의욕이 많으며 웅대한 마음이었고 큰 성과를 내고 싶어 했던 데서 한무제와 비슷한 면이 있었다.

신종은 일생의 숙원이 송나라 영토를 대대적으로 확장하는 것이었다. 송나라는 한나라, 당나라와 비교하면 영토가 적고, 특히 북방에서 연운십육주燕雲十六州(오늘날 산서 북부, 하북 북부, 북경 일대)가 오대 시기에 거란족에게 할양됨으로써 변방 방어에 대단히 불리한 상황이었다. 신종은 이 지역을 탈환하고 싶어 했고, 이 임무를 완성하려고 군사를 조련하고 그 재정을 마련하고자 했다. 그래서 희녕熙寧 2년(1069년)에 신종은 왕안석을 등용해 신정新政을 추진하고, 그 전후에 정부수입을 증가시키는 7가지 조항의 법령을 반포했다. 신종의 최종 목적은 이 재정을 전쟁에 사용하는 것이었다.

사마광은 재산과 부의 분배는 마치 바둑 또는 장기와 같아서 국고에 재정이 많아지면 백성이 가난해진다고 여겼다. 재정을 불리는 수단은 가혹하게 여러 세금을 만들어 백성에게 거두는 것으로 국고가 충실해질수록 백성의 생활은 처참해진다. 하물며 전쟁이 발발하면 백성은 전쟁비용을 댈 뿐만 아니라 목숨까지 바쳐야 한다. 만약 신종이 연운십육주를 탈취하려고 무리하게 추진하면 백성이 안심하고 생활할 수 없게 된다. 사마광은 "그런 전쟁이 무슨 의의가 있는가?"라고 생각하고, 먼저 민생안정을 정치의 기본으로 삼았다.

이제 신종의 정치적인 포부가 한무제와 비슷하다는 점을 발견할 수 있다. 앞서 말한 16자 강령 중에 '외복사이外服四夷'에 해당한다. 이 점에서 사마광은 한무제의 '번다한 형벌과 가혹한 세금징수', '사방의 오랑캐 정벌'을 격렬하게 비판한다. 심지어 자칫 잘못하면 멸망한 진나라의 전철을 밟을 것이라고 경고했다. 기실 그 비평의 중심은 한무제가 아니라 신종에게 빗대어 경고한 것으로 신종에게 한무제와 같은 전철을 밟지 말라고 권유한 것이다.

《자치통감》에서 한무제의 형상은 필연적으로 사마광의 정치태도와 연관되어 있다. 한무제는《자치통감》에서 역사적인 실패경험의 공구로 이용됐고, 앞선《한서》의 입장과는 서로 반대가 되는 것이다.

왜 한무제인가?

중국 역사상 가장 저명한 역사학자가 '한무제'라는 한 인물을 두고 서로 다른 견해를 밝혔다. 역사는 정말 어떤 사람이 어린 처녀를 어떻게 단장시키느냐에 따라 달라지는 것인가?

우리는 세 작가의 신분이 서로 크게 다르고, 세 책의 편찬 배경도 서로 크게 다르다는 것을 살펴보았다. 또 사마천, 반고, 사마광이 생활했던 시대도 각기 다르므로 필연적으로 그 견해도 달랐을 것이다. 비유컨대 한무제라는 명산에 사마천은 그 산 위에 올라서 조망했고, 반고는 바로 그 산 밑의 길에서 바라보았고, 사마광은 다른 산에서 그 산을 조망했다고 할 수 있다.

오늘날 우리가 무엇 때문에 한무제를 논해야 하는가와 우리 입장에서 한무제의 객관적인 형상을 찾을 수 있는가 하는 문제가 중요하다. 먼저 왜 오늘날까지 계속해서 한무제에 대해서 논해야 하는가가 중요하다. 그것은 한무제 개인과 그의 시대가 중국역사와 중화문명의 관건이 되기 때문이다. 역사적인 각도에서 중국은 2천여 년 동안에 황권皇權 정치를 시행했는데, 한무제 시대에서부터 황권 정치가 정형화된다. 문명의 각도에서 살펴본다면 한무제 시대에는 빈번한 대외활동과 교류가 활발해져 중화문명이 폐쇄적이지 않고 강대한 포용성을 지닐 수 있었고 휘황찬란한 중화문명의 기틀이 다져질 수 있었다.

둘째는 21세기의 토대다. 지금 우리는 정치적인 압력을 받지 않고 정치적인 목적도 없으므로 상대적으로 객관적으로 한무제를 관찰할 수 있다. 현대 과학적인 학술 방법으로 더욱 깊게 한무제를 이해할 수 있다.

우리가 관습적으로 '진황한무秦皇漢武'라는 말을 하는데, 무엇 때문에 그렇게 칭했을까? 그것은 중국 역사상 황제皇帝가 원수元首가 되어 군현제郡縣制를 시행해 국가형상의 기반을 다진 것이 진시황 때였고, 한무제 시대에 와서 정형화되었기 때문이다. 진시황 때부터 한무제까지가 황제 제도의 첫 단계라고 할 수 있다. 진시황이 중국을 통일하고 정치 제도에서 중국역사에 가장 중대한 영향을 끼친 일은 전국에 군현제를 확립해 분봉제分封制를 대신한 것이었다. 그러나 군현제의 실행은 순풍에 돛을 단 듯이 순조롭게 진행되지 못했다. 진시황 같은 강대한 사람도 이 문제를 완전하게 해결하지 못했다.

이 문제는 한무제 시대에 이르러 비교적 철저하게 해결됐다. 그렇다면 군현제의 실행과정 중에 어떤 곤란이 있었고 한무제는 어떻게 이 문제를 해결했을까?

제후諸侯를 정리하다

분봉과 군현제의 모순

한무제가 왕위를 계승한 후, 직면한 중대한 문제가 있었다. 한나라가 세워지고 한무제가 계승할 때까지 정치제도가 '군현제郡縣制'와 '분봉제分封制'가 병존하고 있던 것이다. 오늘날 말로는 '일국양제一國兩制(한 나라에 두 가지 제도)로 이런 체제는 중앙정권을 공고하게 하는 데 불리한 것이었다.

뭣 때문에 이런 상황이 전개됐을까? 군현제와 분봉제의 가장 중요한 구별은 어디에 있는가? 군현제는 지방의 토지와 백성이 모두 중앙에 소속되고 군현을 책임지는 관리를 중앙에서 심사해 임명한다. 그러나 분봉제는 토지와 백성을 제후가 소유하고 통치하며 또 후손에게 세습한다. 분봉제도를 시행했던 춘추전국 시기는 제후들이 할거해 천하가 분열됐다. 따라서 통일의 각도에서 말한다면 군현제가 당연히 분봉제보다 유리하다.

진나라가 천하를 통일하고 진시황은 생전에 전국 규모의 군현제를 실행했다. 그러나 토지와 백성을 잃은 6국의 귀족들은 이를 달가워하지 않았다. 진나라 말기의 전쟁은 바로 6국의 잔여세력들이 가한 반격이었다. 그 세력을 이끌었던 지도자는 초회왕楚懷王 웅심熊心, 제왕齊王 담儋, 조왕趙王 헐歇, 위왕魏王 구咎, 한왕韓王 신信 등 모두 6

국의 귀족 후예였다.

　진나라가 망하자 군현제는 훼손됐고, 한나라를 건국한 유방은 형세를 거울삼아 타협하지 않을 수 없었다. 전국은 군현제와 분봉제가 병존했다. 수도 장안과 비교적 가까운 지방은 군현제를 시행했고, 먼 지방은 분봉제를 시행해 제후를 두었다.

　유방의 집권 초기에는 모두 성이 다른 제후왕을 분봉했는데, 그들 대부분은 초한 전쟁에서 큰 공로를 세운 인물이었다. 특히 초왕楚王 한신韓信, 양왕梁王 팽월彭越, 회남왕淮南王 영포英布 등은 모두 유방이 항우를 격멸하는 데 혁혁한 공을 세운 대신들이었다.

　그들은 광대한 토지를 소유하고 상대적으로 독립적인 제후로 세력이 매우 강대했다. 중앙정부에서 위협을 느낄 정도여서 유방을 불안하게 했다. 이들은 오랫동안 전쟁터에서 잔뼈가 굵었고 풍부한 토지와 백성을 자원으로 독립적인 재정 지원이 가능해 언제라도 중앙정부에 도전할 수 있었다.

　그래서 유방은 틈만 보이면 그들을 제거하려고 했다. 드디어 유방의 재위 11년(196년) 가을을 전후에 세 명의 공신인 한신, 팽월, 그리고 영포 등을 모두 없애버렸다. 특히 한신은 소하蕭何와 여후呂后의 연합 계책으로 주살되고 말았다. 이 사건은 중국에서 매우 저명한 고사다.

　사마천은 당시 한신이 주살됐다는 소식을 듣고 유방의 심리상태를 이렇게 5자로 묘사했다. "차희차련지且喜且憐之(우선 기뻐했다가 또한 가엾게 여겼다.)" 유방이 우선 기쁜 느낀 것은 강력한 경쟁 상대였던 한신이 제거됐기 때문이었고, 또 가엾게 여긴 것은 한신이 억울하게 죽은 것을 알았기 때문이다.

《한서》에는 약간 다르게 기재되어있다. 즉, "차희차애지且喜且哀之 (잠시 기뻐했다가 또한 슬퍼했다)"라고 표현했다. 두 글은 비록 한 자만 다르게 기재했지만, 그 의미에서 확연하게 차이가 난다. 이는 독자들이 읽기에 따라 달라질 수 있는데, 마치 고양이가 쥐를 위해 운 것 같은 느낌을 받을 수도 있기 때문이다. 기실 '련憐' 자는 동정의 의미가 강하고, '애哀' 자는 더 침통한 색채가 난다. 가장 먼저 쓴 '차且' 자 또한 사마천이 쓴 것은 '우선', '먼저'라는 의미가 강하고, 반고가 쓴 것은 '잠시 놀랐다'는 의미가 강하다. 즉, 여후가 갑자기 한신을 제거했다는 소식을 접하고 짐짓 놀라고 또 슬퍼했다는 것이다. 이처럼 약간 다른 표현이지만 반고는 사마천보다 교묘하게 유방을 변호하는 입장에서 글을 쓴 것 같다.

195년, 바로 유방이 세상을 떠나기 1년 전에 위협이 되던 다른 성씨의 제후왕을 기본적으로 모두 제거했다. 그 빈자리에 모두 유 씨 성을 지닌 종친을 제후왕으로 교체했다. 그러나 같은 성씨 출신의 제후왕이라고 해서 안심하지 못하는 상황이 전개됐다. 세대가 멀어질수록 제후왕과 황제 간 혈연이 점차 소원해져 동성의 제후왕과 이성의 제후왕 간에 큰 구별이 없어진다. 이는 한경제漢景帝 시대에 발생한 7국의 난亂을 통해서도 잘 알 수 있다.

7국의 난이 한무제 통치에 남긴 영향

7국의 난은 유방의 조카 오왕吳王 유비劉濞를 중심으로 해 여러 제후왕이 동참하게 됐는데, 모두 유 씨 종친이었다. 이는 제후왕의 세력과 중앙정권이 다시 한 번 정면으로 대결한 사건이다.

비록 7국의 난은 평정됐고, 제후왕 세력은 엄청난 타격을 받았지만, 중앙정부 또한 큰 대가를 치러야 했다. 이 사건 후 한경제는 한 가지 중요한 명령을 반포했다. "제후왕들은 직접 나라를 다스리지 말고, 천자가 관리를 파견해 대행하게 한다"는 것이었다. 이전에는 제후왕들이 직접 자기 왕국의 통치권을 지녔고, 관리 또한 직접 초빙해 임명했다. 따라서 이들 관리와 제후왕은 매우 친밀한 관계를 유지했고 제후왕과 중앙에서 모순이 발생하면 일반적으로 제후왕의 편에서 일했다.

하지만 경제가 제후왕의 직접 통치권을 회수하고, 중앙에서 관리를 임명해 다스리게 했다. 기실 이 같은 조치는 제후국의 반군현화半郡縣化 정책을 펼친 것이라고 할 수 있다. 중앙에서 파견된 관리는 일반적인 정무를 처리하는 것 외에 제후왕을 감독하는 책임을 지닌다. 어떤 관리들은 심지어 중앙에 잘 보이기 위해 제후왕을 가혹할 정도로 감독했고, 이 때문에 제후왕 세력은 하향 일로를 걷게 됐다.

이것이 한무제가 철저하게 분봉 문제를 해결하기 위한 유리한 조건이 됐다.

한무제 즉위 초, 중앙에서 파견한 관리와 제후왕 간에 심각한 모순이 발생했다. 《자치통감》에는 이와 같은 사실이 잘 기록됐다. 중앙에서 파견한 관리는 제후왕을 억압하려고 걸핏하면 중앙정부에 크고 작은 각종 보고서를 올렸는데, 대부분이 억지로 제후왕의 결점을 드러낸 것이다. 또 자주 제후왕의 부하들을 잡아다가 고문하고, 제후왕의 잘못을 자백하라고 강요해 제후왕들이 비분강개하고 원망했다.

한무제 재위 3년, 4명의 제후왕이 장안에 와서 천자를 알현했다. 그중에 유승劉勝이 있었는데, 바로 역사상으로도 저명한 중산정왕中山靖王이다. 삼국시대 유비劉備는 자신이 바로 중산정왕의 직계 후손이라고 주장했다. 그러나 많은 역사학자는 유비의 주장이 사실과 다를 것으로 추정하고, 특히 사마광은 유비는 유승의 후손이라는 것에 부정적이다. 그 이유는 중산정왕 유승이 120여 명의 아들을 두어서, 그 후손들의 세대 수, 이름, 관직 등을 일일이 다 기록할 수 없었기 때문이라고 한다.

다시 본론으로 들어가 유승을 비롯한 제후왕들이 장안에 도착하자 한무제는 그들을 위해 성대한 주연을 베풀었다. 이처럼 대단히 경사스런 자리에서 유승은 음악 소리를 듣고 눈물을 흘렸다. 곁에 있던 한무제가 "갑자기 무슨 까닭으로 우느냐?"고 묻자, 유승은 평소 울분이 쌓였다가, 음악 소리를 듣고 자신도 모르게 눈물이 나왔다고 대답했다. 그러고 나서 중앙에서 파견한 관리가 자신에게 수모를 주고, 어떻게 횡포를 부리는지 일일이 고해바쳤다.(《자치통감》 권 17)

이 광경 속에서 우리는 두 가지 점을 추측할 수 있다. 하나는 한 경제가 남긴 정책이 확실히 효과를 보아서 제후왕들의 기염이 많이 억제됐다는 점과 다른 하나는 제후왕들의 세력이 이미 막다른 골목에 몰렸다는 사실이다. 하지만 이른바 "발이 많이 있는 벌레는 죽어도 바로 넘어지지 않는다."는 속담처럼 수백 년간 지속해온 분봉제가 하루아침에 사라지긴 어려웠다.

유승은 한무제의 이복형으로 그 관계가 친밀해 본래 중앙정부 일에는 간여할 생각이 없었는데, 파견된 관리에게 수모를 당하고 억울한 나머지 한무제에게 푸념을 떤 것이다. 그러나 그때까지도 제후왕들은 자기 봉토에서 여전히 강한 세력을 구축하고 있었고, 마음만 먹으면 대량의 자원을 조달해 중앙정부와 맞설 수 있었다.

유승의 하소연을 들은 한무제는 개인적으로 그를 동정했지만 분봉제가 존재하면 중앙집권에 큰 위협이 될 것으로 판단하고, 가일층 중앙정권을 공고히 하고 제후왕 세력을 약화하는 새로운 정책을 추진했다.

한무제가 추진한 정책이 '추은령推恩令'이다. 이는 주보언主父偃이 정면으로 충돌하면 7국의 난과 같은 형국이 재현될 것이라면서 제후왕 세력을 약화시키려고 내세운 계책이었다. 내용은 제후왕 대부분이 여러 자제를 거느리고 있지만, 왕위와 나라는 장자에게 물려주어서 그 나머지 자제들은 점차 몰락하는 것이 현실인 점을 고려해 그들에게도 제후국 안에 있는 봉지封地를 고루 나눠주고 작은 제후가 될 수 있도록 하자는 것이다. 이렇게 되면 왕위를 계승하지 못한 여러 자제도 봉지를 받아 모두 기뻐할 수 있고, 천자께서는 덕德을 베푸는 것처럼 보일 것이었다.

하지만 이 계책에 숨겨진 실상은 제후국을 스스로 분할시켜서 종국에 여러 소국으로 만들어 와해시키자는 것이었다. 마치 솥 밑에 타고 있는 장작을 꺼내 끓어오르는 것을 막겠다는 것이다. 이것이 '추은령'의 핵심내용이다. 이는 매우 좋은 주장이었으나 효과를 보려면 일정한 시간에 지나야 한다. 또 그 과정에서 전방으로 제후왕 세력을 압박해 타격하는 일도 대단히 중요한 과제였다.

한무제 통치 초기, 제후국에 관한 처리

추은령이 효과를 보기 전에 한무제는 일련의 제후국을 직접 단속하기 시작했다. 먼저, 후사가 없는 경우였다. 한무제에게는 두 형제가 있었는데, 하나는 광천왕廣川王 유월劉越이고 다른 하나는 청하왕淸河王 유승劉乘이였다. 이 두 사람은 서거하기 전에 모두 나이가 어려서 후손이 없었다. 한무제는 그들이 죽은 뒤에 하사했던 작위와 토지를 자연스럽게 취소시키고 회수했다.

둘째는 시끌벅적한 문제가 발생한 경우였다. 연왕燕王 유정국劉定國과 제왕齊王 유차창劉次昌이 죽자 그들의 작위와 봉지 모두 철회됐는데, 과정이 대단히 희극적이다. 두 사람 모두 남들에게 근친상간으로 고발됐던 것이다.

연왕 유정국은 부친의 애첩과 간통했으며, 동생의 아내를 빼앗았다. 가장 놀랄만한 일은 자기 세 딸과도 문란한 관계를 맺었다는 점이다. 제왕 유차창은 그의 누나인 기옹주紀翁主와 근친상간을 했다. 한대漢代에는 이런 근친상간의 죄명을 '금수행禽獸行'이라고 해, 그 행위가 남들에 의해서 밝혀지면 굳이 예법으로 들먹이지 않아도 도덕적으로 치명타를 받아 얼굴을 들고 다니지 못했다. 그래서였을까. 연왕과 제왕은 모두 자살하고 말았다. 이에 따라 연과 제나라도 모두 폐지되고 군이 됐다.

이 사건을 자세히 분석하면 연왕과 제왕은 세 가지 공통점이 있다. 첫째, 혈연적으로 연왕 유정국, 제왕 유차창과 한무제 사이는 비교적 소원하다. 광천왕 유월과 청하왕 유승과는 비교가 되지 않는다. 유정국의 조부 유택과 한고조 유방 사이는 이미 이종사촌 간이었고 유정국에 내려와서는 더욱 촌수가 멀어졌다. 제왕 유차창은 유방의 장자 유비의 증손이라 유정국보다 한무제와는 촌수가 더 가깝지만 특별하게 친밀할 정도는 아니었다.

둘째, 이 두 사건은 모두 중앙정부가 직접 나서서 처리했다. 한무제에게 추은령을 건의했던 주보언이 두 사건 모두 맡았다. 주보언은 연왕 유정국의 음행을 적발하는 데 큰 공을 세웠으므로 한무제는 그를 제나라 재상으로 임명하고 제왕 사건까지 철저하게 조사하라고 지시했다. 결국, 그의 핍박으로 제왕도 자살하고 만다.

셋째, 연왕과 제왕의 죄명은 모두 '금수행'이다. 중국의 처세 철학 중에 "군자는 남들의 좋은 점을 선양하고, 남들의 악한 점을 알리지 않는다."는 말이 있다. 만약 내가 남들을 몰래 염탐해 그 은밀하고 추악한 비밀을 파헤쳐서 대중에게 알렸다면 도덕적으로 큰 실례라고 할 수 있다. 하물며 황실 종친의 사생활을 파헤쳤다면 어마어마한 사건이 아닐 수 없다. 그런데도 연왕과 제왕의 사생활이 널리 알려졌다면 이는 아마 중앙이 개입하지 않으면 거의 불가능한 일이었을 테다. 이 사건들을 통해 중앙과 제후와의 모종의 투쟁이 얼마나 잔혹하고 피비린내가 나는지 가늠할 수 있다.

이 두 사건은 몇 가지로 정리할 수 있다. 첫째, 혈연관계가 황제와 비교적 소원해지면 그 말로가 비참해진다. 둘째, 사건의 조사와 처리에 주보언이 관련되어 있다. 셋째, 죄명이 모두 일치한다. 설마 우연히 일치했을까? 절대 그렇지 않다. 제후왕에 관련된 사건에 주보언이 공공연하게 모습을 드러낸 것은 한 번뿐이 아니었다.

주보언은 한무제가 중앙집권을 위해 제후 세력을 약화하려는 정책에 부합하는 일개 하수인에 불과했다. 만약 뒤에서 한무제의 조정이 없었다면 일개 유세가에 불과했던 주보언이 어떻게 종실의 왕후에게 벌어진 사건을 도맡아 처리할 수 있단 말인가? 결국에 사건의 최종적인 결정권은 모두 한무제가 움켜쥐고 좌지우지했다는 걸 알 수 있다.

더욱 치밀한 것은 한무제가 이 사건이 기타 제후왕의 의구심과 불만을 불러와 중앙과 제후왕의 모순이 격화할 것임을 미리 알고 있었다는 데 있다. 그래서 그는 개혁의 박자를 조절하고 분위기를 완화하려고 주보언을 희생양으로 삼았다.

한무제는 제왕이 자살한 것은 뜻밖의 일이고, 자신은 제왕이 죽는 것을 원하지 않았다고 다른 사람에게 말했다. 또한, 제왕이 자살한 것은 모두 주보언이 사건을 가혹하게 처리한 결과라면서 주보언과 그 일족을 멸족해 천하에 고했다. 주보언은 "나는 새를 잡으면 활은 창고에 감추고, 교활한 토기가 죽으면 사냥개를 삶아 먹는다."는 옛말과 같은 신세가 되어 결국 비극적인 생을 마감하고 말았다.

이 사건이 연계됐다는 것은 《자치통감》이 있었기에 가능했다. 《사기》와 《한서》에는 이 사건이 모두 동시에 일어나지 않고 시간의 격차를 두고 개별적으로 일어난 것으로 처리되어 있다. 즉《한서》에는 두 사건을 〈형연오전荊燕吳傳〉과 〈고오왕전高五王傳〉에서 따로 기재했으며,《사기》또한 다른 사건으로 따로 처리해 두었다. 이 두 제후의 죄명이 '금수행'이라는 것에 착안해 이 사건을 하나로 엮은 사마광의 서술방식 덕에 우리는 막후의 진상을 알 수 있다.

회남왕淮南王 모반 사건

연왕과 제왕의 사건이 비록 잔혹하게 끝났지만, 정치투쟁의 극한을 보여준 것은 아니었다. 이보다 더 잔혹한 사건이 있었으니 당시로써 는 경천동지驚天動地할 회남왕 유안의 모반 사건이다. 이 사건은 선뜻 이해하기 어려운 측면이 있고 잔혹했다는 점에서 연왕과 제왕의 사 건과는 비교되지 않을 정도다.

회남왕 유안은 그 선대로부터 은원관계가 얽혀있다. 유안의 부친 인 유장劉長은 유방의 아들이고, 역사상 회남여왕淮南厲王이라 일컬어 졌다. 유장의 모친은 원래 조왕趙王 장오張敖의 시첩으로 장오가 유방 에게 바친 여인이었다. 뒤에 장오가 모반 사건으로 연루되어 감옥에 투옥됐는데, 이때 이미 유장이 배 속에 있는 상태였다.

주관 관리는 이 일을 유방에게 알렸지만, "유방은 조왕의 모반 사건으로 화가 나 있었으므로 여왕(유장) 모친의 일을 처리하지 않았 다."《사기》권 118 〈회남형산열전〉)고 전한다. 그런데 마지막 구절을《한 서》에서는 "미처 여왕의 모친을 신경 쓸 겨를이 없었다."고 기술해 유방을 변호했다.

유방이 이 일을 제대로 처리하지 않자 유장의 외숙은 여후와 친 분이 있던 벽양후辟陽侯 심이기審食其를 통해 두 모자를 구해달라고 애원했다. 심이기가 이 소식을 여후에게 알렸더니 여후는 질투심을 느끼고 구원하지 않았다. 마침내 유장의 모친은 감옥에서 아이를 낳고는 자살하고 말았다. 이 때문에 유장은 장성하면서 심이기를 매우 증오했다. 그는 심이기가 도와주었다면 어머니가 죽지 않았을 것으로 생각했다.

한문제 때 한번은 유장이 장안으로 와서 천자를 알현하고 나서 모두를 아연실색하게 한 사건을 일으켰다. 유장이 심이기를 찾아가 다짜고짜 소매 속에서 철추를 꺼내 들고 그를 내리쳐 죽인 것이다. 역사서에 유장은 "힘은 능히 큰 솥을 들 수 있는 장사"라고 전해지는데, 이런 장사가 철추를 꺼내 내리쳤으니, 심이기는 아마 옴짝달싹 못하고 즉사할 수밖에 없었을 것이다.

백주에 조정 공신이 척살됐으니, 유장의 죄는 극형을 받아 마땅했다. 그러나 한문제는 유장이 심이기를 죽인 것은 그의 모친이 감옥에서 억울하게 죽었기 때문이라며 되레 그 신세를 가련하게 여겼다. 또한, 한문제에게 유장은 하나 남아있는 이복동생이라 차마 죽이지 못하고 사면했다. 본래 유방에게는 모두 8명의 아들이 있었는데, 당시에는 모두 죽고 단지 한문제와 유장 두 형제만 남아있었다.

유장은 그 뒤부터 더욱 기고만장해졌다. 그는 출입할 때 천자처럼 호사스런 의장을 갖추고, 제멋대로 법령을 만들며 진기陳奇와 더불어 반란을 꾀하다가 모반죄로 고발되기에 이르렀다.

한문제는 유장을 장안으로 불러들이고 대신들과 이 일을 어떻게 처리할지 고심했다. 대신들은 모두 유장을 죽이라고 건의했으나,

한문제는 차마 그를 죽이지 못하고 징계하는 차원에서 왕위를 삭탈하고 오랑캐들이 섞여 사는 촉군蜀郡 엄도현嚴道縣으로 유배를 보냈다. 또 유배 길에 허름한 덮개가 있는 수레를 타게 하고, 지나는 현과 현 사이에서 차례로 나와 전송시키도록 했다. 그런데 평생 교만하고 귀하게만 대접받던 유장은 이 굴욕을 참지 못하고, 유배 길에서 스스로 음식을 먹지 않고 죽어버렸다.

이 사건을 두고 《사기》에 민간에서 떠도는 민요가 기재되어 있다. "한 척의 베도 기울 수 있고, 한 말의 조도 찧을 수 있는데, 형과 아우 두 사람은 서로를 용납하지 못했네."《사기》 권 110 〈회남형산열전〉) 이 글 중에 "형과 아우 두 사람은 서로를 용납하지 못했네."라는 구절에서 어떤 느낌이 드는가? 한문제는 정말 앞선 글에서 보듯이 유장에게 관용만을 베풀었는가? 유장의 죽음은 정말로 자기 멋대로 교만하고 방자하게만 행동해 자업자득의 결말을 초래한 것인가? 여기에서 관건은 유장의 모반죄가 명백하게 밝혀진 사실인가이다.

설사 유장의 모반죄가 명백한 진실이라 하더라도 처음에 그가 심이기를 죽이는 큰 죄를 저질렀을 때, 한문제는 왜 제대로 그를 처벌로 경고하지 않고 일관되게 관용만을 베풀고 제멋대로 방종하도록 만들었는가? 당시 유방의 아들들은 한문제를 제외하고 유장만이 남았다. 이런 그의 신분은 무슨 의미를 지녔던 걸까? 기실 유장은 한문제와 아우와 형 관계를 떠나 황위皇位를 두고 경쟁하는 유일한 대상이었다. 한문제는 오래전부터 유장을 제거할 마음을 지니고, 고의로 그를 잘못된 길로 이끌고 온갖 나쁜 짓을 다 하게 해서 그것을 명분으로 삼아 제거한 것이 아닌가?

역사상 이런 선례가 없지는 않았다. 춘추시대에 정장공은 그의 아우 태숙단을 멸하려고 '욕금고종欲擒故縱(잡으려고 일부러 놓아주다.)'의 수법을 썼다. 정장공은 태숙단이 하고 싶은 대로 놓아두고, 사람들이 태숙단을 혐오하게 한 다음에 일거에 그를 없앴다. 이는 마치 "나는 너의 잘못을 따지지 않았지만, 너 스스로 죽는 길을 택했다"는 식이다. 사실 정장공의 수단이야말로 음험한 것이었다.

사마천은 이 사건을 두고 자기 의견을 분명히 했지만 명확히 밝히지 않았다. 단지 그는 《사기》에 민간에서 떠도는 민요 하나를 두어서 우리에게 온갖 공상을 하게 했다.

반고는 이 점을 고려한 탓인지 《한서》에서 장군 박소薄昭를 등장시켜 유장에게 긴 편지를 쓰게 하는 장면을 연출했다. 박소는 편지에서 노파심으로 유장에게 거듭 충고하면서 겸허하게 근신하고 이전의 잘못을 뉘우치라고 권고했다. 박소는 한문제의 외숙이다. 박소는 왜 유장에게 장문의 글을 보냈을까? 바로 한문제를 대신해서 쓴 것이다.

반고는 《한서》에 이 장면을 삽입해 독자에게 한문제에 대한 일말의 의구심도 갖지 못하게 했다. 이 편지는 한문제가 유장을 교육하는 문제를 간접적으로 표명했고, 그 결과 유장이 스스로 한문제의 충고를 듣지 않아서 불행한 결과를 초래했다고 지적했다. 따라서 한문제에게는 아무런 책임이 없다는 것이다. 이것이 《사기》와 《한서》의 차이점이다.

유장이 죽은 뒤 한문제는 이 같은 자기 결점을 보완하려고 유장

의 아들들을 제후로 봉했다. 그중에 유안劉安에게 유장의 회남왕淮南
王 봉호封號를 계승토록 했다. 그러나 '회남왕'이란 봉호는 마치 저주
에 걸린 듯했다. 부친 유장이 모반 문제로 죽었는데, 아들 유안도 한
무제 때 모반죄로 고발당한 것이다. 더욱 흥미를 끄는 것은 유안의
모반이 당시에 큰 화제를 불러일으킨 대사건이었다는 점이다.

그런데 《사기》, 《한서》, 《자치통감》의 분석은 각기 다르다. 유안의
모반죄명은 진실인가? 이 사건은 본질은 무엇인지에 대한 세 명의 사
학가의 입장 차는 매우 크다.

제
3
강

회남淮南의 원통한 사건

유안劉安의 모반

한무제 원수元狩 원년(BC. 112), 회남왕 유안은 모반죄로 고발되어서 자살하고 말았다. 이 사건은 한무제 시기에 처리한 최대의 제후왕 모 반 사건이다. 더 중요한 것은 이 사건이 중앙과 제후왕의 모순과 충 돌의 종결에 가까웠다는 점이다. 그러나 이 사건은 확실하게 모반 사 건이라는 주장과 죄명을 날조한 원통한 사건이라는 주장으로 의견이 분분하다. 《사기》, 《한서》, 《자치통감》에 서술된 이 사건은 문자상 미 묘한 차이가 있다. 세 명의 사학자는 이 사건을 다루는 견해가 서로 다르다.

그러면 유안 모반의 경과는 어땠을까? 전하는 말로는 건원建元 6 년(BC. 135), 유안은 일찍이 역심을 품게 됐는데, 이해에 "혜성이 하 늘에 대단히 긴 꼬리를 물고 출현"하는 희귀한 천문 현상이 관측됐 다고 한다.

고대 중국인들은 이상한 천문현상이 나타나면 인간사에도 영향 을 준다고 믿었다. 이전 7국의 난 때도 혜성이 등장했으니, 길이가 몇 자에 불과한데도 유혈이 천 리에 낭자했다고 전해진다. 그런데 이번 에 등장한 혜성의 꼬리는 지난 것보다 몇 배나 길어 "천하의 큰 전쟁 이 일어날 것이다."는 소문이 파다했다. 유안은 이 말을 믿고 적극적으로 전략물자를 준비하고, 천하에 변란이 일어나면, 다른 제후들과 자웅을 겨룰 것을 준비했다.

10년 지나도록 변란은 일어날 기미조차 보이지 않았다. 11년째 되던 원삭元朔 5년(BC. 124)에 한 사건이 발생해 유안이 얽혀 들어갔다. 유안에게는 유천劉遷이라는 아들이 있었다. 유천은 당시 회남왕의 태자였다. 유천은 검술을 좋아해 회남 검술의 달인인 뇌피雷被를 초대해 검술시합을 벌인 적이 있었다. 그 결과 뇌피는 무의식적으로 유천을 찔러 상처를 입혔다. 이에 유천이 크게 화를 내고, 뇌피는 당황해 유천을 피해 흉노를 공격하는 부대에 참여하길 희망했다. 당시에는 한나라와 흉노의 전쟁이 격렬했는데, 한무제는 건장한 남자들에게 참전을 권장하고 있었다.

그러나 유안 부자는 뇌피의 참전을 허락하지 않았고 그에게 보복을 가했다. 뇌피는 박해를 피해 장안으로 달려왔고, 중앙정부에 그 사실을 보고했다. 중앙에서 뇌피의 사건을 조사한 결과 사실로 드러났다. 대신들은 이 안건을 이렇게 심결했다. "회남왕 유안은 흉노를 물리치려는 뇌피를 막아 명문으로 선포한 조령을 폐기해 실시하지 않았으니, 기시棄市에 처해야 한다."

기시는 일종의 사형으로 사람들이 많이 모인 길거리에서 죄인의 목을 베고 그 시체를 길거리에 버려두는 중벌이다. 한무제는 이 심판이 너무 중하다고 여겨 다시 심판하게 했는데, 대신들은 유안의 왕위를 삭탈하자고 했으나 허락을 받지 못했다.

두 번의 심판을 통해 한무제의 태도는 《사기》에 3글자로 표현됐다. '조불허詔弗許(조서를 내려 허락하지 않음)'였다. 《한서》도 3글자로 표현했다. '상불허上弗許(황제가 허락하지 않음)'였다.

대신들이 3차 회의를 거쳐 유안의 봉토封土 중에서 5개 현縣의 봉지를 삭탈할 것을 건의하자, 한무제가 다시 깎아 2개의 현만을 삭탈하라고 명령을 내렸다. 이에 대해 《사기》는 "공경公卿들이 5개의 현을 삭탈할 것을 청하자, 조서를 내려 2개의 현만을 삭탈하라고 했다"고 기록했고, 《한서》에는 "5개의 현을 삭탈하자고 청했으나, 2개의 현만을 삭탈하는 것이 좋겠다."고 쓰였다. '좋겠다'는 것은 윤허를 의미한다. 《사기》에서는 시종일관 조서의 형식으로 표현했고, 《한서》에는 고의로 한무제를 부각하려고 했다. 비록 조서는 한무제의 의견을 대표하는 것이나 《한서》에는 조서라는 형식을 없애버리고 바로 한무제의 관용을 찬미하는 형상을 만들었다.

그렇다면 《자치통감》은 어떻게 표현했을까? 사마광은 단지 한 구절로 설명했다. "공경들이 유안이 흉노를 물리치려는 사람을 막고, 명문으로 선포한 조령을 폐지하고 시행하지 않았으니, 마땅히 기시해야 하나 2개의 현만을 삭탈했다."

이 세 역사서를 비교해 보면 반고는 적극적으로 한무제의 인자하고 후덕한 면모를 드높였고, 사마천은 조서를 이용해 직접 한무제를 노출하지 않고, 객관적인 측면으로 사건을 기술해 한무제에게 판에 박힌 관료풍의 가면을 씌운 것 같다. 사마천은 '한무제'나 '조서' 따위에 신경 쓰지 않고, 사건의 자초지종만을 기술해 두었다. 사마천은 한무제의 행동에 관심이 없는 것 같았는데, 그 이유는 무엇일까? 한무제의 행위가 허위였다는 것을 느껴서일까?

서둘러 판단할 필요는 없다. 아직 유안의 사건은 마무리된 것이 아니기 때문이다. 조정에서 2개의 현을 삭탈했을 때 유안은 큰 불만을 품었고 더 적극적으로 모반을 준비했다. 3년이 지난 원수元狩 원년(BC. 122)에 유안은 가정불화로 격렬하고 첨예한 투쟁에 휩싸인다. 앞서 말한 유천을 제외하고도 유안에게는 유불해劉不害라는 아들이 있었다. 이 두 아들 중에 왕위 계승권자는 적자인 유천이고, 유불해는 서출인 데다가 유안이 좋아하지 않아서 회남왕부에서 이렇다 할 지위가 없었다.

한무제가 반포한 '추은령'의 상관 규정으로는 유불해는 왕위를 계승하지 못하더라도 유안이 마음만 먹으면 회남국의 영토 중에 작은 토지라도 그에게 하사해 줄 수 있었다. 그러나 유안은 그렇게 하지 않고 토지는 물론 작위도 내리지 않았다.

이 사건으로 한 사람이 격노하니 바로 유불해의 아들이자 유안의 손자인 유건劉建이었다. 그는 자기 아버지가 토지와 작위를 하사받지 못해서 자기도 아무것도 얻지 못하는 처지가 됐다. 유건은 사람을 시켜서 유안과 유천이 모반행위를 한다고 고발하고, 유건 스스로 법정에 증인이 되겠다고 나섰다. 이 고발로 유안과 유천은 '모반혐의인'이 되어 조사를 받게 됐다.

이때 유안의 원수 집안이 복수의 기회를 잡았으니, 누구냐 하면 벽양후 심이기의 손자인 심경審卿이었다. 심이기는 유안의 부친인 유장에게 피살당한 장본인이다. 그래서 심경은 자기 조부의 원수를 갚을 절호의 기회가 찾아왔다고 판단해 사람들을 부추겨 유안을 사지로 몰았다.

마침내 유안의 모반죄가 성립됐다. 유안은 형벌이 두려워서 자살하고 만다. 유안의 동생인 형산왕衡山王 유사劉賜도 연좌되어 자살하고, 두 가정은 파멸하고 말았다. 이 사건의 자초지종은 이렇다. 그런데 유안이 정말로 모반행위를 했을까?

이 문제를 자세히 살펴보면 중간에 중대한 의문점이 있었음을 발견할 수 있다. 관방의 주장에 따르면 유안은 건원建元 6년(BC. 135)에 모반을 준비하기 시작해, 원수 6년(BC. 122) 자살하기까지 모두 14년을 보냈다. 14년 동안 모반하려고 노심초사했던 유안은 뜻밖에도 정식으로 군사를 동원한 적이 한 번도 없었다.

이 모반 안건을 심판한 쪽에서는 조사 기간에 유안이 여러 차례 반란을 시도했고 주야를 가리지 않고 수하 좌오左吳 등과 지도를 연구하고 군대 부서를 토론했다고 주장했다. 그러나 유안은 망설이며 결정을 내리지 못했고 모반의 계획은 실현하지 않았다. 이를 증명하듯이 유안은 확실한 무장봉기를 한 사실이 없었다. 14년 동안 반란을 도모했는데, 뜻밖에 한 번도 무력 사용을 하지 않았다는 것이 합리적이라고 할 수 있을까? 한마디로 유안의 모반 사건은 의심 덩어리라고밖에 할 수 없다.

앞뒤가 안 맞는 하나의 내막

유안의 문객 중에 오피吳被라는 인물이 있었다. 그는 재능이 뛰어났는데 일찍이 유안이 모반에 관해 그에게 자문한 적이 있었다. 이때 오피가 유안에게 말했다. "왕은 어찌 망국의 말씀을 하십니까?" 이말을 들은 유안은 노발대발해 오피의 부모를 잡아두고, 오피를 협박해 순종하게 했다.

3개월이 지난 후에 유안은 오피를 불러서 또 모반에 관해 물어보았다. 그런데 이번에도 오피는 유안에게 회남국이 처한 현실과 도리를 말하면서 모반하지 말 것을 간했다. 오피는 지난 7국의 난이 실패하게 된 사정을 들어 설득했는데, 현재 회남국의 실력은 지난 7국과 비교하면 턱없이 부족하고, 중앙은 한경제 때보다 더욱 강성해서 모반은 결국 성공하지 못할 것이라고 했다. 이런 오피의 분석은 상당히 이성적이었다. 그는 말을 마치고 나서 감성적인 말을 남겼다.

지금 소신은 대왕께서 천승의 군주를 버리려고 함을 남몰래 슬퍼하오니, 장차 목숨을 끊으라는 글은 내리신다면 군신들 눈앞이 지켜보는 가운데 동궁(회남왕 거처)에서 죽겠습니다.

《사기》〈회남형산열전〉

이 말 뒤에 사마천은 대단히 생동감 있는 장면을 그렸다.

그리하여 노기와 원망이 교차해 못내 울적했고, 눈물이 눈 주위
에 가득하더니 얼굴에 가로질러 흘렀다. 그리고는 바로 일어나 계
단을 밟으며 물러났다.

이 문장에선 사마천의 문학적 재능을 살펴볼 수 있고, 장면의 감
화력이 돋보인다. 그런데 이 문장엔 한 가지 문제가 있다는 걸 발견
할 수 있다. 주어主語가 없다는 점이다. "노기와 원망이 교차해 못내
울적했고, 눈물이 눈 주위에 가득하더니 얼굴에 가로질러 흘렀다."라
는 구절의 주인공은 누구인가? 두 사람 중에 오피가 말하고 유안은
경청했는데, 최후의 말이 끝나고 정서가 심이 불안정했던 사람은 도
대체 누구인가? 오피인가 아니면 유안인가? 사마천은 끝내 설명하지
않았다. 단지 상·하 문맥을 살펴보면 이 사람은 오피일 가능성이 비
교적 크다. 그 이유는 세 가지다.

우선 전반부의 구절이 오피가 말한 거라면 사마천은 여기까지
쓰고 주어를 생략해도 문법상 통할 수 있다. 그다음에 후반부인 "바
로 일어나 계단을 밟으며 물러났다."는 분명히 비분강개한 사람이었
을 것이니, 오피가 유안과 대화를 마친 뒤에 나갔다는 것이 사리에
맞다. 셋째로 오피는 모반하고 싶은 생각이 없었으나 회남왕의 그를
핍박해 부모를 잡아두었으니, 그는 자기 앞날은 물론이고 목숨까지
도 회남왕의 손아귀에 달려있게 되어 당연히 비분강개할 수밖에 없

었을 것이다.

그러면 반고와 사마광은 이 문제를 어떻게 이해하고 있을까? 반고는 사마천과 마찬가지로 비분강개한 사람은 오피였다고 여겼다. 그래서 《한서》에는 이 장면을 "오피는 눈물을 흘리고 일어섰다."고 압축해서 써놓았다. 비록 문학적인 수식은 사마천에 미치지 못하더라도 확실히 눈물을 흘리고 비분강개한 사람은 오피였다고 지목한 것이다.

사마광은 이와 반대로 "노기와 원망이 교차해 못내 울적했고, 눈물이 눈 주위에 가득하더니 얼굴을 가로질러 흘렀다."의 주인공은 유안이라고 여겼다. 그래서 《자치통감》에서는 "왕은 눈물을 흘리고 일어섰다."고 기재했다. 이 기록이 잘 이해되지 않는 것은 회남왕이 오피에게 핍박을 가하고 부모까지 잡아두고 말을 듣지 않자 분해서 눈물을 흘렸다는 것인데, 정작 억울한 사람은 오피여서 사리에 맞지 않는 것 같다.

《한서》의 설법은 오피가 말을 마치고 눈물을 흘리고 일어섰다면 유안은 아무런 행동을 하지 않았을 것이고, 그것은 마음속에 여전히 모반의 생각을 하고 있었음이 분명해진다. 《자치통감》의 설법은 오피가 말을 마치자 유안이 눈물을 흘리고 일어섰다면 이 행동은 무슨 의미가 있는가? 진정으로 억울하고 비분강개한 사람은 유안이라는 소리다. 그는 핍박을 받은 적이 없는데, 왜 울었던 것인가? 오피의 말에 울화병이 도진 것인가?

정황은 이렇다. 유안도 모반하면 죽는 길이라고 명백히 알고 있었지만, 부득불 모험을 감수하지 않으면 안 되는 상황에 직면해 있었던 것이다. 그런데 오피의 말을 듣고 더욱 자기가 비참한 생각이 들어서 울분이 쌓여 가만히 앉아 있을 수 없었고, 급기야 눈물까지 보이고 황망하게 나간 것으로 생각할 수 있다. 만약 사실이 그러하다면 그 배후에는 속사정이 있을 것이다.

이 문제에 대해서 사마천은 명백하게 의견을 내세우지 않았고, 반고는 오피가 주인공이라고 여기고 사마광은 유안이라고 생각했다. 어떻게 보면 사소한 내막이지만 기실 그들이 이 사건에 대해 전혀 다른 의견을 지니고 있음을 알 수 있다.

모든 사건에는 동기가 있다. 만약에 유안이 진정으로 모반할 생각이었다면 그 동기가 있었을 것이다. 그것은 무엇이었겠는가? 이것은 대단히 중요한 문제로, 지난 사람들은 이 문제를 제기하지 않았다. 따라서 현재 이 사건을 간단하게 처리할 것이 아니라 당시 유안에게 심판을 가했던 사람들이 이 사건을 어떻게 해석하고 처리했는지 살펴봐야 만인들이 인정할 수 있을 것이다.

유안의 모반 동기

관련 역사서를 보면 당시 조정에서 유안의 모반 동기는 주요하게 두 가지로 요약된다. 첫째, 유안은 "항상 여왕厲王이 죽은 것을 원망했다."고 한다.(《사기》〈회남형산열전〉) 유안은 부친 회남여왕 유장이 한문제의 처벌로 음식을 먹지 않고 죽었다고 생각한 것이다. 그래서 유안은 부친의 죽음을 매우 불공평한 처사라고 여기고 모반을 도모했다는 것이다. 여기엔 합리적인 측면이 있다.

둘째, 유안은 당시 태위太尉였던 전분田蚡이 선동하는 바람에 황위를 엿보게 됐다는 것이다. 유안이 한번은 장안에 왔을 때 전분을 만나게 됐다. 전분은 그에게 현재 한무제가 아들이 없어서 그가 붕어하면 유안은 유방의 친손자 신분으로 황위를 계승할 가능성이 크다고 했다. 유안은 이 말을 듣고 큰돈을 써서 전분과 밀접한 관계를 맺고, 문객을 양성하고 모반을 계획했다는 것이다. 이 점 또한 표면적으로 크게 이상할 것이 없다. 역대로 제후왕이 황위를 탐하는 것은 자주 목격되는 현상이다. 그러나 이를 자세히 뜯어보면 의문점이 많이 남는다.

우선 나이 문제다. 《사기》에는 이 대화가 발생한 때가 건원建元 2년(BC. 137)인 한무제 직위 2년째 되던 해라고 밝히고 있다. 당시 한무제 나이는 17세였고, 유안의 나이는 이미 41세였다. 17세의 한무제는 아들이 없었는데, 41세의 유안이 그가 죽기를 기다려 황위를 계승한다는 것은 사마천의 정상적인 사고방식이 아니다. 따라서 이 설은 이치에 맞지 않는다.

관건은 유안의 나이에 관한 정보다. 한무제의 나이는 역사서에 명확하게 기재되어있다. 반면에 유안의 나이는 역사서에 직접 기재된 것이 없는데, 그러면 우리는 어떻게 그의 나이를 알았을까? 사마천이 간접적으로 우리에게 알려주고 있다.

사마천도 유안의 나이를 직접 언급하지 않았으나, 그의 부친인 회남여왕 유장의 기록에서 유안의 나이를 유추할 수 있다. 사마천의 기록으로는 한문제 8년(BC. 177)에 유장이 이미 죽어서 그 아들을 제후로 삼았는데, 당시 그의 아들들이 모두 7~8세였다고 한다. 이후 유안이 회남왕으로 봉호를 받았으니, 그는 장자였을 것이다. 그러면 유안은 한문제 8년에 8세였다는 것이고, 이를 근거로 우리는 건원 2년에 유안의 나이가 41세가 됐다는 것을 유추할 수 있다. 이 정보는 대단히 의미심장이다. 만약 독자가 세심하게 글을 읽으면 이런 정보를 도처에서 발견할 수 있다.

그래서 사마천의 표현은 외견상 조정의 입장을 보호하려는 듯하지만, 곳곳에 지뢰 같은 엄청난 정보를 숨겨두었다. 이 지뢰를 발견하면 조정의 주장을 굳이 공격하지 않아도 깨뜨릴 수가 있다. 사마천은 한무제 시대에 살아서 직설적으로 표현할 수 없는 것들이 많았다. 그래서 우리는 사마천의 글을 볼 때면 세심한 주의와 연구가 필요하고 그 속에서 많은 정보를 얻을수록 사건 해결의 실마리를 찾을 수 있다.

　반고는 비록 명탐정이라고 할 수 없지만 그렇다고 어리석지는 않다. 반고도 유안의 나이를 고려해《한서》에서 그 정보를 아예 삭제해 버렸다. 반고는 한문제가 유장의 아들들에게 작위를 내릴 때 유장의 아이들 나이를 기재하지 않았다. 이 때문에 우리는《한서》를 봐서는 유안의 나이를 유추할 수 없다. 그래도 반고는 방심할 수 없었던지 건원 2년에 발생했던 전분과 유안의 대화 시간을 손수 삭제해 버렸다. 왜냐하면, 이해에 한무제의 나이는 겨우 17세였고, 등극한 지 2년뿐이 안 되어서 전분과 유안이 그가 죽기만 기다린다는 것은 너무 조악한 생각이었다고 여겼기 때문이다.

　전분의 등장은 의미심장하다. 그는 바로 한무제의 외숙이다. 그는 당시 고관대작으로 부귀영화를 누리고 있었다. 무엇이 아쉬워 자기 생질이 일찍 죽기를 바라겠나? 머리가 이상해지지 않았다면 유안에게 잘 보이려고 돈에 눈이 멀어 아부할 이유가 전혀 없다. 이런 분석을 통해 우리는 이 사건이 크게 수상쩍다는 점을 발견할 수 있다. 그러면 다른 실마리를 통해 이 사건의 진상을 이해할 순 없는가?

《자치통감》의 건원 6년

《사기》가 때마침 유안의 나이에 관한 정보를 우리에 알려주어서 이 사건을 해결하는 데 도움이 됐다. 《자치통감》에도 우리가 이 사건을 더 잘 이해하도록 하는 정보가 실려 있다. 앞서 가장 먼저 이야기한 건원 6년에 유안이 적극적으로 모반을 도모하기 시작했다는 점이다. 바로 건원 6년에 《자치통감》은 우리에게 모반과는 완전히 상반된 유안의 모습을 소개하고 있다.

이해에 남방에서 두 개의 소국이 충돌하니, 민월국閩越國이 남월국南越國을 공격해 남월국에서 한나라 조정에 구원을 요청했다. 한무제는 대규모 군대를 파견해 남월왕을 도와 이 사건을 해결하려 했다. 이 소식을 들은 유안은 한무제에게 상소문을 올려 민월과 남월은 중국 교화 밖의 오랑캐 땅에 있어서 한나라가 개입할 필요가 없다고 간청했다. 이때를 전후로 국내 농업 작황도 좋지 않아서 백성들 생활은 어려웠다. 그런데 만약 군대를 천 리 밖으로 보내려면 백성은 참전하거나 식량의 운송 등에 동원되어야 한다. 이미 어려워진 경제 탓에 옹색해진 백성에게 그야말로 설상가상의 상황이 초래될 것이 뻔했다. 그래서 유안은 한무제에게 백해무익한 전쟁을 하지 말라고 했던 것이다. 유안이 보낸 한 구절이 있다.

폐하께서 천하에 군림하고부터 널리 덕을 펼쳐 은혜를 베풀어 천하가 편안해졌습니다. 백성은 자신들의 생을 편안히 생각하고 평생 전쟁을 겪지 않았습니다.

유안은 먼저 한무제의 통치에 대해 더할 나위 없이 칭찬하고 전쟁이 없는 태평한 세상을 희망했다. 이 글만 보면 유안은 모반을 준비하는 사람 같지 않고, 민생과 평화를 애호하는 사람처럼 느껴진다. 이런 성격을 지닌 유안이 음험하게 모반을 준비했다는 것은 상상하기 어렵다.

그다음에 만약 유안이 정말 모반을 꾀하고 있었다면 나라 안의 농업 생산량 감소와 백성의 동요를 고려하지 않고, 젊은 혈기에 모험을 무릅쓰고 전쟁에 나서겠다는 한무제를 굳이 만류할 필요가 있었겠는가? 한무제가 다른 나라와 전쟁을 벌이는 북새통에 모반을 일으킨다면 어부지리 아닌가.

모반 사건의 유안과 《자치통감》 건원 6년의 유안은 전혀 딴 사람인 것 같아 놀랍다. 사마광이 유안과 오피의 대화 속에 비분강개하고 울면서 나간 사람은 유안이었다고 주장했던 것을 사마광이 자기 마음대로 쓴 것은 아닌 듯싶다.

사마광은 유안이 오피가 모반이 반드시 실패로 끝날 것이라는 분석에 울분이 터져 비분강개하고 울었다고 보았던 것이다. 또 유안은 본래 민생에 관심이 있고 평화를 사랑하는 사람이었다. 이 두 가지 점을 돌이켜 본다면 이 사건에서는 한무제와 모반을 조사했던 사람들을 의심하지 않을 수 없다.

사마천이 제시한 유안의 나이를 고려해 보더라도 모반의 동기는 성립되지 않는다. 반고는 이 문제를 알고 있어서 유안의 나이를 유추할 수 있는 부분을 아예 삭제해 버렸다. 이 때문에 반고도 유안의 모반 사건은 어불성설이었다는 것을 잘 인식하고 있었던 것 같다.

유안을 타격한 진짜 이유

진상은 명백해진다. 유안의 모반은 원통한 것이다. 유안의 모반이 날조된 것이라면 한무제가 이 사건을 일으킨 장본인이다. 무슨 까닭인가? 먼저 이 원통한 사건은 서한 중앙정부에서 제후왕 세력을 약화하려는 일관된 방책의 일환이고, 유장과 유안은 그 방침의 희생양이라는 데 방점을 찍을 수 있다.

유안의 사건은 그 반향이 매우 커서 연좌되어 죽은 사람만도 1만여 명에 달했다. 한무제는 무엇 때문에 유안을 중점적으로 타격의 대상으로 삼았을까?

이 문제를 더 정확히 알려면 유안이라는 인물의 특징을 살펴보아야 한다. 《사기》에는 유안의 심성을 알아볼 수 있는 글이 다음과 같이 실려 있다.

회남왕 유안은 사람됨이 독서와 거문고 연주를 좋아하고 활을 쏘며 사냥하거나 말 타는 것을 좋아하지 않았다. 또한, 음덕을 행해 백성을 어루만지고 위로하며 자기 이름이 천하에 퍼뜨리려고 했다.

유안은 비록 출신이 고귀하나 귀족 자제들의 악습이 없었고 사냥과 말타기를 좋아하지 않았으며 독서와 거문고 연주를 애호하고 평소에 백성에게 관심을 보여 후덕하다는 평가를 받은 인물이었다. 오늘날까지 볼 수 있는 중국의 중요한 고전인《회남자淮南子》는 바로 유안이 남긴 것이다. 이렇게 심성이 착하고 백성을 사랑했던 제후왕이 무엇 때문에 비참한 말로를 맞이해야 했나?

제후왕으로서 격조가 드높고 평가가 후한 것은 반드시 좋은 일은 아니다. 이것은 쉽게 황제의 질투를 일으키고 중앙정부를 불안하게 할 요소로 작동할 수 있다. 우리는 한무제의 질투심을 가볍게 생각해서는 안 된다. 한무제가 질투를 일으킨 것은 유안 한 사람뿐만이 아니었다.

한무제에게는 이복형인 유덕劉德이 있다. 그는 하간왕河間王으로 봉해졌고 역사상 '하간헌왕河間獻王'이라고 일컬어진다. 이 유덕은 유안과 비슷해서 독서를 좋아하고 사람됨이 인후仁厚해 평판이 아주 좋았다. 그는 또 문화 사업에 큰 관심을 가지고, 진시황의 분서갱유 이후에 단절된 유학의 경전을 새로 정리하는 큰 공로를 세웠다. 그러나 유덕은 바로 이 때문에 한무제에게 질투를 받았다.

한번은 한무제가 유덕을 만난 자리에서 이렇게 말했다. "탕湯은 70리의 땅에서 왕자가 됐고, 문왕文王은 백 리의 땅에서 왕자가 됐다."《한명신주의漢名臣奏議》) 이어서 한무제는 유덕에게 "왕은 더욱 힘쓰시오!"라고 말했다. 이는 한무제가 유덕에게 "탕과 주문왕처럼 작은 영토를 기반으로 해서 백성에게 인의仁義를 베풀고 나중에 백성의 인기를 얻으면 나의 황위까지 넘볼 것인가?"라는 뜻으로 이야기한 것이다. 이 말을 들은 유덕은 다시는 문화 사업을 하지 않고 백성에게 인의를 베풀지 않았으며 주색에 빠져서 미친 사람처럼 살다가 죽었다. 유안이 평판이 좋고 명성이 천하에 알려진 것에 한무제는 큰 질투심을 느꼈을 게 뻔하다.

한무제가 유안을 경계했고, 더욱이 모반을 도모했다는 원통한 사건을 만든 중요한 원인은 유안이 선비들을 양성하고 있었기 때문이다. 유안은 문객들을 좋아해 수하에 매우 능력 있는 지사志士들이 많이 모여들었다.

한무제 통치 초기에는 권문세가에서 문객을 양성하는 것이 유행했는데, 그 전통은 춘추전국시대부터 내려온 것이었다. 가장 저명했던 사람은 전국 사공자四公子로 조나라 평원군, 제나라 맹상군, 위나라 신릉군, 초나라 춘신군 등으로, 문객 수가 몇천 명에 달했다. 이 때문에 사공자의 세력은 매우 커져서 각국 군주들도 꺼리는 상대가 됐다.

유안에게는 당시 이 사공자다운 풍모와 재능이 있었던 것 같다. 이를 증명하듯이 《한서》에는 유안의 신변에 수백 명에 달하는 각양각색의 인재들이 모여 있었다고 기재해 놓았다. 중앙정부에서는 일개 제후왕이 그렇게 많은 인물을 모아놓고 자신을 보좌하게 한다면 그 의도를 의심쩍게 생각할 수 있다. 만약 그들이 유안을 보좌해 중앙정부에 반대한다면 호랑이의 날개 역할을 하게 될 것이 아닌가?

반고는 《한서》〈유협전〉에서 한무제가 유안을 시기한 진정한 원인을 다음과 같이 언급했다. "위기후魏其侯, 무안군武安侯, 회남왕(유안) 등이 자기 문객을 양성하자, 천자가 이를 갈고 몹시 분하게 여겼다. 위청衛靑과 곽거병霍去兵은 회남왕의 전철을 밟지 않으려고 문객을 양성하지 않았다."

위기후 두영竇嬰과 무안군 전분田蚡은 모두 한무제 초기에 승상직을 맡은 인물들인데, 회남왕 유안처럼 문객을 양성하는 것을 좋아해 주위에 인재들이 구름처럼 모여들었다. 그 세력이 강대해지자 한무제는 큰 위협을 느끼고 안정감을 찾지 못했다. 이 때문에 한무제는 이를 갈 정도로 몹시 분개했으며, 앞으로 그들을 어떻게 처리할지 고심했다. 위청과 곽거병은 한무제 곁에서 늘 그런 모습을 보아온 터라 자신들에게 화근이 될 문객을 양성하지 않았다는 것이다.

지금까지 주요 경과를 보면 유안의 모반 사건은 애초에 뇌피가 흉노와의 전쟁에 참여하려 했을 때 유안이 반대하면서 시작됐다. 이때 대신들은 유안의 행동이 모반을 도모한 증거니 "마땅히 죽여야 한다."고 주장했다. 하지만 한무제가 대신들 요청을 거절하고 관용의 태도로 유안의 봉토 중에 두 개의 현만을 삭탈하게 했는데, 이는 가식적인 행동이었을 것이다. 아마도 유안을 완전히 제거하려고 일부러 놓아 준 수법일 가능성이 크다. 진짜 유안을 죽이고 싶었던 사람은 한무제 자신이었기 때문이다.

한무제는 우선 유안이 뇌피의 참전을 반대한 때가 마침 한나라와 흉노가 격렬하게 전쟁을 벌이고 있을 때였으므로 한무제는 유안이 자기 정책을 반대한다는 것을 실감하고 분노했을 것이다. 그리고 유안이 평판과 능력을 두루 갖추고 재능 있는 수하들이 그 곁에 운집해 있는 것을 보고 잠재적인 위협을 느낀 것이다. 그러나 한무제는 바로 유안을 제거할 명분이 없어서 3년이란 시간을 두고 대신들을 선동해 유안을 모반죄로 몰고 나갈 거짓 증거를 날조한 것이다.

이를 방증하는 증거는 유안이 실제로 어떤 모반행위도 행동으로 옮기지 않았다는 점이다. 유안은 단지 한무제가 수립한 내강황권內强皇權(안으로 황권을 강화함)의 계획에 따라서 억울하게 제거된 것뿐이다.

한무제는 황권을 강화하는 데에 장애가 되는 인물들을 무차별하게 제거해 나갔는데, 비단 유안뿐만 아니라 다른 부류의 인물들도 그 대상이었다. 도대체 어떤 인물이 한무제의 제거 대상이 됐고, 그의 제거 수단은 어떠했을까?

제 4 강

대협大俠의 죽음

《자치통감》에 있는 하나의 기현상

《자치통감》에는 한무제 원삭元朔 2년(BC. 127)에 한 가지 이상한 사건이 기록되어 있다. 한무제가 직접 처리한 곽해郭解란 인물의 사형 선고가 그것이다. 사마광은 이 사건의 내용과 경위를 모두 설명하면서 반고가 쓴 저명한 학자 순열荀悅의 상관평론을 인용했는데, 그 전후로 약 1천여 자를 덧붙였다. 《자치통감》의 문필은 군더더기가 없고 간결하기로 유명한데, 1천여 자로 한 사건을 처리했다면 긴 것이다.

한무제 재위 54년 동안 《자치통감》은 단지 6권을 썼다. 한 권당 평균 9년을 논했고 권당 1만여 자 내외로 처리했다. 《자치통감》에서 1만 자로 기술한 것은 문자가 매우 정선됐다는 증거다. 이 때문에 《자치통감》을 편찬할 때 '숨은 규칙'이 하나 있었다. 국가 정치나 사회 민생에 중대한 귀감이 되는 인물과 사건이 아니면 수록하지 않았다는 것이다. 예컨대 굴원屈原 같은 저명한 애국시인도 《자치통감》에는 한 자도 언급하지 않아서 그 취사선택의 엄밀함을 엿볼 수 있다. 곽해가 어찌 굴원과 비교가 되겠는가? 그는 단지 민간에 영향을 끼쳤던 협객에 불과했다. 넓고 망망대해 같은 역사의 흐름 속에서 살펴본다면 그야말로 볼품없는 작은 인물이다. 그런 인물을 한무제는 무엇 때문에 친히 처리했을까? 《자치통감》에는 왜 많은 글로 그를 토론했던가?

이 수수께끼를 풀려면 먼저 곽해가 도대체 어떤 사람이고 어떤 일로 한무제의 관심을 끌었는지 알아야 한다. 곽해는 하내군河內郡 지현軹縣 사람이다. 이 지방은 오늘날 하남성河南省 제원시濟源市에 속한다. 곽해의 부친은 효무제 때 이름난 협객이었는데, 뒤에 죄를 범해서 조정에 의해 주살됐다.

가풍이 이와 같으니 곽해는 어렸을 때 비록 왜소했지만, 칼을 잡고 협객으로 자처하는 것을 좋아했다. 한번 살기를 띠면 "목숨을 걸고 친구를 위해 복수했고 도피한 사람들을 감추어주었으며 간악한 짓과 강도 행위를 일삼았다."고 한다.(《사기》〈유협열전〉) 이 밖에도 가짜 돈을 만들고 무덤을 파헤쳐 부장품을 훔치는 등의 음험한 도둑질을 했다.

장성한 후에 곽해는 성격이 바뀌어 비교적 겸양하고 공손하며 절의를 지키고 검소하게 살았다. 또한, 덕으로써 원한을 갚고 다른 사람을 도와주고는 보답을 바라지 않았다. 오늘날 조직폭력배의 의리파 '보스' 같은 존재가 됐다.

성년이 된 곽해에 관해 《사기》와 《한서》에는 일련의 사건을 기재해 두었는데, 이 중에 몇 가지를 소개하고자 한다. 곽해 누나의 아들, 즉 외조카가 곽해의 세력을 믿고 비교적 안하무인으로 행동했다. 한번은 다른 사람들과 술을 마시다가 상대방에게 억지로 술을 마시라고 강요했는데, 상대방이 칼을 뽑아 그를 죽여 버렸다. 순식간에 벌어진 일이고 범인은 재빨리 도망갔다. 곽해의 누나는 화가 치밀어 견딜 수가 없어서 사람들에게 범인을 잡도록 했으나, 잡을 수 없자 아들의 시체를 길거리에 내버려두고 장사를 지내지 않았다. 곽해의 누나는 곽해가 이 광경을 보고 스스로 느끼는 바가 있다면 그가 대신 범인을 잡아 복수해 줄 것으로 생각했던 것이다.

범인은 흉수라는 자였다. 곽해는 암암리에 흉수가 숨은 장소를 알아보았다. 흉수는 암흑가에서 곽해의 세력이 대단하다고 알던 터라 도저히 자기가 상대할 수 없다고 여겨 최후에는 곽해를 찾아가 자수했다. 이때 곽해는 흉수에게 당신에게 아무 책임이 없고, 자기 조카가 죽어 마땅한 짓을 했다고 말하고 놓아주었다. 그런 다음 곽해는 스스로 자기 조카의 시신을 거두어 장사지내고 그 처리결과를 사람들에게 알렸다. 많은 사람이 그 행동을 보고 감탄했으며 시비곡직是非曲直을 잘 가렸다고 칭송했다. 그 후부터 곽해를 신임하는 사람들이 갈수록 늘어났고, 더 많은 사람이 그에게 의탁해 곽해의 무리와 세력은 전보다 더욱 커졌다.

단, 사회 치안의 각도에서 바라보면 곽해가 처리한 이번 사건은 문제가 있었다. 살인사건인데 어떻게 처리하든 정부 관련 부처가 조사하고 처벌해야 마땅한데, 피해자 친척이 나서 제멋대로 살해범을 용서하고 놓아준 것은 법치를 무시하는 처사였던 것이다. 그런데도 관가에서는 이 일을 문제 삼고 나서지 못했다. 곽해의 위엄과 세력이 관가까지 통했기 때문이다.

곽해는 분규를 잘 처리하는 능력이 있었다고 소문이 났다. 하지만 일반 백성은 그를 무서워하지 않고, 관가를 무서워했다. 한번은 곽해의 고향에서 이런 일이 발생했다. 한 사내가 곽해의 위세가 대단하다는 소문을 듣고 길거리에서 오만하게 양다리를 벌리고 거만하게 곽해를 째려보았다. 옛날에 이런 자세는 매우 예의가 없는 것으로 여겼는데, 곽해의 부하들이 그 광경을 보고 기가 막혀 분한 마음에 그 자리에서 당장 죽이려고 했다. 이때 곽해는 부하들을 만류하고 단지 그 사내의 성명만을 알아오라고 시켰다. 곽해가 나중에 보복할 마음이었던가? 아니었다. 곽해는 고향에서 자신이 존중받지 못한 것이 자신이 평소에 덕을 쌓지 못한 탓으로 여기고는 그 사내를 나무라지 않았다. 그럼 그 사내의 성명은 왜 알아보라고 시켰을까?

옛날에 장정들은 일정 기간 국가에 노역이나 전쟁 등에 의무적으로 복무해야 했다. 곽해는 관가에 아는 관리를 찾아가 그 사내의 노역을 몰래 빼주도록 했다. 한편 그 사내는 제 차례가 왔는데도 매번 노역에 차출하지 않는 것을 보고 이상하게 생각했다. 이렇게 몇 년이 지난 후에 그 사내는 자기가 매번 노역에 동원되지 않았던 것이 곽해가 뒤에서 도와준 덕분이라는 사실을 알게 됐다. 그러고는 곽해를 찾아가서 사죄하고 존경을 표했다.

이 고사는 아주 흥미롭다. 곽해란 사람이 덕으로 원한을 갚고, 그의 일거수일투족은 남들에게 존중을 받았다는 점이다. 그러나 자세히 보면 역시 문제가 보인다. 노역에 복무하는 것은 국가 제도이고 백성의 책임과 의무인데, 개인이 그런 제도를 무시하고 자기 마음대로 좌지우지할 수 있었다니 이상한 특권 아닌가? 이 사건으로 곽해는 비록 개인적인 덕을 쌓을 수 있었지만, 공중질서와 법을 파괴한 사람이 됐다.

위 두 가지 고사를 통해 곽해가 비록 관리는 아니더라도 현지에서 상당한 권세와 품격과 주위에 신망을 얻고 있으며 더불어 문제 해결에 능력이 있음을 알 수 있을 것이다. 반고는 《한서》〈유협열전〉에서 "(곽해의) 권력이 주州와 성城에서 행해지고, 힘은 공후公侯를 꺾었다."고 기술했다.

곽해란 인물에 대해서 《사기》와 《한서》 모두 〈유협전〉에 기술했다. 사마천의 분석으로는 곽해는 포의유협布衣遊俠(서민적인 유협)의 전형에 속한다고 보았다. 그러면 유협의 무리는 어떤 사람들로 구성되고 그들의 기본 특징은 무엇인가? 그들 행위는 정부가 이끄는 사회질서와 어떤 모순이 있었는가?

유협 무리와 그 특징

'유협'은 전국시대부터 한대漢代에 이르기까지 매우 번성했다. 사마천의 《사기》〈유협열전〉에는 이런 무리를 두 부류로 나누었다. 한 부류는 경상지협卿相之俠, 다른 한 부류는 포의지협布衣之俠이다. 경상지협卿相之俠 중 가장 저명한 이들은 전국 사공자戰國四公子다. 즉, 조趙나라 평원군平原君, 위魏나라 신릉군信陵君, 제齊나라 맹상군孟嘗君, 초楚나라 춘신군春申君이다. 이들 사공자는 자기 재력과 정치적인 지위로 숱한 재능을 가진 선비를 양성하니, 이를 '문객門客', '식객食客'이라 일컬었다. 그 수가 많게는 수천 명까지 달해 군주도 그 세력을 두려워할 정도였다. 이처럼 권세가 있는 귀족들이 문객을 양성하는 것은 한무제 시대에까지 내려왔다. 회남왕 유안도 전형적인 경상지협에 속한다. 유안의 문객 또한 수천 명에 이르렀다.

다른 한 부류는 포의지협으로 한대漢代 초기에 특히 많아졌는데, 곽해가 그 전형이다. 포의지협은 곽해와 같이 일개 서민에 불과하지만, 따르는 무리와 세력이 있다. 그런데 문객을 양성하고 자기 세력과 무리를 형성하는 것은 유협의 핵심적인 특징은 아니다. 사마천은 경상지협이든 포의지협이든 그들의 공통적인 특징을 다음과 같이 총결했다. "말에는 반드시 신용이 있었고, 행동은 과격했으며 이미 승낙

한 말은 반드시 성의를 다했다. 또 자기 몸을 버리고 남의 고난에 뛰어들 때 생사를 돌보지 않았다." 이것이 유협의 진짜 정신이다.

경상지협 중 가장 전형적인 사례가 전국시대 위나라 신릉군이 임금의 부절을 훔쳐 조나라를 구한 일이다. 당시 진나라가 조나라의 한단을 공격해 정황이 위급해졌을 대 조나라는 위나라에 구원을 요청했다. 그러나 위나라는 진나라가 두려워 감히 구원의 손길을 뻗치지 못했다. 이때 조나라의 평원군과 평소 우정이 깊었던 위나라 신릉군은 조나라를 구하려고 위나라 왕의 군대를 움직일 수 있는 병부를 훔쳐 거짓으로 왕의 명령이라고 꾸며 군대를 보냈다. 비록 신릉군과 위나라 왕이 친척이라고는 하나 이 사건이 터진 후에 신릉군은 고국으로 돌아갈 수가 없었다. 그는 친구와의 의리를 지키려고 조국을 배반했다는 죄명을 얻었다.

황권 정치가 확립된 한대에 곽해와 같은 포의지협은 전국시대 사공자처럼 강대한 정치세력을 가지고 위기에 빠진 다른 나라나 사람들을 구해주지는 못했지만, 그래도 제 나름대로 활동영역이 있었다. 즉 스스로 위엄과 사회적인 명성을 가지고 남들이 못 하는 분규나 문제를 대신 해결해 주는 일이었다.

당시 낙양에 두 집안이 있었는데, 명절을 지내다가 서로 싸워 원수지간이 됐다. 그래서 그 지역의 명망 있는 유지들이 찾아가 두 집안이 서로 화해하고 잘 지낼 것을 권했지만, 두 집안은 더욱 사이가 나빠졌다. 그때 한 사람이 곽해를 떠올리며 그에게 찾아가서 중재를 청해보기로 했다.

그 요청을 수락한 곽해가 이들 집안을 찾아가서 중재하니, 두 집안은 즉시 앞으로 보복하지 않고 잘 지낼 것이라고 약속했다. 중재를 마친 곽해는 밤에 떠나면서 애초 이 집안에 개입했던 유지들의 체면을 생각해서, 다음날 다시 한 번 그들에게 두 집안의 화해를 주선해 달라는 부탁을 했다. 그리하여 이 일은 두 집안은 물론이고 그 지역 유지들의 체면까지 살려서 잘 마무리됐다. 이런 내막을 모르는 사람들은 그 두 집안을 화해시켜 준 사람이 지역 유지이지 곽해인 줄 몰랐다.

　　이 신릉군과 곽해의 두 고사를 미루어 생각해보면 한 방면으로 그들의 위엄 있는 풍채가 떠오른다. 경상지협이었던 신릉군이나 포의지협이었던 곽해는 모두 개인적인 매력을 지니고 있다. 신릉군은 친구를 위해서 제 모든 것을 포기했고, 곽해는 어려운 분규를 해결할 때 남들의 체면까지도 고려한 겸손함과 사양심까지 보였다. 두 사람 모두 인격과 절개가 높다는 것을 알 수 있다.

　　한편 문제를 해결하는 방식은 사사로웠다. 신릉군은 정부의 법령을 정식으로 어긴 행동이었고, 곽해 또한 사회규범이나 정부의 법령 체계를 무시하고 오직 자기 위세와 명망을 앞세워 일을 처리했다. 유협들의 행동과 규칙은 국가 법령과 사회질서 형성에서 첨예한 충돌을 일으키고 마는 것이다. 그들이 항상 내거는 구호인 "하늘을 대신에서 정의를 행한다."는 것은 사사로운 형벌이지만, 법질서 체계를 완전히 무시하는 것이고 정부의 권위에 정면으로 도전하는 일이다.

한무제 안중의 곽해

고대 중국 황제는 대부분 즉위하면 바로 자기 능묘陵墓를 짓기 시작하는데, 한무제도 그랬다. 건원建元 2년(BC. 139)에 자기 능묘를 짓기 시작해 원삭元朔 2년(BC. 127)까지 12~13년간 조성해 대충 형태가 잡혔다. 한무제 능묘는 무릉茂陵이라 불리는데 지금의 서안西安에서 멀지 않다.

　한대漢代의 전통은 제왕 능묘를 조성하면 그곳으로 한 집단의 인구를 이주시킨다는 것이었다. 그 지방을 튼실하게 만들기 위해서다. 그러나 이주 인구는 아무나 뽑지 않고 각 지방에서 일정한 영향력과 세력을 지닌 사람들을 택했다. 그것은 중앙정부에서 지방사회를 통제하려는 수단의 일환이었다. 왜냐하면, 지방에서 영향력 있는 사람들은 해당 지역에서 일정하게 권위가 있을 뿐만 아니라 군중들을 규합해 반정부 활동을 할 수 있는 잠재력을 지니고 있었기 때문이다.

　무릉을 조성하는 계기로 한 신하가 한무제에게 세 종류의 사람들을 무릉 부근으로 이주시켜야 한다고 건의했다. 첫째는 천하의 호걸로 불리는 사람들이고, 둘째는 겸병지가兼幷之家로 타인의 토지와 재산을 빼앗아 겸병하는 무리이며, 셋째는 질서를 문란하게 만드는 백성이다. 이렇게 주장한 사람이 바로 주보언主父偃이었다.

주보언은 앞서 제후왕의 세력을 약화하려고 '추은령'을 기획한 장본인이다. 왜 또 그가 나섰나? 이것은 우연한 일치가 아니다. 지방에 세력인 있는 사람들을 이주시켜 무릉 주변을 튼실하게 한 것과 제후왕의 세력을 약화하는 두 가지 일은 서로 연관되어 있는 것으로 모두 다 한무제의 황권을 강화하는 중요한 수단이었기 때문이다.

한무제는 주보언의 의견에 따라 일련의 이주 표준을 정했다. 그 가운데 하나는 재산이 삼백만 이상인 사람들이었다. 한무제 시기에 삼백만 이상을 소유한 사람들은 모두 거부들이다. 그들은 지방에서 세력이 대단했다.

이 표준대로라면 곽해는 해당되지 못한다. 그러나 곽해는 자기 지방에서 세력과 영향력에서 웬만한 거부들 이상이었다. 그래서 지방 관리도 곽해를 이주 명단에 끼워놓았다. 또 그의 이주를 위해 대장군 위청이 친히 한무제에게 곽해라는 인물을 소개하고, 비록 재산은 많지 않으나 마땅히 이주 대상이 되어야 한다고 주청했다. 한무제는 대장군이 직접 나설 정도라면 비록 가난해도 상관없다고 윤허했다. 그래서 곽해도 이주 대상이 됐는데, 이것으로 곽해라는 인물이 처음으로 한무제의 시야에 들어왔다.

곽해가 무릉으로 이주하려고 서안(장안) 부근의 함곡관函谷關으로 들어서자 "관중에 들어서자 그곳의 현사賢士와 호걸들은 그를 알든 모르든 간에 그의 명성을 듣고 앞다퉈 그와 사귀려고 모여들었다"(《사기》〈유협열전〉)고 한다. 이 글을 보면 곽해의 인기가 어느 정도였는지 실감할 수 있다. 당시 천자 발밑에 있던 관중에서 그의 팬들이 가득했던 것.

한편 곽해의 고향에서 그를 이주시켜야 한다고 주장했던 지방 관리의 성은 양 씨였다. 곽해가 이주한 직후에 양 씨 부자는 그의 부하들에 의해서 모두 살해됐다. 이 일로 양 씨 가문에서 고발장을 써서 장안으로 찾아오니, 곽해 부하들은 그 사람마저 살해해 버리고 말았다. 천자의 발밑인 수도에서 대담한 일이 벌어진 것이다.

곽해는 다시 한 번 한무제의 시야에 들어왔다. 한무제는 친히 곽해를 속히 붙잡아 사건을 해결하라는 명령을 내렸다. 그래서 곽해를 체포해 심문했는데, 그전에 안 알려진 사건까지 밝혀졌다. 앞서 곽해는 어려서부터 검에 의지해 협객행세를 하고 성년이 된 이후에는 패거리를 만들어 온갖 만행을 저질렀다고 했다. 그중에 한 가지 사건을 중점적으로 조사했다.

곽해가 고향 지현軹縣에 있을 때 한 유생이 곽해를 두고 "참으로 못된 일만 저질러 국법을 어긴 자"라고 비평한 적이 있었다. 이 한마디 때문에 그는 곽해의 부하에게 살해되고 더불어 잔인하게 혀까지 뽑혔다. 이 사건은 불미스럽게도 곽해 자신은 몰랐을뿐더러 따르는 부하들이 너무 많아서 누가 한 짓인지조차 알 수가 없었다. 이 사건을 담당했던 관리는 곽해가 직접 살인을 하거나 명령을 내리지 않아서 그에게 벌을 내릴 수가 없다고 주장했다. 그러나 중앙에서 형벌을 담당하는 어사대부 공손홍은 곽해는 평민으로 큰 권세를 지니고 사사로운 일로 그를 대신해 사람을 죽였으니, 직접 살인한 사람보다 더 죄질이 나쁘다고 했다. 최후에 한무제는 공손홍의 의견에 동의해 곽해를 사형에 처하고 또 친척까지 모두 멸족했다.

　큰 나라에서 살인과 재물을 약탈하는 일은 무수히 자행된다. 그런데 일개 평민에 불과한 곽해의 사건은 한무제가 직접 관심을 가지고 감독해 처리했다, 이는 매우 주목할 만하다. 도대체 곽해와 한무제는 어떤 부조화와 모순이 있었던 것인가? 역사가들은 이 문제를 어떻게 보았는가?

역사가들의 유협에 대한 다른 의견

곽해는 일개 평민이고. 한무제는 한나라 천자다. 외견상 그들은 어떤 교차점도 없어 보인다. 그러나 곽해와 한무제 사이엔 확실히 서로 용납할 수 없는 모순이 있다.

한무제는 황권과 국가의 통제력을 더욱 강화하려고 곽해와 같이 지방에서 영향력 있는 부류를 무릉으로 이주시켰다. 단지 이주 과정에서 곽해는 오히려 더욱 존경받게 됐고, 지방 호적들의 세력은 더욱 돋보이게 됐다. 곽해 부하들이 그의 이주에 관여했던 관리들을 살해한 것은 분명히 황권에 대한 시위라고 할 수 있다.

황권은 본질상 일종의 절대권력으로 배타성이 있다. 한무제처럼 강렬한 황권 의식을 지닌 제왕에게는 황권 밖의 어떤 권력도 용납되지 않는다. 그래서 황권에 장애가 되는 힘에 대해 한무제는 무정하게 타격을 가했다. 앞서 언급한 회남왕 유안은 황권 강화에 장애가 되는 귀족의 전형이고, 곽해는 민간 영수의 전형이라고 할 수 있다. 즉, 유안과 곽해는 한무제 시대에 경상지협과 포의지협의 대표라고 할 수 있다.

곽해의 신상에서 유협이란 복잡한 사회문제라는 것을 알 수 있다. 곽해는 평민에 불과하지만, 황권과 국가질서에 큰 문젯거리였다.

이는 문장이 간단명료하기로 유명한 《자치통감》에서 곽해란 인물을 큰 비중으로 다룬 것만 봐도 알 수 있다.

오늘날 곽해를 바라보면 두 가지 양면성이 보인다. 한 면으로 어떤 사람들은 자기 능력과 위신을 가지고 지하 세계에 자신만의 질서를 만들고 있다는 것이다. 곽해가 낙양에서 분규를 해결한 것을 보면 알 수 있다. 또 다른 면으로 그들의 행동과 규칙은 모두 치외 법권으로 어떤 때는 극단적으로 사람을 죽여서 문제를 해결하고, 이로 말미암아 사회치안을 파괴하고 있다는 것이다.

이런 역량은 긍정적으로 생각하면 사회 치안을 유지하는 또 하나의 동력으로 모두 민간사회의 활력으로부터 기인한 것으로 볼 수 있다. 하지만 부정적으로 생각하면 법률과 법치 사회질서의 무너뜨리는 우환거리다. 그래서 유협 같은 존재는 긍정적인 측면에서 의미도 있지만, 부정적 측면에서 그 폐해가 더 크다. 이에 관해 역사가들 의견은 어떠했을까?

첫째로 유협을 중요한 사회 군체群體의 하나로 역사책에 적은 사람은 사마천이다. 사마천은 《사기》〈유협열전〉에서 이런 민간 영웅들에 대한 경모의 정이 충만했다. 한 번 약속한 일은 천금보다 소중히 여기고, 의리를 위해 죽음도 불사하는 유협을 동경했던 것 같다. 사마천은 곽해 같은 인물은 비록 부정한 수법을 저질렀어도, 개인적으로 청렴결백하고 남에게 사양하고 물러날 줄 아는 품성을 지니고 있다며 칭찬할 만하다고 했다. 그래서 곽해를 묘사할 때 사마천은 비록 체제 밖 인사이지만 정부와 노력하면 좋은 관계를 맺을 수 있다고 보았다. 실제 곽해는 겸손해서 감히 수레를 타고 현의 관청을 가는 일이 없었다고 한다.

한무제가 곽해를 처리한 문제에 대해서 사마천은 직접 평론하지 않았다. 하나 사마천은 곽해를 변호하는 입장을 드러냈고 되도록 긍정적인 측면에서 바라봤다. 또한, 사마천은 곽해를 친히 여겨, 그 용모는 별로였지만 그 위엄과 명성은 남들에게 찬탄을 자아내게 한다고 했다.

똑같은 문제인데 반고의 태도는 사뭇 다르다.《한서》에도 〈유협전〉이 있는데, 전문적으로 곽해 부류를 기재해 놓았다. 그러나 반고는 곽해를 논할 때 그의 부정적인 측면을 부각했다. 반고는 곽해의 무리가 심야에 자주 모여 뭔가를 작당했다고 적었다. 왜 심야에 모였나? 그들 활동이 비밀리에 이뤄져야 했기 때문이다. 반고는 곽해가 일개 필부이면서 자기 지방에서 생살여탈권을 마음대로 휘둘렀으니, 백번 죽어 마땅한 죄인이라고 했다.

반고와 사마천의 확실한 구별은 반고는 한무제의 권위를 옹호하며 한무제가 곽해를 처형한 것을 매우 당연한 처사라고 찬성했다. 다시 말해 반고는 황권 체제의 사회질서를 찬성했고, 사마천은 민간인의 역량이 살아있다는 것을 동정했다.

사마천과 반고의 곽해에 대한 기록은 또 다른 한무제의 형상을 이해하는 데 도움이 된다. 한무제는 황권을 강화하려고 일말의 민간이 품었던 역량도 압살해 버리고 강경하게 통치했다. 반고의 붓 아래에서 한무제는 법률제도와 사회질서를 바로잡으려는 영명한 군주로 묘사됐다. 사마광은 직접 평론하지 않고, 《자치통감》에서 반고의 관점을 인용하고 이 문제를 설명할 때 반고와 같은 입장을 보였으니, 그도 황권 체제의 옹호자일 것이다.

우리는 앞 장에서 한무제에 대한 사마광과 반고의 태도에 확연한 차이가 있지만, 곽해에 관해서는 서로 같은 입장이라는 점을 확인할 수 있다. 이는 우리가 서로 다른 사학자들의 붓 아래에서는 한무제의 형상이 기계적으로 간단하게 처리할 수 없는 문제라는 것을 실감하게 한다.

한무제가 회남왕 유안을 타격한 일은 분봉제의 세력을 소멸시키려는 것이었고, 곽해를 친히 명령을 내려 처형한 것은 사회 권력을 하나로 모으고, 황권에 걸림돌이 되는 요소를 없애기 위해서였다. 이 두 사건을 통해 한무제가 중앙과 지방의 권력을 하나로 통일하려고 얼마나 심혈을 기울였는지 알 수 있다.

한무제는 황권을 강화하려는 한 가지 매우 중요한 일을 마무리했다. 바로 사상의 통일이었다. 사상이 통일되지 못하면 최종적으로 다른 부분과 보조를 맞추기가 너무 어렵다. 한무제는 사상의 통일을 위해서 어떤 조치를 하고, 그 효과는 어땠을까?

제 5 강

오직 유술儒術를 숭상하다
(독존유술)

한 가지 상식에 관한 논쟁

한무제는 전면적으로 황권을 강화하는 데 중요한 한 가지 문제를 해결하지 못했다. 바로 사상에 관한 문제를 어떻게 처리해야 하는가였다. 우리는 모두 한무제가 "백가百家를 모두 내쫓고, 오직 유술만을 숭상하게 한다."는 조치에 대해서 잘 알고 있을 것이다.

한무제는 즉위 초에 저명한 유학자인 동중서董仲舒의 의견을 듣고 기타 학파의 학설을 버리고, 오직 유학의 학설만을 따랐다고 전해진다. 이 설법은 오늘날까지 상식으로 알려져 거의 모든 교과서에 기재될 정도다. 한무제나 유학사를 연구하는 학자들은 이 일에 대해서 매우 기뻐한다. 한무제를 연구하는 사람은 이 일을 그의 위대한 업적이라고 치켜세우고, 유학사를 연구하는 사람은 유학 학설이 바야흐로 봄을 맞이한 시대라고 주장한다. 그러나 《사기》, 《한서》, 《자치통감》에는 이 문제를 다르게 다룬다. 《한서》에는 이렇게 기술되어있다.

효무제孝武帝(한무제)는 즉위하자마자 탁월하게 백가百家를 폐출하고, 육경六經을 드러냈다.

육경은 유가의 중요한 6부 경전으로 《역易》, 《시詩》, 《서書》, 《악

樂》,《예禮》,《춘추春秋》를 가리킨다. 이 말에서 '탁월하게'는 반고가 한무제의 행동을 매우 위대하게 설명하려고 쓴 수식어다. 이 밖에 반고는 《한서》에서 〈동중서전〉을 따로 편찬해, 한무제가 백가를 폐출시키고, 오직 유술만을 숭상하게 한 장본인이라고 소개했다. 반고의 이런 주장은 현대인의 인식과 같다. 혹자는 오늘날 동중서의 주장을 한무제가 수용한 사실이 반고에게 중대한 영향을 끼쳤다고 한다. 그럼 《사기》에는 한무제가 즉위한 초기의 사상경향을 어떻게 기술해두었을까? 사마천은 이렇게 말했다.

> 지금 천자(한무제)가 즉위하자마자 더욱 공손히 귀신을 섬기고 받들었다.

사마천은 한무제가 유가 학설 따위에는 관심이 없고, 가장 관심을 기울였던 것은 귀신에게 제사 지내는 일이라고 했다. 《논어》에는 공자가 "귀신을 공경하되, 멀리하라"고 했고, 공자는 "괴이함, 용력, 패란, 귀신에 대해서 잘 언급하지 않았다"고 전한다. 만약 한무제가 귀신숭배에 열중했다면 이 태도는 공자 사상과는 정반대가 된다. 그런데 어떻게 진정한 유학의 학설을 받아들이고 오직 유술만을 숭상했다는 것인가?

사마천과 반고의 의견은 일치하지 않는다. 또한, 사마천은 동중서에 대해 따로 전기를 쓰지 않았다. 단지 〈유림열전儒林列傳〉에 동중서에 대한 생애를 간단하게 소개했는데, 그 글자 수를 헤아려보면

200~300자에 불과할 정도로 간단하다. 만약 동중서가 한무제에게 "백가를 모두 내쫓고, 오직 유술만을 숭상하자"라고 건의했다면 그에 관한 업적과 전기가 이렇게 간단할 리가 없다. 동중서는 사마천의 스승이기도 하다. 만약 스승이 훌륭한 업적을 남겼다면 제자가 어떻게 기록하지 않을 수 있겠는가? 이것은 또 하나의 의문점이다.

그렇다면 《자치통감》은 어떻게 기록했을까? 《자치통감》에서는 제17권부터 한무제 시대를 기술했는데, 맨 처음에 등장하는 인물이 동중서다. 사마광도 반고처럼 동중서가 "오직 유술만을 숭상하도록 하자!"고 건의했고, "모든 육예의 과목과 학술에 들어있지 않은 것들은 모두 그 길을 끊어서 함께 나오지 못하게 해야 할 것입니다."라고도 기술했는데, 간단하게 말해 "백가를 모두 내쫓아야 한다."는 것이다. 다만 한무제가 그 건의를 받아들여서 참으로 유학을 더욱 발전시켰는지에 관한 평론은 하지 않았다. 이 일에 대해 일종의 침묵하는 태도를 보여 부정적인 요소를 발견한 것처럼 보인다.

세 역사책은 서로 모순적으로 기술되어 있다. 오늘날 많은 학자는 한무제가 "백가를 내쫓고, 오직 유술만을 숭상했다"는 문제에 대해 의문점을 제기하기도 한다. 반고가 이렇게 기술한 데에는 반드시 어떤 요인이 있었을 것이다. 사마천과 사마광 또한 다른 의견을 가지고 있는데, 이 역시 반드시 그들만의 도리가 있었을 것이다. 그렇다면 "백가를 내쫓고, 오직 유술만을 숭상했다"는 구호는 어떻게 생겼을까?

통치 사상과 궁정정치

한무제 즉위 초기의 통치 사상엔 어떤 문제점이 있었을까? 통치 사상은 필연적으로 시대 환경과 밀접한 연관이 있다. 한무제의 조부인 한문제, 부친인 한경제 시대에 통치자는 무엇에 관심을 기울였을까?

진나라 말기부터 한문제가 등극하기 이전에 외척인 여러 여씨呂氏(여태후의 친척)를 제거하는 45년 동안에 국가와 사회는 매우 불안정했다. 한문제는 등극하고 나서 '청정무위淸淨無爲와 여민휴식與民休息(맑고 깨끗하게 하는 일 없이 국민과 더불어 휴식한다)'을 지도 사상으로 삼았다. 그래서 화려하게 궁정을 꾸미거나 무리하게 대외 개척을 하면서 황제가 여러 곳을 돌아다니는 따위의 국력을 소모하는 일은 하지 않았다. 또한, 국가가 백성의 생활을 지나치게 간섭하지 않고 될 수 있는 대로 혼란이 일어나지 않도록 했다. 세율도 대단히 낮아서 농업 생산의 30분의 1 정도였다. 그리하여 백성은 안심하고 생활할 수 있었고, 민간에 재부가 축적되어 사회의 원기가 회복됐다. 이는 바로 '청정무위와 여민휴식'의 통치책략이 매우 효과가 있었다는 방증으로, 그 핵심 사상은 노자老子가 제창한 '무위이치無爲而治(다스림이 없는 것 같은 다스림)'였다. 당시에는 이를 황로黃老학설이라고 했다.

그렇다면 황로학설은 한문제가 제창한 통치 사상이라도 할 수 있다. 한문제의 이런 사상은 당시 사회에 큰 영향력을 발휘했고, 그의 부인에게도 지대한 영향을 끼쳤다. 그 부인이란 바로 황후皇后 두씨竇氏이고, 그녀는 황로학설에 남다른 애착이 있었다. 한문제가 승하한 후에 그녀는 황태후가 되어서 황로학설로 아들인 한경제를 지도했는데, "한경제와 여러 두씨竇氏(두태후의 형제와 조카)가 부득불《노자老子》를 읽고, 그 학술을 높이 숭상했다"《한서》〈외척전〉)고 한다.

한경제 때까지 황로학설을 통치 사상으로 삼았지만, 실제는 불완전한 형세였다. 예컨대 7국의 난이 발생할 때 '청정무위' 사상으로 대응하기에는 어려웠던 것이다. 그러나 황로사상은 한 방면으로 사회에 잘 적응해서 경제발전과 사회안정을 이루었고, 다른 한 방면으로 한경제는 모친의 권위 때문에 공개적으로 황로사상을 배척할 수가 없었다. 한경제는 그의 시대에 대대적으로 통치 사상을 조정하지 않았다.

한무제가 즉위한 초기까지 두태후는 생존하고 있어서 '태황태후'로 불리었고, 그녀는 한무제의 조모가 됐다. 당시 두태후는 이미 실명 상태였는데, 권력욕이 강해 조정의 정치에 관여하는 것을 좋아했다. 한무제는 자주 조모의 안부를 살폈고, 두태후 역시 황로사상으로 한무제의 통치를 지도하려고 했다.

두태후는 황로사상이 보배와 같은 가르침이라고 여겼다. 이미 자기 장부인 한문제와 아들인 한경제가 황로사상으로 나라를 잘 다스린 경험이 있어서 손자인 한무제 역시 황로사상으로 통치하길 바랐다. 황로사상은 두태후가 한무제를 통제하는 제어 수단이자 호신부라고 할 수 있었다.

젊은 한무제는 늙은 조모가 황로사상으로 자신을 제어하려는 것을 달가워하지 않았다. 처음에는 노골적으로 반대하지 않고 참았지만, 나중에 더는 참을 수 없는 지경에 이르렀다. "천자가 바뀌면 신하도 바뀐다."는 옛말처럼 한무제 신변에는 두태후의 세력을 견제하는 조력자가 있었다. 바로 한무제의 외숙인 전분田蚡이다.

전분은 한무제의 모친인 왕태후의 이복동생이었는데, 한경제가 별세하고 한무제는 그를 제후로 봉해 무안군武安君이라고 불렀다. 당시 한무제는 16살이었고, 전분이 제후로 봉해진 배후에는 그의 모친인 왕태후의 뜻이 개입했을 것이다. 왕태후와 전분은 모두 정치적 야심이 있었고, 두태후의 세력만 없으면 황제의 모친과 외숙이라는 혈연관계를 이용해 조정의 실권을 잡을 수 있었다. 그러나 두태후의 친척과 심복 세력들이 전권을 잡고 있어서 전분 역시 함부로 나설 처지는 아니었다. 결국, 권력욕을 강하게 드러낸 전분은 두태후의 세력과 마찰을 피할 수 없었다. 비록 두태후의 세력이 강하다고 해도 자기 지위와 장래를 위해서 두태후에게 도발하기로 했다. 과연 전분은 어떤 문제를 가지고 그 일을 착수했을까?

유학과 황로학파의 첫 번째 교전

두태후는 여전히 황로사상을 이용해 한무제와 정국을 통제하려고 했고, 전분은 다른 통치 사상을 이용해 그에 맞설 생각을 품었다. 전분이 한 사람을 자기편으로 끌어들이니 바로 승상인 두영竇嬰이었다. 두영은 두태후의 조카로 어렸을 때부터 두태후가 억압적으로 《노자老子》를 읽혔던 여러 두씨竇氏 중 한 명이었다. 이치대로라면 두영은 마땅히 두태후를 지지해야 하나 무엇 때문에 전분 편이 됐을까?

두영은 성격이 강직했다. 그래서 한경제 시대에 황태자를 책립하는 문제로 두태후에게 죄를 얻었다. 두태후는 한경제의 동생인 양왕梁王 유무劉武를 황태자로 삼으려고 했는데, 이때 두영이 나서서 "아버지가 아들에게 황위를 전하는 것이 한나라의 약속입니다."(《한서》〈위기무안후열전〉)라며 결사적으로 반대했다. 이 일로 두태후는 화가 나서 두영을 문적文籍에서 삭제해 버렸다. 문적은 두태후의 궁정을 자유롭게 출입할 수 있는 명단으로 당시 황제나 두태후와 친밀한 사람들만이 그 혜택을 받았다. 이는 두태후가 두영을 조카로 인정하지 않고, 앞으로 상종하지 않겠다는 강력한 뜻이기도 했다.

뒤에 두영이 재기해 한 방면으로 한경제를 암암리에 돕고, 또 다른 방면으로는 7국의 난을 평정할 때 공을 세웠다. 그 후로 두영과 두태후는 고모와 조카의 관계를 회복됐지만, 여전히 응어리가 남아 있었다.

한편 두영은 황로사상을 거슬려 했는데, 나중에 그가 유학의 학설에 큰 흥미를 지닌 것으로도 이를 알 수 있다. 전분은 권력을 탈취할 때, 통치 사상을 가지고 대항할 계책을 꾸몄다. 그는 두태후의 황로사상에 견제할 수 있는 사상으로 유가를 내세웠다. 유가를 대표하는 사상은 적극적으로 현실 세계에 참여한다는 입세入世 정신과 경전에 자주 인용되는 "하늘의 운행이 굳건한 것처럼 군자는 그것을 본받아 스스로 강하게 하려고 쉬지 않는다."는 것이었다. 이것들은 마침 황로학설의 '청정무위' 사상과 정반대다. 이런 학설은 젊고 성미가 팔팔해 위대한 업적을 세우려는 한무제에게 강하게 흡입됐다.

전분은 승상 두영을 끌어들이고, 조정에 두 명의 유생儒生을 천거하기에 이른다. 그중 한 사람은 조관趙綰으로 당시 부승상에 해당하는 어사대부御史大夫로, 또 다른 한 사람은 왕장王臧으로 궁정 호위를 담당하는 낭중령郎中令으로 추천했는데, 모두 대단히 중요한 고위직이다.

전분은 매우 심계가 깊은 인물로 그가 두영을 끌어들인 것은 매우 고단수의 정치술수라고 할 수 있다. 그 이유는 첫째, 두씨 세력의 중량급 인물을 자기편으로 끌어들여서 정적의 담 밑까지 후벼낼 수 있는 기반을 마련한 것이고, 둘째는 만일 조정에서 어떤 일로 분란이 일어날 때 승상인 두영이 전면에 나선다면 이를 수습해줄 수 있기 때문이다. 단지 조관과 왕장 두 유생은 관직에서 그리 두각을 나타내진 못했다. 그들을 추천한 최종 목적은 그들이 한무제를 도와서 한무제로 하여금 두태후 세력을 제어하고 최후에는 지도부를 점령하자는 것이었다.

조관과 왕장은 통치 사상을 조정하려고 두 가지 일을 했다. 첫째는 유가의 예법에 따라 관원들 복장을 개혁하는 일이었고, 둘째는 명당明堂을 세우는 일이었다. 유가의 관념 중에 명당은 매우 신성한 지방으로 천자가 정치하고 백성에게 교화를 베푸는 곳이며 천자가 하늘의 뜻을 받는 곳으로 인식됐다. 첫 번째 개혁은 무난하게 처리했는데, 두 번째는 어려움이 커서 조관과 왕장이 어떻게 처리해야 할지 몰랐다. 그들은 자신들의 스승인 신공申公을 초빙해 이 일을 주관하자고 주청했다.

당시 신공은 80여 세로 산둥에 살고 있었다. 신공은 《시경詩經》 전문가로 한고조 유방이 산둥을 순시할 때 이미 접견했을 정도로 명망 있는 학자였다. 그뿐만 아니라 유방의 아우인 초원왕楚元王 유교劉交와 신공은 동창으로 저명했던 부구백浮丘伯에게 《시경》을 배웠다. 부구백은 전국 말의 대유학자인 순자荀子의 학생이었으니, 유학사에서 신공이 차지하는 위치는 대단했다.

두태후가 황로학설을 강조했던 것은 그의 장부인 한문제가 신봉했기 때문이다. 한문제는 황로학설을 통치 사상으로 삼았고, 그가 죽자마자 두태후는 황로사상을 이용해 권력을 장악했다. 이에 전분은 신공을 끌어들여 두태후에게 맞서고자 했다. 만약 신공과 두태후가 맞서면 두태후는 늙은 티를 내며 거만하게 행동할 수도 없고, 학문적이나 사상적인 면으로도 그를 상대하기 힘들 것이다. 이런 까닭에 조관, 왕장, 그리고 전분은 위험을 무릅쓰고 몇천 리 밖 노인을 장안으로 초빙한다.

소년 한무제는 늙은 할머니의 낡은 사상을 그대로 받아들이기 싫었다. 이 때문에 그는 조관과 왕장을 추천받은 뒤에 그들과 함께 유학을 담론했고, 두태후의 사상과 다른 점을 발견하고 더욱더 유학에 관심을 가졌다. 이는《사기》〈유림열전〉에 "조관과 왕장 등은 유학에 정통했고, 무제 역시 유학에 뜻을 두었다."라고 기술한 것에서도 확인할 수 있다.

전분은 두태후에게 손에 쥔 마지막 카드를 보여주며 결판을 내려고 했다. 그러나 전분은 두태후의 실력을 과소평가했다. 두태후는 이미 그들의 일거수일투족을 보고받으며, 일찍부터 대응책을 찾아두었다. 그녀는 전분이 비장의 카드를 보이면 자기는 더 큰 카드를 내놓을 심산이었다.

전분은 조관과 왕장을 시켜서 그들의 스승을 초빙하는 한편 한무제에게 앞으로 태후에게 조정의 일을 자세히 고하지 말라고 건의했다. 이 의도는 분명하게 두태후의 개입을 사전에 차단하려는 목적이었다. 그러나 두태후는 "은밀하게 조관과 왕장이 부정하게 이익을 취한 일을 찾아놓았다가, 이를 가지고 도리어 한무제에게 사람을 잘못 기용했다고 꾸짖었다"《자치통감》권 17)고 한다. 이 때문에 "한무제는 명당에 관한 일을 중단하게 하고 조관과 왕장을 형리에게 맡기니, 두 사람은 모두 자살하고 말았다."《자치통감》권 17)고 전해진다. 또한, 이 사건의 배후였던 승상 두영과 전분도 파직되고 신공은 산둥으로 되돌아갔다.

한무제가 친정親政한 후의 선택

한무제 즉위 초, 유학과 황로학설의 첫 번째 교전은 그 본질이 궁정宮廷 투쟁이고, 유학이든 황로학설이든 모두 정치의 공구에 불과했다. 전분은 본래 유학을 이용해 정권을 빼앗을 생각이었지만 성공하지 못하고 도리어 관직에서 물러나게 됐다. 서둘러 먹고 싶지만 뜨거워서 먹을 수 없는 만두를 앞에 둔 심정이었을 것이다.

이 때문에 한무제가 동중서의 "백가百家를 모두 내쫓고, 오직 유술만은 숭상하게 한다."는 건의를 수용했다는 일반적인 역사인식은 반드시 바로 잡아야 한다. 그 이유는 다음과 같다. 첫째로 한무제 즉위 초에 확실히 유가 학설로 사상을 통일하려는 행동은 있었다. 하지만 이를 추진한 자는 한무제나 동중서가 아니고, 신 귀족세력을 대표하는 전분이었다. 또 이를 반대하는 세력은 구 귀족세력을 대표하는 두태후였다. 둘째로 유가와 황로의 사상적 교전은 단순한 학술적인 대결이 아니라 그 배후에 잔혹한 정치적인 투쟁이 감추어져 있었다. 셋째로 투쟁의 결과 유학은 승리하지 못했다. 결론은 한무제 즉위 초에 근본적으로 동중서의 건의는 존재하지 않았고, "백가百家를 모두 내쫓고, 오직 유술만은 숭상하게 한다."는 조치는 시행되지 않았다. 두태후가 자기 세력에 의지해 유학 학설을 억눌렀고, 정적까지 타격한 탓이다.

유학 학설은 단지 전분과 일련의 인사들에 의해 한무제에게 소개됐고, 당시 한무제는 어려서 유학의 진수를 이해할 수도 없었다. 단지 한무제는 황로사상과 유학의 첫 다툼으로 마음속에 불편한 생각이 들었고 할머니의 고집을 꺾고 양보를 받아낼 수가 없었을 뿐이다.

4년 뒤인 건원 6년에 태황태후가 세상을 떠났다. 한무제는 애초에 두태후가 안배한 승상 허창許昌을 파면하고 전분을 승상으로 임명했다. 그다음 해에 한무제는 동중서의 의견을 받아들여 유가의 표준에 따라 전국적으로 인재를 초빙하면서 유학은 점차 한나라의 통치 사상으로 굳혀졌다.

두태후가 세상을 떠나자 황로학설은 막강한 후견인을 잃었고, 유학이 그 자리를 대신했다. 여기서 반드시 짚고 넘어가야 할 일은 한무제가 먼저 황로사상 대신 유학을 통치 사상으로 결정한 뒤에 동중서가 이를 지지하는 후속조치를 취했다는 점이다.

또 우리는 한무제가 이렇게 결정한 것은 유학의 진수를 이해하고, 유학을 신봉하기 위함이 아니었다는 점을 알고 넘어가야 한다. 통치 사상을 조정하고 승상을 교체한 일은 모두 두태후의 세력을 제거하고, 한무제 스스로 친정親政을 하기 위해서였다.

세 역사학자의 '독존유술獨尊儒術'에 대한 의견

한무제가 "백가를 내쫓고, 오직 유술만을 숭상하게 한다."는 조치에 대해 《사기》, 《한서》, 《자치통감》은 서로 견해를 달리한다. 서로 정국政局을 바라보는 시각이 달랐기 때문이다.

사마천은 먼저 한무제가 유가의 표준을 따른 군주가 아니라고 판단해서 "지금 천자(한무제)가 즉위하자마자 더욱 공손히 귀신에게 지내고 받들었다."고 기술했다. 더불어 《사기》〈봉선서〉에도 한무제가 신선과 미신을 신봉했다는 사적을 많이 기재했다.

사마천은 비록 동중서 같은 저명한 유학자들에게 학문을 배운 적이 있었지만 정작 본인은 순수한 유가학자가 아니었다. 가학家學의 각도에서 말하자면 사마천의 부친인 사마담은 황로학파의 주요학자였다. 사마천의 지식은 비교적 다원적이어서 오직 유학만을 숭상하는 일에 부정적이었다. 이는 반고가 "사마천의 시비판단은 성인聖人과 사뭇 달라서 대도大道를 논할 경우에도 황로黃老를 앞세우고 《육경》을 뒤로 돌렸다."(《한서》〈사마천전〉)고 비평한 데서도 알 수 있다. 사마천 머릿속에는 유학만이 정통이라는 속박이 없었고, 오직 "유술만을 숭상하게 한다"의 본질은 정치투쟁의 일환이었다고 판단했다.

반고는 사마천과 완전히 다른 견해를 가지고 있었다. 정통적인 유가 학자로서 한무제를 치켜세웠고, 유학을 수호하려는 견해를 밝혔다. 반고는 "효무제孝武帝(한무제)는 즉위하자마자 탁월하게 백가百家를 폐출하고, 육경六經을 드러냈다."고 찬미하며, 한무제를 유학을 보호하는 영명한 군주로 그렸다.

사마광의 태도는 두 사학자와 또 달랐다. 사마광은 한무제를 비판적인 시각으로 바라봐서 일찍이 그를 "진시황과 다른 것이 별로 없었다."고 평했다. 다만 사마광은 저명한 유학자여서 유학의 정통성을 수호하고자 했다. 이 때문에 "오직 유학만을 숭상하게 한다."는 조치에는 찬성했지만, 한무제를 지지하지는 않았다. 그래서 《자치통감》에서는 동중서를 한무제 시대에 등장하는 첫 번째 인물로 안배했다. 동중서는 두태후가 세상을 떠난 뒤부터 활약하기 시작했는데, 사마광은 동중서를 한무제 즉위 초부터 등장시켰다. 또 사마광은 동중서의 등장과 함께 그의 대표작품인 〈천인삼책天人三策〉의 내용을 요약해 함께 삽입했다. 무엇 때문인가?

사마광은 동중서의 입을 빌려 유학의 정치강령을 수립하고, 그 뒤에 한무제가 저지른 행동은 유학의 표준에 맞지 않는다는 것을 강조하려 했다. 그래서 최후에 사마광은 한무제를 "효무제(한무제)가 사치함을 지극히 하고 욕망을 다해 형벌을 번거롭게 하고 세금을 무겁게 거두어서, 안으로는 궁실을 사치스럽게 꾸미고, 밖으로는 사이四夷 정벌을 일삼았으며, 신선과 괴이한 것을 믿고 현혹해 순행과 유람의 한도가 없었다."라고 평했다. 사마광은 한마디로 한무제가 유가의 관념에 부합하는 군주가 아니라는 것에 방점을 찍었던 것이다.

어찌 됐건 고난의 투쟁을 거친 유학은 드디어 통치학설로 받들어졌다. 한무제는 진정으로 유학을 신봉하지 않았고, 단지 유학을 이용하려고만 했다. 그가 생각하는 최종 목적은 무엇이었나? 이런 정황에서 유학은 또 어떻게 변질했을까?

제
6
강

진짜와 거짓 유학

격식에 구애받지 않는 인재 선발

원삭元朔 5년(BC. 124), 한무제는 공손홍公孫弘을 승상으로 임명한다. 이번 임명은 한무제가 가식적인 격식에 구애받지 않고 두루 인재를 등용한 사례이고 역사상 큰 의미가 있다.

한고조 유방이 등극하고부터 한무제가 공손홍을 임명하기 전까지 모두 18명의 승상이 있었다. 이 18명은 모두 귀족 출신이었다. 이들은 유방이 나라를 세우는 데 큰 공을 세우거나 정권을 공고하게 한 사람들, 혹은 황실의 친인척으로 승상에 임명되기 전에 모두 이미 후작侯爵 신분이었다. 한데 공손홍은 예외였다. 그는 한나라 역사상 귀족 출신이 아니었고, 승상이 되기 전 직업은 매우 비천했다. 공손홍은 가난한 유생으로 바닷가에서 남의 돼지를 키우는 돼지몰이꾼이었다. 집안이 너무 가난해 젊어서는 공부하지 못하고 40여 세에 이르러 유학의 경전을 배우기 시작했다.

우리는 공손홍의 신분에서 두 가지를 유심히 살펴보아야 한다. 그가 한미한 유생이고, 귀족이 아니라는 점이다. 한무제는 두태후의 세력을 제거하려고 통치 사상을 조정하려고 했고, 유학으로 황로사상을 대신하고자 했다. 공손홍이 승상에 임명된 것은 이런 책략과 관계가 깊다. 또 다른 의문이 있다. 이전에 귀족들이 독차지했던 승상 직을 한미한 유생이 대신 맡아보게 됐는데, 그에 따른 정치적인 의미는 무엇일까?

한무제는 친정 뒤에 정치를 혁신하려고 통치책략을 조정했다. 사상적으로 황로학설을 내쫓고, 유가 학설로 대신했다. 인재 선발도 문학 하는 선비나 유생들을 대거 등용했는데, 그 수는 몇백 명에 달했다. 공손홍은 그 가운데에 있었다.

공손홍은 치천淄川 설현薛縣 출신으로, 오늘날 산둥성山東省 등현滕縣 부근이다. 운광雲光 5년(BC. 124), 공손홍은 처음으로 인재선발에 참여한다. 이때 한무제는 친히 응시자들에게 "어떻게 나라를 잘 다스릴 것인가?"라는 문제를 냈고, 공손홍은 대책對策을 제출했다. 한무제가 이 대책을 보고 크게 칭찬했고, 그 덕분에 공손홍은 출세 가도를 달리게 됐다. 이해 공손홍의 나이는 이미 70여 세였으니, 대기만성한 경우다.

공손홍은 비록 늦게 관직에 들어섰지만, 승진 속도는 사람들을 깜짝 놀라게 할 정도로 빨랐다. 그는 원삭 5년에 승상이 됐는데, 이는 6년 만의 고속승진이었다. 이처럼 빠른 출세는 많은 사람의 동경과 질투를 샀다. 한무제가 모집한 인재 중에서 그와 비교할 사람이 없을 정도였다. 어떻게 공손홍은 승상의 자리를 꿰찰 수 있었는가?

원광 5년은 한무제가 적극적으로 서남 변경을 개척해 건위군과 남광군을 설치했을 때다. 한무제는 이 지방의 통치를 원활하게 하려고 현지 백성 수만 명을 동원해 산을 뚫고 길을 내었는데, 백성의 고생이 이만저만하지 않아서 부상자와 사망자들이 속출했다. 여기저기서 도망자들이 나와 소란을 피워대 민심이 흉흉했다.

그래서 한무제는 공손홍을 서남에 파견해 현지 사정을 살피고 오라는 첫 번째 임무를 내렸다. 공손홍은 서남을 순시하고 돌아와서 이렇게 보고했다. "서남이는 아무 쓸모 없는 땅으로 개척할 필요가 없습니다." 한무제는 그의 말을 듣고 "한마디로 무시했다."(《사기》〈평진후열전〉) 그리고 서남이 개척을 또다시 독려했다.

이때 공손홍은 황제의 결정을 바라보면서 크게 느낀 바가 있었다. 자신이 아무리 열심히 일하고, 사실대로 말해도 황제가 이미 마음속으로 결정했다면 바뀔 수 없다는 것을 깨달은 것이다. 당시 공손홍은 이미 70세가 넘은 고령으로 한무제를 앞으로 어떻게 상대해야 할지 꿰뚫어보는 노련함이 있었다. 그 후부터 공손홍은 조정에서 한무제와 회의할 때면 여러 신하의 의견을 한무제에게 소개하고, 최종 결정은 한무제에게 맡겼다. 또한, 다른 신하와 한무제가 의견대립을 할 때면 언제나 한무제 편에 서서 변론을 펼쳤다.

그 결과 공손홍은 비록 다른 신하들에게 미움을 받았지만 한무제 마음에는 들기 시작했고, 얼마 되지 않아서 경기京畿 지방의 일부를 관장하는 책임자가 됐다. 경기 지방은 오늘날로 보면 한나라의 수도권 지역으로 이 지역 책임자가 된다는 것은 출세가도의 디딤돌과 같았다. 그로부터 2년 뒤, 공손홍은 어사대부를 거쳐 바로 승상에 이른다.

한무제가 공손홍을 임용한 까닭

공손홍은 6년이라는 짧은 시간에 일개 유생에서 승상으로 벼락출세했다. 이는 모든 서생이 꿈속에서나마 그리던 인생이라 할 수 있다. 기실 공손홍이 벼락출세한 배경엔 한무제가 있고 그가 유학을 장려하는 정책 아래에서 배출된 것이다. 그러면 한무제는 무슨 생각으로 공손홍이란 인물에게 특전을 베풀었는가? 한무제는 공손홍의 학문적인 수준과 수양을 어떻게 생각했는가?

먼저 공손홍의 학문적인 수준은 과연 어떠했는지 《사기》를 통해서 알아보자. 사마천은 공손홍은 "40여 세에 겨우 《춘추春秋》잡설雜說을 배웠다"고 기술했다. 사마천이 언급한 《춘추》잡설이란 공손홍의 학문이 순수하고 정통파가 아니었다는 것을 의미한다.

알다시피 사마천의 스승인 동중서는 저명한 《춘추》전문가였다. 이 때문에 사마천은 공손홍과 자기 스승인 동중서의 학문 세계를 비교할 수 있었고, 명확하게 공손홍은 동중서와 비교하면 학문적으로 그 수준이 매우 떨어진다는 것을 알 수 있었다. 그러면 왜 한무제는 학문적으로 성과가 높은 동중서보다 공손홍을 먼저 높게 기용했는가? 사마천은 이렇게 결론을 내렸다. "공손홍은 처세를 잘해 권세를 잡아서 지위가 경상에 이르렀다."

공손홍이 비록 처세와 아부를 잘한다고 해도 승상의 직위에는 아무나 오를 수 없다. 그가 승상에 오를 수 있었던 덴 한무제가 감추어 둔 모종의 책략이 있다. 그 실상을 살펴보면 이렇다. 원광 5년의 인재 선발 때 참가한 유생은 일백여 명인데, 그중에서 공손홍의 성적은 최하위권이었다. 그런데 한무제가 답안지를 재검토한 후에 공손홍을 1등으로 뽑았다. 공손홍의 운명은 이미 한무제 손아귀에 달려 있었던 것이다. 만약에 한무제가 아니었다면 공손홍처럼 실력도 없고 궁상스러운 늙은 선비는 아무리 아부를 해도 출세할 기회조차 없었을 것이다. 그렇다면 한무제는 무엇 때문에 공손홍을 기용할 생각이었을까?

우선 한무제의 외숙이자 승상을 지냈던 전분에 대해 짚고 넘어가자. 한무제가 전분을 승상으로 삼고, 유학을 장려해 통치 사상으로 삼으려 했던 것은 자기 통치를 공고하게 하기 위해서였다. 그러나 전분이 승상이 된 뒤에 한무제는 전분을 대하기가 쉽지 않다는 걸 알게 됐다. 외숙이라는 점을 생각하지 않을 수도 없었고, 전분은 일만 생기면 자주 한무제에게 달려와서 반나절 동안 대면하고 많은 건의를 했다.

처음에는 한무제가 기본적으로 그의 말을 듣는 처지였다. 전분은 2천 석이 넘는 고관들은 물론이고 중등 이상의 관리들을 한무제에게 천거해 등용을 종용했다. 시간이 오래되자 한무제는 더 참을 수가 없어서 이렇게 물은 적이 있다. "당신이 천거하고 싶은 사람들이 아직 남아있는가? 나도 내 사람을 한번 임명하고 싶소!"

뒤에 한무제로서는 도저히 참을 수 없는 일이 발생했다. 전분이 자기 저택을 넓히려고 조정 관아까지도 요구하기에 이른 것이다. 이에 한무제가 전분에게 말했다. "당신 저택을 위해서 조정의 무기고까지 내주어야 직성이 풀리겠소?" 이 말의 의도는 매우 명백하다. 이미 한무제와 전분 사이의 갈등은 작지 않았다.

이 사건으로 전분은 비록 자신이 연배가 높고 고귀한 승상이더라도 젊은 한무제를 만만하게 다루기 어렵다는 걸 알게 됐다. 전분이 승상이 된 것은 나라에 큰 공을 세웠기 때문도 아니고, 단지 황실의 외척으로 한무제가 추진하는 정책을 지지해 줄 것이라는 이유 때문이었다. 그러나 현실은 달랐다. 전분뿐만이 아니라 한나라 초기 역대 승상들은 대개 방대한 자기 이익집단을 형성하고 황제와 더불어 권세를 공유해 왔다.

한무제는 이런 정황을 바꾸고 친히 모든 권세를 직접 행사하려고 아무런 배경이 없는 공손홍을 이용할 책략을 꾸민 것이다. 공손홍은 연로해 젊은 패기도 없는 반면 처세에 능수능란하다. 공손홍은 학문에 깊이가 없고, 자기 수양이 적어서 유교에서 생각하는 이상적인 인물은 아니다. 하지만 이 때문에 자기 주관과 고집이 세지 않고 또 황제의 뜻을 조금도 거스르려는 생각과 행동을 감히 하지도 않는다. 이 두 가지가 한무제에게 특수한 상황에서 공손홍을 등용하게 한 이유였다. 한무제에게 이런 가치관이 있다면 진정한 유학의 발전과는 하등 상관없이 외려 유학에 반하는 행동이 아닌가.

진짜와 거짓 유학

공손홍은 승상이 된 뒤에 평진후平津侯에 봉해졌다. 공손홍 이전 승상은 모두 '후侯'의 신분으로 승상이 된 귀족들이었다. 한무제는 이런 전례에 따라 공손홍을 먼저 승상에 올려놓고 다시 후작을 내렸다. 이것은 한무제가 당신이 만약 귀족이 아니더라도 내가 당신을 기용하고 싶으면 능히 귀족으로 만들 수도 있다는 것을 의미한다. 이는 한무제가 황권을 강화하기 위한 과정에서 매우 의미심장한 행동이었다. 나라에 이미 공훈을 세운 귀족과 그 자손들은 물론이고, 설사 그런 자격을 못 갖춘 인물이라도 황제 말에 순종하면 누구든지 출세할 수 있다는 포고였다. 공손홍은 바로 그 전형적인 사례였다. 이 상황을 《사기》〈유림열전〉에는 이렇게 기술한다. "공손홍은 《춘추》로써 한낱 평민에서 천자의 삼공三公에 오르고 평진후에 봉해졌다. 이로써 천하의 학자들이 일제히 유학에 쏠리게 됐다."

공손홍은 비록 학문적 조예가 깊지는 못했지만, 그래도 학자 출신이라 출세한 후에 유학의 발전을 위한 조치를 한다. 그는 한무제에게 젊은이들에게 유학 경전의 학습을 장려하고, 이들에게 부역을 면제해 주며 앞으로 선발할 관리는 반드시 유학적인 수양과 지식이 있는 사람을 쓰라고 건의했다. 한무제는 그 건의를 받아들였고, 효과는 매우 좋았다. 이때부터 저급관리부터 고급관리에 이르기까지 관료집단은 모두 유가의 사람들로 채워졌다. 뒤에 하후승夏侯勝이란 유학자는 심지어 이렇게 말했다.

> 선비는 경학에 밝지 못한 것을 병으로 삼으니, 경학에 진실로 밝으면 공경의 자리에 오르는 것은 작은 풀을 줍기같이 쉽다.
>
> 《한서》〈하후승전〉

이 정책을 표면적으로 살펴보면 유학의 발전에 큰 전기가 된 것 같다. 그러나 노자의 명언 중에 "복福 속에 화禍가 숨어있다."는 말처럼 그 배후에는 도리어 유학의 발전을 저해하는 요소가 숨어있었다.

유학은 기본적으로 수신제가修身齊家하고 치국평천하治國平天下의 단계로 올라가야 한다. 그런데 하후승 같은 사람들 눈에 유학은 단지 출세를 위한 공구였다. 이는 맹자가 "궁窮하면 홀로 그 몸을 선하게 하고, 영달하면 천하를 더불어 선하게 한다."는 유가의 처세관에 반하는 행위다. 유학에서는 먼저 독립적인 인격수양을 중요하게 생각하는데, 그 과정을 건너뛰고 바로 부귀공명만을 취하는 것은 유학의 발전을 해친다.

한무제는 공손홍의 건의에 따라 인재를 선발했고 많은 유생이 청운의 꿈을 가지고 조정에 참여해 관리가 됐다. 그러나 그들은 곧 유가의 이상과는 동떨어진 현실을 마주한다. 즉, 자기 원칙과 입을 고수하면 앞길은 예측할 수 없고, 심지어 생명을 보존하기도 어렵다. 단지 공손홍처럼 황권에 절대복종하면서 황제에게 아부해야 출세가도를 달릴 수 있다. 이는 마치 호랑이와 더불어 춤을 추는 것만 같아서 심히 위태롭다. 자칫 잘못 처신하면 그 자리에서 바로 액운을 당하게 마련이기 때문이다.

유생들이 부귀공명을 위해서 황권에 절대복종만 한다면 이는 거짓 유학이고, 유학의 본질과 정신을 심각하게 훼손시킬 수 있다. 한무제 시대에 선발된 유학자들은 이런 현실적인 문제를 어떻게 극복했는가? 또 이런 현상을 사마천과 반고, 사마광은 어떻게 바라보았나?

세 사학자의 다른 견해

한무제 시대에 유학은 통치 사상의 하나로 선택되어 발전의 기회를 맞이했다. 사마천, 반고, 사마광은 모두 이를 언급했다. 《사기》와 《한서》에는 모두 전문적으로 〈유림전〉을 두어 비중 있는 유학자들을 소개했다. 《자치통감》에도 이 시기의 동향을 관심 있게 다뤘다.

그러나 세 사학자는 한무제 시대의 유학에 대한 견해가 서로 달랐다. 도대체 어떤 상황에 부닥쳤는지 그 실태를 자세히 분석해 보자. 우리는 먼저 《사기》와 《한서》를 비교하기로 한다. 사마천은 《사기》 〈유림열전〉 첫머리에 이렇게 썼다.

나는 공령功令을 읽다가 학관學官이 되는 장려책에 이르면 책을 덮고 탄식하지 않은 일이 없다!

사마천은 조정에서 여러 서생에게 관리가 되는 장려책의 글을 읽고 자신도 모르게 탄식이 나왔다는 것이다. 이 구절은 보기만 해도 의미가 있다. 사마천은 〈유림전〉에서 먼저 유학을 소개하지 않고 자기감정을 토로했다. 《한서》 〈유림전〉의 첫마디는 이렇다.

옛날에 유학자들은 육예六藝의 글을 널리 배웠다.

육예는 《역》, 《서》, 《시》, 《예》, 《악》, 《춘추》의 6부 유가 경전을 가리킨다. 이것은 유학자들이 마땅히 익혀야 할 기본 경전이다. 반고가 〈유림전〉의 첫마디를 이렇게 시작한 것은 사마천이 자기감정을 먼저 토로한 것과 비교하면 정중하다.

이 두 서로 다른 첫마디는 두 편의 〈유림전〉이 다른 주제였다는 것을 예시한다. 사마천이 탄식한 것은 유가 경전을 공부하면 관리가 될 수 있다는 정책을 두고 한 것이다. 이 때문에 《사기》〈유림열전〉에는 특별히 어떤 유학자가 어떤 관리가 됐다는 것에 중점을 두고 기술했다. 예컨대 《시경》을 배운 저명한 학자들을 이렇게 기술했다. "공안국孔安國은 임회태수臨淮太守가 됐고, 주패周霸는 교서내사膠西內史가 됐고, 하관夏寬은 성양내사城陽內史가 됐다." 등이다. 이들은 모두 한무제 시대의 인물로, 단지 관직명 하나로 처리됐다. 태수나 내사는 모두 지방 민정에 중요한 관리임이 틀림없으나, 사마천은 이 학자들의 전공이라고 할 《시경》에 대한 그들의 견해나 그들이 《시경》을 어떻게 전수했는가에 대해서는 일언반구도 언급하지 않았다. 이 인물들 외에도 《사기》〈유림열전〉에서 나오는 유학자들은 모두 이런 식으로 처리됐다.

이런 작문법은 편집상 도리에 맞지 않는다. 마땅히 〈유림열전〉이란 제목에 걸맞게 유학의 흥망성쇠나 어떤 유학자의 학문. 업적, 또는 유학에 끼친 영향 등등을 기술하는 것이 일반적인 작문법일 것이다. 사마천이 이를 버려두고 오직 관직명만을 나열한 것은 그 까닭이 있을 것이다. 사마천의 작문 실력이 중·고등학생 정도가 아니라면 〈유림열전〉 제목에 관직명만 썼다는 것이 도무지 이해되지 않는다.

한무제 시대에 문단에서는 "천하에 문장으로 유명한 두 사마司馬가 있다"는 말이 전해졌는데, 두 사마란 바로 '사마천'과 '사마상여司馬相如'를 가리킨다. 이미 사마천의 《사기》는 천고의 명작으로 정평이 나 있고, 이처럼 뛰어난 문장 실력을 지닌 그가 설마 관직명에 눈이 어두워서 제목에서 벗어난 편집을 했단 말인가? 설마 자기가 높은 관직에 오르고 싶어서 다른 사람의 직급만을 눈여겨 살펴보았단 말인가? 그렇게 생각되지는 않는다. 사마천이 그런 마음이 있었다면 아마도 《사기》라는 역작을 만들어내지도 못했을 것이다. 그러면 사마천은 우리에게 도대체 무엇을 알려주고 싶었던 것인가?

사마천은 일종의 우려를 표시한 것이다. 그는 아마도 "유학이 권력의 유혹에 빠져있을 때도 순수하고 올바른 정체성을 유지할 수 있을까, 그리고 유학자로서 자기 소신을 유지할 수 있을까?"를 고민했을 것이다. 이 점에 대해서 공손홍은 반면교사라고 할 수 있다.

사마천은 《사기》의 다른 곳에서 "진정한 유학자는 어떻게 자기 인생의 고난을 극복하고, 유학의 가치관은 어떠했는가?"에 대해 기술했다. 바로 《사기》의 〈공자세가〉다. 사마천의 붓 아래에 공자는 자기 인정仁政 사상을 전파하려고 천하를 주유하며 온갖 풍상고초를 겪었는데, 심지어 끼니도 챙겨 먹지 못할 정도에 이른 적도 있었다고 기록하고 있다. 또한, 공자는 어떤 통치자나 어떤 시련이 닥쳐도 자기 소신을 꺾지 않고 자기가 생각하는 이상을 실현하고자 매진했다. 그 제자들도 비록 서로 다른 성격과 처세관을 지녔지만 하나의 공통점이 있었으니, 그것은 세속의 공명, 벼슬, 그리고 재물 앞에서 자기 소신을 꺾지 않는 것이었다. 이것이 《사기》에서 묘사된 진정한 유학자들의 모습이다. 이런 유학자들의 표준으로 공손홍을 재보면 그는 바른 학문과 양심을 지니지 못했고, 단지 권력에 눈이 어두워 힘껏 아부해 운이 좋게 벼락출세한 사례다. 그가 출세했다고 진정한 유학자가 될 수는 없다.

사마천은 한무제 시대에 살아서 친히 공손홍의 허위를 목격했다. 그리고 공손홍과 같은 거짓 유학자를 표방해 따르는 무리를 보았을 것이다. 그래서 그는 〈유림열전〉 첫머리에 "나는 공령功令을 읽다가 학관學官이 되는 장려책에 이르면 책을 덮고 탄식하지 않은 일이 없다!"라고 썼던 것이다. 이 탄식은 찬탄이 아니라 비탄이다. 사마천은 당시 유학자들이 벼슬, 재물, 그리고 공명에 눈이 어두워 진정한 유학의 정신은 실종되고, 유학이 권력의 도구가 된 것을 비탄했다. 물론 이것은 아마도 한무제가 원하던 결과였을 것이다. 이 때문에 사마천은 한무제가 유학의 발전을 저해한 인물로 본 것이다.

반고도 한무제가 관직과 녹봉으로 과거를 준비하는 사람들에게 유가경전을 익히게 했다는 점에 주목했다. "무제가 오경박사五經博士와 제자원弟子員을 설립하고 석책射策(과거) 제도를 마련해 관록官祿을 권하게 했다."《한서》〈유림전〉 그러나 반고는 이런 정책이 유학을 저해한 것이 아니고 도리어 유학 발전에 큰 도움이 되고 이 덕분에 유가

경전을 익히는 사람이 더욱 늘어났다고 보았다.

반고는 유가의《육경六經》을 포함한 유학의 도리는 사회를 관리하고 나라를 다스리는 이상적인 법도로 보았다. 또 유학은 세상을 다스리는 데 실질적인 이익을 줄 수 있었다고 믿었다. 따라서 반고는 사마천처럼 이 문제에 대해 부정적인 시각으로 보지 않고 긍정적으로 생각했으며, 더불어 한무제는 유학을 발전시킨 영명한 군주로 보았다.

사마천과 반고의 관점이 다른 것은 서로 다른 시대에 살았다는 점과도 관계가 깊다. 사마천은 공손홍 같은 거짓 유학자들이 스스로 원칙을 버리고 권력을 위해 물불 안 가리고 떼 지어 몰려다니는 오리 무리처럼 보았다. 그러나 사마천은 자기 사후의 역사를 예측할 순 없었다. 반고는 사마천과 백여 년의 시간적인 공간을 두고 역사를 바라보았다. 이 백여 년 동안 유학은 갈수록 중시됐고, 사회적 영향력도 갈수록 커졌다. 이런 환경에서 성장한 반고는 공손홍과 같은 거짓 유학자들보다 유학을 발전시킨 한무제의 정책과 업적에만 관심을 가졌다.

이 두 사학자와 사마광이 살았던 송대宋代는 거의 1천여 년의 시간적 차이가 난다. 하지만 이때도 유학이 매우 발달해 유가의 인사들이 득세했던 시절이었다. 사마광의 눈에 한무제는 유가의 이상적인 군주가 아니었고, 한무제 시대의 유학은 권력 탓에 흥기한 것은 아니라고 보았다. 그는 자주 한무제를 진시황과 비교하길 좋아했는데, 한나라가 진나라처럼 망하지 않았던 것은 다른 요인이 있었다고 보았다. 그 요인을 이렇게 말했다.

효무(한무제)는 선왕先王의 도道를 준수해 계통을 이어 지킬 바를 알았다.

《자치통감》 권 22

사마광은 한무제가 유학에 가식적인 호의를 가지고 있었든 아니든 간에 그의 의식에는 유가경전에서 중시하는 '선왕의 도'를 버리지 않아서 '분서갱유焚書坑儒'와 같은 만행을 저질러 유학의 발전을 가로막은 진시황과는 큰 차이가 있다고 보았다. 그래서 사마광은 한무제가 비록 관직과 녹봉으로 유학자들을 유인했지만, 그는 "충직한 말을 받아들였고, (⋯) 어진 이를 좋아하는 데 게을리하지 않았다."《자치통감》 권 2)고 기술해 두었다. 사마광은 한무제를 유학을 정치무대나 역사무대로 끌어올린 인도자 정도로 인식한 것이다.

한무제가 유학의 발전을 저해한 인물이든 유학을 발전시킨 영명한 군주든 간에 그가 유학자 출신의 공손홍을 승상으로 임명했고, 정치를 변화시켰다는 것은 사실이다. 그렇다면 공손홍 이후에 어떤 인물들이 승상의 자리에 올랐고, 한무제가 절대적인 황권을 휘두른 상황에서 승상들은 어떤 운명을 맞이했을까?

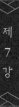

제
7
강

승상의 운명

공손하公孫夏, 승상을 거절하다

공손홍을 승상에 임명한 뒤부터 한무제는 황권을 강화하려는 책략을 실천에 옮겼다. 공손홍은 비록 무사하게 3년 동안 승상 직을 수행했지만 연로해져 세상을 떠났다. 이후 한무제는 일곱 명을 승상으로 임명했는데, 5번째 승상은 공손하公孫夏였다. 공손하가 승상에 임명됐을 때 연극 같은 일이 발생했다.

공손하는 한무제가 승상으로 임명한다는 소리를 듣고 놀라 바로 땅에 엎드려 거듭 절을 하면서 흐느껴 울었다. 그러고는 자기는 변방에서 태어났고, 무인武人이라 근본적으로 승상의 재목이 될 수 없다며 간곡하게 사양했다. 이에 한무제가 좌우의 사람들을 시켜 그를 부축해 일으키려고 했으나, 그는 계속 땅에 엎드려서 일어날 생각을 하지 않았다.

한무제는 이 모습을 보고 소매를 털고 나가버리고 공손하만 남게 됐다. 한무제의 뜻은 '당신이 승상 직을 맡기 싫어도 어쩔 수 없이 맡아야 한다'였다. 공손하는 달리 방법이 없어 승상 직을 수락할 수밖에 없었고, 나오면서 한 첫 마디가 "나는 지금부터 위태롭게 됐구나!"(《자치통감》 권 21)였다고 전한다.

이 사건은 선뜻 이해하기 어렵다. 승상은 백관百官의 우두머리로 많은 사람이 동경하는 대상인데, 공손하의 반응은 이와 반대였기 때문이다. 승상에 임명된 일을 마치 형장으로 끌려가는 죄인처럼 느꼈다니 도대체 무슨 까닭인가?

이는 공손하 전에 임명됐던 승상 4명의 전력을 보면 알 수 있다. 이 4명의 승상 중에 세 명은 어쩔 수 없이 죽었는데, 모두 자살이었다. 단지 석경石慶이라는 승상만이 제 명에 죽을 수 있었다. 그 또한 여러 차례 한무제의 견책을 받고 자살할 뻔하다가 요행히 목숨을 부지할 수 있었다. 이 때문에 공손하는 승상으로 임명되는 것을 원치 않았고, 자신도 전임 승상들의 전철을 밟을까 봐 두려워했다. 실제 공손하와 그 후임 승상인 유굴리劉屈氂도 확실히 그 끝이 좋지 못했다. 두 사람은 자살하진 않았으나 한무제의 명령으로 죽었다.

이렇게 본다면 공손홍 이후 한무제가 임명한 7명의 승상 중에 5명이 비명횡사한 셈이니, 승상 직은 매우 위험한 직책이라 할 수 있다. '황제 곁에 있는 것은 호랑이와 춤을 추는 것과 같다'는 속담은 이를 두고 한 것이다. 그 원인은 피비린내 나는 정치투쟁 때문인가? 아니면 엄혹한 법망 때문인가?

석경石經과 원봉元封 연간에 발생한 유민

먼저 앞서 언급한 승상 중 한 명을 살펴보자. 하마터면 자살할 뻔했던 석경은 저명한 '만석군萬石君' 가족이다. 그 가족은 모두 신중한 처신으로 유명했다. 석경의 형인 석건石建이 한번은 황제에게 상주문을 올렸는데, 잠시 소홀해 '마馬' 자 하나를 쓰지 못했다. 뒤에 황제가 회답문을 보내왔을 때 석건은 자신이 빠뜨린 한 자를 발견하고는 놀라서 죽을 뻔했다. 그러고는 자기도 모르게 "황제에게 견책이 오면 나는 죽었구나!"라고 말했다고 한다.

석경도 그의 형처럼 매우 신중한 사람이었다. 한번은 석경이 한무제의 수레를 몰았는데, 한무제가 그에게 "몇 필의 말이 끌고 있는가?"라고 물었다. 석경은 채찍으로 말의 수를 일일이 점검한 후에 손을 들어 "여섯 필의 말입니다."라고 대답했다. 한 번에 보면 알 수 있음에도 채찍으로 다시 확인한 것은 그가 얼마나 신중하게 처신하는지 살펴볼 수 있는 대목이다. 이렇게 확실한 사람도 승상이 됐을 때, 실수한 적이 있었다.

원봉元封 4년(BC. 107), 관동關東 지구에서 200만 명의 유민이 발생했다. 그중에 40만 명은 호적이 없었다. 이 사람들을 어떻게 처리해야 할지가 사회문제로 대두했다. 공경들은 서로 논의해 한무제에게 호적이 없는 40만 명을 변경으로 이주시킬 것을 건의했다. 그러나 이 건의는 한무제가 몇 년 전에 포고한 '유민법流民法'에 어긋났다. '유민법'은 백성이 제 고향에서 편안히 살면서 즐겁게 일할 것을 격려하는 것으로, 대규모 이주를 금지해 놓은 조령이다.

한무제가 이 법을 만든 취지는 백성이 고향에서 즐겁게 일할 환경을 조성하고, 특별히 지방 관리가 멋대로 세금을 징수하는 폐단을 막으려던 것이었다. 그런데 지금 공경들이 내놓은 해결책은 '유민법'을 파괴하는 것이다. 또한, 대규모 강제이주는 언제고 대규모 폭동으로 바뀔 수 있어서 사회안정에 큰 우환거리가 될 수 있다.

한무제는 이 건의에 큰 불만을 품고 어사대부를 시켜 건의한 사람들을 조사하도록 했다. 당시 회의를 주관했던 승상이 석경이었는데, 조사가 진행될수록 그는 좌불안석이 됐다. 이 건의는 비록 석경이 직접 발의하진 않았으나 회의를 주관한 탓에 자신도 책임을 면하지 못할 것으로 생각했다. 그래서 석경은 스스로 사직서를 쓰고 고향으로 돌아가기를 바라는 상소를 올렸다.

석경의 사직서를 본 한무제는 크게 분노했다. 한무제는 원래 석경에게 그 책임을 물을 생각이 없었는데, 석경이 스스로 자기 책임으로 돌려 사직하겠다고 하니 그 행동을 보고 배신감을 느꼈던 것이다.

한무제 처지에서는 석경의 행동이 무책임해 보였다. 진짜 석경이 책임지려면 유민에 대한 해결책을 제대로 내놓든가 아니면 스스로 목숨을 내놓아야지 직성이 풀릴 판이었다. 하지만 한무제는 앞에서 그를 바로 꾸짖지 않고 "어디 당신 마음대로 해보시오!"라는 모호한 말만 남겼다.

그런데 석경은 그 성품이 너무 우둔했던지 한무제 말을 곧이곧대로 듣고 바로 사직을 윤허한 줄 알고 승상의 인장을 반납하고 물러 나왔다. 그 상황을 지켜본 주변의 신하들이 석경을 걱정해 "황제께서 말한 것은 당신의 사직을 윤허한다는 것이 아니라 더 깊은 뜻이 들어있다"며 일러주었다. 즉, 석경 이전에 자살한 세 명의 승상들도 이런 난처한 상황에서 자살했으니, 당신도 책임을 지려면 자살하라는 뜻이라는 것이다. 이 소리를 들은 석경은 거듭 고민했고, 자살할 바에야 다시 승상으로 복귀해 문제를 해결하는 것이 낫다고 결정했다. 이렇게 석경은 요행히 고비를 넘겼고, 한무제도 더는 그를 문책하지 않았다.

그렇다면 당시에 어떤 일이 있었기에 대량 유민이 출현했고, 석경이 마땅히 그 책임을 분담했어야 했나? 한무제가 석경에 대한 강렬한 문책에서 우리는 무엇을 도출할 수 있나?

유민 사건의 책임

반고는 한무제가 석경을 문책한 내용을 전반적으로 기록했는데, 그 요지는 크게 두 가지다. 첫째는 한무제가 스스로 백성의 고통을 해결하려고 많은 노력과 정책을 펼쳤다는 것. 둘째는 승상을 비롯한 지방 관리들이 제 소임을 다하지 못해서 나라에 폐를 끼치고 나라의 안정과 사회 단결을 훼손시켰다는 것이다.

한무제가 백성의 고통을 해결하려고 많은 노력을 기울였다는 것은 한무제 스스로 사방을 순시해 신령을 경배하고, 황하의 뚫린 제방을 성공적으로 막았다는 의미다. 또 친히 회하淮河와 장강長江을 건너 험한 산길을 따라 머나먼 해변 끝까지 찾아가서 백성의 고통을 들었다. 그 결과, 백성의 고통은 지방 관리들의 탐욕으로 인한 가혹한 세금징수와 각종 부역에서 야기된 것이었고, 이 때문에 백성이 고향을 이탈한다는 것이다. 만약 이런 상태가 지속한다면 폭동과 소요가 일어날 것이어서 한무제는 '유민법'을 제정해 지방 관리의 횡포를 막고 백성이 편안히 고향에서 살면서 즐겁게 일할 기반을 만들어 주었다는 것이다. 이 첫 번째 요지는 모두 한무제가 스스로 공적을 찬양한 것이다.

다만 법령이 포고된 후에 드러난 효과는 기대 이하였다. 한무제는 민간에서 수집한 정보를 근거로 지방 관리의 관리 감독을 위해 파견된 사람들이 간사하고 일 처리를 잘 못 해 백성을 더 번거롭게 만들었다고 했다. 따라서 유관 부서의 관리들이 책임이 있는지 없는지를 명백히 가리고, '유민법'을 제대로 시행해야 한다고 꾸짖었다. 이것이 두 번째 요지이다. 즉, 승상을 비롯한 백관들이 제대로 자기 임무를 수행하지 못해 나라가 오롯이 다스려지지 못하고 사회질서가 문란해졌다는 것이다. 만약 한무제의 이런 문책이 사실이라면 석경은 그 책임을 지고 사직할 것이 아니라 자결해도 누구를 원망할 수 없을 것이다. 그런데 사실이 아니라면 누가 책임져야 하나?

"그 말을 들어보고, 그 행실을 살펴보면, 선과 악이 그대로 드러난다."는 명언이 있다. 한무제가 신하들에게 문책한 말만 듣고는 그 실태를 판단할 수 없다. 한무제 시대에는 경천지동驚天地動할 두 사건이 있었다. 하나는 사방의 오랑캐를 정벌한 일이다. 특히 흉노와 벌인 장기간의 작전으로 국력은 크게 소모됐다. 다른 하나는 한무제가 미신과 신선을 믿고 숭상해 사방을 순시하며 불로장생하려고 대량의 재원과 부를 소비한 것이다. 이 두 사건으로 국고는 텅 비고, 막대한 재정 손실을 보았다.

한무제는 사방을 순시하면서 도탄에 빠진 백성을 구원하려고 했다고 하지만 실제 그렇게 했나? 한무제가 동쪽으로 황하를 건너가자 하동 태수가 자살했고, 서쪽으로 농산隴山을 지나가자 농서 태수가 자살했다. 이 두 사람이 무엇 때문에 자결했나?

한무제가 순시할 때, 그는 자기 혼자가 아니라 호위무사, 시종 관원, 잡역부 등 최소한 몇만 명에서 십수만 명씩 대동했다. 이런 대규모 인원이 한 지방에 이틀만 머물러도 그 지방 관리는 감당할 수가 없다. 황제 앞에서 제대로 보고할 수도 없었다. 두 사람의 태수는 자살할 수밖에 도리가 없었다. 한무제는 순시가 백성의 고통을 덜어주기 위해서라고 했지만 실제로 지방재정에 거대한 압력으로 작용했고, 그 압력을 못 견딘 두 태수는 자살을 택한 것이다.

이런 정황을 살펴보면 대량 유민이 발생한 이유 중에는 확실히 지방 관리들이 과중하게 잡다한 세금을 징수하고 백성이 누려야 할 기본적인 생활을 보장해주지 못한 점이 있다. 그러나 이를 모두 지방 관리들의 무능과 부패만으로 돌릴 순 없다. 진짜 문제는 한무제 자신에게 있었다.

뭣 때문에 과중한 세금을 징수해 전쟁으로 다 탕진하고, 순시하는 경비마저 지방경비로 부담시켰나? 대량 유민이 발생한 사태를 석경 혼자서 책임진다고 해결될 문제인가? 한무제가 석경을 문책한 것은 흑백이 전도되고, 시비가 뒤섞였으며 자기 책임을 남에게 전가하려는 의도가 분명하다. 한무제의 의도는 무엇이었을까? 자신을 변호하고, 희생양을 찾았던 것이다.

세 사학자의 다른 표현

《사기》,《한서》,《자치통감》의 관련 기록을 비교해 보면, 세 사학자 모두가 한무제가 유민 문제의 가장 큰 책임자라는 것을 알 수 있다. 단지 세 명 중에 한 사람은 돌려서 말하고, 한 사람은 직접 말했으며, 한 사람은 다른 각도에서 말했을 뿐이다.

돌려서 말한 사람은 반고다. 《한서》〈만석군전〉에는 한무제가 석경을 질책하는 내용이 쓰여 있는데, 이는 앞에서 인용한 바 있다. 그렇다면 한무제의 진술은 사실인가? 유민 문제는 한무제가 주장한 대로 승상 석경을 위시한 관원들의 책임인가?

반고는 〈만석군전〉에서는 더 거론하지 않았다. 그러나 반고 역시 진상을 모르진 않았다. 이는 그가 쓴 다른 사람 말에서 찾아볼 수 있다. 반고는 두연년杜延年이란 인물을 쓸 때 그의 눈과 입을 빌려서 유민 문제의 본질을 이렇게 결론지었다.

국가가 한무제에게 계승됐는데, 그가 사치하고 정벌을 일삼은 것을 본 후로 자주 대장군 곽광에게 권유하며 말하기를 "농사가 자주 풍년이 들지 못하고 유민들이 아직 다 돌아오지 않았으니, 마땅히 효문제 때 정사를 모범으로 삼아서 검약함, 너그러움, 그리고 화합을 보여주어야 한다."

《한서》〈두주전杜周傳〉

이 말을 통해서 반고는 간접적으로 한무제와 유민의 문제를 설명했다. 〈만석군전〉에는 없던 말을 다른 글에서 완곡하게 표현했다. 반고는 이렇게 돌려 말해 한무제의 영웅적인 군주 이미지가 훼손되는 것을 원치 않았다.

사마광은 반고처럼 숨기지 않고 유민 문제의 책임자가 누구인지 조금도 개의치 않고 그 진상을 밝혔다. 한무제가 석경에게 유민 문제를 해결하라고 질책했던 때는 원봉元封 4년이었다. 그러나 《자치통감》의 원봉 4년에는 이 사건에 대해 한 글자도 언급되어있지 않다. 또 한무제가 자기변호를 하고 유민 문제의 희생양을 찾은 내용 또한 일언 절구 없다. 이것은 사마광이 한무제 주장이 허튼소리라서 근본적으로 믿지 않았음을 설명하고 있다. 사마광은 국고가 텅 비고 백성이 동요한 것을 이렇게 보았다.

효무孝武(한무제)가 안으로 사치와 화려함을 지극히 하고, 밖으로는 이적夷狄을 물리치니, 천하가 텅 비고 재력이 다 소모됐다.

윗글에서 천하가 텅 비게 된 현상은 한무제가 사치스럽고 사방에서 전쟁을 벌인 탓이다. 또한 《자치통감》에서는 《한서》〈두주전杜周傳〉 내용인 "한무제가 사치하고 정벌을 일삼은 것을 본 후로 (…) 농사가 자주 풍년이 들지 못하고 유민들이 아직 다 돌아오지 않았다."
의 앞에 부분을 그대로 옮겨놓았다. 이것은 사마광이 유민 문제의
책임자는 생각해 볼 가치도 없이 한무제였음을 명백히 밝힌 것이라
하겠다.

　사마천은 다른 각도로 유민 문제의 진상을 서술했다. 《사기》〈만
석군열전〉에는 짧은 몇 마디로 석경을 질책하는 내용을 표현했다.

　　양식창고는 이미 텅 비고, 백성은 먹을 것을 찾아서 많은 유민이
　　발생했는데, 그대는 그들을 변경으로 이주시키기를 원했소. 나라
　　는 동요되고 안정되지 못하고 위급한 때, 그대가 벼슬을 사직하고
　　고향으로 돌아간다고 한다면, 누구에게 이 문제를 떠맡기겠소?

　윗글에서는 사마천이 유민 문제의 책임자를 직접 거론하지 않고,
단지 석경이 대책이 없이 사직하는 것으로 마무리하고 있다. 사마천은
어떤 각도로 이 문제를 바라보았으며, 그의 숨은 의도는 무엇인가?

한무제 통치하의 승상

사마천은 유민 문제를 일절 언급하지 않았다. 사마천의 표현법엔 외려 도리가 있다. 어떤 도리인가 하면 2백만 명의 유민이 발생한 이렇게 큰 문제는 근본적으로 석경 같은 인물이 도저히 책임질 노릇이 아니라는 것이다. 이는 한무제 통치하에 석경은 "어떤 인물이었고, 어떤 역할을 했는가?"를 살펴보면 알 수 있다.

그는 자기보다 2단계 낮은 관리였던 소충所忠과 감선減宣의 죄를 규탄하다가 도리어 무고죄를 얻어 돈을 내고 속죄받은 일이 있었다. 한마디로 바지(?) 승상이었다. 조정의 주요 정책과 사안들은 모두 그의 심사와 결재를 받지 않고 바로 황제에게 보고됐다. 석경에게는 아무런 실권이 없었던 셈이다.

석경뿐만 아니라 공손홍 이후에 임명된 승상인 장청적莊靑翟과 조주趙周 등은 모두 귀족 출신 승상이지만, 그들 역시 자기 재능과 지혜를 발휘할 수가 없었다. 모두 성품이 신중하고 매사에 조심스러웠던 인물들로, 명목상으로 승상의 자리에 오른 자들이었다.

그중에 석경은 황제의 말이 진담인지 농담인지도 구별 못 하는 인물인데, 그에게 유민 문제의 책임을 묻는 것은 어불성설이었다. 사마천은 석경이 "원대한 모략도 없고, 백성을 위해서 한마디 말도 꺼내지 못한다"고 평가했다. 이런 인물이 어떻게 승상 직을 수행할 수 있단 말인가? 한무제는 무엇 때문에 이런 사람을 승상으로 임용했을까? 이것이야말로 문제의 관건이다. 사마천은 반복해 이렇게 탄식했다.

거룩한 성왕聖王의 전통을 일으키려면 오직 장군과 대신을 잘 선택해 임명하는 것이 중요하다고 하겠다!

이것은 사마천이 한무제의 인재 임용 태도를 비판한 대목이다. 그럼 한무제는 인재를 보는 눈이 없다는 것인가? 아니다. 그러면 한무제는 왜 석경 같은 무능한 인물에게 승상을 맡겼나? 이 문제에 대해 사마천은 직접 거론하지 않았다. 하지만 한무제에게 필요한 인물은 석경 같은 사람이었다. 왜일까? 이전에 공손홍에게 승상을 맡겼던 일을 참고하면 한무제는 인재가 아니라 노예가 필요할 뿐이었다. 한무제는 공손홍, 석경같이 황권에 완전히 귀속된 승상이 필요했다. 이들은 한무제가 황권 강화를 위해 미리 계획된 과정 일부에 불과했다.

그렇다면 이런 승상들은 황권에 절대복종하는 일을 제외하고 어떤 역할을 했나? 석경의 경력에서 알 수 있듯이 그들은 유사시에 희생양 또는 정적政敵의 희생물이 됐다. 석경은 요행히 목숨을 보전하고 자살하지 않았을 뿐이다. 다른 승상들은 이렇게 운이 좋지가 않았다. 예컨대 석경 이전의 승상이었던 조주趙周는 어떤 일을 당했을까?

한대漢代의 제후왕과 작위 있는 열후列侯들은 조정 제사에 황금을 공납해야 했다. 원정元鼎 5년(BC. 112), 한무제는 제후와 열후들이 공납한 황금 중에 함량이 미달하거나, 성분과 색깔이 좋지 않은 것을 가려서 106명의 작위를 삭탈했다. 이때 승상이었던 조주는 그 내막을 알고 보고하지 않았다는 이유로 책임지고 자살했다.

앞서 한무제는 황권을 강화하기 위해 제후왕들을 타격했다. 이 사건에서 알 수 있듯이 황금의 분량과 성분, 색깔 등을 문제 삼은 것은 단지 핑계일 뿐, 그 최종목적은 제후왕의 세력을 약화해 중앙집권을 강화하려는 데 있었다. 본래 조주는 어떤 일도 관여하지 않았었는데, 다만 정치적인 압력 탓에 자살을 강요당한 것이다.

한무제 시기의 승상은 무엇 때문에 자살을 강요받을 수밖에 없었나? 실제 이런 사람들은 정치투쟁의 희생물이었다. 이 밖에 다른 유형으로 승상들이 죽임을 당했는데, 이는 한무제 시대에 통치 특징인 혹리酷吏 정치와 관련이 있다. 승상 장청적의 죽음은 바로 혹리 정치의 전형적인 사례다. 장청적을 죽음으로 몰고 간 것은 한무제가 혹리 장탕張湯을 임명했기 때문이다. 장청적과 장탕 사이에 도대체 어떤 사건이 벌어졌나? 혹리 정치는 한무제 시대에 또 어떤 문제를 일으켰는가?

제
8
강

장탕張湯의 승진과 좌천

도굴사건이 부른 정치투쟁

한무제 원정元鼎 연간(BC. 128~123), 어떤 사람이 한문제의 능원을 파헤치고 무덤에서 돈과 귀중품을 훔쳐간 일이 발생했다. 도굴은 고대에 자주 발생한 사건이지만 뜻밖에 이 절도 사건은 두 고위관료가 결딴나는 장이 됐다.

황제의 능원이 도적질 된 것은 당연히 큰일로 담당자가 책임을 져야 한다. 이에 당시 승상 장청적莊靑翟과 어사대부 장탕張湯은 서로 상의해서 한무제를 찾아가 사죄하기로 했다. 어사대부는 부승상에 해당하니, 승상과 부승상이 이번 사건을 책임지겠다는 것이었다. 그런데 장탕은 장청적 앞에서는 그러겠다고 하고는 뒤에서 다른 모략을 꾸몄다. 그는 사전에 한무제를 찾아가서 승상이 1년 내내 능원을 순시하는 책임이 있으니, 능원의 절도 사건에 대한 책임은 장청적에게 있다고 고했다. 그리고 법령에 어사대부는 능원을 보호하는 책임이 없다면서 자신은 빠져나가려고 했다. 한마디로 모든 책임을 장청적에 씌우려고 했다.

한무제는 이 사건을 자세하게 조사하라는 명령을 내렸다. 한편 장탕은 이 기회를 빌려서 승상 장청적을 제거해 버리려고 했다. 승상이 제거되면 자신이 바로 그 자리에 오를 수 있었기 때문이다. 그는

이 목적을 이루려고 "승상에게 견지법見知法을 적용하려고 했다."《사기》〈혹리열전〉)

장탕은 법조문을 왜곡해 남을 모함에 빠뜨리는 데 고수였다. 조서에 단지 "승상에게 견지법을 적용한다."는 것은 장청적을 사지로 몰고 가기에 충분했다. 견지법이 무엇인데, 그렇게 큰 마력을 지니고 있나? 이 법은 진시황 때 생겼다. "관리로서 범죄를 알고도 보고하지 않은 자는 같은 죄로 다스린다."《사기》〈진시황본기〉)는 것이다. 오늘날로 말하면 "사전에 범죄를 도모한 것을 알고도 일부러 보고하지 않았다"는 것으로, 범법 행위를 안 관리도 범인과 똑같은 벌을 받는다는 법이다. 한무제 시대에는 또다른 견지법이 있었으니 "죄가 있는 줄을 알면서도 고의로 놓아주면 처벌한다."(《사기집해》)는 것이다.

장탕은 무엇 때문에 승상에게 견지법을 적용하려고 했을까? 그것은 장청적을 죽이려는 목적이었다. 하지만 장청적은 처음에 능원이 도난당한 사실도 몰랐는데, 어떻게 사전에 범인과 범죄를 도모했다고 꾸밀 수 있었을까?

이를테면 범인을 조사하는 과정에서 유도신문하고 거짓자백을 강요하거나, 자백한 내용 중에 일부만을 떼어서 마음대로 유권해석을 내려 범인과 함께 죄를 뒤집어씌우게 하면 가능하다. 이런 수사방법은 한대漢代, 특히 한무제 때 자주 발생했고 그 방면의 고수가 장탕이었다. 이처럼 수사과정 중에서 몇 마디 문자나 단서 하나를 가지고 가혹하게 유권해석을 내려 지은 죄보다 더 엄중하게 처벌하는 관리를 '혹리酷吏'라고 부른다. 사마천은 《사기》에서 이런 냉혈관리들에 관해 전문적으로 기술했으니, 그것이 바로 〈혹리열전〉이다.

　장탕이 뒤에서 장청적에게 모든 죄를 뒤집어씌우려고 하자, 장청적은 그 기미를 눈치채고 고심했다. 이때 장청적의 수하 중, 세 사람의 장사長史가 전면에 나서서 그를 도와주려 했다. 이들은 모두 장탕을 싫어했는데, 장탕이 평소에 오만방자하고 걸핏하면 모욕을 주었기 때문이다. 이들은 이번 기회에 장탕보다 먼저 선수를 쳐서 그를 제거하려고 했다.

　이 절도사건은 본래 도적을 잡는 일이 주목적이었지만 완전히 변질해 승상과 어사대부의 정치투쟁이 되고 말았다. 이 투쟁은 어떻게 전개되고 최후의 승자는 누구였을까?

장탕과 장청적의 죽음

세 사람의 장사는 장청적을 보호하려면 장탕보다 먼저 선수를 치는 것이 유리하다고 판단했다. 그래서 그들은 평소 장탕과 왕래가 깊었던 상인 전신田信을 체포했다. 전신을 체포한 이유는 그가 항상 조정의 소식을 미리 알아서 물자를 매점매석해 큰 이익을 얻었기 때문이다. 그들은 전신에게 조정의 소식을 알려준 사람은 장탕이었고, 장탕은 그 대가로 뒤에서 금전을 받아 챙겼다고 주장했다. 그리고 이 같은 장탕의 비리에 관한 정보를 한무제에게 흘렸다.

이 소식을 접한 한무제는 내심 언짢았다. 장탕은 한무제가 가장 신임했던 대신 중 하나였는데, 조정의 중요한 정보를 함부로 외부 상인에게 누출하고 뒤에서 재물을 챙겼다니 기가 막힐 노릇이었다. 이에 한무제는 장탕을 은근히 떠보기 위해 "조정의 주요 정보가 자주 외부로 누출되는 것 같다"고 말했다. 그러자 장탕은 "누가 감히 그런 짓을 저질렀습니까?"라고, 짐짓 놀라는 표정만을 짓고, 자신은 그 일과는 무관하다는 태도를 보였다.

이런 장탕의 태도에 한무제는 그를 더욱 의심하기 시작했다. 장탕의 처신은 잘못됐다. 한무제가 자신에게 그런 말을 했을 때는 숨은 의도가 있었음을 진작 눈치챘어야 했다. 자신이 남에게 모함하는 데에는 일가견이 있었는데, 설마 남들이 자신에게 모함을 뒤집어씌울 줄 미처 생각지 못했던 것이다.

도굴사건은 장탕이 의도한 대로 흘러가지 않고, 되레 장탕이 궁지에 내몰리는 처지로 뒤바뀌게 됐다. 엎친 데 덮친 격으로 장탕은 다른 사건에도 연루됐다. 장탕이 자기 수하와 결탁해 어떤 사람을 억울하게 죽인 적이 있었는데, 그 일이 나중에 폭로되어서 황제에게까지 보고된 것이다.

황제는 크게 노했다. 그는 장탕이 속이 검고 간교하며 거짓말을 일삼아 자신을 속인다고 생각해 8명의 특사를 보내 이전 사건기록을 일일이 대조해 장탕을 문책하도록 명령했다. 장탕은 고문과 압력에 견디지 못하고 자살하고 말았다.

장탕은 자살하기 전에 "세 명의 장사가 나를 모함했다."는 말 한마디만 남겼다. 장탕이 죽은 뒤 재산몰수를 하려고 그의 집을 살피던 관리가 "집안의 재산이라곤 5백 금뿐이고, 이 모두가 봉록과 하사금이었으며 다른 재산이 없었습니다."(《한서》〈장탕전〉)라고 보고했다. 이것은 장탕이 전신과 결탁하지 않았다는 것을 방증한다.

장탕의 자식과 형제는 그를 후하게 장례할 생각이었다. 그런데 장탕의 어머니가 "장탕은 천자의 대신으로 남의 모함으로 억울하게 죽었는데, 어찌 후하게 장례를 치를 수가 있겠느냐!"고 하면서 "소달구지에 시체를 실었는데, 내관內棺은 있었으나 외곽外槨은 없었다."(《한서》〈장탕전〉) 외곽이란 관棺을 담는 궤다. 고대에 제대로 장례를 치를 때는 반드시 내관과 외곽을 써야 하는데, 외곽을 쓰지 않았다는 것은 지극히 초라하게 장례를 치렀다는 뜻이다. 또 이것은 장탕의 어머니가 황제에게 보내는 무언의 항의라고 할 수 있다.

이 소식을 들은 한무제는 "그런 어머니가 아니면 그런 자식을 낳을 수 없다."고 말하며 사건을 재조사해 장탕을 모함한 세 장사를 죽이고, 승상 장청적은 자살하고 말았다.

도굴사건은 혼란을 거듭하며 일파만파로 확대했다. 본래 한문제의 도굴사건은 그 범인만을 잡아 처리하면 될 사안이었다. 그런데 이것이 중간에 승상과 어사대부의 정치투쟁으로 비화했고, 최후에는 양측이 함께 망해버렸다.

그럼 장탕과 상인 사이에 결탁 문제는 어떻게 처리됐는가? 그 진실 여부는 밝혀지지 않고 사람들만 죽어버렸다. 한무제를 살펴보면 그는 확실하지 않은 말 한두 마디 때문에 자기 측근 신하 두 명과 세 명의 주요관리를 무자비하게 죽였다. 그의 마음에 또 다른 속셈이 있었던 것인가?

장탕의 정해진 배역

장청적 사건은 한무제 시기의 법치 상태를 알 수 있는 것으로 연관된 사람들은 죽었으나 사건의 근본문제는 해결되지 않았음을 알 수 있다. 관건은 장탕이 붓끝을 놀려 법을 우롱하며 사람들에게 무고한 죄를 씌우려고 했다는 것이다. 이 사건을 다시 정리해 보면 장탕은 승상에게 '견지법'을 적용하려다가 오히려 정적들의 고발로 자살하고 말았다. 그러나 장탕은 과거에도 견지법 같은 황당무계한 수법으로 숱한 사람들을 모함해 잔혹하게 죽여왔다.

　장탕은 일찍이 안이顔異라는 사람을 단두대로 보낸 적이 있다. 안이가 입술을 잘못 삐죽였다는 이유였다. 황당하지 않은가? 입술을 잘못 삐죽였다고 죽일 수 있다니. 안이는 한무제 시기에 대농령大農令을 지낸 인물로 중앙재정을 담당한 고관이었다. 그는 장탕과 정견과 품성도 달라서 사이가 좋지 않았다. 뒤에 안이가 다른 일로 고발당한 적이 있었는데, 장탕이 그를 심문하고 다스렸다. 이때 장탕은 이렇게 판결을 내렸다.

　　안이가 손님과 대화를 나눌 때 조정의 명령 중에 불편한 것이 있다고 하자 안이가 대꾸하지 않고 약간 입술을 삐죽거렸다.

《사기》〈평준열전〉

장탕은 이를 근거로 한무제에게 안이의 죄상을 이렇게 고했다. "안이는 구경九卿의 신분으로 조정의 명령이 불편한 것을 보고서 들어와 말하지 않고, 마음속으로 비방했으니, 사형으로 그 죄를 다스려야 합니다."(《한서》〈식화지〉) 결국 안이는 사형당했다.

오늘날로 본다면 유치하기 짝이 없다. 장탕의 죽음이 너무 잔혹하고 인정이 없던 그의 사필귀정으로 볼 수도 있지만, 잊지 말아야 할 점이 있다. 최종 판결권이 한무제의 손아귀에 달려있었다는 것이다. 한무제는 무엇 때문에 안이의 사형집행을 허락했나? 참으로 안이가 입술을 삐죽였다고, 죽였다는 것은 설득력이 없다. 안이의 죽음에는 반드시 내막이 따로 있을 것이다.

당시 한무제는 흉노를 주동적으로 공격해 군비가 나날이 늘어나서 재정상태가 갈수록 나빠졌다. 거기에 한무제는 미신과 신선을 믿고 화려한 궁전을 지어서 엄청난 재정이 필요했다. 이에 압박받는 재정 상황을 벗어나려고 '흰 사슴 가죽으로 만든 화폐'를 만들어 제후들과 종실에 팔도록 했다. 한데 그 한 장 가격이 무려 40만 량이었다. 이 '흰 사슴 가죽'은 매우 귀해 오직 한무제의 원림에서만 구할 수 있었다. 이 황당한 화폐를 만들 것을 제의한 사람이 장탕이었다. 한무제는 이로써 적지 않은 재물을 얻었다.

그때 안이는 시세를 잘못 판단하고, 이 정책에 찬성하지 않았다. 남들도 한무제가 황제의 권위를 빌려서 재물을 강탈한 것으로 생각했다. 안이는 심지어 한무제 앞에서 이 정책을 비판하기에 이른다. 이런 안이의 태도에 한무제는 불만을 품었다. 뒤에 안이가 다른 사건으로 고발됐을 때, 장탕이 그가 '입술을 삐죽였다는 죄명'으로 누명을 씌운 것은 그가 죽은 직접적인 원인이 아니다. 기실 그의 죽음은 한무제의 정책을 반대한 데 있다. 장탕은 한무제의 앞잡이에 불과했다. 이 점은 당시 대신들이 모두 분명하게 알고 있던 것으로,《자치통감》에는 그때의 상황을 이렇게 기술해 두었다.

> 이로부터 마음속으로 비방하는 것을 처벌하는 법의 준례가 생겨서 공경대부들이 아첨해 용납되기를 구하는 일이 많았다.
>
> 《자치통감》 권 20

안이의 사건으로 마음속으로 비방하는 것도 처벌의 대상이 됐고, 이 때문에 당시 공경대부들은 한무제에게 더욱 아첨과 아부를 일삼기 시작했다는 것이다.

장탕과 한무제

장탕이 한무제를 대신해 안이를 죽인 일은 마치 닭 한 마리를 죽여서 교만한 원숭이들을 놀라게 하는 일벌백계의 성격이 강하다. 이 때문에 다른 신하들은 한무제의 새로운 정책을 감히 반대할 수 없게 됐다. 기실 장탕은 한무제를 대신해 악역을 자처했고, 이런 그의 악역 노릇은 한두 번에 그친 게 아니라 주업이라고 할 수 있었다.

장탕이 최초로 한무제의 마음에 들게 된 것은 진황후陳皇后의 사건을 처리할 때였다. 한무제의 첫 번째 황후는 진황후로 한무제 고모의 딸이었다. 그녀는 성격이 거만하고, 한무제와 10여 년 동안 부부의 연을 맺었지만, 자식이 없었다. 한무제는 위부인衛夫人을 총애하기 시작했고, 이 때문에 진황후는 분을 못 이겨 울고불고 난리를 친 적이 다반사였다. 한무제는 진황후가 더욱 못마땅해졌다. 그녀에게 자주 분노를 터뜨리기도 했다.

한무제와 진황후가 서로 양보 없이 맞선 후, 원광元光 5년(BC. 130)에 어떤 사람이 진황후가 무속 도구를 이용해 한무제를 저주하는 대역무도한 일을 저질렀다고 고발했다. 한무제는 이 사건을 장탕에게 조사하라고 명했다. 이때 장탕은 "진황후와 관계된 한무제 저주사건을 담당하면서, 이와 관련된 일당을 철저히 규명했다."《한서》

〈장탕전〉고 한다.

이 사건과 관련된 일당은 3백여 명으로 모두 사형됐다. 피비린내가 진동했다. 얼마나 인명을 중시하지 않았는지 당시 상을 실감할 수 있다. 이 사건을 통해 장탕은 한무제에게 능력이 있다고 인정받아 졸지에 종시어사從侍御使에서 태중대부太中大夫로 승진했다. 태중대부는 연봉 1천 석이 되는 중간 관리였는데, 이로부터 장탕은 관운이 형통해 승승장구하기 시작했다.

회남왕 유안의 사건을 모반죄로 얽을 때 주심사관도 장탕이었다. 장탕은 회남왕 주변의 사람들을 모두 연좌제로 몰아 수만 명을 죽였다. 장탕의 심판과 처벌로 회남왕 세력은 그 뿌리까지 철저히 뽑혔다.

진황후, 회남왕, 그리고 안이 등은 모두 한무제와 첨예하게 충돌했던 사람들이다. 장탕이 이들 세력을 송두리째 제거한 것은 한무제의 우환거리를 제거해 준 것과 같다. 그러니 한무제가 장탕을 좋아하지 않을 리 없었다. 이외에도 황실의 원림에서만 구할 수 있는 '흰 사슴 가죽으로 만든 화폐'를 만들어서 한무제가 재정압박에서 벗어날 수 있게 했으니, 경제상으로도 그는 큰 공을 세운 셈이다.

안이 같은 사람은 장탕과 서로 반대되는 성격이었다. 안이는 처음에 작은 정장亭長에서부터 시작한 기층 간부였다. 그는 성품이 청렴결백하고 정직했다. 또 착실하게 승진해서 고급관리까지 올라선 인물로 자기 주관이 확실하고 강직했다. 그래서 한무제 앞에서도 떳떳하게 자기 소신을 밝힐 수 있었다. 이런 사람은 한무제가 가장 용납하기 싫어하는 타입이었기에 장탕의 손을 빌려 그를 죽여 버린 것이다.

안이와 장탕의 경력을 비교해 보면 한무제의 용인술을 한눈에 살필 수 있다. 한무제의 용인술은 그 사람의 재능과 품행은 중요하지 않고, 오직 자기 말에 순종하는지와 이용할 가치가 있는지에 따라 결정될 뿐이다. 장탕은 한무제의 황권을 지키기 위한 손톱과 어금니 같은 앞잡이 역할을 했다. 이 때문에 한무제는 장탕을 7년 동안 어사대부로 쓰고, 그가 공격을 받았을 때는 적극적으로 보호해 주었다.

한번은 조정에서 흉노와의 전쟁문제로 토론한 적이 있었다. 이때 유학박사인 적산狄山이 전쟁을 하지 말고 흉노와 화친하자고 주장했다. 한무제는 적산의 의견을 장탕에게 전하고 어떻게 생각하느냐고 물었다. 장탕은 총명해서 한무제가 흉노와의 전쟁을 지속하려는 뜻을 알아차리고는 적산이 어리석은 유생으로 시무를 잘 모른다고 비판했다. 이 말은 전해 들은 적산은 장탕을 간사하고 원칙이 없는 사람으로 되레 질책했다.

적산의 질책에 한무제는 분노하고 적산에게 '당신이 그렇게 재능이 있다면 한번 변경에 나가서 흉노의 침입을 막아보라'고 했다. 적산이 자신은 유생이라 할 수 없다고 하자, 한무제는 그럼 일개 군의 태수가 되어서 지켜보라고 했다. 적산이 그래도 할 수 없다고 하니, 마침내 한무제는 변경 요새를 지키는 성주가 되어서 지켜보라고 했다. 적산은 마음속으로는 그럴 생각이 없었지만, 조정에서 봉록을 받는 신하가 더는 사양을 할 수가 없어서 이를 승낙했다. 적산이 변경 요새의 성주가 된 지 몇 개월이 지나자 흉노가 침입해 그를 참수해

갔다. 그 소식을 전해 들은 조정 백관들은 모두 식은땀을 흘리면서 다시는 감히 장탕에게 따지는 사람이 없게 됐다.

분명한 것은 한무제가 적산이 죽으리라는 것을 알았다는 점이다. 장탕이 한무제를 위해서 많은 사람을 제거했으니, 이번에는 한무제가 장탕의 적수를 제거해 준 셈이다. 이 일을 통해 장탕과 한무제의 관계를 추측할 수 있다. 한무제는 자신이 직접 나설 수 없는 문제들이 생기면 장탕을 앞세워 악랄한 수법으로 해결했던 것이다.

한무제와 장탕이 이런 암묵적인 관계였기에, 장탕은 장청적이 비록 승상일지라도 자기 안중에 두지 않았다. 그런데 장청적의 사건에는 변수가 있었으니 장청적의 수하인 세 사람의 장사가 장탕의 비리를 폭로하는 과정에서 장탕이 한무제를 속였다고 주장했던 것이다. 평상시 같았으면 한무제는 장탕을 보호해 주었을 것인데, 이번 사건은 달랐다. 장탕이 제 이익을 위해서 상인과 결탁해 조정을 속이고 정보를 유출했다는 점에서 한무제는 일종의 배신감을 느꼈다. 게다가 장탕은 평소 한무제를 위해 악독한 수법을 남용해 사방에 원수들이 갈수록 많아져 그를 고발하는 사건이 빗발쳤다.

이 무렵 한무제에게 장탕은 이용가치가 별로 없어졌고, 골치만 썩이는 존재로 전락해 있었다. 결국, 한무제는 장청적 사건을 계기로 장탕을 완전히 제거한 것이다. 그 후에 세 사람의 장사를 죽이고, 승상 장청적도 자살하게 한 것은 아마도 장탕의 죽음을 애도하기 위해서였을 것이다. 이로써 한무제는 홀가분해졌고 아무런 책임을 지지 않아도 됐다.

황권의 도구, 혹리

장탕의 운명을 통해 드러난 한무제의 성격과 정치 수완의 특징은 무
엇일까? 장탕과 관련한 사적을 돌아보면 매우 유사했던 한 사람을
발견할 수 있다. 누구인가? 앞서 소개한 공손홍이다. 우리는 장탕과
공손홍에게 3가지 공통점을 발견할 수 있다. 첫째는 출신 성분이고,
둘째는 출세한 배경이며, 셋째는 그들의 처신 방법이다.

그들의 출신 성분은 비슷한 면이 있다. 공손홍은 집안이 가난해
돼지몰이꾼으로 지내다가 마흔이 넘어 유가 경전을 학습할 기회를 얻
었다. 장탕도 말단 관리부터 시작했는데, 원래는 장안의 작은 벼슬아
치였다. 귀족 출신의 관원과 비교하면 장탕과 공손홍은 한미한 가문
출신이다. 이 때문에 한무제가 그들을 마음대로 제어할 수 있었다.

장탕이 소관 말직에서 어사대부까지 승진한 것과 공손홍이 승
상이 된 원인은 모두가 한무제가 직접 발탁한 데 있다. 그들의 역할
은 한무제의 통치에 필요했다.

장탕은 한무제의 의사에 전적으로 따랐다. 만약 한무제가 어떤
상대방을 싫어하고 제거하고 싶은 대상으로 삼으면 장탕이 앞장서서
온갖 치사하고 악랄한 방법을 총동원해 철저하게 제거해버린다. 또
한무제가 책임을 묻고 싶지 않은 대상이 생기면 장탕은 아주 관대한

판관이 되어서 그를 용서해 준다. 모두 법률을 기준으로 삼아야 할 사안들인데도 실제로는 한무제의 낯빛에 따라 그 상대방의 죄가 더해지고 덜해졌다. 공손홍의 처신과도 유사하지 않은가?

그런데 한 가지 다른 점이 있다. 그것은 장탕과 공손홍의 역할이다. 한무제 통치의 본질은 사마천이 일찍이 치밀하게 고려한 한마디 말에서 찾을 수 있다. "유술로써 꾸며 관리를 다스리다."는 것이다. 한무제가 유학을 표방한 목표는 그것을 통치 수단으로 보았기 때문이다. 유학의 엄격한 법률 잣대로 사람들을 다스린 것은 장탕의 몫이었고, 유학의 사상·학술·예절로 사람들을 다스린 것은 공손홍의 몫이었다.

참으로 다행인 점은 장탕이 많은 사람을 단두대로 보냈건만, 본인도 똑같은 신세가 됐다는 것이다. 그는 평생 한무제의 황권 보호를 위해서 일했지만, 최후에는 자기도 그 황권 때문에 죽었다. 단, 장탕의 죽음은 한무제 시대에 혹리가 더는 나오지 않았음을 뜻하지는 않았다. 더 많은 장탕 같은 사람이 성장하고 있었으니 말이다.

한무제는 황권을 보호하려고 더 많은 대리인을 찾았다. 한무제 시대에는 장탕 같은 혹리들이 많이 배출됐다. 이 때문에 사마천의 《사기》에 전문적인 〈혹리열전〉이 있고, 그 사람들은 대개가 한무제 시대 인물들이었다. 〈혹리열전〉을 읽으면 그들이 얼마나 잔혹했고 많은 사람이 억압을 받았는지 살펴볼 수 있다. 그중에 많은 내용이 《자치통감》에 인용됐다. 사마광이 한무제를 진시황과 비교해 별로 차이가 나지 않는다고 평한 것은 바로 이 혹리 현상과 무관하지 않다.

반고는 한무제 시대를 묘사하면서 혹리 문제를 피해가지는 않았다. 그러나《한서》〈혹리전〉과《사기》〈혹리열전〉을 비교해 보면, 그 시대의 잔혹성과 억압성이 얼마나 많이 희석되어 있는지 발견할 수 있다. 그럼 도대체 왜 갑자기 많은 혹리들이 한무제 시대에 나타났고, 또 한무제 통치수법은 어떻게 이들 잔혹한 혹리들에게 생존공간을 제공해주었을까.

혹리, 요직을 차지하다

피비린내 나는 태평성대

원수元狩 3년(BC. 126), 한무제는 광평도위廣平都尉 왕온서王溫舒를 하
내태수河內太守로 승진시켰다. 왜냐하면, 왕온서가 광평도위에 있을
때 "물건이 길에 떨어져도 주워가는 사람이 없다."고 할 정도로 잘 다
스렸기 때문이다. 도위는 주요한 직책으로 지방 치안을 담당해, 폭력
배를 소탕하고 악행을 근절하는 책임이 있다. 오늘날의 경찰서장과
유사하다.

광평 지방은 오늘날 하북성 남부지방으로, 인근 산동·산서성과
광평의 접경지대 도적들은 왕온서가 이 지방을 다스릴 때 그의 명성
을 듣고, 감히 광평 지역에 접근하지 않았다. 하물며 광평에서 범죄를
저지를 생각은 하지조차 않았다. 이 때문에 광평 지방의 치안상태가
매우 좋아서 한무제는 왕온서가 유능한 줄 알고 그를 하내태수로 승
진시킨 것이다. 하내태수는 오늘날 하남성 북부지역의 행정장관이다.

왕온서가 9월에 하내태수로 부임해 3개월이 지나니, 이 지역은
청정해지고, 사람들이 감히 밤에 길거리에 다니지 않았다. 밤에 다니
다가 혹 불법 활동을 한다는 의심을 받기 싫어서였고 극성을 부리던
좀도둑들도 숨을 죽인 채 옴짝달싹하지 않았다. 이렇게 이 지역 치안
상태가 좋아지자 한무제는 왕온서를 다시 중위中尉로 승진시켜 장안

치안을 담당하게 했다. 오늘날 경찰청의 경찰국장급 정도로 대단히 중요한 직책이었다.

이런 정황을 보면 그는 마땅히 유능한 관리로 칭송받을 만하다. 그런데 그도 한무제가 직접 발탁한 인물로 《사기》와 《한서》의 〈혹리전〉에 기재됐다. 지방 치안을 잘 다스렸는데, 왜 그는 혹리로 평가받게 됐나? 왕온서가 다스린 지역은 비록 "물건이 길에 떨어져도 주워가는 사람이 없"을 정도로 태평성대 같아 보였으나 실은 허상에 불과했다.

왕온서가 치적으로 내세우는 "물건이 길에 떨어져도 주워가는 사람이 없다."는 것은 백성이 기풍이 순박해진 것이 아니고 도리어 인심이 삭막해진 결과였다. 왕온서의 젊었을 적 경력을 보면 사람들의 눈살을 찌푸리게 한다. 살인과 밀수를 주업으로 삼고 때로는 직접 암살자들도 관리했다. 한마디로 조직폭력배였다. 그저 뒤에 처신을 잘해 관리가 된 것뿐이다.

그는 일찍이 장탕 밑에서 일했다. 그래서인지 그 수법이 장탕을 닮아 있었다. 심지어 '청출어람青出於藍'이라고 말할 정도였다. 왕온서가 단 몇 개월 동안에 하내군河內郡의 치안을 잡게 된 비결은 무엇일까? 그는 부임하자마자, 그 지방에서 호걸로 자처하는 교활한 관리를 잡아서 주살하고, 몇 가지 사건을 처결하면서 삽시간에 무려 1천여 가구나 되는 사람들을 '연좌제'로 묶어 사형을 집행했다. 이때 죽은 사람들 피가 십 리를 흐를 정도로 처참했다고 한다. 사형당한 사람 중에는 확실히 범죄를 저지른 자들도 있었으나 무고한 경우도 많앉다. 그래서 그 지역 백성은 한여름에도 겁에 질려 벌벌 떨 정도였다고 한다.

또 왕온서는 중요한 사건을 중앙에 보고해 처리할 때는 시간을 단축하려고 50필의 말을 준비해 하내와 장안 사이 역에 배치해 문건이 속달로 전송되도록 했다. 일반적인 사건은 불과 2~3일이 지나면 황제의 비준까지 얻을 정도였다고 한다. 오늘날처럼 교통이 좋지 않은 시절을 고려한다면 가히 전광석화였다고 표현할 수 있다. 왕온서는 죄인들의 사형을 집행할 때 며칠씩 기다리는 것을 못내 아쉬워했다. 또 한대漢代에는 가을과 겨울에만 사형을 집행하고 봄과 여름에는 사형을 못 하게 하는 규정이 있었다. 왕온서는 이 규정과 관련된 저명한 말을 남긴 적이 있다.

> 춘기가 되자 왕온서는 발을 동동 구르고 탄식하면서 이렇게 말했다. "아아! 만일 겨울이 1개월만 연장됐다면 족히 나의 일(사형집행)을 다 처리할 수 있을 터인데!"

왕온서는 자기 천직이 마치 살인마였던 것처럼 행동했다. 이런 정황에서 "물건이 길에 떨어져도 주워가는 사람이 없다."는 태평성대를 말한 것이 아니다. 왕온서가 치안을 담당하는데, 누가 감히 길에서 물건을 주워가겠는가? 왕온서가 치안을 잘 유지했다는 것은 한마디로 피비린내 나는 공포통치의 결과물이다. 왕온서의 사례는 한무제 시기에 드러난 주요한 특징 중 하나다. 앞서 몇 차례 말한 '혹리

현상'이고, 바로 한무제 시기에 이런 관리들이 대거로 등장한다. 그렇다면 혹리 현상과 한무제는 어떤 관계와 의미를 지니고 있을까?

혹리酷吏 풍조의 출현

사마천은 《사기》〈혹리열전〉에 한대 건립 때부터 한무제 시대까지 '혹리酷吏'라고 불렸던 12명의 성명과 사적을 기재해 두었다. 이 분류에서 우리는 흥미로운 한 현상을 발견하게 되는데, 이 혹리 중에 단 세 명만 한무제 이전 사람이었다는 점이다. 2명은 한경제에서 한무제까지 관직 생활을 했으며, 나머지 8명은 모두 한무제 시대에 출현한 인물들이었다. 뒤에 《한서》〈혹리전〉에 전광명田廣明과 전운중田雲中 두 형제가 한무제 시대의 혹리로 보충됐다. 반고는 한무제 이후의 혹리도 기재했는데, 서한 말까지 모두 세 명이었다.

사마천과 반고의 기록을 종합해 보면 서한 시대에 기록된 〈혹리전〉의 혹리는 총 18명이었고, 그중에 한무제 시대에 활동한 사람은 10명이었으며, 한경제 시대부터 한무제 시대까지 활동한 사람은 2명이었다. 그렇다면 한무제 시대에 활동한 혹리는 모두 12명이나 되는 것으로 주로 혹리들의 출현은 한무제 시대에 나타난 현상이라고 할 수 있다.

"천자가 바뀌면 신하도 바뀐다."는 말이 있다. 사마천과 반고가 쓴 것을 살펴보면 관리로서 법을 집행할 때 법률을 왜곡하고, 무고한 죄를 씌우며 심지어 살인을 제 정치 업적으로 삼은 기풍은 한무제 시대에 배양된 것으로 볼 수 있다. 앞서 말했던 18명의 혹리 중에 한 경제 시대부터 한무제 시대까지 활약했던 2명과 한무제 시대에 활동했던 혹리들을 비교해 봄으로써 그 사실을 확인할 수 있다.

먼저 한무제 시대에 활동했던 영성寧成과 주양유周陽由는 적어도 3가지 공통점을 발견할 수 있다. 먼저 이 두 사람은 수법이 매우 강경했다. 예컨대 영성은 경기京畿 일대 치안을 책임졌을 때 황제의 친인척, 공신, 그리고 호족들까지도 그에게 해를 당할까 봐 두려워했다. 주양유는 한 지방의 장관이 됐는데, 현지 호족들을 죽여 위엄을 세웠다.

둘째 그들은 성격이 거만하고 난폭했다. 《사기》에는 영성이 자기 위세를 믿고 날뛰었는데, 상사에게 자주 욕보이고 부하에게 거짓말하며 윽박지르기를 좋아했다고 한다. 주양유도 같은 결점이 있었다고 한다. 한나라 제도에 지방의 태수는 민정을, 도위는 치안을 책임지게 되어 있다. 그런데 주양유는 자신이 태수가 됐을 때는 도위를 하급관리로 취급하고, 자신이 도위가 됐을 때는 태수의 직권을 자주 침범했다고 한다. 그래서 《사기》에는 당시 관리 중에 그를 가장 포악하고 오만방자한 사람으로 기록했다.

셋째 두 사람은 사사로운 정에 이끌려 법을 왜곡했다. 영성은 한 대에 가장 먼저 잔혹한 형벌을 집행한 자인데, 고급관료도 그에게 걸려들면 옴짝달싹 못 하고 속절없이 당하고 말았다. 그런데 뒤에 자신이 범법행위를 하자, 형벌을 피해서 관외關外로 도피했다. 또 그곳에서 논과 밭을 사고 가난한 농민을 부려 대지주가 됐다. 주양유는 《사기》에 이렇게 표현되어 있다.

> 그와 관계가 좋은 사람이 설사 죽을죄에 걸려도 살려주었고, 반
> 면에 그와 관계가 나쁘면 가벼운 죄에 걸려도 죽을죄를 내렸다.

이 두 사람과 한무제 이전에 전형적인 혹리로 불리는 사람을 비
교해 보면 진정한 혹리 시대는 한무제 때 시작된 것임을 알 수 있다.

한경제 시대에 질도郅都라는 사람이 있었는데, 사마천은 그를 한
무제 이전의 대표적인 혹리로 보았다. 질도는 어떤 특징을 가지고 있
는가? 이 사람은 "법을 집행할 때는 황제의 친인척도 피하지 않았
다."《사기》〈혹리열전〉)고 한다. 법을 집행하는 수법이 비록 강경했지만,
영성과 주양유에 비교하면 질도는 비교적 공정하고 법을 왜곡하지
않았으며 청렴결백하고 뇌물을 받지 않았다고 한다.

영성과 주양유 두 사람과 질도를 비교하면 차이가 분명하게 드
러난다. 영성과 주양유는 법을 왜곡하고 사사로운 정에 얽매여 불법
을 저지르고 거만하며 난폭했다. 이들은 한무제 시대에 전형적인 혹
리다. 한경제 시대에 활동했던 혹리 질도의 기풍은 이들과 사뭇 달랐
으니 이들 사이에는 하나의 큰 격차가 있다. 이에 관해 먼저 반고의
견해를 살펴보면 다음과 같다.

> 한무제가 즉위하자 관리들의 다스림이 단정하고 조심스러웠다.
>
> 《한서》〈혹리전〉

이것은 한무제 즉위 초에 관리들의 기풍이 변한 것이 없고 매우 엄격하고 조심스러웠다는 것으로 이 말을 반대로 해석하면 한무제가 정권을 잡은 이후에는 기풍이 변했을 수도 있다는 의미가 된다. 사마천의 말은 다음과 같다.

> 영성과 주양후 이후, 나랏일은 갈수록 복잡해졌고, 백성은 교묘한 수단으로 법에 대처했으며, 일반 관리들이 다스리는 방법은 거의 영성과 주양유를 닮아갔다.
>
> 《사기》〈혹리열전〉

사마천은 영성과 주양후의 성명을 직접 거론해 이 같은 관리들이 법률을 왜곡해 자기 멋대로 처리하니, 백성은 그 법망을 벗어날 틈을 찾게 됐다고 했다. 이는 당시 관리들의 기풍이 얼마나 치사하고 악랄하게 변했는지 알 수 있게 한다.

그렇다면 왜 한무제 초기에는 관리들의 기풍이 변하지 않았다가 영성과 주양유가 출현하고부터 바뀌었단 말인가? 이때 한무제는 어떤 역할을 했나?

혹리들의 특징

한무제가 왕위를 계승한 뒤 사마천과 반고가 기재한 혹리는 모두 10명이다. 조우趙禹, 장탕張湯, 의종義縱, 왕온서王溫舒, 양부楊仆, 윤제尹齊, 감선減宣, 두주杜周, 전광명田廣, 전운중田雲中 등이다. 이들을 다시 분석하면 공통된 4가지 특징이 있다. 첫째는 출신 성분이 비교적 낮았다. 둘째는 모두가 수법이 엄격하고 가혹했다. 셋째는 모두 한무제가 발탁한 사람이었다. 넷째는 모두 결말이 좋지 않았다.

먼저 이들은 하층계급이나 최하위 말단 관리 출신이었다. 앞서 소개한 장탕, 윤제, 양부는 모두 말단 관리 출신이었다. 두주는 젊었을 때 불량배 출신으로 왕온서의 부하였다. 왕온서 본인도 강도 출신이다. 이 밖에 의종은 젊었을 때 강탈범이었다. 왕온서와 의종은 출신 성분이 안 좋을 뿐만 아니라 범죄자에서 하루아침에 관리로 신분 세탁한 인물들이다.

그들이 법을 집행할 때는 수법이 엄격하고 가혹했다는 점에 대해 이미 장탕과 왕온서의 예를 소개했다. 사마천은 왕온서의 성격과 기풍을 생동감 있게 묘사했는데, 그는 평소에 과묵하고 말을 잘하지 않아서 남들이 보기에 어수룩하게 여길 정도였다고 한다. 그런데 죄인을 심판할 때가 되면 두 눈에서 광채가 번뜩이며 마치 피에 굶주린 흡혈귀처럼 변했다고 한다.

이 사람들이 임용될 때는 기본적으로 모두 한무제가 직접 발탁했다는 것에 주목해야 한다. 앞서 왕온서 일화에서 보듯이 그들은 마치 피에 굶주린 흡혈귀처럼 행동했는데도, 한무제는 그들을 이해할 뿐만 아니라 도리어 재능이 있다고 칭찬하고 승진까지 시켰다. 왕온서의 경우에 광평도위에서 하내태수로, 그다음 하내태수에서 중위까지 승진했다. 다른 사람들도 같았다. 이는《사기》,《한서》,《자치통감》을 자세히 읽어보면 알 수 있다.

마지막으로 이들 혹리는 잔혹한 수법으로 법을 집행해 원성을 샀는데, 최후에는 자신들이 범법자가 되어서 안 좋은 종말을 맞았다. 이 10명 중 8명은 법망에 걸려 파직되고, 그중 6명은 자살하거나 피살됐다. 왕온서는 뇌물수수와 범법행위로 고발됐을 때 자살했지만 왕온서의 두 동생과 친족 등 5족이 모두 주살됐다. 이 광경을 본 어떤 사람이 이렇게 탄식했다.

슬프다! 옛날에 3족을 멸한다는 말이 있었는데, 왕온서의 죄는 너무 커서 5족이 동시에 주살됐구나!

《사기》〈혹리열전〉

고대에는 가혹한 형벌로 한 사람이 죄가 있으면 3족을 주살했는데, 3족이란 부모, 처자식, 형제다. 왕온서의 경우엔 형제들의 가족과 사돈집까지 모두 5족이 주살됐다. 옛말에 "남에 못되게 굴면 반드시 보복이 있고, 남에게 재앙을 끼치면 반드시 더욱 잔혹한 대가를 치른다."고 했다. 바로 왕온서의 경우가 그렇다고 할 수 있다.

한무제 시기에 등장한 혹리들의 횡포는 한마디로 공포정치의 소산이다. 이런 시대에서 생활하려면 매사 조심해 범법행위를 하지 말아야 한다. 만약 범법행위를 했다 하면 왕온서 같은 관리를 만나지 말기를 기도해야 할 것이다. 한데 한무제 시대에는 이런 혹리들만 있었을까? 그렇지는 않다.

순리循吏의 공석

혹리酷吏와 반대되는 관리를 사학자들은 순리循吏라고 부른다. 순리는 어떤 관리인가? 사마천은 순리를 맡은 직무를 잘하고 모든 일을 순리에 따라 판단해 백성을 잘 다스리는 관리라고 했다. 반고는 순리는 법을 적용하는 것이 더욱 엄격하다고 했는데, 두 종류의 순리가 있다고 했다. 첫째 유형의 순리는 "자기 몸가짐을 삼가고 솔선수범을 보이며 청렴하고 공평하게 처신하고 엄하지 않게 백성을 감화시킨다."(《한서》〈순리전〉)이고, 둘째 유형의 순리는 "관에 있을 때는 백성을 부유하게 하고, 관을 떠나면서도 백성을 생각한다. 살아서는 영광스런 호칭을 얻고, 죽어서는 제사를 받들게 한다."(《한서》〈순리전〉)고 했다

한대漢代와 한무제 시대에 그런 관리가 있었나? 반고는 한문제와 한경제 시대에 2명을 거론했는데, 바로 하남태수河南太守 오공吳公과 촉군태수蜀郡太守 문옹文翁이다. 한무제 시대에는 4명을 거론했다. 공손홍公孫弘, 동중서董仲舒, 예관兒寬, 황패黃覇다.

사마천은 생각이 달랐다. 그가 쓴《사기》의 〈순리열전〉에는 5명을 거론하는데, 모두 한대나 한무제 시기가 아닌 춘추 시기의 인물들이었다.

사마천이 거론한 5명의 춘추시대 순리는 모두 다른 특징이 있다.

진문공晉文公 시기에 형벌과 감옥을 책임졌던 이리李離라는 관리가 있었다. 한번은 "잘못된 판결로 무고한 사람을 사형에 처했다."고 한다. 뒤에 이리는 이 사건이 잘못된 줄 알고 자기 스스로 감옥에 들어갔는데, 이는 억울하게 죽은 사람에게 자기 목숨으로 보상하려고 한 일이었다. 진문공이 그를 이렇게 위로했다. "그대 수하가 일을 잘못 처리한 것이지 그대 잘못이 아니오. 그러니 자책하지 마시오." 이에 이리는 "자신이 상관으로 있으면서 부하들이 잘못 보고한 것도 당연히 저의 잘못입니다."라고 회답하고, 스스로 자결하고 말았다.

사마천의 붓 아래에서 순리는 한무제 시대의 혹리들과 강렬하게 대비된다. 한무제가 임용한 혹리들은 비단 억울한 사람에게 누명을 씌우고 오심한 판결조차도 자기 업적으로 삼고 심지어 살인을 즐기는 사람까지 있었다. 이렇게 대비해보면 우리는 명백하게 왜 사마천이 한대의 관리들을 거론하지 않았는지 그 의도를 알 수 있다. 그는 한대의 관리들을 강렬하게 견책한 것이다. 특히 한무제 시대의 잔혹 무도한 혹리들을 생각하면서 이리의 형상을 떠올리며 의도적으로 그들과 대비시킨 것이다.

앞서 말했던 반고가 순리로 거론했던 공손홍, 동중서, 예관 등은 모두 유생들이었다. 반고가 이들을 거론한 것은 경술經術로서 그들의 치적을 윤색했기 때문이다. 이것은 이미 사마천이 비판했던 것으로 그러한 반고의 주장은 허위라고밖에 볼 수 없다.

반고는 문제와 경제 시기에 2명의 순리를 거론했다. 하남태수 오공과 촉군태수 문옹이다. 특히 문옹은 그가 솔선해 지방에 학교를 세우고 학생들을 모아 교육해 한무제의 표창을 받았다. 이런 인물을 사마천이 모르진 않았을 것이다. 그러나《사기》에는 이를 수록하지 않았다. 이는 그가 전대와 강렬한 대비를 이루게 해 현재를 비판하는 효과를 얻기 위함이었다. 특히 〈혹리열전〉에 등장하는 인물이 거의 한무제 시대인 점을 고려하면 사마천이 의도하는 바를 읽을 수 있다.

반고는 비록 한무제 시대의 혹리 정치를 비판했지만《한서》〈순리전〉에 한대의 인물들을 수록함으로써 한무제 때 인물을 배제하지는 않았다. 그는 그 시대에도 좋은 사람들이 있었다고 했지만, 대신 비판력은 떨어진다.

반고와 사마천은 왜 그런 견해 차이를 보였을까? 사마천은 한무제에 의해서 궁형(거세)까지 받아 평생토록 치욕은 물론이고 당시 혹리들의 잔혹하고 부패한 짓을 누구보다 잘 알았다. 이런 경력은 그가 단순히 상상력을 동원해 역사를 기술하지 않았다는 것을 실감하게 한다. 반고는 1백여 년 뒤에 생활하면서 다시 지난 역사를 평가해서 사마천와 비교하면 평정된 마음이었을 것이다.

그러면 사마광은 한무제 시대의 혹리 문제를 어떻게 보았을까? 《자치통감》에 순리라는 용어는 단지 3번 거론되고, 혹리에 대해서는 모두 13번 거론했다. 세 번 거론된 순리는 모두 한무제 시대와 무관하다. 그는 혹리 문제를 한 부분에서 거론해 한무제 시대의 통치방식을 통렬하게 비판했다.

상(한무제)이 법제를 가지고 아랫사람들을 다스려서 혹리를 높여 등용하기를 좋아하니, 국군의 2천 석으로써 다스리는 자들이 가혹하고 포악한 관리들이 많았다.

《자치통감》 권 21

사마광은 기본적으로 한무제 시대, 관리들 통치를 부정적으로 보고, 그 원인이 한무제에 있다고 밝혔다. 또 그는

백성이 더욱 쉽게 법을 범하고, 동방에는 도적이 더욱 일어나서, 큰 무리는 성읍을 공격하고 작은 무리는 향리를 노략질했는데, 그 수를 헤아릴 수가 없었다.

《자치통감》 권 21

잔혹한 형벌은 긍정적인 효과보다 부정적인 여파가 더 컸다. 백성은 오기가 나서 한번 범법행위를 저지르면 끝장을 볼 때까지 밀고 나갔다. 정부에 항거하고 관리와 부자들을 원수로 여기며 살인과 방화까지 일삼아 사회질서는 혼란의 도가니로 빠져들고 말았다.

사마광은 한무제 시대에 순리에 관한 문제를 거론하지도 않고, 바로 정치인과 한무제의 통치방법에 대해 깊게 우려하고 회의했다. 사마광의 안목은 예리하고 정확했다. 혹리는 내정 문제뿐만 아니라 외정, 즉 외교에까지 큰 영향을 끼쳤다.

내정과 외교

한무제 시대에 임용됐던 혹리 중에 의종義縱이란 인물이 있다. 오늘날 내몽고 화림격이和林格爾 일대는 한무제 때 정양군定襄郡이라 불렸다. 이 지방은 한나라 군대가 흉노와의 전쟁 때 전진기지로 사용됐던 곳으로 대장군 위청도 자주 이곳에서 군대를 이끌고 출격했다. 그래서 이 지방 백성의 동요가 크고 관리는 책임이 무거웠다. 시간이 오래되자 반항하는 백성이 갈수록 많아져 다스리기가 어려웠다.

한무제는 의종을 파견해 정양태수로 삼고 관리하도록 했다. 의종은 정양군에 도착하자마자 두말하지 않고 감옥 안에 갇혀있던 2백여 명의 중죄인들과 이들을 면회했던 가족, 친척, 친구 등 2백여 명을 체포해 "죽을죄에 해당하는 사람들의 형구를 풀어주었다"(《사기》〈혹리열전〉)는 죄명으로 400여 명을 잔혹하게 사형에 처했다.

옛날에 중죄인들은 도망가지 못하게 목이나 발 등에 형구를 채워두었는데, 가족이나 친척, 친구들이 면회할 때만 잠시 풀어놓는 관습이 있었다. 의종은 이를 트집 잡아 모두 사형에 처했다. 하루 만에 400여 명의 머리가 땅에 떨어지니, "그 후에 정양군의 백성은 춥지도 않은데, 부들부들 떨었다."(《사기》〈혹리열전〉)고 한다. 의종은 무엇 때문에 이렇게 잔인한 수법으로 백성을 대했나? 그는 한무제의 문제를 해결해 주려고 했다.

흉노와의 전쟁 중에 백성이 반대해 차질을 빚을까 봐 사전에 불평불만을 뭉개버린 것이다. 한무제는 사전에 현지의 민심을 파악하고 어떻게 대응해야 할지를 정한 뒤 의종을 파견했다. 의종 같은 혹리는 한무제에게 아주 유용한 신하였던 셈이다. 이렇듯 혹리가 출현해 당당하게 위세를 떨칠 수 있었던 배경에는 한무제의 통치와 밀접한 관계를 맺고 있었다.

한무제가 통치 사상을 조정하고, 제후와 체제 밖의 세력을 제거하며, 바지 승상에 대한 인선과 계획된 혹리의 임용 과정 등은 한무제가 안으로 황권을 강화하려는 조치였고 내정이라 할 수 있었다. 내정과 대외 관계는 서로 긴밀히 연결되어있다. 이제 한무제는 어떤 이유로 사방의 오랑캐를 정벌했는지 알아볼 차례다.

제
10
강

사방으로 출격하다

한무제 때의 급격한 변화

한무제가 계승한 초년에는 몇십 년간의 문경文景의 치적으로 사회에
두 가지 특징이 있었다. 첫째는 경제가 건실했다. 사마천은 당시 상황
을 이렇게 서술해 두었다.

경사(장안)의 금고에 보관된 돈은 억만금이나 됐는데, 돈을 묶은
줄이 낡아서 셀 수조차 없었다. 태창의 양식은 묵은 곡식이 나날
이 늘어나 층층으로 쌓아도 넘쳐나서 결국은 노천에 모아두었다
가 그만 부패해서 먹지 못할 지경이었다.

《사기》〈평준서〉

국고의 정황이 이렇다면 백성의 생활은 어떠했는가?

홍수나 가뭄을 만나지 아니하면 백성은 모두 자급자족이 가능했다.

《사기》〈평준서〉

둘째는 사회가 매우 안정됐다.

사람들은 스스로 보살피며, 법을 어기는 중히 다루었고, 단정한 품행을 우선으로 여기고 치욕적인 행위는 배척했다.

《사기》〈평준서〉

한무제 즉위 초 사회 상황은 물산이 풍부하고 사회정치도 건강했다고 결론지을 수 있다. 그러나 "사물의 발전이 극에 달하면 반드시 반전한다."는 말이 있듯이, 이런 번영된 사회도 한무제의 통치로 말미암아 큰 변화가 생기고, 결국에는 극심한 가난과 전쟁에 시달리게 됐다.

한무제 통치 중기엔 이미 물산이 바닥나고, 재정이 결핍됐으며, 백성은 가중한 세금압박에 숨도 쉬지 못할 지경이 되어버렸다. 사회의 안정을 깨지고, 불순분자는 갈수록 늘어났다. 왜 이 같은 현상이 일어났는가? 사마천은 이렇게 분석했다.

이때로부터 장조莊助와 주매신朱買臣 등은 동구東甌를 불러들여 양월兩越을 평정했으나, 강수江水와 회수淮水 사이가 늘 소란스러워 많은 힘을 거기에 소비했다.

윗글에서 '이때로부터는' 한무제가 직접 정권을 장악한 후부터였고, 장조와 주매신은 모두 한무제의 고문 그룹에 드는 인물들이다. 동구과 양월은 모두 동남과 남부 지역의 작은 번국藩國이다. 사마천이 윗글을 쓴 의도는 장조와 주매신 같은 인물이 한무제에게 대외 개척을 종용해서 안정되고 부유하던 사회가 빈곤의 늪에 빠졌다는 것을 알리려는 것이다.

　동남과 남부 지역의 개척은 단지 시작에 불과했고, 한무제는 평생 사방으로 출격했다. 전쟁은 점차 잦아지고 빈번하게 장기전에 돌입했다. 동구와 양월을 제외하고도 "당몽唐蒙, 사마상여司馬相如는 처음으로 서남이西南夷의 길을 개척했고 (…) 팽오가彭吳賈는 조선朝鮮을 멸했으며 (…) 왕회王恢는 마읍馬邑에 복병을 매복할 계책을 꾸미다 실패해, 흉노와의 화친을 끊게 됐다."(《사기》〈평준서〉)고 한다. 서남, 동북, 북쪽에서 영토를 대대적으로 개척하는 사태가 벌어진 것이다. 이런 빈번한 대외 개척과 전쟁으로 말미암아 대량의 인력과 재력이 소모됐고, 관과 민간의 재물도 텅 비게 됐다. 이에 따라 백성의 생활도 갈수록 불안정해졌다. 몇십 년 동안의 문경文景의 다스림으로 축적됐던 물질적인 풍요와 사회적인 안정은 완전히 사라졌다. 한무제는 무엇 때문에 대규모 대외 개척과 전쟁을 벌였는가?

한무제 초기의 대외활동

한무제가 맨 처음에 대외로 파병했던 시기는 건원建元 3년(BC. 138)으로 즉위한 지 얼마 되지 않았던 때다. 중국 동남연안에는 작은 두 나라가 있었는데, 바로 동구東甌와 민월閩越이었다. 동구는 오늘날 절강성 남부이고, 민월은 복건성 경내에 있다. 이 두 소국 사이에 군사적인 마찰이 발생했다. 즉, 민월이 동구를 공격하자 동구는 한무제에게 구원을 요청한 것이다.

한무제는 외숙인 전분과 상의했다. 전분은 이 지역이 진나라 때도 속국으로 여기지 않았던 곳으로, 나라 밖의 일이니 파병할 이유가 없다고 주장했다. 그러나 새로 들어온 신하들은 의견을 달리했다. 특히 장조는 전분의 주장을 듣고는 이렇게 말했다. "진나라는 함양도 지키지 못했는데, 민월에 대해 말할 가치가 없다."(《한서》〈엄조전〉)

이 말은 진나라는 중국 천하를 통일했지만 민월을 속국으로 삼지 않았고, 나중에는 수도인 함양도 지키지 못하고 멸망했으니, 한나라와 비교할 가치가 없다는 것이다. 그는 동구가 비록 변방에 있는 소국이지만 자신들이 위급하자 한나라에 도움을 청한 것은, "한나라를 만국萬國의 우두머리로 여기고, 자신들이 스스로 속국으로 생각했기 때문이다."라고 하면서, 한무제는 마땅히 만국의 제왕에 걸맞게 두 소국의 분쟁을 조정해야 한다고 주장했다.

당시 한무제는 18세로, 열혈 청소년이었던 터라 전분의 고리타분한 의견은 귀에 들어오지 않고, 장조의 말에 매료됐다. 거기에 장조가 만국의 지도자를 거론하니, 한무제의 심중에 만왕萬王의 왕이 되고 싶은 야망이 생겼다. 단지 당시에 한무제는 즉위한 지 얼마 되지 않고, 조모인 두태후가 건재해서 독단적으로 처리하지 못하고 신중하게 대처했다.

그는 먼저 중앙의 군대를 동원하지 않고, 장조에게 사신의 부절을 주고, 회계군會稽郡으로 가서 현지 군대를 움직이도록 했다. 회계군은 오늘날 절강성으로 무척 큰 군인데, 군의 동남쪽 변경에 동구와 여러 소국 등이 국경을 마주하고 있었다. 민월국에서는 이 소식을 듣고 동구에서 바로 철수했다. 한무제는 큰 대가를 치르지 않고도 국제분쟁을 해결했다.

3년 뒤, 건원建元 6년(BC. 135), 민월국이 또 사건을 일으켰다. 이번에는 남월국南越國을 공격한 것이다. 남월국은 한나라 남부 변경에 있던 소국으로, 오늘날 남방에 있는 광동, 광서성 경내에 있었다. 그 세력 범위는 월남(베트남) 북부에까지 미쳤다. 민월국의 군사 도발에 남월국은 잠시 대항하지 않고 먼저 한무제에게 중재를 요청해왔다. 한무제는 남월왕의 요청을 듣고, 황제의 위엄을 세우려고 남월국을 도와주기로 했다.

민월국과 남월국에서 전쟁이 발발하기 몇 개월 전, 한나라 중앙에서는 큰 사건이 벌어졌다. 바로 두태후가 세상을 떠난 것이다. 이 때문에 두 나라 간 전쟁이 시작됐을 때는 한무제가 친정을 했다. 대권을 장악한 젊은 한무제는 이전 동구 문제처럼 소극적으로 대처하지 않을 작정이었다. 이번에는 두 명의 장군에게 중앙의 정예부대를 나누어 인솔하게 하고 적극적으로 두 나라의 분쟁에 뛰어들려고 했다.

그러나 이번 행동 또한 노신들의 반대에 부닥쳤다. 대표적인 인물로 회남왕 유안은 한무제에게 장문의 상소문을 올려 조급하게 행동하지 말고, 참을성 있게 기다리라며 직접적인 전쟁 개입을 말렸다. 그는 상소문에서 지난 몇 년 동안 국내 농업생산이 좋지 않은데, 출병까지 한다면 백성의 부담이 가중되어서 공연히 허명만 얻고 나라에 실익이 없다고 주장했다. 하지만 한무제는 그의 권고를 무시하고 파병을 감행했다.

민월국의 일부 귀족들은 한무제가 파병했다는 소식을 듣고 두려워서 반란을 일으키고 민월국 왕을 시해해 한나라에 투항했다. 이때는 한나라 군대가 도착하기도 전으로, 이미 소란이 평정되어 버린 것이다. 이 사건은 한나라가 다른 소국들에 위엄을 세우고, 한무제를 득의양양하게 하는 계기가 됐다.

한무제가 장조를 남월국에 사신으로 보내니, 남월국은 한나라를 더욱 존중하며 감사를 표했다. 또 다른 한편으로 한무제는 파병을 반대했던 회남왕 유안에게 자랑하고 싶어서, 장조에게 남월국을 거쳐 회남왕부에도 가보라고 했다. 회남왕 유안은 장조를 보고 겉으로 황제의 치적을 찬송하고 자기 어리석음을 반성하는 태도를 보였다고 한다.

그런데 민월국에서 발생한 내분의 결과는 필연이라고 봐야 할까? 만약 군사적인 방법으로 외부 분쟁을 해결한 선례로 이후에 다른 나라에서 분쟁이 생길 때마다 개입해야 하나? 한무제 초기 대외활동은 이와 같은 의문을 품게 한다.

다시 회남왕 유안의 의견을 살펴보자. 그는 외부 동태를 살피기 전에 내부의 민생문제를 고려하고, 민생문제가 불안정하면 자연히 통치도 그러하다는 것이 고금을 통해서 증명된 도리라고 주장했다. 이 때문에 유안은 한무제의 파병으로 비록 외부 분쟁이 해결됐지만, 그것은 요행히 얻은 성공이라고 생각했다. 이런 유안의 생각이야말로 노련하게 나라를 다스리는 방법이라고 할 수 있다.

이밖에 급암汲黯이라는 대신이 있었는데, 그도 회남왕 유안과 같은 생각이었다. 한무제는 일찍이 급암을 민월국과 그 주변 소국에 파견해 무장충돌의 상황을 살펴보라고 지시했다. 그러나 그는 본디 갈 생각도 없었던 데다 도중에 돌아왔다. 그러고는 한무제에게 남방의 소국들이 서로 싸우는 것은 자주 발생하는 것이니, 굳이 갈 필요가 없다고 보고했다. 급암은 왜 이렇게 행동했을까?

급암은 남방을 지나가다가 뜻밖의 정황을 발견했다. 하남에서 천재지변이 일어나 백성이 굶주리고, 사람들이 살려고 서로를 잡아먹는 기가 막힌 현상을 봤던 것이다. 급암은 먼저 나라의 양식창고를 개방해 백성을 구호해야 한다고 주장했다. 그리고 자신은 명령을 수행하지 못한 벌을 받겠다고 자청했다. 이 모습을 본 한무제는 그에게 차마 벌을 내릴 수가 없었다. 이처럼 유안, 급암, 그리고 전분 같은 대신들은 나라를 다스리는 근본문제인 민생에 지대한 관심을 가졌고, 민생 문제의 해결이 외부 분쟁보다 더 중요하다고 여겼다. 이에 반해 한무제의 지지자들은 장조 같은 젊은 층의 신하들뿐이었다. 하나 늙은 대신들은 점차 쇠잔해졌고, 한무제는 자기 권력을 공고히 하려고 대외 개척과 전쟁을 국책으로 삼았다.

한무제의 영토 확장

한무제는 즉위 초에 제국의 위엄과 명성에 의지해 작은 대가만 치르고도 남방의 분규를 해결했다. 두 번의 분규는 모두 민월국이 일으켜서 한무제는 민월국의 힘을 약화하려고 두 나라로 나눠 각기 임금을 봉했다. 월요왕越繇王과 동월왕東越王으로 하여금 민월 지구를 나누어 통치하게 한 것이다. 이뿐만 아니라 주변의 다른 소국 사이에 분쟁이 발생하면 적극적으로 개입했고, 내정에까지 이르렀다.

20여 년의 간여 끝인 원정元鼎 6년(BC. 111)에서 원봉元封 원년(BC. 110) 사이에 한무제는 군사적으로 민월과 남월 지구를 정복하고, 경주해협瓊州海峽을 거쳐 해남도海南島까지 제어했다. 이 남중국 지구에 군현제를 시행해 총 10여 개 군을 설치했다.

한무제는 서남부 지역도 관심을 기울여 건원建元 6년(BC. 135)에 당몽唐蒙이란 신하의 건의로 서남이西南夷를 개척하기 시작했다. 이 지역은 오늘날 귀주貴州 서부와 북부, 운남雲南과 사천四川의 일부 지역으로 야랑夜郎이라는 부족이 지배했다. 한무제는 이 지역을 개척하려고 먼저 야랑국에 사신을 보냈다. 야랑국왕은 자기 영토가 광대한 것만을 믿고 사신에게 한나라 영토와 자신 영토를 비교하면 어디가 더 큰지 물어보았다. 여기서 '야랑자대夜郎自大'라는 고사가 생겼다. 이 말은 우매한 무리가 자기 세력만을 믿고 잘난 체할 때 비유적으로 쓴다.

이 지역은 야랑국 외에도 다른 부족들이 많이 있었다. 오늘날의 연구결과를 살펴보면 약 10여 개국이 산재했던 것 같다. 원봉 2년(BC. 109)에 한무제는 20여 년에 걸친 간여와 군사적인 위협을 통해 이 지역의 교통을 통제했고, 번속蕃屬 관계를 심화해 나가다가 결국에는 한나라의 영토로 편입시켰다. 오늘날의 운귀雲貴 고원과 사천 남부 주변 지구에 7개 군을 설립하고 중앙에서 관리했다.

서쪽과 서북 방면에서 중국 역사상 매우 저명한 두 사건이 벌어진다. 첫째는 장건張騫이 서역을 통하게 한 것이고, 둘째는 한혈보마汗血寶馬를 얻은 일이다. 한무제 건원 3년(BC. 138)과 원수元狩 4년(BC. 119)에 장건은 두 차례에 걸쳐 서역을 다녀왔다. 최초 목적은 대월씨大月氏와 오손烏孫 등의 서역 부족과 연합해 흉노에 대응하기 위해서였다. 이 점에선 목표를 달성하지 못했다. 그러나 다른 의미 있는 효과를 얻었으니, 그것은 한나라의 문명과 서역 문명의 역사적인 첫 교류였다.

오늘날 감숙성甘肅省 옥문관玉門關과 양관陽關 서쪽에 총령葱嶺 동쪽 지역을 협의상 서역이라고 한다. 한나라와 흉노는 이 지역에서 세력다툼을 벌였다. 그 가운데 매우 중요한 한 사건이 일어났다.

원수 2년(BC. 121)에 한무제는 곽거병霍去病을 보내 흉노를 공격했다. 이 전투에서 흉노의 혼야왕渾邪王을 항복시키고 하서주랑河西走廊을 개통했다. 더불어 오늘날의 감숙성 주천시 일대에 주천군酒泉郡을 설치해, 한나라에서 서역으로 가는 출구로 사용됐다. 이후 한무

제는 천산남로天山南路를 성공적으로 제어했고, 흉노로 하여금 천산
북로天山北路만을 이용하게 했다.

태초太初 원년(BC. 104)에서 태초 3년(BC. 102)까지 한무제는 또
이광리李廣利에게 대군을 이끌고 서쪽 옥문관玉門關에서 천 리를 행군
해 두 차례나 대완국大宛國을 정벌하게 해 군사상 중대한 승리를 얻
었다. 그리고 '천마天馬'라고 불리던 우량 마종인 한혈보마汗血寶馬를
얻었다.

대완국의 한혈보마는 주로 이사성貳師城에서 많이 생산됐는데,
이 지역은 오늘날 투르크메니스탄 경내로 한나라의 정치 중심인 장
안과 매우 동떨어져 있었다. 이 전쟁으로 서역 각국은 크게 긴장하고
놀랐다. 이전에 서역 각국은 한나라와 멀리 떨어져서 서로 간여할 일
이 없다고 생각하다가 자신들이 한나라의 군사작전 영역 안에 들어
왔다는 불안감이 엄습했기 때문이다.

동북 방면에서는 원봉元封 3년(BC. 108)에 한무제가 위씨조선衛氏
朝鮮을 멸망시키고, 한반도 북부와 중부지역에 4개 군郡을 설치했다.
이 때문에 한나라의 세력이 한반도는 물론이고 일본에까지 영향력을
끼치게 됐다.

한무제의 대외 행동 중에 북쪽 흉노와의 전쟁이 가장 길었고, 그
대가도 컸다. 운광雲光 2년(BC. 133)에 한무제는 마읍馬邑에 병사들을
매복해 흉노를 공격하려고 했다. 이 작전이 성공하지 못하는 바람에
흉노와 백 년간의 화친정책이 깨지고 전쟁 상황으로 돌입했다. 이후
운광 6년(BC. 129)에서 원수元狩 원년(BC. 119)까지 10년간에 걸쳐 거

의 매년 출병했는데, 모두 흉노와의 전쟁 명목이었다.

원봉元封 원년(BC. 110)에 한무제는 친히 18만 대군을 이끌고 만리장성에서 나와 선우대單于臺에 올라 흉노에게 도전했다. 이런 일련의 군사 활동은 그동안 흉노에 수세에 몰렸던 한나라가 전략을 공세로 바꿨다는 것을 시사했다. 동시에 한나라 북부의 영역도 넓어지기 시작했다. 이에 관해 《한서》에는 이렇게 기록되어 있다.

> 서쪽으로 안식국에 이르렀고, 동쪽으로 갈석산까지 이르렀는데, 그곳에 낙랑과 현토군을 설치했다. 북쪽으로 흉노를 만 리 밖으로 내쫓고, 그곳에 영루와 요새를 만들었다. 그리고 남해에 8개의 군을 만들었다.
>
> 《한서》〈가연지전賈捐之傳〉

안식국은 오늘날의 이란이다. 한무제는 서역을 관통해 하서주랑河西走廊의 서쪽 지역까지 진출했는데, 비록 중국 영내로 편입하지는 못했지만, 그곳의 많은 문물과 문화가 한나라에 전해지게 했다.

동쪽으로 위씨조선을 멸망시키고, 한반도에 현토와 낙랑 등의 군을 설치했다. 북쪽으로는 사막 깊숙이 들어가 흉노를 몰아내, 막남幕南에 왕정王庭(흉노왕의 궁정)을 없애 버렸다. 이 때문에 흉노는 사막 북쪽으로 달아났다. 남쪽으로는 바다를 건너 해남도까지 중국 영내로 편입했다.

한무제 업적에 관한 세 사학자의 다른 견해

여기까지의 업적을 살펴본다면 한무제가 중국 역사상 가장 뛰어난 군주라는 것을 의심할 여지가 없다. 단지 한무제가 사방으로 영토를 확장하는 과정에서 국내 경제와 백성의 생활은 크게 황폐해졌다. 전쟁에는 사람은 물론이고 양식과 군수품도 필요하다. 이 모든 것은 최후에 백성이 부담해야 했다.

보통 사람이라면 언뜻 한무제 시대를 연상할 때, 위대하고 웅장하며 아름다운 무언가를 떠올린다. 그러나 이 시대를 살았던 백성은 하염없이 고단했다. 제국의 휘황찬란한 업적과 백성의 생활에 대한 근심은 마치 동전의 양면과도 같다.

흉노와의 전쟁은 한무제 시기에 가장 주요한 대외활동이었는데, 사마천, 반고, 사마광의 관점과 입장은 서로 다르다. 사마천은《사기》 〈흉노열전〉의 결론 부분에 아주 저명한 평론을 남겼다.

지금 흉노 문제를 토론하는 사람은 한때의 방편에 맞추어 천자에게 자기주장이 채택되게끔 노력하고, 다만 한때의 이해에만 사로잡혀 피차의 올바른 정세를 파악하지 못하는 경향이 있다. 장수들은 중국의 광대한 것을 믿고 기세를 올렸고, 천자는 그들의 영향을 받아 방침을 결정해서 크고 깊은 공업을 이룰 수가 없었다.

사마천은 한고조 유방 이래, 한나라와 흉노의 관계를 잘 알았다. 또 그는 친히 조정에서 한무제와 신하들이 흉노 문제를 놓고 토론하는 장면을 살펴보아서 다른 사학자들보다 그때의 상황을 정확하게 파악했다. 당시 신하들은 한무제에게 잘 보이고, 자기 부귀공명을 위해서 정책을 만들고, 장수들은 대국이라는 자만심에 들떠서 무력으로만 흉노 문제를 해결하려고 해서 최후에 "크고 깊은 공업을 이룰 수 없었다"고 비판했다.

사마천은 이 근본적인 문제는 모두 한무제가 신하들을 잘못 기용한 데서 비롯됐다고 보았다. 특히 흉노와의 전쟁에 기용한 주요 장수들의 면모를 보면 그와 같은 사실이 드러난다. 대장군이었던 위청衛靑은 위부인衛夫人의 동생으로 한무제의 처남이었다. 또 곽거병霍去病은 위청의 외조카였고, 이광리李廣利는 한무제가 총애했던 이부인李夫人의 오빠였다. 모두 한무제의 외척들로 한무제에게 큰 상을 받고 작위까지 얻었다.

반면 배경이 없었던 이광李廣 장군은 한평생 흉노와의 전쟁에서 혁혁한 공을 세웠음에도 크게 출세하지 못하고, 작위도 받을 수 없었다. 이 때문에 사마천은 "오직 현능한 장수와 재상을 가려서 써야 했다! 오직 현능한 장수와 재상을 가려서 써야 했다!"라고 반복적으로 탄식했던 것이다. 한무제는 용인술에 문제가 있어서 많은 노력을 들이고도 성과가 적었다는 것이 사마천의 평이다.

사마광은 사마천과 같이 한무제를 비판했지만, 그 착안점이 달랐다. 사마광은 화친정책으로 흉노에게 농락당하는 것을 반대했고, 일정한 무력을 가지고 그들을 상대해야 한다고 보았다. 그는 일찍이 "상고 시대에 제왕이 이적을 제어함은 복종하면 덕으로써 품어주고 배반하면 위엄으로써 두렵게 했으나, 그와 혼인했다는 말은 듣지 못했다"(《자치통감》권 12)고 말한 적이 있다. 하지만 사마광도 경솔하게 전쟁을 벌이는 데에는 반대했다.

이 점은 사마광이 생활했던 송대宋代에는 중요한 문제였다. 송대 영토는 한·당과 비교하면 상대적으로 작았다. 또 송은 주변에 여러 나라와 대치했다. 이 때문에 송나라 조정에서는 외정에 대한 쟁론이 자주 일어났다.

사마광은 국내 백성의 생활을 희생하면서까지 대외전쟁을 감행하는 것을 찬성하지 않았다. 그러나 송대 신종神宗부터 몇 대까지의 황제들은 옛 한·당의 영토를 수복하려고 부단히 애썼다. 신종은 사마광이 쓴《자치통감》의 서명을 지어준 황제다. 이 때문에 사마광은 한무제를 무력을 남용해 전쟁을 일삼았던 반면교사의 전형으로 삼았다. 사마광은 시종일관 대규모 전쟁은 국고를 탕진하고 백성의 생활을 어렵게 만드는 요인으로 보았고, 심지어 망국의 징조라고 여겼다. 그의 한무제에 대한 부정적인 평가는 다음과 같이 단호했다.

효무제(한무제)는 안으로 사치와 화려함을 지극히 하고, 밖으로 이적을 물리치니 천하가 소란해 재력이 소모됐다.

《자치통감》권 16

사마광은 한무제의 평생을 다음과 같이 두 가지 특징으로 요약했다. 첫째는 사치하고 재정을 남발한 것, 둘째는 무력을 남용해 전쟁을 일삼은 것. 그 결과는 역시 두 가지로, 백성의 생활이 불안해지고 재정이 고갈된 것이다. 사마광의 한무제에 대한 평가는 단호했다. "백성을 피폐하게 해 일어나 도적이 되게 했으니 진시황과 다른 것이 별로 없었다." 필자가 다시 한 번 강조하고 싶은 것은 사마광은 단순하고 순수한 역사학자가 아니고, 신분이 정치가였다는 점이다.

반고는 사마천, 사마광과 다르게 한무제의 대외 개척을 칭찬했다. 그는 《한서》〈흉노전〉 끝에 제 견해를 장황하게 피력했다. 반고는 흉노 문제는 각 시대에 따라 각기 다른 해결책을 가져야 한다고 했으며 화친으로 장기간의 평화를 추구하는 것은 대단히 유치하다고 보았다. 그 까닭은 한나라 초기의 경험에서 보듯이 흉노는 교활해 이익만을 탐하고 화친을 맺고도 얼마 지나면 자주 침략해 믿을 수가 없다는 것이다.

반고는 한나라가 빈번히 흉노의 감언이설에 속아 믿을 수 없는 화친조약에만 의존한다고 했다. 그래서 한무제의 적극적인 흉노에 대한 공격을 크게 칭찬했다.

> 무제가 분발해 공격하는 위엄을 보이니, 흉노가 백 년 만에 쇠퇴하는 운명을 맞이했다. (…) 흉노의 선우가 머리를 조아리고 신하로 복종해 자식을 인질로 보내서 3대 동안에 번신蕃臣을 자청해 소와 말이 들이 널려 있게 되고, 개 짖는 소리가 없어졌으며 백성

이 창과 방패를 메는 수고로움이 없게 됐다.

반고는 한무제가 흉노와의 전쟁을 매우 잘한 처사로 생각하고 그를 불세출의 영웅으로 치켜세웠다. 이 세 사람의 역사가들이 한무제에 내린 평가는 마치 시아버지는 시아버지가 옳다고 하고 시어머니는 시어머니가 옳다고 하는 것과 비슷하다.

오늘날 광활한 국토를 유지하고, 다양한 민족을 융합해야 하는 중국 현실에서 한무제가 시사示唆 하는 바는 매우 크다. 앞서 말했듯이 한무제의 대외전쟁 중에서 흉노와의 전쟁은 매우 격렬했고 국운이 걸린 중대한 문제였다. 우리는 이 문제를 더욱 깊이 살펴볼 필요가 있다. 그렇다면 한무제와 흉노 간의 전쟁은 어떻게 시작됐고, 중간에 또 어떤 일이 발생했을까?

마읍馬邑의 계책이 실패하다

평성平城의 포위와 한나라의 굴욕

한무제는 한평생 많은 사건을 겪었다. 그중 마읍馬邑에서 대규모로 군대를 매복해 흉노를 공격하려던 사건이 있었다. 이 일에 대한 후세 사람들의 평가는 찬양과 질책으로 나뉜다. 그러나 어떻게 평가했든지 우리는 역사적인 배경과 한무제가 무엇 때문에 이 전쟁을 강행했는지를 먼저 살펴보아야 한다.

한무제 이전에 한나라와 흉노와의 관계는 어땠는가? 중국 민족은 농업사회의 전통을 유지하려고 북쪽 유목민족과 늘 긴장 관계에 있었다. 진시황이 중국을 통일하기 이전부터 그랬다. 전국시대 진국秦國, 조국趙國, 연국燕國 등은 모두 장성長城을 만들어 유목민족의 침입을 방어해 왔다. 진시황이 중국을 통일한 이후에는 장성을 더 정비하고 연장하며 대규모 군대를 파견해 방어하도록 했다.

북쪽 유목민족 중에서 가장 강대한 세력은 흉노匈奴였다. 한나라 건립 이후 흉노는 중원왕조에 거대한 압력을 행사했다. 한고조 유방 7년(BC. 200)에는 태원太原을 공격했는데, 그 선봉이 진양晉陽 인근까지 짓쳐들어왔다. 이에 유방은 친히 출정했다. 그러나 뜻밖에도 흉노를 물리치지 못했을 뿐만 아니라 그들에 포위까지 돼 위기에 봉착했다.

그 사건의 자초지종은 이렇다. 유방은 진양에 도착한 이후 흉노의 묵돌 선우가 군대를 이끌고 대곡大谷에서 주둔한다는 소식을 듣고 정탐병을 보내 적의 상황을 염탐했다. 대곡은 오늘날 산서성 동북쪽이다.

당시 흉노를 이끌던 묵돌 선우는 심지가 깊고 책략이 많아서 유방이 사전에 자신들 상황을 정탐할 것으로 예측하고 정예병과 군마 등을 숨겨두었다. 그리고 나서 노약하고 병든 병사들에게 경계를 서게 했다. 이 모습을 본 유방의 정탐병들은 자기 진영으로 돌아가 "흉노를 공격해도 좋습니다."라고 보고했다. 유방은 정탐병들의 말을 믿고 주동적으로 공격을 결행했다.

당시엔 엄동설한이었는데, 유방은 군대를 보병 위주로 편성해 행군이 늦었다. 이 때문에 유방은 대군을 뒤에 두고 선봉대를 이끌어 먼저 평성平城(산서성 대동시 부근)에 도착했다. 묵돌 선우는 그 상황을 지켜보다가 40만 명의 정예부대를 평성 주변인 백등산白登山 일대로 보내 평성 일대를 물샐틈없이 포위해 버렸다. 유방은 산전수전을 다 겪었던 백전노장이었지만 이 상황을 보고 대경실색할 수밖에 없었다. 한마디로 절체절명의 위기에 빠진 것이다.

흉노는 7일 동안 포위했고, 유방은 스스로 포위망을 뚫을 수가 없었다. 이때 묵돌 흉노는 마치 자비라도 베풀 듯이 포위망의 한쪽을 터 주어서 유방이 도피할 수 있게 해 주었다. 이 일은 지금까지 천고의 미스터리로 남아있다. 당시 기록으로는 유방이 진평陳平의 계책에 따라 묵돌 선우의 왕비인 연지閼氏를 사주해 유방을 풀어주는 것이 천명이라고 설득하게 했다는데, 도무지 이해가 안 된다. 그래서 지금까지 많은 사학자는 당시에 한나라와 흉노 간에 모종의 비밀스러운 협약을 체결했는데, 그 일이 치욕스러워 공개하지 않았을 것으로 추측한다. 아마도 화친조약 이외에 해마다 재물을 바치고 유방이 스스로 신하로 자처했는지도 모른다. 물론 이에 관한 직접적인 증거는 없다. 단지 한나라 초기에 흉노와의 관계를 살펴본다면 그럴 가능성을 배제하기가 어렵다.

흉노의 이런 전략적인 우세는 유방 이후인 여후呂后에서 문제文帝, 경제景帝, 무제武帝 초기까지 계속됐다. 한나라는 흉노와의 화친을 유지하려고 재물을 바치는 형식으로 평화를 유지했다. 반면에 흉노는 재물을 받고도, 마음에 안 들면 수시로 변경을 침략해 소란을 피웠다.

여후와 한문제 시기에 흉노의 선우는 한나라 통치자에게 편지를 보낼 때 아주 오만방자했다. 반면 한나라의 회신은 언제나 비굴하고 굴욕적인 언사로 우호를 희망했다. 선우는 일찍이 여후에게 편지를 보내 "이따금 국경을 넘어 중국에서 노닐기를 원하노라!"라고 했는데, 이는 대놓고 중국을 침략하겠다는 것이나 다름없었다. 이때 여후와 대신들은 몇 차례나 회의한 끝에 선우의 비위를 맞추기로 하고 8필이 끄는 훌륭한 마차를 선물로 보냈다. 이후에도 이런 관계는 계속됐다.

한문제가 선우에게 서간문을 보낼 때는 1척 1촌 크기에 "한나라 황제가 흉노 대선우에게 문안을 여쭙니다."라고 썼으며, 선우의 회신문은 1척 2촌 크기에 "천지가 나고 일월이 세운 흉노의 대선우가 한나라 황제에게 문안합니다."라고 썼다. 이는 내용이나 외견상으로 흉노가 한나라를 신하로 여기고 하대하는 형식이었다.

사마천의 《사기》〈흉노열전〉에는 한나라와 흉노 간의 중요한 왕래문서가 단지 몇 통 실려 있는데, 그것도 대폭 삭제되어 있다. 이것은 사마천 시대에 이 문제를 논하는 것이 금기사항이었음을 알 수 있다. 하지만 《한서》〈흉노전〉에는 비교적 온전하게 그 내용을 살필 수 있어 한나라와 흉노 간의 역량을 비교해 볼 수 있다.

한무제가 처음으로 흉노와 마찰을 빚은 때는 건원建元 6년(BC. 135)으로 즉위한 지 6년째 되던 해다. 당시 흉노가 한나라에 와서 화친을 청하고 황실의 여자를 흉노로 시집보내길 요구했다. 한무제는 대신들과 이 문제를 상의했다. 대신들 대부분은 흉노와의 화친을 유지하는 정책을 원했고 정면충돌을 반대했다. 한무제는 대신들의 의견을 듣고 흉노와 화친했다. 그러나 젊은 한무제의 마음속에 굴욕적인 생각이 들었고, 정책을 변경하기로 한다.

마읍馬邑의 계략

한나라 변경에 안문군雁門郡(현재 산서성山西省 북부 지역)이 있었다. 당시에 이곳은 흉노와 접경지대였다. 군 안의 마읍馬邑(현재의 삭현朔縣 부근)에는 섭일聶壹이라는 호족이 살았다. 그는 《사기》와 《한서》에도 등장하는 유명한 인물로 중국 역사상 가장 먼저 무역을 한 상인 중 하나로 알려졌다.

그는 주로 마읍의 지리적 이점을 이용해 흉노와 밀무역을 주도해서 흉노의 정황을 소상히 알았다. 원광元光 2년(BC. 133)에 섭일은 왕회王恢라는 관리를 통해 한무제에게 한 가지 계책을 올린다. 바로 흉노의 선우를 마읍으로 유인해 매복공격을 가하자는 것이었다.

한무제는 그 계책을 전해 듣고 대신들과 상의했다. 곧 결렬한 논쟁이 이어졌다. 이 계책을 반대하는 신하들의 대표격인 어사대부 한안국韓安國과 찬성하는 신하들의 대표격인 왕회가 첨예하게 맞섰다. 왕회는 흉노가 끊임없이 한나라 변경을 침략하니, 이참에 따끔한 교훈을 주어야 한다고 주장했다. 이에 반해 한안국은 과거에 유방이 흉노에게 포위됐던 일을 들고서 흉노와의 직접적인 충돌을 반대했다. 그러자 왕회는 과거와 현재 상황은 다르다면서 지금이야말로 복수할 시기라며 한무제를 설득하려 했다. 한무제는 왕회의 의견을 받아

들여 마읍에 복병을 숨겨놓고 흉노를 기습 공격하려고 했다. 이것이
'마읍의 계책'이다.

섭일은 먼저 선우에게 달려가 흉노의 군사가 마읍을 공격하면
자신은 안에서 호응해 마읍의 관리들을 죽일 터이니, 마읍과 재물을
모두 취하라고 권했다. 당시 흉노의 선우는 묵돌 선우의 손자인 군신
軍臣이었다. 그는 섭일의 말을 듣고 마읍을 취할 만하다고 판단한 뒤
병사 10만 명을 동원해 마읍으로 진격했다.

한무제는 30만 대군을 네 명의 장군에게 나눠 산 계곡에 매복하
게 했다. 계획대로 선우의 군대가 오면 사면에서 포위해 섬멸하려던
계책이었다. 네 명의 장군 이외에 어사대부 한안국을 호군장군護軍將
軍으로 삼고 후방에서 지원하도록 했다.

섭일은 선우가 군대를 동원한다는 소식을 듣고 먼저 마읍으로
돌아가 몇 명의 죄수를 죽이고, 그들의 목을 성 아래에 걸어두었다.
그리고 이들이 마읍의 관리들이라고 소문을 냈다. 선우가 군대를 이
끌고 마읍 백 리 밖까지 진격했을 때 기이한 현상을 발견한다. 드넓
은 산과 들에 목축하는 사람과 짐승들이 하나도 없었던 것이다. 선
우는 이상한 생각이 들어서 정찰하는 선발대를 보내 살펴보라고 했
다. 그들은 마읍의 요새 부근에서 파수꾼을 하나 잡았는데, 그는 한
나라 대군이 매복 중이라는 사실을 털어놓았다. 이 말을 들은 선우
는 대경실색해 급하게 철군했다. 더불어 천우신조로 파수꾼을 잡게
됐다고 생각하고, 그 파수꾼에게 감사의 뜻으로 '천왕天王'이라는 작
위를 내렸다.

한나라 군대는 선우가 서둘러 철군했다는 소식을 듣고, 매복한 곳에서 나와 뒤쫓아갔지만 이미 멀어진 뒤라 어쩔 수가 없었다. 한나라의 네 부대 중에 한 부대는 왕회가 이끌고 있었는데, 흉노의 군대를 추격해 그들의 군량과 무기를 탈취하려고 했지만 성공하지 못했다. 이렇게 한무제의 흉노에 대한 매복공격계획은 아무런 성과도 없이 끝나고 말았다. 한무제는 이 사건을 매우 부끄러워하고 또 화가 치밀어 견딜 수가 없었다.

왕회王恢의 죽음

속담에 "시작이 곧 반이다."는 말이 있는데, 이 사건의 경우에는 정반대의 상황이 벌어졌다. 비록 군사적으로 손해를 본 것은 아니지만, 이 때문에 그동안에 흉노와의 화친은 깨지고 때때로 전면전을 치러야 할 상황에 봉착한 것이다. 이 책임을 누가 져야 하는가? 당연히 이 계책을 주청한 왕회였다.

한무제는 먼저 왕회에게 흉노의 선우가 철군할 때 왜 추격해 잡지 못했는지 따져 물었다. 왕회는 자기가 이끄는 부대는 3만 명이고, 선우의 부대는 10만 명이라 추격해 전면전을 벌이기가 어려웠다고 고백했다. 그리고 "만약에 전투가 벌어졌다면 분명히 중과부적이라 자기 병사들만 몰살당했을 것"이라고 말하며, 비록 공은 세우지 못했으나, 병사들의 손실도 없었으니 제발 용서해 달라고 사정했다. 그러나 심판관들은 이렇게 판결했다. "왕회는 적이 두려워 도망갔으니, 참형에 처해야 한다." 참형이란 사람의 허리를 자르는 형벌이다. 매우 놀란 왕회는 한무제의 외숙인 승상 전분을 찾아가 뇌물을 주고 자신을 구해달라고 통 사정을 했다. 그러나 전분도 한무제가 워낙 화가 난 상태라 자신이 직접 나서서 변호해 줄 수 없다고 생각해 왕태후에게 부탁했다. 왕태후는 한무제에게 왕회가 비록 이번에 성공하지 못했지만 주청한 의도는 우국충정에서 나온 것이니 목숨만이라도 살려주라고 권고했다. 하지만 한무제는 한마디로 이렇게 거절했다. "지금 왕회를 죽이지 않고, 어떤 다른 방법으로 천하에 사죄할 수 있습니까?"《사기》〈한장유열전〉) 이 말을 전해 들은 왕회는 빠져나갈 방법이 없다고 생각하고 자결하고 말았다.

《사기》와《한서》에서 왕회의 죽음에 대한 의견은 같지 않다. 반고는《한서》에서 왕회를 동정했다. 그는 왕회가 마읍의 계책을 마련하고, 최후에 재난을 당한 것은 운명이 박한 탓으로 돌렸다. 사마천은 반고와 의견을 달리해 왕회를 동정하지 않았다. 그 까닭은 왕회가 마읍의 계책을 낸 제의자이고, 한무제는 이를 최종 승인한 결정자이므로 두 사람 모두 책임을 져야 마땅하다고 보았기 때문이다. 관건은 한무제다. 그는 나라의 정책을 결정하는 총 책임자로서 언제나 문제가 생기면 희생양을 찾았고, 이번 경우에는 왕회가 그 희생양이었다.

누가 총사령관이었던가?

한무제가 왕회에게 분노를 터뜨렸고, 왕회는 죽음으로써 사죄했다. 한데 마읍의 계책에 대한 근원적인 책임자를 좀 더 살펴볼 필요가 있다. 당시 출병했던 30만 대군을 이끌던 네 명의 장군 중 왕회를 제외하고, 흉노와의 전쟁에서 혁혁한 전공을 세운 사람은 이광李廣이고, 다른 한 사람은 공손하公孫賀였는데, 그는 나중에 승상까지 된 인물이다. 나머지 한 사람은 이식李息이다. 이들을 제외하고 나면 후방에서 지원했던 호군장군 한안국韓安國이 있다.

그러면 이번 작전에서 총사령관은 누구였을까? 한안국은 작전전부터 반대했던 인물이고, 나머지 사람들도 각기 자기 부대만을 이끌었을 뿐이다. 이상한 점은 《사기》,《한서》,《자치통감》 등의 역사서에도 총사령관이 기재되어 있지 않다는 것이다.

30만 대군을 동원하면서 총사령관이 없다는 것은 말이 안 된다. 또 마읍의 계책은 아무런 소득도 없었고, 도리어 후환만 남겼다. 그렇다면 일개 부대의 장군인 왕회를 제외하고도 총사령관이 응당 책임져야 마땅했다. 하지만 최종적으로 총사령관을 문책하지 않았다. 총사령관은 누구였던가? 바로 한무제 본인이었다. 서한 말기에 저명한 학자인 유향劉向은 《신서新序》〈선모편善謀篇〉에서 이렇게 기재했다.

효무제(한무제)는 친히 군대를 이끌고 마읍에서 복병해 흉노를 유인했다.

이는 한무제가 총사령관이었다는 확실한 증거다. 사마천의《사기》에서는 감히 언급할 수 없었던 내용이 유향의《신서》에서 나왔다. 반고의《한서》나 사마광의《자치통감》에서는《사기》의 내용을 계승해 차마 언급하지 못했다. 왕회가 처음에 허풍을 치니, 한무제가 맞장구를 쳤다. 그런 다음에 흥이 깨지니, 죽어야 할 사람은 마땅히 왕회뿐이었던 것이다.

이번 작전에서 흉노와 한나라는 정면 대결을 하지 못했지만 한무제나 흉노의 선우 모두가 화가 머리끝까지 올랐다. 한무제는 대규모 군대를 동원했는데, 아무런 소득이 없었고, 선우는 한나라의 음모에 당할 뻔했다.

선우는 고국으로 돌아가서 한나라와의 화친정책을 단절하고, 끊임없이 한나라의 변경을 침입했다. 한무제 역시 흉노와의 전쟁을 국책으로 삼고 자웅을 가리고자 했다. 이제 한나라와 흉노의 정면충돌은 기정사실이 됐고, 단지 시간문제였다.

제
12
강

위청과 곽거병의 전공과 업적

위청衛靑의 전기

마읍의 계책에서 한나라와 흉노는 비록 정식 교전을 벌이지 않았지만, 이 사건을 계기로 쌍방은 장기간 대결 국면으로 치달았다. 흉노는 한나라와 화친정책을 단절하고 변경을 침입해 소란을 일으켰다. 한무제도 흉노를 응징하려 태세를 갖추고 호시탐탐 정벌할 기회를 노렸다. 이 무렵 한 걸출한 장군이 출현하니, 바로 위청衛靑이었다. 그는 한무제 시대에 흉노와의 전투에서 최선봉을 맡았던 장군으로 혁혁한 전공을 세웠다.

위청은 출신 성분이 비천했고 초년의 삶은 불우했다. 먼저 위청은 성씨에 문제가 있다. 그의 성씨는 위 씨가 아니고 정 씨다. 《사기》와 《한서》에는 위청의 부친 이름은 정계鄭季라고 기재되어 있다. 따라서 위청은 마땅히 정 씨가 되어야 한다. 정계는 평양후平陽侯 조수曹壽 가문의 하급 관리인으로 조부曹府에서 위온衛媼이라는 여인과 사통해 위청을 낳았다. 그런데 정계와 위온은 이미 각기 따로 혼인한 상대가 있어서 위청을 어느 쪽에서 쉽게 받아들일 수 없었다. 이런 탓에 위청이 사생아가 된 것이다.

《사기》에는 위온은 평양후 조수의 첩이었다고 기록되어 있고, 《한서》에는 위온이 조수의 첩은 아니고 하녀였다고 주장한다. 《한서》

의 기록이 더 믿을 만한데, 만약 위온이 정말로 조수의 첩이었다면 감히 정계가 관계를 맺을 수 없었기 때문이다. 이런 연고로 위청은 어려서부터 평양후 집에서 자랐다.

그럼 《사기》에는 위온이 왜 평양후의 첩이라고 기록됐을까? 위청이 출세한 후에 그 가문이 천박하지 않다는 것을 내세우려고 조작했다는 설이 유력하다. 뒤에 사마광의 《자치통감》에서는 위청의 출신 성분을 숨기고 언급하지 않았다. 아무튼, 위청이 출신은 미천하고 사생아였다는 점은 틀림없다.

소년 시절, 위청은 아버진 정계의 주변에서 자랐다. 정계는 그에게 양치기를 시켰다. 당시 정계는 위청을 낳기 전에 이미 결혼해 다른 자식들이 많았던 탓에 위청은 그들 밑에서 노비처럼 살았다. 이처럼 가혹한 운명을 타고난 어린 위청을 어떤 관상쟁이가 보고 앞으로 부귀공명을 누릴 것이라고 말했다. 위청은 그 관상쟁이의 말을 도대체 이해할 수가 없었다.

"가난한 젊은이를 무시하지 마라"는 옛말이 있다. 바로 위청 같은 젊은이를 두고 한 말일 것이다. 관상쟁이의 말처럼 위청은 얼마 후에 관직에 올랐다. 또 흉노와의 전투에서 혁혁한 전공을 세워 역사에 이름을 남기는 위대한 인물이 됐다. 무엇이 위청의 생활을 철저하게 변화시키고, 그의 운명을 바꿔 놓은 것인가?

위청은 청년이 된 후, 다시 평양후 가문으로 돌아가 평양후 부인의 시중을 드는 하인이 됐다. 평양후 부인은 바로 한무제의 누이 양신장공주陽信長公主였다. 위청에게는 동복 누이인 위자부衛子夫가 있었는데, 그녀 또한 평양후의 가문에서 하녀로 있었다.

위자부는 평양후 가문에서 노래를 가장 잘 불렀다. 양신장공주는 위자부를 10여 명의 미녀와 함께 한무제에게 바치려고 했다. 한번은 양신장공주가 한무제를 위한 주연을 베풀었는데, 그때 위자부에게 노래를 불러 흥을 돋우게 했다. 이때 한무제가 위자부를 마음에 두고 궁으로 돌아갈 때 데리고 갔다. 양신장공주는 위자부가 떠나려고 수레를 탈 때 다정하게 어깨동무를 하면서 "귀해지면 서로 잊지 말자"(《사기》〈외척세가〉)고 당부했다.

"한 사람이 도를 깨우쳐 신선이 되면 그가 기르던 닭과 개까지 승천한다."는 말이 있다. 위자부가 한무제의 총애를 받은 후에 그녀의 오빠와 남동생들도 관직을 얻게 됐다. 위청은 이렇게 전기를 맞이했다.

원광元光 6년(BC. 129)에 흉노가 한나라 변경을 침입해 한무제는 4명의 장군에게 흉노를 방어하도록 했는데, 그중에 위청이 있었다. 그는 한무제의 배려로 거기장군車騎將軍이 됐다. 이때는 마읍의 계책이 실패한 이후, 처음으로 맞는 전쟁이었다.

이 전투에서 위청은 연전연승을 거두며 흉노의 회합하는 자리이자 제천의식을 거행했던 용성龍城에까지 진격해 적 7백여 명을 참수했다. 그러나 위청과 함께 출정했던 나머지 장군들인 공손하公孫賀는 공을 세우지 못했고, 공손오公孫敖와 이광李廣은 모두 흉노에게 패했다. 특히 백전노장이자 비장군飛將軍으로 불렸던 이광은 흉노에 생포됐다가 천신만고 끝에 탈출했다. 이 때문에 한무제는 위청을 더욱 높이 샀고, 관내후關內侯라는 작위까지 하사했다.

위청의 군 생활은 이렇게 처음부터 운이 좋았다. 그는 노비에서 졸지에 나라를 구한 불세출의 영웅으로 탈바꿈했다. 그가 승리한 데에는 몇 가지 원인이 있었다. 먼저 그의 자질이 남달랐다는 점이다. 《자치통감》에는 그가 "말타기와 활쏘기에 능했고, 재주와 힘이 남보다 탁월했다."고 기재했다. 다음으로 위청의 성격이 좋았다는 점이다. 그는 사대부를 예우하고 남의 의견을 잘 수렴했다고 한다. 마지막으로 그는 겸손했다. 그는 자신이 비천한 출신이라 하찮은 병졸들에게도 세심하게 잘 대해주었고, 이 때문에 그의 수하들은 기꺼이 그를 위해 목숨을 바칠 수 있었다.

위청의 이런 기풍에 대해 사마광은 "장수의 재질이 있었다."고 칭찬을 아끼지 않았다. 단지 사마광은 최후에 위청이 출세한 배경을 한무제에게 돌린다. 즉, "천하가 위청으로 말미암아 상(한무제)이 인재를 잘 선택한다고 탄복했다"(《자치통감》 권 18)고 했다.

《사기》와 《자치통감》의 관점을 비교해 보면 이렇다. 사마천은 한무제가 흉노와의 전쟁에서 큰 대가를 치렀지만, 얻은 효과는 적었다고 보고, 그 중요한 원인이 인재 선택의 문제였다고 여겼다. 그래서 사마천은 "오직 현능한 장수와 재상을 가려 썼어야 했다! 오직 현능한 장수와 재상을 가려 썼어야 했다!"(《사기》〈흉노열전〉)라고 반복해 탄식했던 것이다. 이에 반해 사마광은 위청의 사례를 들어서 한무제가 인재를 잘 선택했다고 보았다.

다음 해, 원삭元朔 원년(BC. 128)에 위자부와 위청의 인생에 중요한 전기가 찾아왔다. 이해에 위자부가 한무제의 장남인 유거劉据을 낳은 것이다. 당시 한무제의 나이는 29세였다. 비교적 늦게 아들을 본 탓인지 매우 기뻐해 위자부를 즉시 황후로 책봉했고, 위청을 더욱 신임하고 중용했다. 위청 역시 더욱 분발해 흉노와의 전쟁을 승리로 이끌어나갔다. 속담에 "영웅은 그 출신 성분을 묻지 않는다."는 말이 있듯이 당시 위청의 앞길은 전도양양하고 상승일로를 걷고 있었다.

대장군의 탄생

위청이 평생에 흉노와 전투를 치른 것을 두고 사마천은 이렇게 말했다. "대장군大將軍 위청은 무릇 7차례 흉노를 공격했다."(《사기》〈위장군 표기열전〉) 그는 원광元光 6년(BC. 129)부터 7차례 흉노와 전투를 벌였으며, 사마천이 그를 대장군이라고 부른 것은 크게 칭찬한다는 의미다. 예컨대 유명한 학자를 '대학자'라고 부르고, 유능한 왕을 '대왕'이라고 부르는 것과 같다. 위청을 대장군이라 부른 것은 단지 허명뿐이 아니라 실제로 큰 전공을 세웠기 때문이다.

한무제 시대에 대장군이라 불린 인물은 오직 위청뿐이었다. 당시 대장군의 지위는 어느 정도였나? 송말 원초의 학자인 호삼성胡三省은 《자치통감주》에서 이렇게 말했다. "한나라의 대장군은 삼공三公에 비교할 만했다." 한나라 초기의 삼공은 승상丞相, 태위太尉, 어사대부御史大夫를 지칭하며 관료집단의 최고봉이라 할 수 있다. 그렇다면 대장군은 문무백관의 으뜸이라고도 할 수 있다. 위청은 천한 하인에서 한무제의 작은 처남이 됐고, 전쟁에서 연전연승해 대장군이 됐으니, 일반인과 비교하면 엄청난 차이가 있다. 그러면 위청은 어떻게 대장군이 됐나? 그 까닭을 살펴보면 대단히 흥미롭다.

원삭元朔 5년(BC. 124), 위청은 네 번째로 군대를 이끌고 흉노와 전투를 벌였다. 이때 흉노에서 위청을 저지하는 역할은 우현왕의 부대가 맡았다. 흉노의 조직은 선우 밑에 좌·우현왕을 두고 각기 동부와 서부지역을 맡아서 그 위상은 대단히 높았다. 즉, 선우의 왼팔과 오른팔이라고도 할 수 있다. 이 때문에 우현왕은 흉노에서 대귀인大貴人만이 오를 수 있는 직위였다.

우현왕은 위청과의 전투에서 적을 너무 경시하는 치명적인 잘못을 저질렀다. 흉노 우현왕의 부대와 위청의 부대는 서로 멀리 떨어져서 대치했는데 우현왕이 그만 방심하고 어느 날 저녁에 술자리를 벌였다. 이때 위청의 부대가 습격해 우현왕은 자기 소첩小妾 한 명과 호위무사 백여 명만을 이끌고 겨우 탈출해 목숨만 부지했다.

위청은 이 전투에서 우현왕 휘하의 소왕小王 10여 명과 남녀 포로 1만 5,000여 명, 가축 수백만 마리를 승리의 대가로 얻었다. 이 소식을 접한 한무제는 직접 변경으로 사신을 보내 대장군이라는 인장을 보내고 서신에 이렇게 적었다. "군중에서 위청을 대장군으로 봉하고, 모든 장수는 자기 병사들과 함께 대장군에게 귀속해라! 이에 대장군 위청은 자기 깃발 내세우고 의기양양하게 장안으로 돌아왔다."(《한서》〈위청곽거병전〉)

한나라는 마읍의 계책이 실패한 후에 위청으로 말미암아 흉노와의 전쟁에서 연전연승을 거두게 됐으니, 한무제는 기분이 날아갈 듯이 좋았다. 그래서 한무제는 위청에게 작위를 내리고 또 그의 아들 셋에게도 작위를 하사할 생각이었다. 이때 위청은 이렇게 사양했다.

폐하의 신령하심에 힘입어 아군이 큰 승리를 거두었습니다. 다 모든 교위가 힘껏 싸운 공로였습니다. (…) 강보에 싸여 아무런 공로도 없는 신의 자식에게 상(한무제)께서 땅을 나누어 각기 열후로 봉해주셨습니다. 이것은 신이 군중의 일을 맡아 병사들에게 힘껏 싸우기를 권장했던 본뜻이 아니옵니다.

《사기》〈위장군표기열전〉

위청은 위로 한무제에게 감사를 표하고, 아래로 병졸들의 공로를 돌렸다. 전쟁에서 큰 승리를 거두고 한마디로 자기를 과시하거나 뽐내려고 하지 않았다. 그리고 자기 아들들은 아무런 공로도 세운 것이 없으니 땅을 나눠주고 열후로 봉하는 것이 천부당만부당하다고 사양했다.

한무제가 다른 장졸들의 공로를 모르는 것은 아니었다. 이 때문에 공을 세운 7명의 장군들도 열후로 봉했고, 세 명에게 작위를 하사했다. 위청의 겸손하고 남에게 공을 양보하는 자세는 한무제를 더욱 기쁘게 했다. 위자부가 황후가 되어서 관계는 더욱 견고해졌다. 한데 얼마 후에 위청의 경쟁 상대가 나타났으니, 그는 같은 가문의 출신이었다. 이 사람은 누구인가?

표기장군 驃騎將軍

한무제 시대 명장 중에 위청만큼이나 유명했던 인물은 곽거병霍去病이다. 곽거병은 위청의 또 다른 누이 위소아衛少兒의 아들이었으니, 위청의 생질임 셈이다. 그런데 위소아의 장부가 진장陳掌이었는데, 그녀의 아들은 어찌해서 곽 씨가 된 것인가? 그것은 원래 곽거병 또한 사생아 출신이었기 때문이다. 위소아는 진장과 정식 결혼하기 전에 그녀의 모친인 위온衛媼, 자매인 위자부와 더불어 평양후 집안에서 하녀로 있었다. 그 무렵에 곽중유霍仲孺라는 하인이 들어왔는데, 그가 위소아와 사통해 곽거병을 낳았다. 곽거병의 출생 고사는 위청과 아주 흡사하다. 당시 위씨 집안의 가풍은 한마디로 문란했다. 사마천도 무안했던지《사기》에 이 사실을 자세하게 기록하지 않았다. 곽거병의 출생에 관한 기록은《한서》에 나온다. 곽거병은 비록 아버지의 성을 따랐지만, 어머니 곁에서 성장했다. 그가 처음으로 두각을 나타낸 것은 이모인 위자부와 외숙부인 위청 덕택이었다.

곽거병은 위청을 닮아서 무예가 고강했다. 그는 위청을 따라 두 차례 흉노와의 전쟁에 나가서 많은 견문을 쌓았다. 원삭元朔 6년(B.C. 123)에 곽거병이 18세로 성인이 됐다. 이해는 위청이 다섯 번째로 흉노를 정벌하려던 때다. 한무제는 위청에게 곽거병이 씩씩해 보이니,

한번 그를 기용해보라고 권유했다. 위청은 작은 부대를 곽거병에게 맡기고 훈련했다. 얼마 후 한무제는 곽거병을 표요교위票姚校尉로 임명했다. '표요票姚'란 굳세고 재빠르며 날카롭다는 뜻이다. 이런 이름에 걸맞게 곽거병은 작전 때 800명의 기병을 거느리고 적진 깊숙이 침투해 큰 전공을 세웠다. 그는 적 2,028명을 참수하고, 선우의 작은 할아버지를 죽였으며 선우의 숙부까지 생포했다. 위청이 첫 출정 때 세운 전공보다 공로가 컸다.

이 소년 영웅의 출현에 한무제는 크게 기뻐하고, 그를 '관군후冠軍侯'로 봉했다. 관군이라는 이름은 군대 내에서 가장 빼어난 영웅이라는 뜻이 있어서 그의 명성은 더욱 높아졌다. 전에 사마광이 한무제가 인재를 잘 가릴 줄 안다고 평론한 적이 있는데, 곽거병의 발탁이 다시 한 번 그 사실을 증명해주는 것 같다.

이번 전투에서 위청은 큰 공을 세우지 못해 상을 받지 못했다. 그 대신 깜짝 등장한 곽거병이 세인들을 놀라게 했고, 그 명성은 위청에 버금갈 정도였다. 이후 곽거병은 대외전쟁에 적극적으로 기용됐고, 원수元狩 2년(BC. 121)에는 표기장군驃騎將軍으로 임명됐다.

같은 해 여름에 곽거병은 다시 군대를 이끌고 흉노를 공격해 거연수居延水를 지나 기련산祁連山까지 진격했다. 그 과정에서 연전연승을 거뒀는데, 적을 참수하고 포로를 많이 잡았을 뿐만 아니라 흉노의 5왕과 선우 부인인 연지閼氏까지 사로잡았다. 흉노 부족에서 연지의 위상은 한나라의 황후에 해당한다. 이런 풍성한 전공을 세우자 곽거병의 지위는 갈수록 높아졌고, 한무제의 총애를 받음은 물론이고 위청과 나란히 할 정도로 그 위상이 커졌다.

원수 4년(BC. 119)에 한무제는 위청과 곽거병에게 각기 5만 대군을 이끌고 흉노를 공격하게 했다. 위청은 이 전투에서 선우와 정면으로 승부를 겨뤄 전략적으로는 우세를 점했지만, 아군 사상자들이 많이 나왔고, 최후에는 선우를 놓치고 말았다. 이 탓에 위청의 전공은 크게 드러나지 않았다. 그러나 곽거병은 달랐다. 또다시 많은 적을 참수하고 포로를 잡는 한편 낭거서산狼居胥山과 고연산姑衍山을 점령해 그곳에서 봉선례封禪禮와 제천의식을 거행했다. 적의 점령지에서 제천의식을 거행했다는 것은 승리자의 무력과 위엄을 사방에 과시하는 효과가 있다. 이런 쾌거로 '봉낭거서封狼居胥'라는 성어까지 생겼다.

이 전쟁에서 전공이 크게 드러나지 않아 상을 받지 못한 위청에 비해 곽거병은 자신은 물론이고 휘하의 많은 장병도 상과 작위를 받았다. 한무제는 곽거병과 위청을 대우하는 데 차별을 두지 않으려고 대사마라는 직위를 만들어 두 사람 모두를 임명하고 승상과 같은 대우를 했다. 이로써 곽거병은 위청과 벼슬, 봉록을 나란히 했고, 위청보다 더 승진할 가능성이 커졌다. 한무제는 젊은 곽거병을 더욱 신임했고, 위청은 도리어 그의 눈치를 볼 정도가 됐다.

한무제는 무엇 때문에 곽거병을 위청보다 우대하려고 했을까? 그것은 곽거병으로 말미암아 사막 남쪽에 흉노 선우의 왕정王庭이 없어졌기 때문이다. 선우는 주 활동 지역인 사막 남쪽에서 쫓겨나서 사막 북쪽으로까지 도망갔다. 이것은 철저하게 흉노의 주 세력을 꺾은 것을 의미하고, 실제로 이로부터 장기간 흉노는 한나라에 약세를 면치 못했다. 몇 년이 지난 후에 한무제는 친히 대군을 이끌고 흉노의 옛 왕궁터에 가서 선우에게 서신을 이렇게 보냈다.

> 선우는 능히 싸울 수 있으면 나오라. 이미 한나라 천자가 군대를 거느리고 변경에서 기다리고 계신다. 전투할 자신이 없으면 항복해 한나라의 신하가 되어야 한다. 어쩌다가 공연히 멀리 도망가 사막 북쪽에 춥고 고통스러움을 참고 물도 풀도 없는 땅에서 숨어서 산다는 말인가?
>
> 《한서》〈흉노전〉

이 서신을 받아본 선우는 노발대발해 한나라의 사신을 그 자리에서 죽여 버렸지만 달리 보복할 방법이 없었다. 그는 천자와 정면으로 충돌할 처지가 아니었고, 위청과 곽거병처럼 용맹한 수하도 없었다.

그러나 이처럼 한나라의 휘황찬란한 성과 뒤에는 참담한 현실이 기다리고 있었다. 원수 4년(BC. 119) 전쟁에 사용된 전마는 총 14만 필이었는데, 전쟁이 끝나고 돌아온 전마는 겨우 3만 필이었다. 전마뿐만 아니라 동원된 장졸 중에 헤아릴 수 없는 사상자가 발생했다.

당대唐代 시인이 남긴 명구에 이런 말이 있다. "그대여, 제후가 되고 싶어 하지 말게. 한 장군의 뛰어난 전공 뒤에는 숱한 병졸들의 비참한 죽음이 있었다네." 이는 모두가 사내대장부로 태어나면 "만 리 길을 사양하지 않고, 제후가 되고 싶어 한다"고 하는데, 기실 한 사람이 부귀공명을 누리려면 무수한 사람이 희생되어야만 가능하다는 의미다. 한무제 시대의 역사가 우리에게 남겨주는 교훈은 잔혹한 전쟁 속에 절대 승자는 없다는 것이다.

장군 별의 추락

사마천의 통계에 근거하면 곽거병은 평생에 6차례 흉노와의 전쟁에 나섰다. 그는 출격한 수가 위청보다 한 차례 적었으나, 질적인 면에서는 위청에 뒤지지 않았다. 위청과 곽거병은 한무제의 왼팔과 오른팔이라고 할 수 있었고, 흉노 문제를 해결하는 데 모두 큰 공을 세웠다.

그러나 흉노 문제가 해결된 지 얼마 안 돼 곽거병은 세상을 떠났다. 이해는 원수元狩 6년(BC. 117)으로, 그의 나이 겨우 24세였다. 이때는 곽거병이 낭거서산까지 진격해 제천의식을 한 지 채 3년이 되지 않았던 시기로, 갑자기 하늘에서 장군 별 하나가 사라진 것이다. 곽거병은 BC. 140년에 출생했는데, 한무제가 즉위하던 해였다. 마치 한무제를 위해서 태어나서 한무제의 고민인 흉노 문제를 해결해주고 떠난 것 같다. 그가 죽자 한무제는 매우 비통해해 자신이 묻힐 무릉 주변에서 장례를 치르게 했다. 또 그 무덤을 기련산 형상으로 만들었는데, 그가 기련산까지 진격했던 공로를 추모하기 위해서였다.

한무제 원봉元封 5년(BC. 106)에 위청마저 세상을 떠났다. 그 역시 무릉 부근에서 장례를 치렀다. 무릉의 동북 모서리 서쪽에 곽거병의 무덤이 있고, 동쪽에는 위청의 무덤이 있다. 아무리 위대한 인물이라도 죽으면 무덤으로 들어가게 마련이다. 당나라 때 시인인 두

보는 〈각야閣夜; 누각의 밤〉이라는 시에서 덧없는 우리 인생을 이렇게 묘사했다.

세모음양최단경歲暮陰陽催短景, 천애상설제한소天涯霜雪霽寒霄.
오갱고각성비장五更鼓角聲悲壯, 삼협성하영동요三峽星河影動搖.
야곡천가문전벌野哭千家聞戰伐, 이가수처기어초夷歌數處起漁樵.
와룡약마종황토臥龍躍馬終黃土, 인사음서만적료人事音書漫寂寥.

세모의 하루는 더욱 짧게 느껴지고, 하늘가엔 눈과 서리마저 그쳐 차가운 밤이라네.
오경의 북과 호각 소리 비장하고, 삼협에 별과 은하수의 그림자는 요동치는 듯.
들판에는 곡소리, 집집이 전쟁소식 들리고. 오랑캐 노래는 여기저기 어부와 나무꾼에게서 흘러나온다.
와룡 제갈량과 약마 공손술도 끝내 황토가 됐거늘, 사람 일과 소식도 공연히 적막하고 쓸쓸하기만 하다네.

제
13
강

외숙과 생질의 색다른 취향

위청과 곽거병의 성격 차이

장기간에 걸친 흉노와의 전쟁에서 한무제는 일련의 장수들을 발탁했다. 가장 저명한 사람은 위청, 곽거병, 이광 등이다. 이들은 제각기 출세의 기회와 운명이 달랐다. 어떤 사람은 순풍에 돛을 단 것처럼 순조롭게 풀렸고, 어떤 사람은 기구한 운명을 맞이했다. 한데, 그들의 운명은 모두 한무제의 태도에 따라 달라졌다. 다만, 이점에 대해선 사마천과 사마광의 견해도 서로 달랐다.

사마천은 이들의 운명을 한무제가 결정했다고 보았다. 사마광은 이들의 개성, 재능이 큰 차이가 있어서 제각기 운명이 바뀌었다고 여겼다. 그러면 이들 장수의 개성, 재능이 어떤 차이점이 있고, 또 한무제와 어떤 관계에 있었나?

먼저 위청의 사례를 살펴보면 흉노와의 전쟁에서 연전연승을 거둔 위청은 조정에서 갈수록 지위가 높아졌다. 조정 대신들도 위청 앞에서 공손한 태도를 보일 정도였다. 위청이 이렇게 조정에서 존중받을 수 있었던 것은 단순히 전쟁에서 승리해서였을까, 아니면 그 누이 위자부가 황후가 되어서였을까? 두 가지 외에 또 다른 이유가 있었다. 위청의 성격에서 단서를 찾을 수 있다.

원삭 6년(BC. 123), 흉노와의 전쟁에서 위청은 큰 공을 세워 더 높은 관직을 받고 천금을 하사받았다. 위청은 상을 받은 후에 5백 금을 나눠 한무제의 또 다른 애첩인 왕부인 부모의 축수를 위해 받쳤다. 왕부인은 비록 한무제에게 총애를 받았지만, 위청의 누이인 위자부보다 지위가 낮았다. 그녀의 가문 역시 걸출한 인물이 없었는데, 위청은 왜 그녀를 위해 상금을 나눠주었을까? 이것이 위청만의 전형적인 처세법이었다.

그는 평소에도 겸손하고 신중했을 뿐만 아니라 사람들을 잘 관리했다. 사실 왕부인의 일은 위청 주변의 영승寧乘이라는 인물이 그에게 일깨워준 것이다. 그는 위청에게 대장군은 본인뿐만 아니라 어린 아들들까지 작위를 받고, 계속해 한무제의 은총을 받고 있는데, 이는 모두 황후가 된 위자부가 뒤에서 영향을 끼쳤기 때문이라고 말했다. 그런데 왕부인은 스스로 위자부보다 못하다고 생각할뿐더러 그의 가문 역시 대장군 같은 걸출한 인물도 나오지 않아서 자기 미래를 늘 불안하게 여긴다고 했다. 또 질투심까지 더해 위자부의 세력을 약화하려고 언제든 대장군을 중상모략할 가능성이 크다고 했다. 그러니 이런 재앙이 싹트기 전에 미리 방지해야 한다는 것이었다. 사정을 전해 들은 위청은 왕부인에게 잘 보이려고 아낌없이 자기 상금을 나눠준 것이다.

이는 일거양득의 효과를 주었다. 비단 왕 씨 가문을 위로할 뿐만 아니라 한무제도 기뻐했다. 한무제는 위청에게서 영승의 조언 덕분에 자신이 그리했다는 말을 듣고, 영승을 곧 동해도위東海都尉로 임명했다. 이번 위청의 행동은 황실의 다른 외척 간에 총애 다툼을 멈추고 서로 단결하자는 의미였고, 이 점을 한무제가 높이 사서 기뻐한 것이다.

위청은 자기 잠재적인 적을 친구로 만들었고, 부드럽고 겸손하게 처신했다. 사마광은 위청의 처세법을 이렇게 결론지었다.

> 대장군은 성품이 인자하고 항상 뒤로 물러서서 겸양했고, 부드러운 자세로 한무제의 총애를 받았다.
>
> 《자치통감》 권 19

곽거병은 전쟁터에선 외숙인 위청처럼 위풍당당하게 혁혁한 전공을 세웠다. 그러나 일상생활에서의 처세법은 위청과 사뭇 달랐다. 그는 싸움을 잘했지만 남을 잘 몰아세우고, 병사들에게는 인정사정 없는 냉혈한이었다. 이에 대해 사마천은 이렇게 기술해 두었다.

> 군수품을 싣고 온 수레에 버려지고 남는 양식과 고기가 있는데도, 졸병 중에는 굶주린 자가 있었다. 그가 변경에 있을 때, 군량을 먹지 못해 일어나 움직일 수 없는 졸병들이 있었는데도 표기장군(곽거병)은 땅에 선을 긋고, 공차기를 했다.
>
> 《사기》〈위장군표기열전〉

이런 곽거병의 행동을 살펴보면 그는 아주 이기심이 많고 독선적인 인물이라는 것을 확인할 수 있다. 위청이 아랫사람을 예우하고 남과 잘 화합하는 것과는 대조적이다. 그러면 두 사람의 성격은 왜 그리 차이가 나는가?

위청은 어려서부터 권문세가의 하인으로 자라서 사소한 것에도 신경 쓰고, 주위 사람과 일에 대해서도 민감했다. 또 남과 일을 할 때 상대방 기분에 맞추고 좋은 결과를 얻기를 원했고, 그렇지 않으면 최소한 미움을 받지 않으려고 노력했다.

곽거병은 태어날 때부터 상황이 달랐다. 그가 태어난 이듬해에 이모인 위자부가 한무제를 따라 궁으로 들어가 위씨 집안은 남의 집 더부살이에서 벗어나 졸지에 위세 등등한 황제의 외척이 됐다. 그래서 곽거병은 어려서부터 남의 눈치를 살필 필요가 없이 호의호식했고 제 마음대로 행동할 수 있었다. 그는 남들의 어려움을 이해하고 배려하는 개념조차 없었다. 이것이 위청과 곽거병이 가진 성격과 처세의 차이점이다. 그러면 이 두 사람 사이에 공통점은 없을까?

위청과 곽거병의 공통점

곽거병은 한무제에게 다음과 같은 명언을 남겼다. "흉노를 멸망시키지 않으면, 좋은 저택을 꾸미고 살 필요가 없습니다."(《사기》〈위장군표기열전〉) 한무제가 곽거병에게 좋은 저택을 하사하려고 하자 곽거병이 이렇게 말한 것이다. 이 말은 오늘날까지 전해지며 병사들의 기상을 진작시키는 데 애용된다. 기실 곽거병이 이렇게 말한 데는 다른 의도가 깔려있었다. 《사기》에는 한무제가 곽거병의 말을 듣고 더욱 총애했다고 기록되어 있다.

곽거병은 비록 다른 사람들을 배려하지 않는 성격이었지만 어리석지는 않았다. 그는 자기 부귀공명은 모두 한무제에게서 나온다는 사실을 잘 알고 있었다. 그래서 그는 오직 한무제 앞에서는 자신을 낮추고 온갖 아첨을 떨었다. 이 점은 위청도 마찬가지였다.

두 사람의 공통점은 한무제가 좋아하는 것과 정책을 맹목적으로 따른다는 것이었다. 제후왕과 공경 대신들은 문객을 양성해서 자기 세력을 확장하려 했다. 그 대표적인 인물이 회남왕 유안, 승상 두영, 그리고 전분이었다. 한무제는 여기에 큰 불만을 품었다. 한무제는 자기 황권을 강화하는 데 그들을 장애물로 여기고, 마침내 그들을 제거 대상으로 삼았다.

위청도 높은 지위에 오르자 주변에서 천하에 유명한 선비들을 문객으로 초빙할 것을 권하는 사람이 있었다. 이때 위청은 이렇게 말했다. "위기후魏其侯(두영)와 무안후武安侯(전분)가 문객들을 후대하니, 천자께서 항상 이를 갈며 원한을 품으셨소. 사대부들을 가까이하고, 어진 이들을 초빙하며 불초한 자들을 물리치는 것은 군주의 고유 권한이오. 신하란 국법을 받들고 직책을 준수하면 되지, 무엇 때문에 따로 어진 선비들을 초빙하는가!"

위청은 문객들을 양성하지도 않았고, 두영, 전분, 유안 같은 전철을 밟지 않으려고 했다. 그는 한무제에게 별도로 자기 세력을 양성하지 않는다는 것을 보여줌으로써 그의 신임과 지지를 얻을 수가 있었다. 사마천은 곽거병도 위청의 이런 뜻을 본받았다고 한다. 그들은 각기 처세 방식이 달랐지만 한무제에게 절대복종한다는 공통점이 있었다.

이처럼 한무제의 권위를 높이고 자기들 권위를 낮춘 한 사례가 있다. 원삭 6년(BC. 123)에 위청이 군대를 이끌고 흉노를 공격할 때, 그 휘하인 우장군右將軍 소건蘇建이 흉노와의 전투에서 크게 패해 부하들이 죽거나 도망가고 홀로 살아 돌아왔다. 이때 주패周覇라는 인물이 위청에게 이렇게 말했다. "여태까지 대장군께서 전쟁을 수행하면서 휘하의 부장副將을 죽인 적이 없었으나, 이번 경우에는 소건이 크게 패배했을 뿐만 아니라 병졸들 손실도 매우 크니, 일벌백계의 차원에서 그를 마땅히 참수해야 합니다." 그러자 위청은 부장을 참수할 권한이 있으면서도 죽이지 않고 한무제의 처분을 기다렸다.

위청의 이런 태도를 어떻게 볼 수 있을까? 병법에 "장수가 전쟁터에 있을 때는 임금의 명령도 받지 않는다."고 했는데, 대장군이 되어서 독단적으로 처결하지 못한다면 어떻게 군의 기강을 유지할 수 있는가? 소건을 참수하든 석방하든 간에 마땅히 위청이 결정했어야 하는데, 그렇지 못한다면 대장군은 무슨 필요가 있는가?

위청이 소건에 대한 처결이 자기 권한임을 알면서도 한무제에게 처결을 받겠다는 것의 최종 목적은 한무제에게 절대복종한다는 의미라고밖에 할 수 없다. 이런 위청의 행동은 모든 일을 신중하게 처리하는 개인적인 성격에서 비롯된 것이지만 결코 대신다운 행동은 아니다. 맹자가 제왕齊王에게 고해 말하길 "임금이 신하 보기를 자기 손발과 같이하면 신하는 임금을 대하기를 심복같이 하고, 임금이 신하 보기를 개와 말 같이 한다면 신하는 임금을 대하기를 필부로 여기고, 임금이 신하 보기를 흙이나 풀같이 여긴다면 신하는 임금을 대하기를 원수같이 한다."(《맹자》〈이루〉)고 했다.

중국은 비록 2천여 년간 군주제도를 시행했지만 이상적인 군신 관계는 간단한 주종관계에서 끝나지 않았다. 군주가 반대하더라도 소신을 굽히지 않고 과감하게 행하고 용감하게 책임질 수 있어야 명실상부한 대신이고 국가의 동량이라고 여겼다. 그런 점에서 위청은 대신답지 못하다. 위청와 한무제 관계는 부귀공명을 떠나서 주인과 노예 관계라고 할 수 있다. 옛말에 "강산은 쉽게 변화시켜도, 품성은 쉽게 고칠 수 없다."고 했는데, 위청의 경우가 그렇다. 본래 사생아와 하인 출신으로 살면서 만들어진 습관을 고치기가 어려웠을 것이다. 한무제가 그를 대하는 태도 역시 하인을 부리듯 한 것 같다. 이에 관해 사마천은 "대장군 위청이 궁중에서 한무제는 모시고 있을 때, 한무제는 평상 가에 걸터앉아 비스듬히 그를 쳐다보았다."(《사기》〈급암열전〉)고 기술해 두었다. 심지어 송나라 문인인 소식은 이렇게 말했다. "위청 같은 노예는 군주의 치질을 핥아줄 정도로 아부가 심했다. 그러니 군주가 평상 가에 걸터앉아 비스듬히 쳐다보는 것이 마땅하다." (《동파지림東坡志林》 권 4)

소식의 말은 너무 신랄하지만, 위청과 한무제의 관계를 더없이 확실하게 설명해준다. 위청과 곽거병은 모두 전투에 능하고 혁혁한 전공과 업적을 남겼지만 한무제와는 철저히 주인과 노예 같은 관계를 유지했다. 또 두 사람 간에 한무제를 두고 미묘한 긴장상태를 유지했다. 이에 관해서 세 역사가의 견해를 살펴본다.

위청과 곽거병이 중용된 이유

소식의 관점은 누구의 영향을 받은 것인가? 바로 사마천이다. 《사기》에 위청과 곽거병을 전문적으로 기록한 〈위장군표기열전〉이 있고, 또 〈흉노열전〉에는 그들의 사적이 빈번하게 나온다. 이 밖에도 두 사람에 관련된 기록이 〈영행열전佞幸列傳〉에 있다.

'영행佞幸'에 대해서 사마천은 "여자만이 미색과 교태로써 잘 보이는 것이 아니고 벼슬길에도 그런 길이 있는 것이다."라고 소개하고 있다. 여자 외에도 얼굴과 외모로 황제의 환심을 사는 사람을 '영행'이라고 했고, 위청과 곽거병도 그 부류에 속한다고 보았다. 반고의 《한서》〈영행전〉에서는 여색의 반대 개념으로 '남색男色'이라고 표현했다. 사마천은 위청과 곽거병에 대해 남들이 생각하지도 못하는 부분을 적었다.

> 대궐 안에서 사랑을 받는 신하들은 대개 외척들이었다. (…) 위청과 곽거병 또한 외척으로서 사랑을 받았다. 그러나 그들은 자신들의 뛰어난 재능에 의해서 스스로 승진했던 것이다.

사마천은 위청과 곽거병이 재능이 있다고 인정했지만, 그들을 크게 외척으로 분류했다. 또 사마천은 속어를 인용했는데, "힘써 농사 짓는 것이 절로 풍년을 만나는 것만 못하고, 착하게 벼슬을 사는 것이 임금에게 잘 보이는 것만 못하다."고 했다. 비록 위청과 곽거병이 재능이 있다 하더라도 한무제를 만나지 못했으면 빛을 발휘할 수 없었을 것이라고 단언했다. 한마디로 사마천은 위청과 곽거병을 영행에 속하는 부류로 판단했고, 그들을 통해서 한무제의 용인술을 비판하려고 했다.

이 문제에 대해 사마광의 관점은 사마천과 확실히 달랐다. 그는 위청이 첫 번째로 흉노에 출격했을 때 이미 큰 공을 세웠다고 그를 다음과 같이 칭찬했다.

> 말타기와 활쏘기를 잘하고, 재주와 힘이 남보다 뛰어났다. 사대부들을 예로써 예우하고 병졸들에게 은혜를 베풀었으니, 군사들이 쓰임을 즐겁게 생각하고 장수가 재능이 있다고 여겼다. 그러므로 매번 출전함에 그때마다 공을 세울 수 있었다.
>
> **《자치통감》 권 18**

사마광은 위청이 매번 출정해 공을 세울 수 있었던 것은 그가 남보다 뛰어난 점이 있었기 때문이고, 단순히 한무제에게 특혜를 받아서 출세한 것은 아니라고 보았다. 이들을 발탁한 한무제의 안목은 다음과 같이 평가했다. "천하가 이를 말미암아 한무제가 인물을 알아봄에 감탄했다."《자치통감》 권 18) 그래서 사마광은 사마천과 같이 위청과 곽거병을 영행의 부류로 판단하지 않았다. 그러면 반고는 어떤 견해를 가지고 있었을까? 그는 이 문제를 《한서》〈영행전〉에서 이렇게 표현했다.

위청과 곽거병은 한무제의 총애를 받았으나, 자신들의 뛰어난 재능으로 승진했다.

이렇게 본다면 《사기》〈영행열전〉과 그 의미는 크게 차이가 나지 않는다. 반고 역시 위청과 곽거병은 한무제와 특수한 관계가 있었다는 것을 부인하지 않았다. 그러나 반고는 《한서》〈영행전〉에서 한고조부터 한애제까지 남색 역할을 했던 신하 15명을 열거했지만, 위청과 곽거병은 뺐다. 그는 위청과 곽거병은 한무제의 총애를 받았지만, 그들이 출세한 것은 능력이었다고 두루뭉술하게 표현한 것이다.

그러면 사마천과 사마광의 상반된 견해를 우리는 어떻게 판단해야 하나? 사마천은 한무제의 용인술에 사심을 끼워 넣어 문제가 있다고 보았고, 사마광은 한무제의 용인술을 높게 평가했다. 과연 누가 옳은가? 앞서 언급했던 소식과 같이 명대의 저명한 학자인 담약수湛若水는 사마광의 견해를 비판했다. 그는 한무제 시기에 제일 뛰어난 무장인 이광李廣의 사례를 들었다.

담약수는 "사마광이 말한 것처럼 한무제의 용인술이 고명했다면, 무엇 때문에 이광은 위청과 곽거병처럼 출세하지 못했고, 불운하게 세상을 떠났나?"라고 의문을 품고, 그 원인은 한무제의 용인술이 불공평했기 때문이라고 주장했다. 사마천은 《사기》에서 이광을 '비장군飛將軍'이라고 표현하면서 그의 탁월한 업적은 위청과 곽거병도 따라갈 수 없었는데, 단지 한무제의 총애를 받지 못했다는 이유로 불행한 운명을 맞이했다고 기술해 놓았다. 만약 사마광이 현존해 있었다면 이에 대해 어떻게 반박하겠는가?

제
14
강

제후로 봉해지지 못한 이광 李廣

'비장군飛將軍' 이광

이광은 한무제 시기에 흉노와의 전쟁에서 혁혁한 전공을 세운 인물이다. 그는 무공에 조예가 깊어, 기마술은 물론이고 활쏘기에도 위청과 곽거병을 능가하는 실력이 있으면서도 이들보다 더 출세하지 못하고 결국에는 제후 작위를 받지도 못했다. 이 때문에 많은 사람이 불운한 이광 장군의 운명을 동정해 한무제를 불공평하다고 비판했다. 당대唐代 시인 왕창령王昌齡은 〈출새出塞〉라는 시에서 다음과 같이 읊고 있다.

진秦나라 때의 밝은 달과 한漢나라 때의 옥문관은 그대로인데,
만 리 장정에 나간 사람들은 아직도 돌아오지 않았다네.
단지 용성龍城에 비장군飛將軍 이광李廣만 있다면,
오랑캐 말이 음산陰山산맥을 넘지 못하게 할 수 있다네.

이 시는 애민 애족을 서술한 변새시邊塞詩다. 시는 비록 당나라 때 쓴 것이지만 중요한 전고를 인용했으니, 지금도 이광 장군 같은 사람이 있다면 오랑캐들이 변방을 가볍게 침공할 수 없다는 것이다. 그렇다면 이광 장군은 얼마나 능력이 있기에 당대까지 그를 생각하는

가? 다른 시인 노륜盧綸의 〈새하곡塞下曲〉으로 이 문제를 설명할 수 있다.

깊은 숲 풀잎도 바람에 놀라는 밤, 장군은 어둠 속에서도 활을 당겼다네.
날이 밝아 화살을 찾아 나섰다가, 바위에 깊이 박혀 있는 화살을 찾았다네.

시 속에 장군은 매우 용맹하고 장신에 긴 팔의 완력이 매우 뛰어나 사람을 놀라게 했고, 화살은 바위에 박힐 정도였다. 이 사람이 바로 이광 장군이다. 당시 이 장군은 산속에서 호랑이 같은 맹수를 보고 화살을 쏘았는데, 다가서 보니 호랑이가 아닌 바위였다. 이를 보고 사람들은 그의 활쏘기가 대단하다며 감탄해 마지않았다.

이광의 활쏘기에는 천부적인 조건이 한몫했다. 사마천은 이광의 형상을 이렇게 표현하고 있다. "사람이 장대하고 원숭이같이 긴 팔을 지니고 있다."《사기》〈이장군열전〉) 그는 활쏘기를 제외하고, 말타기에도 뛰어났다. 원광 6년(BC. 129) 흉노와의 전투에서 이광은 부상으로 생포됐는데, 흉노인들이 두 필의 말 사이에 그물을 짜 그 위에 이광을 눕혔다. 이때 주변에 한 흉노 소년이 옆에서 말과 활을 차고 지나갔는데, 그 모습을 본 이광은 바로 흉노 소년이 타고 있던 말과 활을 빼앗아 도피했다고 한다. 그래서 마치 날아다니는 것 같다고 붙여진 이름이 비장군이다.

이광은 장기간 흉노와 전투를 벌였는데, 대치 상황에서 남들이 생각하기 어려운 담력을 선보이기도 했다. 한번은 이광이 이끄는 100명의 기병이 수천 명의 흉노 기병대를 만났다. 이때 이광은 전혀 놀라는 체하거나 도피하지 않고 태연하게 그들과 불과 2리 사이를 두고 대치하면서 말 안장에서 내려 휴식을 취하는 척했다. 이 광경을 본 흉노 기병들은 이것이 자신들을 유인하는 줄 알고 성급하게 공격하지 못했다. 그 사이에 이광은 갑자기 활을 뽑아 흉노의 한 장수를 쏘아 죽여 버렸다. 이렇게 한나절 동안 대치하다가 새벽이 오자, 이광은 자기 기병들을 이끌고 유유히 본대로 귀환했다.

이처럼 이광은 무예는 물론이고 담력도 대단했다. 그래서 이광이 지키는 변방에는 흉노족들이 감히 쉽게 침략하지 못했다. 이광은 매우 뛰어난 직업군인 중의 한 사람이었다. 하지만 한무제는 그가 한평생 흉노와 전투한 공이 있는데도 제후로 봉하지 않았다.

《등왕각서滕王閣序》에는 다음과 같은 명구가 있다. "풍당馮唐은 늙기도 쉬워서 아흔 살이 되도록 낭관에 머물렀고, 이광은 흉노를 70여 차례나 쳐 큰 공을 쌓았지만 끝내는 제후로 봉 받지 못했다." 같은 명장인 위청은 자기뿐만 아니라 세 아들까지 제후로 봉해졌다. 이광은 흉노와의 최후 전투에서 위청의 제지로 말미암아 부서를 바꾸고는 사망하고 만다. 이광은 왜 사망했고, 또 제후로 봉 받지 못했을까?

이광의 죽음

원수 4년(BC. 119), 이광은 위청과 함께 흉노와의 전투에 참여하기로 한다. 소임은 전장군 부서로 선발부대에 속했다. 이해에 이광은 60여 살로 "상투를 틀고 대소 70여 차례 흉노와 전투를 벌였다"(《사기》〈이장군열전〉)고 한다. 상투를 트는 것은 성인이 됐을 때부터다. 본 전투 전에 한무제는 이광의 나이가 많으니 물러설 것을 권유했는데, 이때 이광은 제후에 봉해지지 못해서 다시 한 번 기회를 달라고 거듭 부탁해 결국 응답을 얻었다.

위청은 군대를 이끌고 변방에 온 이후 흉노의 선우가 있는 곳을 찾아서 결전을 벌일 예정이었다. 한데 위청이 전투 전에 갑자기 이광을 우장군右將軍 부서로 바꿔 우측으로 행군하도록 했다. 이광으로서는 흉노의 선우와 정면대결할 기회가 없어진 것이다. 이광은 이 조치에 불만을 품었지만 어쩔 수 없었다.

그러면 위청은 무엇 때문에 이광의 부서를 바꿨나? 첫째는 전투 전에 한무제가 사적으로 위청에게 분부한 것으로, 한무제는 이광이 명성과 힘은 대단한데, 한평생 전투를 하고서도 이렇다 할 큰 승리를 얻지 못했으니, 그 사람의 팔자가 사나운 것으로 생각했을 것이다.

둘째는 공손오公孫敖로 하여금 이광을 대신하게 한 것이다. 이는 위청의 사사로운 정 때문이다. 공손오는 위청을 구해준 적이 있다. 진황후陳皇后와 위자부衛子夫의 총애 다툼에서 위청이 연좌돼 진황후의 모친인 대장공주에게 제거될 뻔한 적이 있었다. 이때 공손오가 위청을 도와주었던 것이다. 위청은 그를 특별하게 생각했다. 공손오도 지난 흉노전에서 공을 세우지 못하고 제후로 봉 받지 못했는데, 이번 기회에 공을 세우게 해 줄 요량이었다.

아무튼, 이광은 불만을 토로했지만, 위청을 따를 수밖에 없었다. 그는 우장군의 부서가 되어서 우측으로 진군했다. 그러나 길을 잃고 위청이 이끄는 대부대와 회합하지 못했다. 군법에 따라서 조사를 받고 누군가가 책임을 져야 했다. 이광은 울화가 치밀어서 미칠 지경이었다. 70여 차례에 걸쳐 산전수전 다 겪은 노장의 생각에는 선우와 정면대결해서 큰 공을 세워야 마땅한데, 길을 잃고 군법에 부쳐졌으니 무슨 운명의 장난인가? 그는 수치를 참지 못하고 칼을 뽑아 스스로 자결하고 말았다. 위세가 온 세상에 드날렸던 비장군 이광은 이렇게 명을 끊었다.

이광의 경력은 고사의 적합한 소재다. 사마천의 《사기》〈이장군열전〉은 매우 생동적이고 정감 있는 필치로 이광의 일생을 그리고 있다. 한평생 실력은 있지만 뜻을 얻지 못하고 결국에는 한을 품고 죽은 비극적 영웅의 형상이다. 이 전기는 명작이라고 불릴 만하고, 이광의 불운은 사람들의 동정을 살 만하다. 특히 이광의 불운을 위청과 곽거병의 인생 여정과 비교한 후에 사람들은 이광을 더욱 동정하게 된다.

이광처럼 절기를 지닌 명장이 한평생 흉노와 싸우고도 왜 제후로 봉 받지 못했는가? 위청과 곽거병은 이광보다 무예가 고강하지도 못한데, 왜 젊었을 때부터 제후가 되고 높은 직위에 올랐을까? 운명이 불공평한 것으로만 해석할 수 있는가?

앞서 언급한 위청과 곽거병은 한무제의 친척으로, 사마천의 〈영행열전〉에서 그들은 남총男寵으로 그려졌다. 이광은 능력과 관계없이 자신에게 가까운 사람을 임용한 한무제의 희생물이다. 이광이 제후에 봉 받지 못한 원인은 도대체 어디에 있는가?

이광과 위청의 비교

사마천은 표기장군 곽거병이 올린 전투 치적에 대해 다음과 같이 말했다.

> 숙장宿將들이 거느리는 병마들도 표기장군만은 못했다. 표기장군은 항상 엄선한 정예병사들과 함께 다른 부대를 앞질렀으며 그의 군대 역시 천운이 있어 한 번도 적진에서 곤경에 빠진 적이 없었다. 그러나 숙장宿將들은 항상 뒤처져서 전공을 세울 기회도 만나지 못했다.
>
> 《사기》〈위장군표기열전〉

여기서 숙장宿將이란 노련한 장수들로 곽거병과 비교해 쓴 말이다. 당시 곽거병은 겨우 20세 내외로 대단히 젊었다. 노련한 장수들이 거느린 군대들은 내용 면에서 곽거병을 쫓아갈 수 없었다. 따라서 공을 세울 기회조차 없었다는 것이다. 사마천이 이 말을 한 까닭은 한무제가 불공평하게 정예부대를 곽거병에게 배치한 데 있다. 이 때문에 곽거병은 18세에 관군후冠軍侯라는 작위를 받을 수 있었다. 이광 같은 명장들은 한평생 흉노와 싸워도 전공을 세울 기회가 없었다. 여기서 이광이 제후가 되지 못한 까닭은 모두 한무제가 능력과 관계없이 자신에게 가까운 사람을 임용한 탓임을 알 수 있다. 그렇다면 위청과 곽거병이 얻은 공적과 지위는 그들 본인의 능력과 상관이 없는 것인가?

이광과 위청 두 사람을 함께 놓고 세 가지 기준으로 비교해 보면 근거를 찾을 수 있다. 첫째, 개인 기량이다. 위청도 비록 말타기와 활쏘기에 능했지만, 개인 기량의 각도에서 보면 이광이 더욱 앞선다. 이광은 당시에 '최우수'라고 할 수 있다.

둘째, 병사들을 이끄는 방법과 효과다. 위청은 병사들에게 잘 대해주고, 공을 세운 병사들에게 상을 고루 나눠주었다. 그래서 병사들에게 추대를 받았다. 이광은 자기 부하들에게 마음을 다했고, 상을 얻으면 부하들에게 나눠주었다. 변방에서 행군하다가 우물을 만나면 병사들이 모두 마신 다음에 자신이 마셨다. 또 군량을 먹을 때도 같이 먹지 혼자 먹지 않았다. 병사들과 생사고락을 함께해 병사들이 그를 위해서 죽기로 싸웠다. 병사들을 이끄는 방법과 효과에서 두 사람은 모두 같다고 할 수 있다. 병사들은 모두 두 사람을 따랐다.

셋째, 개인 성격과 처세다. 앞서 분석한 위청의 처세와 태도는 매우 신중하고, 경솔하지 않았다. 이에 반해 이광은 성격이 강렬해 마음속에 꺼리는 것이 조금도 없었다. 이광은 일찍이 패한 적이 있어서 허리를 잘리는 형벌을 받아야 했는데, 속죄금을 내고 서인으로 강등된 적이 있다. 이때 집에서 하는 일이 없어서 밖에서 사냥하고 술을 먹고 밤늦게 귀가한 적이 많았다. 하루는 밤늦게 귀가하는데, 야금번에게 통금시간에 걸려서 붙잡혔다. 이때 문초하던 관리에게 이광의 수종이 '이 분은 유명한 비장군이시다'라고 소개하자 그 관리는 이전 이광 장군이라도 지금은 장군이 아니니 법대로 처리해야 한다고 주장했다. 나중에 흉노가 침입하자 한무제는 다시 이광을 중용해 우북평태수右北平太守로 임명했는데, 이광은 이전에 자신을 문초한 관리를 데리고 갔다. 그리고 군영에 도착하자 바로 그 관리를 죽였다. 이 사건으로만 보면 이광은 도량이 작고 남을 용서할 줄 모른다. 이 점에서 이광은 위청보다 포용력이 없다.

이처럼 세 가지 면에서 본다면 이광과 위청은 1승 1무 1패라고 할 수 있다. 즉, 개인 무예 기량은 이광이 앞서고, 통솔력은 서로 비기고, 포용력은 위청이 이광보다 앞선다. 전체적으로 보면 우열을 가리기가 어렵다.

이광, 위청, 그리고 곽거병의 전적은 어떨까. 이광은 평생 흉노와 전투에 참여했는데, 《사기》〈이장군열전〉으로는 위청과 함께 작전에 참여한 것은 3차례이고, 곽거병과는 1차례였다. 그중에 이광과 곽거병이 참여했던 전투는 비교할 수 없다. 왜냐하면, 한무제가 곽거병에게 정예병을 주었기 때문이다. 그러나 우리는 남은 이광과 위청이 함께 출전했던 3차례의 전투를 비교해 볼 수 있다.

1차로 출전할 때는 운광 6년(BC. 129)이다. 위청이 제1차 출병으로 흉노를 격파했는데, 이때 이광은 흉노에게 생포됐다가 탈출했다. 4명의 장군이 병사들을 나눠서 흉노와 싸우는 작전이었는데, 위청은 이때 처음으로 출전해 큰 승리를 얻었다. 기타 세 명 장군 중 하나인 공손하公孫賀는 과실과 전공이 없었고, 공손오公孫敖은 자기 전력의 70%를 손상했고, 이광은 흉노에게 생포됐다.

2차로 출전했을 때는 원삭 6년(BC. 123)으로 당시 위청은 대장 군이었고, 이광은 후장군이 되어서 위청의 지휘를 받았다. 이해 한나라 군대는 전반적으로 전적이 좋아서 많은 장수가 공을 세워 제후로 봉해졌는데, 오직 이광은 공을 세우지 못했다.

3차로 출전했을 때는 원수 4년(BC. 119)으로 이광은 자살했다. 역사에 가설은 없다지만, 만약 위청이 이광 부서를 바꾸지 않았다면 그가 선우와 싸워서 큰 승리를 얻을 수 있었을까? 반드시 승리를 거뒀을 것이라고 장담할 수는 없다. 그럼 위청이 공손오를 쓰지 않고 부서를 바꾸지 않았다면 이광은 죽지 않았을 것이고, 이런 시각에서라면 위청은 이광에게 부채 의식을 져야 할까?

위청이 부서를 조정한 까닭은 한무제가 먼저 경고했기 때문이다. 한무제는 이광이 한평생 흉노와 싸웠지만, 시종일관 큰 승리를 얻지 못하자 그가 불운하니 위청에게 이광을 선우와 싸우게 하지 말고 했다. 한무제의 지시에는 근거가 전혀 없진 않았다. 그래서 이광의 결과는 비참해지고 동정을 얻을 가치는 있으나 그가 제후에 봉 받지 못한 것 자체를 위청과 한무제 탓으로만 돌릴 수는 없다. 그렇다면 사학가들은 이 문제를 어떻게 해석했는가?

이광이 제후로 봉해지기 어려웠던 까닭

사마천이 낸 통계로 위청의 출격에 따랐던 장교 중에 공을 세워 제후
로 봉해진 사람은 모두 아홉 명이다. 그중에는 이광의 종제인 이채李
蔡가 있다. 또 곽거병을 따라 흉노전에 출격했던 장교 중에 공을 세워
제후로 봉해진 사람은 모두 여섯 명이다. 그중에 이광의 아들인 이감
李敢이 있다.

　이채는《사기》에 그의 재능을 하등행렬에 두어 근본적으로 이
광에 비할 바가 못 된다고 했다. 단지 이 사람은 원삭 5년(BC. 124)에
위청을 따라 흉노의 우현왕을 공격해 공을 세우고 안락후安樂侯로 봉
해졌다. 이런 정보를 종합해서 본다면 한무제가 비록 위청과 곽거병
을 총애했지만, 그들만을 편애한 것은 아니다. 기본적으로 상벌이 공
평했는데, 이광만 받지 못한 것이다. 이광이 제후로 봉해지기 어려웠
던 것은 완전히 한무제 탓으로만 돌리기 어렵다.

　그렇다면 이광 정도의 출중한 능력을 지닌 장수가 대체 뭣 때문
에 공을 세우지 못하고 제후로 봉해지지 못한 것인가? 사마천은 그
이유로 두 가지를 들었다. 첫째는 인과응보다. 이광은 섬서태수로 있
을 때 일차로 강인羌人의 반란을 처리했다. 이때 이광은 항복했던 8
백 명의 강인을 모두 죽여 버렸다. 어떤 사람이 이광에게 항복한 사

람을 죽여 버리면 신의를 배신하는 것이고 또한 잔인한 짓이라고 했다. 이광이 제후에 봉해지지 못한 것은 살인한 사람들의 인과 업보라는 것이다. 응보 사상을 믿던 옛사람들 관점에서 보면 적절한 지적이라 할 만하다.

둘째는 사마광이 《자치통감》에서 한 평론에서 살펴볼 수 있다. 이광과 동시대에 불식程不識이라는 명장이 있었다. 이 두 사람의 군대 관리 법도가 확실히 달랐다. 이광은 군대를 관리하는 데 전체적으로 방만했고, 병사와 대형을 조직하는 데 치밀하지 못했다. 야밤에 순찰을 시키지 않고 병사들을 편하게 놓아두었다. 유일하게 척후병을 비교적 멀리 세우고 적진을 살핀 정도였다. 정불식은 이광을 비평했다. "이렇게 병사를 데리고 부지불식간에 습격을 당하면 어떡하나?" 이 때문에 정불식의 법도는 이광과 상반한다. 군대조직의 기율을 엄격하고 분명하게 했다. 사병들은 이광의 편한 품격을 좋아했다. 정불식의 기율은 너무 엄격하고 힘들어서 싫어했다. 이 대비에 대해 사마광은 이렇게 평론했다.

> 대중을 다스리면서 법으로 단속하지 못하면 매우 흉하다. 이광은 병사들을 편하게 했다. 널리 경계를 취해야 한 것은 좋으나 법으로 삼을 만한 것은 아니다.
>
> **《자치통감》 권 17**

법도가 엄격하고 분명하지 않으면 위험해진다. 정불식의 비평은 분명 조리가 있다. 이광은 남보다 건장한 몸과 담력을 지녔다. 자기 재능을 믿고 감히 그렇게 했다고 하여 그것을 다른 사람이 모방하면 십중팔구 실수를 낳게 한다. 사마광은 이광이 재능은 높고 영웅주의적인 스타일을 지녔다고 했다. 그러나 행군하고 작전할 때는 서로 협조해야지 개인적인 재능만을 앞세우면 안 된다고 했다.

사마광의 이런 평론은 많은 의미를 지닌다. 이광은 스스로 제 능력을 과신했다. 일대 명장으로서 작전 능력보다 개인 능력에 의지해 성공하지 못한 것이다. "제 꾀에 제가 넘어간다"는 속담이 있다. 사마광은 이광이 한평생 제후가 되지 못한 문제를 이광 책임으로 돌렸다. 하나 사마천은 달랐다. 사마천은 한무제의 인선에 문제가 있다고 보았다. 이광이 실패한 원인을 인과응보와 활쏘기에 완벽을 기하는 것 등에서 찾았다.

이광 문제에 대한 다른 태도는 두 사학자가 설정한 한무제의 형상에서 비롯됐다. 사마천은 이광 현상을 단순히 한 개인의 운명으로만 보지 않았다. 그의 운명과 위청·곽거병의 운명은 강렬한 대비를 이룬다. 이광은 한평생 제일 전선에서 흉노와 격전을 벌였지만, 큰 승리를 거둔 적은 없다. 그러나 그의 사람됨, 재능, 그리고 경력은 사람들에게 존경과 사랑을 받았다. 위청과 곽거병은 비록 적지 않는 전공을 올렸지만, 그들이 한무제가 총애하는 신하가 아니었다면 높은 지위에 오를 수 있었겠는가? 이 때문에 사마천은 한무제의 인선에 심각한 문제가 있다고 보았다.

필자는 사마천, 한무제, 그리고 이광 일가가 모두 특수한 관계에 있다고 생각한다. 사마천은 이광의 손자 이릉이 흉노에 패해 포로가 됐을 때 그를 변론했고, 이 때문에 한무제에게 미움을 사 궁형을 받았다. 그래서였을까. 사마천은 이광을 묘사할 때 특별히 관심을 쏟았다. 아마도 사마천의 운명이 그 속에 내포됐을지도 모른다.

사마광은 위청의 성공과 이광의 실패를 능력과 전공을 기준으로 분석했다. 사마광은 위청의 성공 요인을 첫째로 종합적인 능력이 높았고, 둘째로 사대부를 예우했으며, 셋째로 사병들을 잘 대해 준 데서 찾았다.

이광의 실패 요인은 군대조직과 기강에 문제가 있으며, 이는 한무제와는 무관한 것으로 보았다. 도리어 한무제는 신분이 천한 위청을 대담하게 발탁했고, 군대 경험이 없는 신인들을 과감하게 등용했다. 이는 한무제가 인재를 선용했다는 증거이기도 하다. 이광에 대해 말하자면, 한무제는 그에게 기회를 주었다. 최후의 출정 때 한무제는 연로한 이광을 위해서 참전하지 말 것을 권했으나, 이광이 거듭 부탁하자 결국 들어주었다. 이런 점을 살펴보면 한무제가 처음부터 끝까지 이광을 박대한 것은 아닐 것이다.

사마천과 사마광의 의견이 다르지만, 반고는 《한서》에서 두 사학자와 다른 견해를 피력했다. 《한서》에는 이광과 위청의 경쟁 관계를 그렇게 부각하지 않았다. 반고는 위청과 곽거병의 업적, 한무제에게 총애를 받았던 것을 그대로 인정하고, 이광의 능력 또한 그대로 인정했다. 반고는 사마천과 같이 모종의 특수한 감정을 가지지 않았고, 사마광과 같이 전문적으로 사마천의 입장을 반박하지도 않았다. 담백하게 이들을 평가했다.

서역에 사신을 보내다

머나먼 서역

건원 3년(BC. 138), 한무제가 즉위한 직후, 일부 항복한 흉노인이 한 가지 중요한 정보를 제공했다. 예전에 흉노가 서쪽의 월지국과 전쟁을 벌여 그 왕을 죽이고, 왕의 두개골로 술잔을 만들었다는 것이다. 또 월지인들은 흉노를 피해 잠시 서쪽으로 도피했는데 항상 마음속에는 흉노에 대한 원한이 사무친다는 것이다.

한무제가 한 가지 계책을 떠올렸다. 당시 한나라는 흉노와 억지로 화친 관계를 유지하고 있었다. 그러나 곧 전쟁이 일어날 것 같은 분위기였다. 한나라는 단독으로 군사행동을 취하면 그 결과가 어떨지 자신감이 없었다. 한무제는 흉노인의 정보를 듣고 바로 월지국과 연합해 흉노를 공격하고자 했다.

그럼 월지국은 어디에 있었나? 월지국은 당시 서역에 속하는 곳을 활동 영역으로 삼았다. 한나라 서쪽 변경(오늘날 감숙 둔황시 부근)에 두 관문이 있으니, 바로 옥문관玉門關과 양관陽關이다. 이 두 관문을 통과해 서쪽으로 계속 가면 총령葱嶺 지구가 나온다. 오늘날 파미르고원이다. 이 일대를 고대 중국인들은 서역西域이라고 불렀다. 이 지방은 오늘날에 대부분 중국 영토로 편입됐지만, 한무제 때는 생소한 이국땅이었다. 반고는《한서》〈서역전〉에서 이렇게 말했다.

서역은 한무제 때로부터 처음으로 소통하기 시작했는데, 본래 36
국으로, 그 후에 점차 나뉘어 50여 국이 됐고, 모두 흉노의 서쪽
오손烏孫의 남쪽에 있었다.

이 말은 우리에게 몇 가지 정보를 일러준다. 첫째 서역 지구는 한
무제 이전에는 중국과 어떤 왕래도 하지 않았고 서로 잘 알지도 못
했다. 한무제 시대부터 쌍방이 일련의 관계를 맺고 서로 조금씩 알기
시작했다는 것이다.

둘째 이 지역의 소수민족은 대단히 복잡해 35여 부족과 왕국으
로 형성되어 있다. 사학자들은 이들이 서로 간에 풍속이 매우 달랐
다고 한다. 어떤 부족은 흉노와 가까이 있고 어떤 부족은 유목민으
로 생활하고 있으며, 어떤 부족은 한족과 유사하게 성곽에 거주하며
농업에 종사하고 있었다. 심지어 고산준령에 의지해 문명 세계와 동
떨어져 생활하는 부족도 있었다. 서역에는 인구가 몇만 명이나 되는
대국이 있었고, 몇천 명에 불과한 부족도 있었다.

셋째 상대적 위치로 보면 서역 여러 나라는 대개 흉노의 서쪽에
있었다. 오손국은 비교적 대국에 속했다. 오손국은 흉노의 서남쪽에
있었다. 기타 왕국은 기본적으로 오손국 남쪽에 있었다.

한무제가 찾고자 했던 월지인도 당연히 흉노의 서쪽에 있었다.
한나라는 흉노의 남쪽에 있어서 만약 월지인과 연합해 일거에 흉노
를 공격하면 바로 흉노의 목줄을 거머쥘 수 있다. 이런 책략으로 한
나라 조정에서는 월지로 갈 사신을 모집했다.

장건張騫, 서역에 사신으로 가다

월지로 보낼 사신으로 선택된 사람은 장건이었다. 한데 장건은 난제에 부닥치고 말았다. 당시 흉노는 세력이 커서 서쪽 대부분을 장악하고 있었다. 장건이 월지에 도달하려면 반드시 흉노의 지역을 거쳐야 했다. 장건 일행은 그만 흉노 관할 지역을 지나다가 흉노인들에게 잡혀 선우 앞으로 끌려가게 됐다. 선우는 장건 일행이 월지국의 사신으로 간다는 것을 알고 그들을 10여 년 동안 구류했다. 그 기간에 장건을 흉노 여인에게 장가보내기도 했다.

그는 구류기간에 특별히 하는 일이 없었지만 자기 사명을 잊지 않았다. 한나라 사신을 표시하는 절節을 소중히 간직하고 언제나 탈출할 기회를 노리고 있었다. 시간에 오래 지나자 선우는 장건에 대한 경계를 느슨히 했고, 그 기회를 엿보아 장건은 몇 명의 수행원을 데리고 탈출에 성공했다. 그렇게 수십 일을 서쪽으로 달려 도착한 곳이 대완국大宛國이었다. 대완국에서는 장건 일행을 강거국康居國으로 보내주었다. 강거국에서는 또 장건 일행을 대월지大月氏로 보내주었다. 이렇게 10여 년의 고생 끝에 장건 일행은 최종 목적지에 도달할 수 있었다.

대월지에서는 장건이 사신으로 온 목적을 알고 크게 관심을 보이지 않았다. 이 시기는 이미 과거 월지왕이 흉노에게 살해당한 지 오래됐고, 새로 이주한 지방에서 점차 안정을 찾았기 때문이었다. 당시 월지인들은 이미 흉노에게 보복할 뜻이 없었다. 또 한나라와는 비교적 먼 거리에 있어서 공동으로 흉노를 공격하는 전략에 대해서도 의심했다.

장건은 천신만고 끝에 월지국에 도착했지만 월지인과 한나라가 연합해 흉노를 공격하는 계책을 이룰 수 없었다. 장건은 월지국에서 1년여 동안 체류하다가 귀국하는 수밖에 없었다. 장건은 돌아가는 길에 다시 흉노인들에게 붙잡혔다. 그러나 얼마 후에 선우가 죽자 흉노 내부에 혼란이 생긴 틈을 타 다시 한나라로 돌아갔다. 한나라에 도착한 때가 원삭 3년(BC. 126)이었다. 처음 사신으로 출발해 귀국할 때까지 모두 13년의 세월이었다.

장건이 처음에 사신으로 떠날 때 1백여 명의 수행원을 데리고 갔는데, 돌아올 때는 단지 한 명의 수행원만이 남았다. 그리고 흉노에서 결혼한 처와 자식들을 데리고 왔다. 비록 장건이 임무를 완수하지는 못했지만 서역의 소중한 정보가 있었다.

서역에 다시 사신으로 가다

장건의 사명은 본래 월지와 흉노를 치는 맹약을 맺는 일이었다. 그러나 지난 13년 동안 아무런 소식을 전하지 못했다. 한무제는 기다리지 못하고 몇 차례 흉노와 전쟁을 벌였고, 나름대로 전공도 올렸다. 장건은 13년 만에 돌아올 때 비록 월지인들과 연합해 흉노를 공격한다는 기쁜 소식을 가지고 오지는 못했지만, 그동안 흉노와 서역 일대에서 쌓은 많은 경험과 정보를 제공해 한나라 군대에 큰 도움을 줬다.

장건은 흉노에 구류되면서 흉노 경내의 자연지리에 익숙해져 각지의 풀과 물의 분포 정황을 소상히 알고 있었다. 그래서 한무제는 장건에게 위청이 행군할 때 대군과 말이 쉬고 마실 수 있는 곳을 알려달라고 했다. 그 덕분에 장건은 박망후博望侯로 봉해졌다.

2년 후 장건과 이광은 각각 군대를 이끌고 흉노를 공격했다. 그런데 이광의 군대가 흉노에 포위됐을 때 장건이 제때 와서 구하지 못해 이광은 크게 참패했다. 이 과실로 장건은 참수형에 처할 위기에 놓였으나 속죄금을 내고 풀려나고, 박망후라는 작위도 삭탈당했다.

작위를 허탈하게 잃은 장건은 현실에 승복할 수 없었다. 그래서 장건은 한무제에게 서역에 관한 새로운 정보를 제공하면서 이번에는 월지국이 아닌 오손국과 연합하자고 권유했다. 장건은 오손과 월지는 흉노와 모두 은원관계가 얽혀있다고 했다. 예전 오손국왕이 월지국의 공격을 받아 죽은 적이 있는데, 뒤에 새로운 오손국왕이 월지국에 보복해 월지국을 서쪽으로 이주하게 했다. 그런데 오손국 사람들이 월지국 사람들을 추격하는 과정에서 흉노인들이 오손의 동쪽 지역을 공격해 자신들의 영토로 만들었다.

장건은 한무제에게 오손국에 금전을 주고 연합해 흉노를 공격하자고 제안했다. 오손국으로서는 금전을 받고 잃어버린 영토를 되찾을 기회이니 거절할 이유가 없고 한나라도 마찬가지로 서쪽에서 흉노를 공격하면 흉노의 팔을 자르는 것과 같은 효과를 얻을 수 있다는 것이었다. 또 장건은 오손과의 연맹을 공고하게 하고자 한나라 공주를 오손국에 시집보내자고 했다.

이 제의는 기실 장건의 일방적인 바람이라고도 할 수 있었다. 사실 오손국에서 어떻게 생각하고 행동할지는 누구도 예측하기 어려웠다. 비록 장건이 중국 역사상 최초로 서역과 교류를 튼 인물이라고 하지만 이번 제의는 분명히 잃어버린 작위를 되찾고자 백성의 고혈을 짜내겠다는 이기적인 행동이었다.

당시에는 장건처럼 오직 제 부귀영화를 위해서 행동하는 사람들이 많았다. 이런 풍조를 두고 사마천은 "지금 세상에 흉노에 대해 말하려는 사람은 한때의 권세를 얻기 위해 요행을 바라고, 자기주장이 받아들이도록 아첨하는 데 힘쓸 뿐이다."(《사기》〈흉노열전〉)라고 비평했다. 이런 사마천의 비평은 장건 사례로 알 수 있다. 그럼 장건은 다시 사신으로 나가 성공했을까? 한무제는 이번 일을 또 어떻게 보았나?

한무제의 서역 경영

장건이 처음 서역에 사신으로 다녀온 직후, 한무제는 서역에 관심을 뒀고, 점차 견문도 넓어졌다. 한무제는 장건에게 다시 서역에 사신으로 가는 것을 허락했다.

건원建元 3년(BC. 138), 한무제가 처음으로 장건을 서역에 사신으로 파견할 때는 아직 흉노와 전쟁을 하지 않았다. 두 번째로 장건을 보낼 때는 이미 한무제가 여러 번 흉노와 전투를 벌여 몇 차례 승리하고, 전쟁의 주도권을 거머쥔 상태였다. 한무제는 서역과 연합해 흉노를 공격하면 더욱 좋고 그렇지 못해도 상관없다고 생각했다. 한무제에게 장건을 다시 서역 사신으로 보내는 목적은 연합할 나라를 찾는 것이 아니었다. 그럼 진짜 이유는 무엇이었을까?

장건은 일찍이 한무제에게 이렇게 말했다. "만약 도의로써 그들을 예속시킨다면, 만 리에 걸쳐 영토를 넓힐 수 있고, 여러 번 통역을 바꿔야 할 것입니다. 여러 특이한 풍속을 접할 수 있고, 천자의 위엄과 은덕이 세상에 두루 퍼질 수 있을 것입니다." 이 말을 들은 한무제는 기뻐하며 "장건의 말이 옳다고 했다."《한서》〈장건전〉) 이로부터 한무제는 자신이 만국의 왕이 될 수 있다는 야망을 갖기 시작했다.

또 장건은 이번 사신 길의 이유를 다음과 같이 강조했다. "일단 오손烏孫과 연계가 되면 그 서쪽에 있는 대하大夏와 같은 나라도 불러서 모두 외신外臣으로 삼을 수 있습니다." 여기서 외신外臣은 번속국藩屬國을 말한다. 장건은 한무제에게 "천자의 위엄과 은덕을 세상에 두루 퍼질 수 있다"는 야망을 불어넣어 주었다. 이런 배경과 목적을 가지고 장건은 다시 서역의 사신으로 갔다.

장건은 오손국에 도착해 최고 통치자인 곤모昆莫을 만났다. 장건은 그에게 "당신들이 동쪽으로 이주하고, 한나라와 더불어 흉노를 공격한다면 한나라에서는 공주를 시집보내 동맹관계를 맺고자 한다."고 제의했다. 곤모는 장건의 제의를 거절하면서 다음과 같은 세 가지 이유를 거론했다. 첫째, 오손국에 내부분열이 심한데, 자신도 나이가 많아서 제어할 수 없다. 둘째, 오손 귀족들도 대부분 이주를 원하지 않는다. 셋째, 오손은 장기간 흉노에 복속된 관계이고, 또한 유목민족이라 풍속상 흉노와는 가깝지만, 한나라에 대해서는 아는 바가 없고 거리가 너무 멀어서 경솔하게 약속할 수 없다.

장건은 오손국과 동맹관계는 맺지 못하자 또 다른 사명을 수행했다. 한나라의 위엄과 은덕을 서역의 여러 나라에 과시한 것이다. 장건이 사신으로 출발할 때 한무제는 그에게 많은 재물을 주었는데, 수천에서 수억에 달하는 금화와 비단 등이었다.

장건은 오손국이 어리석다고 생각하고, 동시에 여러 부사副使를 서역 각국에 파견했다. 예컨대 대완大宛, 강거康居, 월지月氏, 대하大夏 등에 금화와 비단을 하사해 한나라의 부유함을 과시하고, 외신外臣으로 복종하길 권했다.

한나라를 알아보려고 오손을 비롯한 서역의 여러 나라는 한나라 수도 장안으로 사신을 파견했다. 명목상으로는 한무제가 하사한 선물에 답례를 바친다는 것인데, 실제로는 한나라의 허실을 정탐하려는 것이었다. 그들은 친히 한나라의 풍요로움, 번화함, 광활한 영토를 보고 자국으로 돌아가 보고해 한나라와의 관계를 갈수록 중시했다.

한무제는 비록 공동으로 흉노를 공격할 동맹국을 찾지는 못했지만, 생김새와 언어가 다른 서역 사절단이 장안에 와서 자신들의 특산물을 바치는 것을 보고 기뻐했다. 특산물 중에는 한무제가 평생 처음 보는 타조도 있었고, 입에서 불을 뿜는 마술사 등도 있었다. 장건이 말한 천자의 위엄과 은덕이 세상에 두루 퍼져서 얻은 결과라는 생각이 들었다. 그리하여 한무제는 서역 각국 사절단에게 연회를 베풀었는데, "주지육림을 만들어서 사방 오랑캐의 손님들에게 향연을 베풀었다"(《한서》〈서역전〉)고 할 정도였다. 그렇다면 장건이 두 번째로 서역에 사신으로 간 일을 역사학자들은 어떻게 평가하고 있나?

역사가들의 다른 평론

장건과 한무제의 행위는 다음과 같은 결과를 가져왔다. 우선 장건이 사신으로 만방에 이름을 날리고 제후로 봉해져서 장건을 모방하는 사람들이 많이 배출됐다. "박망후博望侯(장건)가 외국 길을 열어 그 공으로 존귀한 신분이 되자 그를 따라다녔던 관리와 병사들은 서로 다투어 외국의 기이함과 이해를 상서로 올려 사절로 가기를 청했다." (《한서》〈장건전〉) 많은 사람이 장건과 같은 사신이 되길 원했던 것은 모두 부귀공명을 원했기 때문이다. 일단 사신이 되면 많은 재물을 가지고 다니며 오랑캐에게 이를 뿌리면서 부를 과시하고 또한 사적으로 재물을 헐값에 팔아 이익을 챙길 수 있었다. 사마천은 이들을 "망령되게 말하고, 품행이 나쁜 무리"라고 비판했다.

둘째, 사신은 외국과 교류한다는 명목으로 백성의 고혈이나 마찬가지인 재물을 물 쓰듯 쓰고, 좀도둑처럼 자기들 이익만 챙기는 데 급급했다. 거기에 한무제의 허영심이 더해져 국고를 탕진하는 결과를 낳았다.

《사기》에는 〈대완열전〉에 위와 같은 사실을 여러 군데에 기술해 두었다. 다만, 사마천은 평론을 통해서 서역 사신들을 파견한 일이 당시 사람들의 시야를 넓히고, 현지의 실상을 파악하는 데 큰 도움이 됐다고 했다. 장건이 사신으로 가기 전에 중국인들은 《우본기禹本紀》나 《산해경山海經》을 통해서 서역을 피상적으로만 이해했다. 곤륜산昆侖山을 예로 들면, 이곳은 태양과 달이 거처하는 곳으로 산속 예천醴泉, 요지瑤池 등은 선경仙境으로 신선들이 살았다고 알려졌다. 그러나 뒤에 장건이 사신으로 다녀오자 이 이야기는 허황한 것임을 깨달았다.

사마천은 한무제의 허영심이 촉발한 서역 사신의 파견이나 접대 등에 관해서는 비판적 태도를 견지했으나 직접적 비평은 삼갔다. 그 이유에 대해 사마천은 이렇게 말했다.

> 공자가 《춘추春秋》를 저술하면서 노나라 은공과 환공 사이에 있었던 일은 분명히 기록하고 자기 시대에 재위했던 정공과 애공 사이의 일은 애매하게 기록했다. 그것은 당시 일을 기록하는 일이어서 옳고 그름이나 착하고 악함을 판단하여 결정하지 못하고 꺼렸기 때문이다.
>
> 《사기》〈흉노열전〉

사마천은 공자도 《춘추春秋》를 저술할 때 시대가 오랜 은공과 환공 사이의 일은 명확하게 기술했지만 자신이 살았던 정공과 애공 사이의 일은 금기사항 때문에 자세히 기록하지 못했다고 했다. 사마천도 한무제 때 서역과 사신 왕래, 흉노 등의 일은 기록하되 직접적인 비평은 삼갔다. 다만 서역에 관한 일에 대해서 사마천은 외국 사신들이 중국 장안에 도착한 뒤에 한무제가 그들에게 국고國庫를 참관하게 해 부유함을 과시하고, 지나칠 정도로 융숭하게 접대하는 일을 사실 그대로 기록함으로써 한무제의 허영과 자만하는 형상을 자세하게 묘사했다.

반고가 서역을 평가한 방식은 사마천과 달랐다. 그는 사마천처럼 생각을 많이 하지는 않았다. 반고는 《한서》의 〈장건전〉과 〈서역전〉에서 한무제가 서역에 사신을 보낸 것을 두고 직접 비판하지 않았다. 반고의 평론은 비교적 긴데, 주로 두 가지 문제로 그중 하나는 한무제가 외국의 진귀한 물산을 탐해 큰 대가를 치르고 얻은 후에 사치스럽게 오락을 즐겼다는 것이다.

> 상림上林을 넓히고, 곤명호昆明湖를 파고 천문만호千門萬戶의 궁전을 지었다.
>
> 《한서》〈서역전〉

이는 외국에서 상납한 진귀한 짐승을 위해 숲, 호수, 궁전 등을 인공적으로 만든 것을 비판한 기록이다. 그래서 다음과 같은 문제를 일으켰다고 했다.

> 백성의 힘이 꺾이고 재물이 고갈됐으며 그로 인해 흉년이 들어서 도둑들이 함께 일어났다.
>
> 《한서》〈서역전〉

반고는 한무제를 비판한 적이 매우 드문데, 이번에는 사뭇 달랐다. 그 까닭은 동한東漢 개국황제 유수劉秀가 인력과 재력이 소모되는 서역과의 교류를 거절한 것과 관계가 있을 것이다.

사마광은 《자치통감》에서 서역 문제를 처리할 때 《사기》와 《한서》 기록을 위주로 그대로 수록하고 별도로 평론을 가하지 않았다. 무슨 까닭일까? 사마광은 한무제가 사방의 오랑캐를 정벌하고 영토를 확장하는 것 자체를 부정적으로 보았다.

> 안으로 궁실을 사치스럽게 꾸미고, 밖으로 사방의 오랑캐를 정벌함을 일삼았으며, 신선과 괴이한 것을 믿고 현혹하며 순행과 유람이 한도가 없어서 백성으로 하여금 피폐해 일어나 도적이 되게 했으니, 진시황과 다른 것이 별로 없었다.
>
> **《자치통감》 권 22**

이 구절은 앞서 여러 번 인용했다. 바로 사마광이 한무제가 사방 오랑캐를 정벌하는 그 자체를 부정하는 태도다. 그러니 별도로 서역에 사신을 보내는 것에 대해 비평할 필요가 없었다. 이는 반고의 태도와 다르다.

반고는 한무제가 무력으로 흉노를 정벌하는 것을 지지했다. 그러나 반고는 흉노를 정벌하려고 다른 동맹국을 찾아 값비싼 대가를 치르는 것에 대해서는 부정적이었다. 또 자신들의 사리사욕을 위해 한무제를 만족하게 하고 충동질하는 무리를 반대했다. 반고는 서역 문제만을 단독으로 끌어내 평론했다. 흉노와 서역 문제를 별도로 처리한 것이다. 한무제가 "밖으로 사방의 오랑캐를 정복하는 일"에 대해서 사마광은 그 자체가 틀렸다고 보았고, 반고는 그 자체는 옳으나 부분적으로 서역 문제만큼은 부정적으로 보았다.

서역과 교류하는 과정에서 대서특필할 일이 하나 있다. 한무제가 귀한 명마를 위해서 대규모 전쟁을 일으켰다는 것이다. 대체 말에 어떤 특징이 있었기에 한무제는 전쟁까지도 불사했는가?

한혈보마汗血寶馬를 얻다

신마神馬가 서북쪽으로부터 오리라

문화 교류 측면에서 본다면 장건이 서역과 통하게 된 것은 무척 의미가 깊다. 물산의 전파 역사만 보더라도 오늘날까지 장건이 끼친 영향은 크다. 한 가지 예를 들어 포도만 해도 서역에서 처음 들어온 것이다. 한무제 이전 사람들은 포도를 알지 못했다. 장건이 서역에서 돌아온 후에 한무제에게 서역의 많은 나라는 포도를 생산하고 포도주를 잘 담그며, 잘 밀봉하면 몇십 년이 지나도 상하지 않는다는 사실을 알려주었다.

유사한 사례는 많다. 한무제는 장건에게 많은 정보를 들은 이후 서역에 큰 관심을 품게 됐고 특히 동물을 주목했다. 이 동물은 희귀한 것이 아니라 중국에서도 흔히 볼 수 있었다. 단지 서역의 품종이 특수해 중국에서는 찾아볼 수 없을 뿐이었다. 이 특수한 품종을 얻으려고 한무제는 전쟁을 불사했다.

한무제와 흉노의 대규모 전쟁은 오랫동안 계속됐다. 흉노는 유목민족이라 전쟁할 때 특별히 말을 중시했다. 흉노와의 장기간 전쟁에서 전마의 소모는 매우 커서 한무제는 말에 큰 관심을 가졌다.

한무제는 일찍이 《역경易經》 복괘卜卦를 인용해 말하길 "신마神馬가 서북쪽으로부터 오리라."고 했다. 서북쪽은 도대체 어디인가? 뒤에 장건이 두 번째로 서역에 사신으로 갔을 때, 오손국(현재 키르기스스탄 중서부)에 도착했다. 이때 오손국왕은 장건이 중국으로 돌아가는 편에 사신과 더불어 몇십 필의 오손 말을 한무제에서 바쳤다. 이 말은 건장하고 튼실해 중국 본토의 말보다 좋았다. 오손의 지리는 장안의 서북쪽이어서 한무제는 이것이 복괘에 나오는 신마가 아니겠는가 하고 생각했다. 그래서 오손말을 '천마天馬'라고 불렀다.

뒤에 오손국은 흉노의 핍박에서 벗어나고자 한나라와 동맹관계를 맺고자 했다. 한무제와 대신들은 회의 끝에 오손국 사신에게 동맹의 조건으로 말을 요구했고, 오손국에서 1,000필의 말을 동맹의 예물로 바쳤다. 한무제는 강도왕 유건의 딸 유세군을 오손국에 시집보냈다.

오손국의 말은 중국 보통 말과 비교하면 매우 좋았다. 단지 한무제는 뒤에 또 다른 신기한 말을 보고 진정한 '천마'라고 하며 오손말을 '서극西極'이라고 고쳐 불렀다. 이 새로운 '천마'는 어디서 생산됐을까? 또 어떤 신기한 특징이 있을까?

이 말은 서역의 다른 국가인 대완大宛에서 생산됐다. 대완의 말은 오손의 말보다 더 건장하고 튼실하며 야성미까지 갖췄다. 또 두드러진 점으로는 흘리는 땀의 색깔이 피 색깔이었다. 이런 특징을 지닌 말은 세계에서 오직 대완의 말뿐이고, 그래서 이 말에 붙여진 이름이 '한혈보마汗血寶馬'이다.

한혈보마의 연원을 살펴보면 아름다운 전설이 하나 전해 내려온다. 대완국 경내에 고산이 하나 있는데, 그 산상에는 좋은 품종의 한무리 말이 살았다. 현지 사람들은 이 말을 '천마'라고 불렀다. 모두 야생말로 사람이 잡기도 힘들고 길들이기가 무척 어려웠다. 힘으로는 안 되고 꾀를 내서 잡아야 했다. 그래서 현지 사람들은 인공으로 길들인 각종 암말을 산 아래에 두고 산 위에 있는 천마를 유인했다. 하루는 산상에 있던 천마가 산 아래 내려와서 암말과 교배하고 도망 갔다. 이렇게 해서 얻은 말은 보통의 말보다 강했고, 한혈보마의 특징을 지니고 있었다. 현지 사람들은 이 말을 천마의 아들이라는 뜻에서 '천마자天馬子'라고 불렀다. 대완국의 이런 한혈보마 소식은 한무제의 귀에까지 전해졌다.

사신을 보내 말을 구하다

《한서》 기록으로는 '한혈보마' 소식을 한무제에게 처음 전한 사람이 장건이라고 한다. 장건은 서역에 사신으로 다녀온 후에 한혈보마에 관해 이야기했고, 한무제는 이에 큰 관심을 보였다. 앞서 장건이 서역에 사신으로 다녀온 후로 제후로 봉해지고부터 많은 사람이 그를 모방했다고 했는데, 그중에는 대완국에 사신으로 가서 한혈보마를 구해 오겠다는 사람도 있었다. 그러나 대완국 귀족들은 한혈보마를 보여주려고 하지 않았다. 사신들은 귀국해 한무제에게 대완국은 한혈보마를 이사성貳師城에서 기르고 있는데, 대완국 사람들이 공개하지 않는다고 전했다.

　한무제는 사신들 말을 듣고 호기심이 강해졌으며 더욱더 한혈보마를 얻고 싶었다. 그래서 사신을 보내 대완왕에게 천 냥의 황금과 황금으로 만든 말을 한혈보마와 교환하자고 제의했다. 그러나 대완국 귀족들은 동의하지 않았다. 자신들의 국보를 쉽게 한나라에 주기를 원하지 않았다. 그러나 완강하게 거절하면 한나라가 군대를 보내 자신들을 공격할 것으로 걱정했다. 어떤 사람이 한나라는 대완국과 거리가 멀리 떨어져 있고, 중간에 염택호鹽澤湖(현재 로브노르)가 있어 만약 한나라 군대가 북쪽으로 오면 흉노군과 마주치고, 남쪽으로 오면 천 리나 되는 사막을 통과해야 하는데, 물과 말의 식량인 풀이 부족하게 될 것이므로 겁낼 것이 없으니 한혈보마를 제공할 필요가 없다고 했다.

대완에서는 한혈보마를 이사성에서 기르고 있는데, 지금의 투르크메니스탄 경내라 한나라의 장안과는 확실히 거리가 멀다. 《한서》 〈서역전〉에는 대완 수도인 귀산성貴山城에서 장안까지의 거리가 1만 2,550리나 떨어져 있다고 기록되어있다. 따라서 대완 서쪽에 있는 나라들은 거리가 멀어서 근본적으로 한나라의 군대를 걱정하지 않았다.

한나라 사신은 대완에 거절당한 뒤에 크게 노해 대완 귀족들을 꾸짖고 더불어 머리끝까지 화가 나서 금으로 만든 말을 깨부수고 소매를 털고 나갔다. 이런 한나라 사신의 행동에 대완의 귀족들도 너무 화가 나 부근 소부족인 욱성왕郁成王에게 통지해 그들을 공격해서 죽이고 재물을 강탈하게 했다.

이 소식이 장안에 전해지자 한무제는 크게 분노했다. 외교의 예와 재물로써 말을 구하고자 했으나, 대완에서 이를 거절하고 사신을 죽이고 재물까지 강탈한 것은 한무제에게 한나라에 대한 도전으로 받아들여졌다. 대완은 한나라가 거리가 멀어 자신들을 공격하지 않으리라고 생각해 멋대로 행동했는데, 과연 한무제는 어떻게 대응했을까?

이사貳師 장군

대완국의 행동을 도발로 받아들인 한무제는 군대를 파견해 보복하고 한혈보마를 빼앗기로 했다. 태초太初 원년(BC. 104), 한무제는 수만의 군대를 파견해 대완을 공격하도록 했다. 이때는 위청, 곽거병, 이광 등의 명장들이 모두 죽어서 이광리李廣利에게 군대를 통솔하게 했다.

이광리는 어떤 사람인가? 이광리의 신분은 위청과 유사했다. 이광리에게 누이가 있었는데, 그녀는 한무제가 총애하는 이부인李夫人이라는 비였다. 이부인과 한무제에게는 한 아들이 있었으니, 바로 창읍애왕昌邑哀王이었다. 이런 관계로 한무제는 이광리에게 공을 세울 기회를 주었다. 이 출정의 주요 목적은 이사성에 가서 한혈보마를 탈취하는 것이어서 이광리를 '이사貳師 장군'으로 삼았다.

그렇다면 이광리의 출정은 순조로웠나? 과연 대완 귀족들이 예측한 대로 한나라 군대는 진군에 매우 불리했다. 우선 말들에게 먹일 건초와 군인들 식량이 부족했다. 한나라 군대는 대완에 이르기 전에 작은 서역 소국들을 지나치게 됐다. 이 소국들은 한나라 군대가 도착하기 전에 모두 풀을 없애버렸다. 또한, 한나라 군대에 식량을 제공하지도 않았다. 이광리에게 남은 방법은 소국들을 지나가면서 그 성읍을 격파해 식량 등을 빼앗는 것뿐이었다. 그러나 이런 방법으로는 시간에 오래 걸릴 뿐만 아니라 부족한 풀과 식량을 확보하기도 어려웠다. 이렇게 진군해 욱성(郁城, 대완국의 변경 도시)에 도착할 때 수만 명이었던 병사는 수천 명에 불과했다. 거기에다 남은 병사들의 영양 상태가 좋지 못해서 모두 피부가 누렇게 뜰 정도였다. 그러나 다른 대안이 없어서 계속 공격을 가했다.

이광리는 욱성을 맹렬하게 공격했지만 완강한 저항을 받았다. 또 계속 공격할 여력도 없었다. 욱성도 제대로 공략하지 못하는 상황에서 대완까지 공격할 수 없는 노릇이라 다음 해에 부득이 둔황敦煌으로 철수했다. 이때 남은 병사는 10분의 1에 불과했다.

한무제는 이 소식을 듣고 대로했다. 서역에서 한나라의 위신이 형편없이 떨어질 것을 우려해 사신을 보내 옥문관玉門關으로 다시 돌아온다면 모두 참수형에 처하겠다고 엄포를 놓았다. 이광리는 하는 수없이 둔황에 계속 주둔했다. 이 전쟁으로 서역의 여러 나라는 한나라를 점차 경시했다. 오손국 등은 한나라 사신이 방문할 때 고의로 음료와 식량을 제공하지 않았다. 한나라는 서역 각국의 웃음거리가 됐다.

다시 대완을 정벌하다

서역 각국이 갈수록 한나라를 경시하자 한무제는 더는 참지 않았다. 드디어 태초 3년(BC. 102) 한무제는 다시 대완을 정벌하기로 하고 대규모로 군사를 재편했다. 부족한 인원을 보충하려고 죄인들을 석방하고 각 지방 불량소년들을 징집하는 동시에 변경에 있던 기병 부대를 모았다. 정식 군인은 6만 명이었지만, 기타 인원들까지 합쳐서 이광리가 있는 둔황으로 파견했다. 이광리는 다시 출정할 수 있었다.

이번 출정에서 양식문제를 해결하려고 한무제는 대량의 물자를 제공했다. 역사서에는 대군이 출발할 때 소 10만 마리, 말 3만 필, 기타 양식을 운송하는 나귀, 낙타 등이 각기 1만 마리였다고 기록하고 있다. 한무제는 수많은 죄수를 석방해 장안에서 둔황에 있는 군대에 군량을 운송하게 했다.

이번 대완 정벌은 징집이나 동원된 말·소, 양식 등이 전국적인 규모라 중국 천하가 들썩일 정도였다. 출정 전에 한무제는 말에 대한 전문가를 이광리에게 보냈다. 말 전문가를 보낸 까닭은 대완을 정벌한 후에 좋은 말을 선택해 데려올 수 있도록 안배한 것이다.

이번 정벌은 지난번과는 달랐다. 서역의 많은 소부족과 소국들이 이 방대한 군대를 보고 놀랐고, 분분히 식량과 쉴 곳을 제공했다.

한나라 군대는 이 덕에 긴 여정에 따른 골치 아픈 일들을 막을 수 있었는데, 단지 윤태輪台라는 곳에서 격렬한 저항을 받았을 뿐이다. 왜냐하면, 이광리가 이곳을 공략해 부족해진 식량을 보충하려 했기 때문이다. 결국, 며칠 만에 윤태를 점령하고 난 후에 모든 사람을 잔인하게 도륙했다.

이렇게 대군이 대완에 도착하니, 한나라 군대엔 3만 명이 남아 있었다. 비록 출발할 때보다 군사의 수가 반으로 줄었지만, 서역에서는 여전히 대군이라 할 수 있었다. 반고의 《한서》〈서역전〉에 대완 인구수는 30만 정도이고, 병사로 징집할 수 있는 인원은 6만 명 내외였다. 그러나 이 6만 명을 하루아침에 징집해 모을 수는 없었다. 그러니 이광리의 3만 대군은 대완 귀족들을 두렵게 했다. 또한, 한나라 군대는 우물을 파는 기술이 있었는데, 당시 서역 사람들은 그 사실을 몰랐다. 대완 도성에 있는 물은 모두 외부로부터 흘러들어왔는데 한나라 군대가 그 물길을 차단했다.

대완의 귀족들은 분열했다. 그중에 일부 귀족이 대완왕인 무과毋寡를 죽이고 이광리에게 바쳤다. 이광리에게 마음대로 한혈보마를 가져가고, 양식까지 제공하겠다고 제의했다. 그리고 만일 물길을 계속해서 끊으면 한혈보마까지 모두 죽게 되고, 곧 다른 서역의 후원병이 도착하면 승패는 알 수 없다고 털어놓았다.

이광리는 이 제의를 받아들여 수행했던 말 전문가를 보내 상등의 한혈보마 몇십 필과 중등의 한혈보마 3천여 필을 암수로 배합해 선택해서 한나라로 돌아왔다.

한무제는 한혈보마를 얻으려고 엄청난 대가를 치렀다. 두 차례 정벌로 4년을 소모했고, 인력과 물자, 재력을 소모해 나라 안 민생에 악영향을 끼쳤다. 그렇다면 한무제의 두 차례에 걸친 대완 정벌과 한혈보마를 탈취한 일을 두고 역사가들은 어떤 견해를 펼쳤는가?

사학자들의 대완 정벌 평가

사마천의 《사기》〈대완열전〉에는 한무제가 처음 대완을 정벌하는 일을 상세하게 소개하고 있다. 이광리가 대완 정벌의 장군으로 선택됐을 때 일을 사마천은 이렇게 말했다.

천자가 총애하는 이씨 집안을 제후로 삼고자 했다. 마침내 이부인의 오라버니인 이광리를 이사貳師 장군으로 삼았다.

사마천은 한무제가 사적으로 총애하는 이부인의 오라버니에게 공을 세울 기회를 주었다고 했다. 이는 위청과 비슷한 예로 대완 정벌로 공을 세우고 작위를 받을 절호의 기회라고 할 수 있다. 사마천은 이 소식을 전하면서 마지막에 "이해가 태초 원년이었다. 관동 지방에서 메뚜기 떼가 크게 일어나 서쪽인 둔황까지 날아가고 있었다."고 지적했다. 이는 단순히 해충에 의한 자연재해만을 거론한 것이 아니다. 사마천은 무슨 의도로 이 말을 삽입했을까? 기실 한무제의 실정을 비판한 것이다.

사마천은 한무제가 한혈보마를 얻으려고 대규모 인력과 재력을 소모하고, 자신이 총애하는 이부인의 오라버니가 공을 세울 기회를 준 것을 비난하고 있다. 또 마지막에 메뚜기 떼로 백성이 고통받고 있다고 표현했는데, 이는 고대 중국에서 심각한 재난이었다. 메뚜기로 발생한 재해를 황재蝗災라고 하는데, 이들이 지나가는 곳의 농작물은 성한 것이 하나 없게 된다. 사마천은 한무제가 백성의 고통을 도외시하고 제 욕심을 충족시키려고 처남인 이광리에게 공을 세울 기회를 주고 무리하게 '메뚜기 떼와 같은 정벌'을 감행했다는 것을 통렬하게 비판한 것이다.

우량 말에 관해 사마천도 그 중요성을 부정하지는 않았다. 사마천은 한나라와 흉노의 전쟁 때 다음과 같은 말을 했다. "대장군은 선우를 포위한 때로부터 14년 뒤에 죽었다. 대장군이 끝내 흉노를 재공격하지 않았던 것은 군마의 수가 줄어들었기 때문이다."(《사기》〈위장군표기열전〉) 여기서 말하는 대장군은 위청으로, 그가 선우를 포위한 때는 원수 4년(BC. 119)이다. 이때 동원된 말은 14만 필이었는데, 돌아왔을 때는 겨우 3만 필이었다고 한다.

위청이 죽기까지 중간에 14년이란 시간이 있었지만, 한무제는 대규모로 흉노를 공격하지 못했다. 이때 흉노는 한나라 군대에 큰 타격을 받고 막북으로 도망갔을 때다. 추격전을 펼치지 못한 주요한 이유는 전마 부족이었다. 사마천은 단지 전마를 보충하려고 무리하게 대완을 정벌할 필요가 없다고 보았다. 그 비판의 중점은 한무제가 국가의 대사를 수행할 때 사심이 개입되고, 이런 사심으로 백성에게 엄중한 해를 끼치는 것에 있다. 반고는 어떤 견해였을까?《한서》〈서역전〉끝의 평가는 이렇다.

서포犀布와 대모瑇瑁를 보면 주애珠厓의 7군郡을 세우고 (…) 천마
天馬와 포도가 있다는 말을 들으면 대완군大宛郡과 안식군安息郡을
개통했다는 것을 알 수 있다. 명주明珠, 문갑文甲, 통서通犀, 취우翠羽
등 진귀한 물산이 후궁后宮에 가득 차고, 포초蒲梢, 용문龍文, 어목
魚目, 한혈마汗血馬가 황문黃門에 차 있다. 특별한 지방의 색다른 물
건이 사면에서 이르렀다.

대모瑇瑁는 바다거북의 일종이다. 이것들은 주로 남방에서 성장
하는 동물로 장안에 사는 한무제에게는 희귀한 물건이다. 이는 한무
제가 해남도를 개척하는 과정에서 얻은 것이고, 한혈보마를 얻기 위
해 한무제는 값비싼 대가를 치렀다. 한혈보마를 비롯한 각종 진귀한
물산들이 궁전에 가득 찼다. 반고는 한무제의 대외확장은 그의 개인
향락과 연계되었다고 보았다. 그러나 오직 자기 향락만을 위한 것은
편파적이라고 보았다. 사마광은 한무제가 이광리를 장군으로 임명한
것을 문제로 삼았다.

군대는 국가의 대사여서 국가의 안위와 백성의 생사가 달려있다.
만약 어질고 어리석음을 가리지 않고 장군을 임명하고, 작은 공
을 요행으로 바라며 이것을 구실로 명분으로 삼아서 자신이 사랑
하는 사람을 사사롭게 편애한다면 차라리 공을 세우지 않아도
제후로 봉하는 것이 낫다.

《자치통감》 권 21

사마광은 한무제가 이광리로 하여금 공을 세워 제후로 삼고 대완을 정벌한 자체를 어리석다고 보았다. 오죽하면 공을 세우지 않고 제후로 봉하는 것이 낫다고 보았을까. 사실 이광리는 원래부터 큰 재능을 지닌 사람은 아니었다. 두 차례의 대완 정벌은 일방적인 승리가 아니라 대완국 귀족 내부의 분열로 얻은 일종의 어부지리였다. 장군이 명석한지 어리석은지에 따라 국가 존망이 왔다 갔다 한다는 것을 한무제는 진지하게 고려해봤을까?

사마광은 한 가지 문제로 모든 것을 평가하지 않았다. 앞서 위청의 문제 때는 비록 한무제가 위청을 편애했지만, 위청도 스스로 장수의 재능이 있어서 한무제가 인재를 잘 선택할 줄 안다고 칭찬했다. 그러나 이광리에 대해서는 냉정하게 비판했다. 위청과 이광리는 신분이 유사하지만, 똑같이 취급하지 않았다.

한무제에 관해서 사마광은 고정적으로만 인식하지 않고, 그가 한 일에 따라 평가를 달리했다. 인재를 선택하는 일에서 한무제가 잘한 일은 칭찬하고, 잘못한 일은 냉정하게 비평했다. 한무제는 사방을 정벌하려고 대규모의 인력과 재력을 탕진했다. 그 결과가 내정에는 어떤 영향을 끼쳤을까?

제
17
강

재정위기

재정상태가 급격하게 나빠지다

문제와 경제의 안정된 다스림 덕에 한나라 사회는 비교적 부유하고 안정적이었다. 경제 상황의 개선은 여러 군데에서 살펴볼 수 있다. 예컨대 역사학자들은 말을 두고 생동감 있게 묘사했다. 《사기》에서는 한나라 초기인 유방의 시대에 천자도 4필 마차를 끄는 말의 색깔이 모두 달랐고, 장군과 재상은 우마차를 타고 다녔다고 한다. 당시 말 1필의 가치는 1백 금에 달해 특정인을 제외하고는 살 수 있는 가격이 아니었다. 이는 한나라 초기 물품들이 적으며 물가가 높아 어렵게 생활했음을 알 수 있다.

그러나 문제와 경제의 다스림을 거쳐 한무제 시대에 들어오면 국고는 풍요롭고, 민간의 재산과 부도 축적되어 비단 천자와 고관대작만이 아니라 일반 백성까지 사치를 부리게 됐다. 말은 근본적으로 희귀하지 않았으며 거리를 다닐 때 암말을 타고 다니는 사람들을 꺼리게 될 정도였다.

왜 암말을 타는 걸 꺼렸을까? 두 가지로 해석된다. 첫째 암말을 타는 사람을 얕잡아 보고, 사람들이 그와 어울리지 않았다는 것이다. 요즘으로 치면 모두 비싼 외제 차나 대형세단을 타고 다니는데, 홀로 경차를 타고 다니는 격이다. 둘째 당시 모임의 규칙이 있었는데,

모두 수컷 말을 타야 한다는 것이다. 만약 암말을 가지고 나오면 말과 말 사이가 문란해지고, 사람 말을 잘 따르지 않아서 금기였다는 것이다. 이런 현상은 한나라 초기에 천자가 타는 4필 마차를 끄는 말의 색깔이 모두 달랐던 것과 비교하면 엄청난 변화라고 할 만하다.

한무제 중·후기에 들어서면서 상황은 급변한다. 사방으로 정벌전쟁이 벌어지자 국가재정이 갈수록 피폐해졌다. 한나라 초기, 동부지역의 양식을 운송하는 중앙정부 관원에게 주는 봉록은 매년 몇십만 석에 불과했는데, 이는 한나라 초기에 행정적인 재정 지출이 그리 크지 않았음을 알려준다.

그러나 한무제 때 흉노를 북쪽으로 내쫓고 빼앗은 지방에 삭방성을 건설하는 과정에서 몇십에서 백 억 이상의 돈이 필요했다. 흉노와의 전쟁에서 공을 세운 장군과 병사에게 하사금을 내렸는데, 한번에 금 20만 근을 썼다. 서남에 도로를 개통하려고 파촉巴蜀 지구의 모든 세금을 썼는데도 부족했다. 동남 서북의 전쟁에 파견된 군대로 군수품을 운송해주던 역부들은 몇만 명에서 수십만 명이 동원됐는데, 그들에게 준 임금만도 엄청났을 것으로 추측된다. 국고는 적자에 허덕이게 됐고, 백성에게 부과하는 세금은 갈수록 높아졌다.

《노자》에 "큰 전쟁을 치른 후에는 흉년이 든다."는 말이 있다. 왜 그런가? 농사를 지을 중장년과 청년들이 모두 전쟁에 동원되어서 정상적인 농업생산을 할 수 없기 때문이다. 재앙은 단독으로 오지 않고, 이때는 하늘도 돕지 않는다. 한무제가 대완을 정벌할 때 관동지구에는 메뚜기 떼에 의한 재앙이 발생했고, 서남지구에도 벌레에 의

한 재앙이 닥쳤다. 이로 말미암아 농업생산이 감소했고, 농민들은 기아에 시달리며 대량유민이 발생했다. 원수 5년(BC. 118)에는 산둥 지구에 물난리가 생겨 이주한 인구만도 70여만 명에 달했고, 이재민을 구하려고 억만금이 소모됐다.

여기서 말한 것은 몇 가지 사례에 불과하다. 이런 정황을 어떻게 봐야 할까? 한무제가 즉위할 당시에 경제 상황은 무척 좋았다. 국고는 풍요로웠고 백성은 부유했다. 그러나 그의 통치 중·후기에 국고는 탕진됐고 백성은 안심하고 생활할 수 없게 됐다. 한무제는 마침내 경제 상황을 호전시키려고 각종 방법을 동원하기에 이른다.

재정정책의 선회

한무제는 재정정책을 개선하려고 다음과 같이 여섯 가지를 조치했다. 첫째 항목은 소금과 철의 전매다. 소금과 철은 모두 생활필수품으로 일찍부터 나라가 아닌 개인에 의존했다. 예컨대 한무제 시대의 대문인인 사마상여司馬相如는 어렸을 때는 무척 가난했으나 그 지역에서 철광물을 생산해 부호였던 탁 씨卓氏 집안의 문군文君과 결혼했다. 문군의 부친은 탁왕손卓王孫으로 전국에서 손꼽히던 부자였다. 탁 씨 집안은 사천四川 문산汶山 일대의 철광석을 개발하고 주조해 거부가 됐다. 이 밖에 식염으로 부자가 된 사람들도 많았다. 소금은 기본 생활에 필수품이라 장사가 잘 됐다. 철과 소금으로 부자가 된 사람들은 왕후장상이 부럽지 않은 생활을 영위했다.

한무제 처지에서는 이것들이 큰 소득거리였다. 한무제는 소금과 철을 국유화해 정부에서 경영하게 했다. 이때가 대개 원수 4년(BC. 119) 전후로 한무제는 두 사람을 등용했다. 한 사람은 동곽함양東郭咸陽이고 또 다른 사람은 공근孔僅이다. 동곽함양은 산둥 일대에서 바닷물로 소금을 만들던 사람이었고, 공근은 남양에서 철을 주조하던 사람이었다. 두 사람은 소금과 철 분야 전문가였다.

한무제는 이들을 기용하고 나서 민간에 소금과 철 주조를 금지

했다. "감치 쇠 기계를 사사로이 주조하고 소금을 끓이는 자들은 왼쪽 발목에 자물쇠를 채우고 재산도 몰수한다."《사기》〈평준서〉) 한무제는 민간에서 철과 소금을 만드는 자들을 조정 관리로 채용해 정부에서 전매하도록 했다. 이 정책은 정부에 거액의 수입을 안겨주었다.

한무제 말년에 또 하나의 전매제도가 시행됐으니, '각주첨榷酒酤'이다. 각榷은 전매의 뜻이고, 술을 정부에서 전매해 생산한다는 것이다. 술 또한 거대 소비 항목이라 이윤이 많았고 술에 대한 교역권도 정부가 국유화했다.

둘째 항목은 '산민算緡' 정책이다. 간단하게 말해서 특별 재산세다. 민緡은 돈꿰미로 사용하는 끈으로 고대의 돈에는 중간에 구멍이 있어 이 끈으로 꿰맸다. 일민一緡은 1천 전錢이다. 산算은 개수 단위로 일산一算은 120전이다.

한무제는 '산민령算緡令'을 반포해 상인과 수공업자가 자기 재물의 가치를 신고하게 했다. 상인은 일민일산一緡一算이고 매 1천 전마다 120전의 세금을 부과했으니, 약 12%의 세율이다. 수공업자는 이민일산二緡一算이고, 매 2천 전마다 120전의 세금을 부과했으니, 약 6%의 세율이다. 이것은 공상업계의 세액이고, 이 밖에 운수업에도 세금을 부과했다. 일반인들에게는 작은 마차를 사용할 경우에 120전의 세를 부과했고, 상인에게는 두 배로 징수했다. 만약에 5장丈 이상의 배를 보유한 경우에는 120전의 세금을 부과했다.

갑자기 이런 정책을 반포하자, 백성은 본능적으로 스스로 보호하려는 의식이 생겼다. 그래서 만약에 재산을 은닉하고 제대로 신고하지 않는 자가 발견되면 재물로 보상하고 변방에 국경을 지키는 일이나 그 일을 하는 병사로 삼았다(수자리). 그러나 사람들 대다수는 강렬한 반역심리를 가졌고 제대로 재산을 신고하지 않았다. 그리하여 '산민령'과 더불어 '고민령告緡令'을 시행했다. 고민령은 고발을 장려하는 정책으로 어떤 사람이 제대로 재산을 신고하지 않으면 대신 고발하는 자에게 그 재산의 반을 장려금으로 주는 제도였다.

한무제는 양가楊可라는 사람을 등용해 고민령의 책임자로 삼았다. 양가는 한무제의 기대를 저버리지 않았고 앞잡이 노릇을 충실하게 수행했다. 그는 수단과 방법을 가리지 않고 중점적으로 상공업자들에게 타격을 가해 역사서에서는 "양가가 발각한 사람이 헤아릴 수 없을 정도다."는 기록이 있다. 거의 모든 중등 이상의 자산을 가진 상공업자들은 파산할 지경이었다. 이런 재산세 수입은 한무제에게 큰 수익을 가져다주어 재물이 억을 넘었으며 노비는 수천만 명이나 됐다. 일반적으로 큰 현縣에서 몰수한 토지는 몇백 경頃이나 됐고 작은 현에서 몰수한 토지도 백 경에 달했다. 이것은 모두 국유화됐다. 참고로 일경一頃은 백묘百畝를 뜻하는데, 약 2만여 평에 달한다.

셋째 항목은 '평준균수平准均輸'다. 이것은 관청에서 물가를 조절하는 것이라고 할 수 있다. 상홍양桑弘羊이란 사람이 한무제에게 제의한 정책으로, 시행과정이 비교적 복잡하나 간단하게 설명하자면 평준이란 중앙정부에서 전문부서를 설치해 시장에서 물가를 조절하는 것으로 싸게 사고 비싸게 팔아 이익을 챙기는 게 핵심이다.

균수는 본래 지방에서 매년 중앙에 공납하는 특산물인데 지방

정부에서 징집하고 운송한다. 그런데 균수령이 시행되고부터는 중앙에서 직접 운수를 담당하는 관리를 지방에 파견해 통일되게 징집하고 운송하도록 했다. 징수된 물품은 반드시 장안으로 운수하지 않는데, 만일 운수 과정에서 특정 지방에서 높은 가격으로 판매될 수 있으면 그 지방에서 판매한다.

이 정책은 나쁜 결과를 가져다주었다. 본래 각 지방 특산물은 일정하게 정해져 있다. 그런데 이 정책이 시행된 이후 관리들은 시장에서 잘 팔리는 것만을 요구했고, 많은 특산물은 그 의미가 퇴색해졌다. 백성은 더욱 착취당했고 부담만 커졌다.

이 정책 또한 한무제에게 큰 수익을 가져다주었다. 뒤에 한무제가 북쪽과 동쪽으로 순행하면서 비단 백여만 필과 금전 수억을 하사할 때 쓴 것이 평준균수에서 얻은 수익이었다. 그러나 바로 이런 정책으로 상홍양은 중국 역사상 가장 악명 높은 인물이 됐다. 이 정책은 정부에서 직간접적으로 상품을 만들어 팔아 백성과 이권을 다툰 것으로 정부가 해야 할 기능을 포기한 것이나 마찬가지였다. 이 때문에 많은 역사가는 기본적으로 상홍양을 비판하는 태도를 취했다.

넷째 항목은 '주전폐鑄錢幣' 정책이다. 한무제 이전에 정부는 전폐錢幣를 주조하는 권리를 개인에게도 주었다. 제후왕과 지방정부에서도 전폐를 주조했다. 예컨대 한문제 때 총애받던 등통鄧通이란 사람이 있었는데, 관상쟁이가 말하길 앞으로 아사할 것이라고 했다. 한문제는 이 말을 전해 듣고 기분이 나빠서 그에서 동銅이 생산되는 산을 하사하고 전폐를 만들 수 있도록 했다. 제후왕 중에서 전폐로 가

장 유명했던 사람은 7국의 난에 앞장섰던 오왕吳王 유비劉濞였다. 당
시에 "오吳나라와 등 씨鄧氏의 돈이 천하에 유포됐다"고 전한다.

전폐를 만드는 일은 이익이 무척이나 많다. 민간에서 몰래 주조
한 이유이기도 했다. 심지어 밖에서 유통되는 동전의 동을 조금씩 갈
아서 다시 새 동전을 만드는 경우도 있었다. 이렇게 당시 유통되는 동
전은 조악했고 혼란을 가져왔다. 그래서 한무제는 전폐를 만드는 권
리를 회수해 중앙정부에서 발행했다.

화폐 시장은 본래 잘 시행됐다. 그러나 한무제는 재산을 착취할
목적으로 새로운 '백록피폐白鹿皮幣'를 만들었다. 흰 사슴 가죽으로
만든 화폐를 뜻한다. 당시 규정에 왕후 종실들이 천자를 알현할 때
는 일정한 예물을 가지고 와야 하는데, 반드시 이 '백록피폐'를 사용
하게 했다. 흰 사슴 가죽은 매우 희귀해 단지 황실의 원림에만 있어
서 반드시 그곳에서 사야만 했다. 이 백록피폐의 가격은 40만 전이었
다. 한무제는 한마디로 돈벌이의 귀재였다.

다섯째 항목은 '증구부增口賦'다. 구부는 간단히 말해서 성인이
된 사람에게 매기는 세금이다. 이런 인두세人頭稅는 진한秦漢시대 정
부에 일관된 정책이었다. 한고조 유방 때 규정으로 15세에서 56세의
성인은 개인당 120전의 인두세를 내야 했다. 여기서 15세 이하의 미
성년자나 56세 이상의 노인은 세금을 내지 않아도 됐다. 그러나 한
무제 때는 3세에서 14세 사이의 아동도 인두세를 내게 했는데, 매년
개인당 23전이었다.

여섯째 항목은 '죽작鬻爵' 정책으로 작위를 파는 것이다. 진나라

가 중국을 통일하기 전 분봉分封시대에 공公, 후侯, 백伯, 자子, 남작男爵 등 다섯 등급의 작위가 있어서 이를 세습하기도 했다. 진나라 이후에는 작위가 확대되어 20등급이 있었는데, 국가에 공을 세우거나 노고가 많았던 사람에게 하사했다.

이 많은 등급의 작위 중에는 특권을 누리는 것이 있었다. 예컨대 병역을 면제받고, 범법행위를 저질렀을 때 처벌을 면하는 것 등이다. 한무제 때는 작위를 돈이나 양식을 받고 팔았다. 이런 정책은 정부에서 하나의 본전도 들지 않는 장사다. 작위를 판 것과 유사하게 한무제 때는 "양을 상납해 낭관郎官이 된 사람도 있었다." 낭관이란 황제를 호위하는 시종관이다.

한무제는 재원을 늘리려고 그치지 않고 여러 조치를 시행했다. 여기서 언급한 여섯 가지 항목은 그중에 중요한 항목일 뿐이다. 이들 조치는 재정이 탕진된 국고를 보충하는 데에 어느 정도 도움이 됐지만, 근본적인 해결책은 아니었다.

정책이 시행된 후

불가의 업보설로는 자기가 한 일은 반드시 인과因果가 따른다. 한무제가 무원칙으로 민간의 재부를 착취하는 일은 당시 사회에 대단히 부정적인 영향을 남겼다. 앞서 몇 가지 항목 중에서 균수법均輸法으로 말미암아 백성의 부담이 더욱 가중했고, 증구부增口賦로 가난한 사람들은 자기 자식을 죽이기까지 했다. 그다음으로 세 가지 부정적인 영향을 끼쳤다.

첫째, 정부가 소금과 철을 농단함으로써 소금과 철 가격이 높아지고 질은 떨어졌다. 철기로 만든 농기구는 풀을 베지도 못할 정도로 형편없었다. 농부는 피곤해 초주검 상태가 될 정도였다. 식염도 마찬가지였다. 소금의 맛이 쓰고 먹기에 역겨울 정도로 질이 낮아졌다. 근본적으로 식염의 표준에 부합되지 않았다. 그래서 가난한 백성은 될 수 있으면 소비하지 않고 심지어 철 대신 나무로 농기구를 만들었으며 평상시에는 소금을 넣지 않고 담백하게 음식을 먹었다.

둘째, 대량의 민간 재산이 유실되어 사회가 안정되지 못했다. 한무제는 농지세, 증구부, 염철 경영권의 국유화 등으로 일반 백성의 부담을 이전보다 20배 정도 늘리는 결과를 초래했다. 이는 달리 말하면 민간 재산이 집중적으로 관부에 들어갔다는 뜻이다. 옛말에

"창고가 차야 예의를 안다."고 했는데, 일반 백성 처지에서 이 말은 먹고사는 문제가 해결된 후에야 예의범절을 알 수 있다는 의미다. 그런데 먹고사는 문제마저 해결되지 못하니 생존하려고 반기를 들었다. 이것이 이른바 "백성이 피폐해지니 도적이 들끓게 됐다."(《자치통감》권 22)는 것이다.

셋째, 관리제도의 문란이다. 재정과 관리제도가 무슨 관계가 있던가? 앞서 염철 경영권을 민간에서 회수할 때 원래 그 방면에서 종사하던 민간인들을 관리로 채용했다. 본래 관과 상인은 사고방식과 경영 방법이 달랐다. 그런데 상인들이 대거 관리가 되는 바람에 자연히 장사 위주의 사고방식이 자리 잡혔다. 관리가 백성과 이권 다툼을 벌였다. 여기에 한무제가 재원을 늘리려고 작위마저 팔고, 양 등을 바치는 목축업자들을 낭관으로 임명하면서 관리 선발의 기본원칙이 재능에서 재물로 바뀌게 됐다.

사학가들의 다른 서술

한무제의 재정개혁은 사회질서를 혼란스럽게 했고, 정부의 기본 기능을 파괴했으며, 관리 선발의 기능을 부식시켰다. 이로 말미암아 많은 백성이 생활을 보장받을 수 없었고, 자기 직분에 충실할 수가 없었다. 사학자들은 이런 한무제의 재정조치에 정면으로 많은 평가를 하지는 않았다. 그러나 《사기》, 《한서》, 《자치통감》의 저자들이 한무제를 비판적인 태도는 명확하다. 《사기》〈평준서〉에는 국가정책이 사회에 어떤 영향을 끼쳤는지를 살펴볼 수 있다.

밖으로는 오랑캐를 물리치고, 안으로는 공업을 일으켰다. 전국의 남자들이 농사에 힘을 기울였으나 정부에서 필요한 양식으로는 부족했고, 여자들은 베를 짰으나 정부에서 필요로 하는 의복으로는 부족했다. 고대에는 일찍이 천하의 재물로 그들의 임금을 섬기었으나, 스스로 부족하다고 여겼다.

사마천의 이 말엔 특이점이 하나 있다. 바로 주어가 빠진 것! "밖으로는 오랑캐를 물리치고, 안으로는 공업을 일으켰다."는 것은 누구의 이야기인가? 주어가 불분명해 의문을 품을 수밖에 없다. 사마천은 도대체 누구를 비판하는 것인가?

사마천은 이 문구에 앞서 진나라 때 화폐정책을 이렇게 언급했다. "진나라의 화폐는 두 등급으로 됐다." 그런 후에 "밖으로는 오랑캐를 물리치고, 안으로는 공업을 일으켰다."를 언급했다. 전후의 문맥이 순조롭게 이어지는가?

기실 《사기》에는 이런 유형의 문구가 많다. 이 경우에 우리는 어떻게 이해해야 하나? 사마천은 작문의 고수로 기본적으로 문맥이 맞지 않게 쓸 리가 없다. 이렇게 문맥이 통하지 않는 부분은 반드시 심각한 뜻이 내포되어 있다는 의미다. 그러면 이 문구의 배후에는 어떤 정보가 있는가? 필자는 다음과 같이 해석한다.

사마천이 비판한 사람은 당연히 한무제일 것이다. 사마천은 자신이 살던 시대 일을 명확하게 밝히지 않고 숨겨놓았다. 이른바 '장안법障眼法'으로 일종의 속임수라고 할 수 있다. 이 문구 전에 진나라의 화폐 개혁 정황을 논한 것은 기실 한무제를 비평한 것이다. 단지 직접적인 표현으로 비평할 수가 없어서 간접적으로 썼을 뿐이다. 반고는 사마천의 이런 문구를 아래처럼 고쳤는데, 그 나름대로 의미가 있다.

진시황에 이르러 마침내 천하가 통일됐다. 나라 안에 토목사업을 일으키고 바깥으론 오랑캐를 물리쳤다. 진나라는 부세로 반을 거두고 여좌閭左를 징벌해 국경을 지키게 했다. 남자는 밭을 갈아도 양곡을 대기에 부족하고, 여자는 길쌈을 해도 의복을 대기에 부족했다. 천하의 재물을 다해 그 정책을 받들었는데도 오히려 그

바람을 대기에 부족했다.

《한서》〈식화지〉

이 문구의 핵심 내용은 모두 사마천에서 나왔다. 여기 나오는 제왕은 자기 욕망과 의지에 따라 모든 수단을 동원해 재물을 취했고, 백성의 생활에는 관심을 두지 않았다. 반고는 이 문구의 주어를 진시황제로 했다. 그는 진시황제와 한무제를 분명하게 갈라놓았다. 반고는 무슨 의도로 이렇게 썼나? 앞서 사마천은 '장안법'을 써서 명명백백하게 한무제를 비평하면서도 진나라의 일을 섞어놓았다.

반고는 비록 한무제를 옹호하는 편에 섰지만, 재정정책 그 자체를 찬성하지 않았다. 반고는 한무제 대신에 희생양으로 상홍양桑弘羊을 지목했다. 상홍양은 한무제 임종 때 어린 자식을 부탁했던 고명顧命대신 중 한 사람으로 지위도 높고 비중이 높았다. 그러나 반고의《한서》를 보면 상홍양에 대한 전傳을 싣지 않았다. 이는 도리에 맞지 않으며 특히 반고는 하나하나를 따지며 규칙을 지키는 사학자였다. 반고는 분명 상홍양을 비루하게 봤을 터다. 반고는 한무제가 취한 재정 조치에 상홍양이 큰 책임이 있다고 주장하려던 것이다.

사마광은 진시황과 한무제를 모두 반면교사로 삼아 비판했다. 1082년《자치통감》이 완성되기 몇 년 전에 사마광은 중풍에 걸려 건강상태가 좋지 않았다. 이것은 그가 밤낮을 가리지 않고《자치통감》을 편수한 것과도 관련이 있다. 사마광은 자기가 살날이 얼마 남지 않았음을 알고 황제에게 할 말이 많았던 것 같다. 당시 황제는 신종

神宗이었는데, 사마광은 임종 전에 〈유표遺表〉를 남겨 유언으로 삼았다. 그중에 다음과 같은 문구가 있다.

신이 애석하게 생각하는 것은 폐하가 어질고 밝은 지혜를 가지고 계시면서 요순堯舜과 주周 선왕宣王을 스승으로 삼지 않고, 도리어 진시황과 한무제를 모방하신 것입니다. 설령 총령을 넘어서 사막을 건너 고란皐蘭을 무찌르고 용정龍庭을 불태운들 무엇이 귀할 바가 있겠습니까!

사마광은 이어서 이렇게 말했다.

예부터 임금이 병사를 동원하는 것을 좋아하면 백성은 피폐해지고 안으로 도적들이 들끓고 밖으로 외적들이 호시탐탐 기회를 엿보는 일이 많았습니다!

사마광은 직접 신종에게 진시황과 한무제를 모방하지 말라고 했다. 그 논리는 역사적인 경험에서 체득한 것이다. 사마광은 사마천과 반고처럼 마음을 졸이며 간접적으로 한무제를 비판하지 않았다. 이는 사마광이 《자치통감》에서 한무제를 사치가 극도로 심한 인물로 강조한 것을 보면 알 수 있다. 그는 한무제 때를 한나라 성쇠의 갈림길로 보았다.

제
18
강

복식卜式, 한무제의 꼭두각시

복식卜式, 한무제를 지지하다

전쟁 등으로 한무제는 거대한 재정압박에 시달렸다. 이 때문에 한무제는 재정수입을 올릴 정책을 마련해 이 위기를 모면하려 했다. 부유한 계층에게 재산세라고 할 '산민령算緡令'을 내렸고, 상업과 수공업자에게는 스스로 자산을 신고해 12%와 6%의 세금을 내도록 했다. 이것은 부유층에게도 큰 부담이었다. 이 때문에 많은 부유층은 자산을 숨기고 신고하지 않았으며, 이로 말미암아 나라에서는 다시 '고민령告緡令'을 내려 이런 자들을 고발하도록 했다. 이 고민령은 커다란 사회모순을 일으켰다. 절대다수의 사람들은 한무제의 정책을 반대하기에 이르렀다.

그런데 한 편에서 자기 자산을 숨기지 않고 기꺼이 바쳐 한무제의 정책을 지지하고 정부와 함께 재정위기를 돌파하려는 사람도 있었다. 그 대표적인 사람이 복식卜式이다. 복식은 하남河南 지구의 부자였다. 그는 목축업으로 부를 축적했는데, 주로 양을 키웠다.

복식이 처음으로 자기 재산을 헌납한 것은 한무제가 흉노를 공격할 때였다. 이때 복식은 자기 재산의 반을 헌납해 군비에 쓰도록 했다. 한무제는 이 소식을 듣고 기이하게 여겨 복식에게 사람을 보내 관직을 원하거나 억울한 일이 있는가를 물어보게 했다. 이에 복식은 관직을 원하지도 않고 억울한 일도 없으며 흉노를 소멸하는 데 일조하고 싶다고 했다. 한무제는 이 일을 당시 승상인 공손홍公孫弘에게 말했다. 공손홍은 "이는 정상적인 인정이 아닙니다."라고 말하며 복식은 반드시 어떤 목적을 지니고 있을 것이라며, 한무제에게 그 사람을 무시하라고 건의했다.

한무제가 복식과의 첫 일화를 거의 잊을 정도로 해가 지났다. 그해에 조정에서는 한편으로 흉노와 전쟁을 벌였고, 또 다른 한편으로는 국내 빈민들을 안정시키려는 정책을 벌여 국고가 텅 빌 정도로 재정상태가 갈수록 나빠졌다. 이때 복식은 한무제가 말하지도 않았는데 자진해서 20만 전을 가지고 하남태수에게 바치며 빈민들을 이주시키는 데 써 달라고 했다. 하남태수는 재산을 헌납한 명단을 한무제에게 보고했다.

한무제는 명단에서 복식이란 이름을 보고는 지난번에 그가 헌납한 일까지 떠올렸다. 한무제는 복식의 행위에 감동했다. 당시 부유층은 자기들 재산을 숨기기에 급급했는데, 두 차례 자진해서 재산을 헌납하는 복식을 보고 그를 부유층의 모범으로 삼고 장려하기로 했다. 그리하여 한무제는 복식에게 12만 전의 장려금을 하사했는데, 복식은 받은 장려금을 다시 조정에 바쳤다.

한무제는 그가 민간에서 양을 잘 길러 부자가 된 점에 착안해, 그를 황가원림皇家園林의 양들을 목축하는 '어용양관御用羊倌'으로 임명했다. 복식은 매우 기뻐하며 황가의 양들을 살찌우고 번식이 잘되도록 길렀다. 한무제는 복식이 양을 잘 기르는 것이 백성을 잘 다스리는 것과 같다고 생각하고, 그에게 특이한 재능이 있다고 여겨 관직을 하사했다.

원정元鼎 5년(BC. 112년), 복식은 한무제가 감탄할 일을 만들었다. 이해에 한무제는 남월南越을 평정하려고 군대를 파견했다. 전투는 매우 격렬했는데, 비록 한나라 군대가 우세였지만, 남방의 자연지리에 적응하지 못해 고전을 면치 못했다. 이때 복식의 신분은 제후국인 제齊나라 승상이었다. 복식은 한무제에게 상소를 올려 자기 아들을 데리고 제나라에서 뱃사공들과 함께 남월의 전선에 나가 나라를 위해 죽을 때까지 싸우겠다고 했다.

복식이 뱃사공을 데려가겠다는 것은 전쟁에서 수전水戰이 벌어질 것이기 때문이었다. 이는 복식이 한무제를 전방위적으로 지지하는 것으로, 재정뿐만 아니라 대외 정복사업에도 일조하겠다는 뜻이었다.

한무제는 복식의 상소를 보고 매우 기뻐했다. 한무제도 복식이 전선에서 역할은 크지 못할 것으로 알았지만, 그 뜻이 갸륵해 복식에게 '관내후關內侯'라는 작위를 하사했다. 또 황금 수십 근과 좋은 밭 십 경頃을 하사하고 천하에 널리 알렸다. 한무제는 복식과 같은 전형을 만들어 다른 사람들도 그이처럼 하도록 장려하려고 했다. 하나 이런 한무제의 목적에도 천하는 냉담할 따름이었다.

천하의 냉담한 결과에 한무제도 기분이 좋지 못했다. 전쟁으로 위급한 상태에서 국가와 더불어 근심을 덜어줄 사람이 단지 복식처럼 군 경험이 없는 사람밖에 없었던 탓이다. 풍부한 군대 경험과 공으로 국가에서 우대하는 사람들은 모두 자원하지 않았다. 한무제는 화가 치밀었고 그 결과는 엄중했다. 바로 이해 9월, 한무제는 제후들이 제사용으로 황제에게 바치는 '주금酎金'의 질량을 문제 삼아 작위를 삭탈했다. 한 번에 106명의 작위를 박탈하고, 다른 사람들에게 국가의 일과 정책에 적극적으로 참여하기를 종용했다.

복식은 한무제가 계속 발탁해 얼마 지나지 않아 어사대부御史大夫로 승진했다. 이 직위는 앞서 말했듯이 부승상에 해당하는 고위직이다. 그러나 복식이 어사대부가 된 이후에 한무제와의 밀월관계도 결딴나게 됐다.

총애를 잃다

복식은 어사대부가 되고는 어찌할 바를 몰랐다. 문제는 이전처럼 한무제를 기쁘게 하지 못하고 비판하기 시작한 것이다. 복식은 한무제의 무엇을 비판했을까? 한무제는 재정 수입을 늘리려고 소금과 철 등을 정부 전매품으로 삼고 사사로운 유통을 막았다. 그 결과 소금과 철의 가격이 오르고 질은 떨어졌다.

복식은 먼저 소금과 철에 대한 정부정책을 비판했다. 비록 복식이 최초로 한무제에게 자진해 재산을 바쳐 신임을 얻은 자였지만, 정책에 대한 비판은 한무제의 마음을 심히 상하게 했다. 그래서 복식은 1년 정도의 어사대부직을 수행하다가 파직됐다. 복식이 문장을 잘 이해하지 못하고 쓸 줄도 모른다는 이유였다. 이는 원래 그가 어사대부로 임명되기 전부터 알았던 사실로 파직을 위한 트집에 불과했다.

복식과 한무제 사이의 모순은 이것으로 끝나지 않았다. 복식은 어사대부에서 파직된 후에 어떤 지방에서 심한 가뭄을 맞았다. 한무제는 관원에게 기우제를 지내 피해를 줄이도록 했다. 복식은 기우제에 참석하지 않고 되레 한무제가 싫어할 말을 주절댔다. "상홍양을 삶으면 하늘이 비를 내릴 것이다."《《사기》〈평준서〉) 상홍양은 한무제 때

재정정책을 수립하는 데 핵심 역할을 했는데, '평준균수平准均輸' 정책, 즉 관방에서 싸게 사서 민간에 비싸게 팔아 이익을 만드는 정책을 만든 장본인이었다. 복식은 그 정책이 하늘의 뜻에 어긋났다고 보아서 "상홍양을 삶으면 하늘이 비를 내릴 것이다."라며 과격하게 비난한 것이다.

　복식이 어사대부가 되기 전후의 행동을 비교해 보면 주목할 현상이 하나 발견된다. 복식이 조정대신의 행렬에 들어간 것은 오로지 한무제의 정책을 지지하고 그 노선을 무조건 따랐기 때문이다. 그래서 한낱 양치기에서 어사대부로 출세할 수 있었다. 그러나 어사대부가 된 후에는 한무제의 재정정책을 반대했다. 한무제의 주요한 재정정책인 소금과 철의 전매, 특별 재산세인 산민령算緡令과 평준균수平准均輸 등에 대해 일일이 반대했다. 복식이 어사대부로 임명된 전후로 보면 분명 모순이다. 어찌 된 것일까?

복식과 한무제 관계에 대한 세 가지 서술

복식이 어사대부가 된 전후로 모순이 일어난 한 가지 이유는 기실 이해할 수 있다. 그가 전에 한무제에게 재산을 헌납한 일은 사심 없이 국가에 충성을 다하려는 의지였다. 한데 한무제의 재정정책을 반대한 까닭은 이 정책의 부정적인 측면을 알았기 때문이다. 복식은 순박한 사람으로 이 두 가지 일에 대해 자기 본능을 따른 것이다. 그의 행동에는 모순이 없었다.

반고는 《한서》에 복식의 사적을 따로 전기로 담아 묘사했는데, 그는 질박하고 정직했다고 칭찬했다. 이는 한무제가 복식을 처음 평가할 때와 일치했다. 복식이 조정에 재산을 헌납했을 때 한무제는 복식을 충직하고 온화한 자라고 말했다.

그러면 《한서》에는 복식과 한무제의 관계를 어떻게 기술했을까? 복식은 한 민간 양치기에서 역사 무대의 중심으로 들어왔고, 한무제 때 고관이 됐다. 반고는 한무제가 영재를 알아보는 안목이 뛰어나고 격식에 구애받지 않고 인재를 등용한다고 보았다. 반고는 《한서》에서 공손홍公孫弘, 복식卜式, 예관兒寬 등 세 사람을 하나의 전기로 묶어두었다. 무엇 때문이 이 세 사람을 한데 모았을까? 이 세 사람의 공통 특징이 출신은 낮았으나 한무제에 의해서 발탁된 사람들이라는 점이다. 공손홍과 복식은 돼지치기와 양치기였다는 점에서 비슷하다. 그러나 두 사람 중 한 사람은 승상이 됐고 한 사람은 부승상이 됐다. 반고는 이렇게 말했다.

> 멀리 양과 돼지가 사는 변방에 있었는데, 그때를 만나지 않았으면 어찌 이런 지위에 이를 수가 있겠는가?
>
> 《한서》〈공손홍복식예관전〉

반고는 복식은 충직하고 온순하며 질박한 품성의 소유자로 한무제가 이런 품성을 좋게 보고 그를 임용했던 이유라고 보았다. 더불어 한무제는 인재를 선용할 줄 아는 영명한 군주라고 했다. 하나 다른 사학자들은 반고의 관점에 찬성하지 않았다.

《사기》에는 복식의 독립적인 전기도 없다. 사마천에게 복식은 전기에 실을 정도로 비중 있는 인물이 아니었다. 사마천은 복식에 관한 일을 〈평준서〉에 써놓았는데, 간단하게 두 문구를 인용했다. 첫 구는 다음과 같다.

> 천자가 이미 민전령緡錢令을 반포하고 복식卜式을 존숭하도록 했으나, 백성은 끝까지 돈을 내어 조정을 도우려고 하지 않자, 사람들로 하여금 재산을 부실하게 신고한 상인들을 고발하도록 했다.

한무제는 한편으로 재산세라고 할 수 있는 민전령을 반포하고

한편으론 재산을 헌납한 복식을 모범으로 삼아 그처럼 하라고 종용
했다. 그러나 제2의 복식 같은 사람이 출현하지 않자 상인들의 고발
을 장려하는 고민령告緡令을 내렸다는 것이다. 〈평준서〉에 있는 두 번
째 구절은 이렇다.

> 복식卜式이 제齊나라의 재상이 됐다. 양가楊可가 고민령告緡令을 맡
> 아보게 되자 천하에 중산층 이상의 상인들이 대부분 고발됐다.

한무제가 복식을 제나라 재상으로 삼고 동시에 양가에게 고민령
을 집행하게 한 이유는 무엇인가? 사마천은 왜 이들을 한데 묶어서
이야기했는가? 필자는 사마천이 한무제가 당근과 채찍을 같이 제시
한 것으로 이해한다. 즉, 복식처럼 아낌없이 재산을 바치면 관직을 줄
것이고, 재산을 숨겨 고발당하면 전 재산을 몰수하리라는 것이다. 양
가는 그래서 등장한다.

사마천은 반고처럼 한무제가 복식을 발탁한 것은 인재선택에 탁
월한 능력이 있다고 보지 않고 단지 한무제가 산민과 고민령을 시행
하는 과정에서 복식이 중요한 역할을 했다고만 보았다. 애석하게도
사마천은 당시 그들의 관계는 자세히 써놓지 않았다.

그러나 《자치통감》을 보면 좀 더 자세히 복식에 관한 일을 살펴
볼 수 있다. 사마광은 복식에 관해서 3가지 사건을 말한다. 먼저 복
식이 흉노를 소멸할 때 공헌할 생각으로 한무제에게 재산을 헌납한
사건이다.

상(한무제)이 이로 말미암아 그를 어질게 여겨서 높이고 드러내 백
성이 넌지시 깨우치게 하고자 했다. 그리하여 마침내 복식을 불러
중랑에 임명하고 밭 10경頃을 하사하고는 천하에 포고해 이를 분
명하게 말했고, 또 얼마 안 있어 다시 복식을 발탁해 제나라 태부
太傅로 삼았다.

《자치통감》 권 19

한무제는 지체하지 않고 복식을 발탁해 관직과 상을 하사하고
천하가 이를 본받게 했다. 사마광은 《사기》, 《한서》와 달리 복식이 처
음에 재산을 헌납할 때부터 한무제가 그를 바로 신임했다는 데 방점
을 찍었다. 그리고 중간에 벌어진 많은 일에 관해서는 모두 생략해
빈틈이 없어 보인다. 다음 사건은 이렇다.

상(한무제)이 민전령을 내려 복식을 존숭하도록 했으나, 백성은 끝
까지 돈을 내어 조정을 도우려고 하지 않자, 양가로 하여금 민전
을 부실하게 신고한 상인들을 고발하게 했다.

《자치통감》 권 20

이 사건은 《사기》에도 실려 있지만, 사마광처럼 자세히 기록하지
는 않았다. 사마광은 이 사건을 이야기하면서 의종義縱이란 사람이
고민령을 저지하다가 한무제에게 죽임을 당했다고 언급했다. 의종은
앞서 〈혹리열전〉에 등장하는데, 한무제를 위해 적지 않는 공을 세웠

으나, 고민령을 저지했다는 이유로 무정하게 참살당했다. 이것은 우리에게 복식이든 양가든 한무제의 정책을 반대하면 어떻게 종말을 맞는지 분명하게 알려주는 사건이다.

마지막은 한무제가 남월을 공격할 때 벌어진 사건이다. 복식은 자원해 전선으로 달려가 나라를 위해서 힘을 다했다. 한무제는 또다시 복식을 본보기로 삼아서 다른 사람들도 그이처럼 행동하기를 원했지만, 그렇게 되지 않자 분기탱천해 106명의 작위를 삭탈했다.

이렇게 복식에 대해서 와자지껄하게 서술하고 잔가지를 쳐버리면 한무제의 의도가 어디에 있었는지를 알 수 있다. 한무제가 돈이 필요할 때 복식은 재산을 헌납했으며, 한무제는 다른 사람들도 동참하기를 희망했다. 한무제가 전쟁을 할 때도 복식은 목숨을 내걸고 전선으로 달려갔다. 한무제는 또다시 다른 사람들도 그와 같이하기를 바랐다. 복식은 더도 덜도 아닌 한무제의 꼭두각시였다.

그렇다면 복식은 한무제의 꼭두각시로 어사대부까지 승진했는데, 왜 계속 꼭두각시 역할을 하지 못했을까?《사기》에는 설명이 없으나 '기재위既在位'라는 세 글자가 있다. 이는 복식이 이미 어사대부라는 고관에 있을 때를 의미하고, 이때부터 한무제에게 반대 의견을 제시했다는 것이다. 시키지 않아도 스스로 꼭두각시 역할을 했던 복식은 어사대부가 된 다음부터 자아의식을 깨우쳐 자기 의사를 분명하게 밝히고, 태도에 변화가 생긴 것이다.

한무제, 공사公私 재정을 혼동하다

복식은 한무제가 세심하게 안배한 꼭두각시였다. 한무제는 곤궁한 재정을 해결하려고 강렬하게 개인소유의 재물을 국고로 만들려고 했다. 그 목적을 달성하려면 복식 같은 인물이 필요했다. 한무제는 개인 재산을 헌납받아서 국가재정을 충당하려고 했다. 복식은 한무제의 꼭두각시 역할에 충실했다.

한무제는 제 개인 돈을 국가재정으로 보충한 사실이 역사서로 명확히 기록되어있다. 《사기》〈평준서〉에는 적지 않는 지방에 재해 때문에 농업수확에 문제가 생기고 가난한 백성은 자연지리가 좋은 지방으로 이주해 생계를 도모했다. 이때 한무제는 자기 돈을 절약해 남은 돈을 백성 구호에 썼다. 이 각도에서 보면 한무제는 동정을 살 수 있다. 그런데 당시 대다수 부자는 재산을 숨겼고, 복식 같은 사람만이 재산을 헌납했다. 국가로서는 마땅히 복식을 장려하고 다른 사람들에게 그와 같이할 것을 종용할 만하다.

그러나 당시 국가재정이 왜 곤궁해진 것일까? 가난한 백성은 왜 생겨난 것인가? 국내에 메뚜기 떼와 같은 재해가 생겼을 때 한무제는 대규모로 군대를 동원했다. 재정이 곤란해진 뒤에도 한무제는 불로장생과 대규모 토목공사를 벌였다. 한무제가 개인 돈을 국고에 보충하는 일은 좋지만, 다른 관점에서 한무제는 국고를 제 개인 용도로 쓴 셈이다.

한나라 때 재정은 두 가지로 이루어져 있었다. 하나는 국가재정으로 각급 관료의 봉급을 주거나 전쟁, 병사 양성, 사신 파견 등에 쓰인다. 또 다른 하나는 황실 재정이다. 이는 황제 개인 활동과 궁정생활 등에 쓰인다. 또 이 재정은 국고로 삼지 않는다. 황제의 개인 활동으로 순행하며 자기가 좋아하는 사람에게 상금을 하사하고, 궁중에서 일하는 사람들 봉급과 황제 가족 등에 쓰인다. 또한, 조상에 제사를 지내고 병이 났을 때 약값으로 쓰는 것 등도 모두 황실 재정에서 주고 국고에서 꺼내 쓰면 안 된다. 이 구분은 엄격해 일상생활에서 황제가 타는 수레에 쓰이는 돈은 황실 재정에서 충당해야 한다. 만약 전쟁이 날 경우에 황제가 친히 출정한다면 국고에서 써도 무방하다. 이는 당시 재정에서 공과 사가 분명하다는 것을 의미한다. 황제는 나랏일이 아니면 모두 자기가 마련한 재정으로 써야 한다.

그러면 황실 재정은 어떻게 조성될까? 일련의 세금을 받아서 만든다. 농업세, 인두세 같은 수입은 국고로 귀속되고, 남은 일련의 파산세, 상업세, 어업세 등은 황실 수입이 된다. 여기서 주목할 것은 황실 재정이 비록 세금수입으로 조달되지만, 국가재정과는 분명히 구별된다는 점이다.

어떤 황제도 돈을 사용하는 데 공사를 분명히 해야 했다. 그러나 한무제는 개인 돈을 국고에서 꺼내 썼다. 그것도 밑 빠진 독에 물을 붓듯이 한정 없이 썼는데, 이를 막는 사람이 없었다.《사기》〈평준서〉》에는 이와 같은 일들이 기록되어있다. 예컨대 원봉元封 원년(BC. 110)에 한무제는 처음으로 대규모 순행에 나선다. 오늘날 내몽고에서 산둥 해안까지 다녀왔다. 이때 여러 사람에게 상을 하사했는데, 베와 비단 100여만 필, 금전 수억이 들었다. 한데 모두 국고에서 주었다고 한다. "돈과 금이 몇만에 헤아렸고, 모두 대농大農에서 취해 충당했다." 대농은 국가재정을 관리하는 기구다.

한무제가 국고의 돈을 자기 돈 쓰듯 한 정황은 한 번으로 끝나지 않았다. 자세히 살펴보면 한무제는 자기 돈을 국고에 보탠 것보다 국고의 돈을 더 많이 썼다. 그는 또 국고의 재물을 제 개인 것으로 만들었다. 그래서 한무제는 민간을 대표하는 복식 같은 꼭두각시를 만들었고 다른 사람에게도 복식같이 하라고 종용했다. 복식 현상은 이런 관점에서 해석해야 할 것이다.

한무제가 장기간 대외전쟁을 벌인 탓에 사회는 걷잡을 수 없이 혼돈 속에 빠져들어 갔는데, 사마천 같은 사학자들도 그 역사의 현장 속에 뒤얽혀 들어갔다. 또한, 《사기》 편찬에도 영향을 끼치게 됐다. 어찌 된 일인가?

사공史公, 굴욕적인 형벌을 받다

이릉 사건과 사마천의 형벌

《사기》의 작자인 사마천과 한무제는 매우 특수한 관계였다. 사마천
은 그 시대의 관찰자이자 기록자였으며 시대의 참여자이자 박해를
받았던 사람이다. 왜 박해를 받게 됐을까? 그와 그 시대의 특수한
관계는 《사기》 편찬에 어떤 영향을 끼쳤나?

우리는 먼저 사마천이 왜 박해를 받게 됐는지 알아야 한다. 앞서
한무제 시대의 명장인 '비장군飛將軍' 이광李廣을 살펴보았다. 사마천
과 한무제의 은원관계는 바로 이광 집안이 도화선이 됐다. 이광의 손
자인 이릉은 조부처럼 용맹한 장수로 흉노와의 전쟁에 참여했는데,
그 과정에서 이릉이 흉노에 항복했다. 이에 사마천이 이릉을 변호했
다가 예기치 못한 형벌을 받게 된다.

천한天漢 2년(BC. 99), 한무제는 이광리李廣利에게 3만 기병을 이
끌고 흉노를 공격하게 한다. 동시에 한무제는 이릉에게 5천 명의 보
병을 이끌고 이광리를 도와주라고 했다. 결과적으로 이 전쟁에서 이
릉은 흉노에 투항하고 만다. 투항 전에 이릉은 완강하게 저항했다.
이릉의 군대는 단지 5천 명에 불과했다. 8만 명에 달하는 흉노 기병
에게 포위당하자 이릉은 부하들을 이끌고 8일 동안 전투하며 후퇴
했다. 이광은 활쏘기의 달인이었고, 그 손자인 이릉이 그 비법을 전

수했다. 이릉이 이끄는 부대원들 또한 모두 활을 잘 쏘았다. 그러나 8일 동안에 악전고투하면서 화살도 다 떨어지고 보급품도 충당되지 못하며 구원병도 오지 않자 마침내 투항하고 만다. 이릉은 투항 전에 흉노 기병 1만여 명을 죽였고, 자기 병사는 반으로 줄었다. 흉노의 선우는 한편으로 이릉 부대를 공격하고 한편으로 투항을 권유했다. 이릉은 이런 상황을 보고 한나라로 되돌아갈 수도 없고 전멸할 수도 없어서 투항을 결심했다.

이 소식이 장안에 전해지자 한무제는 대로한다. 이 사건이 발발한 때는 기원전 99년으로 한무제 만년이었다. 이 시기의 한무제는 의심할 나위 없이 권위로 가득 찬 제왕이었다. 그런 그가 화를 내자 거의 모든 공경 대신들이 한무제의 뜻을 따라 분분히 이릉의 배신행위를 비판했다. 이때 단지 벼슬이 높지 않았던 신하 한 사람이 이릉을 변호했다. 바로 태사령太史令 사마천司馬遷이었다. 태사령은 천문현상을 관찰하고 역법을 만들고 역사 문헌을 정리하고 보존하는 직책이었다. 태사령은 학문 지식은 높았지만, 정치 지위는 그리 높지 못했다.

한무제가 대신들에게 이릉을 어떻게 처벌할지 논의에 부쳤을 때다. 사마천은 주도적인 발언권도 없었고 이릉과 개인적인 친분도 없었는데, 앞장서서 그를 변호했다. 사마천은 세 가지 점을 들었다. 첫째, 자신과 이릉은 개인적으로 왕래가 없었으나 여러 면에서 살펴본 결과 나라에서 손꼽히는 장수이자 탁월한 재능을 지녔다고 했다. 이릉이 인자하고 효성스러울 뿐만 아니라 성실하며 평소 병졸들에게 잘 대해주어서 인심을 얻었다는 것이다. 또한, 항상 전쟁터에서 순국

할 수 있는 장렬한 마음을 지니고 있다고 했다. 둘째, 이릉은 5천 명의 보병으로 흉노의 8만 기병을 상대했으니, 그 자체만으로도 대단한 한나라 군대의 위엄을 선보인 것이라고 했다. 셋째, 이릉의 투항은 진심이 아니라 힘에 부쳐서 거짓으로 투항한 것이라고 했다. 옛말에 "청산이 남아있는 한 땔감은 걱정할 필요가 없다."고 했는데, 이는 군자의 복수는 10년도 늦지 않는다는 뜻으로 상황을 더 두고 본 뒤 처벌을 내리자는 것이었다. 이릉이 투항했지만, 기회가 생기면 다시 한나라를 위해 공을 세울 것이라고 사마천은 주장했다.

사마천과 이릉은 아무런 왕래도 없었는데, 무엇 때문에 이릉을 위해서 이렇게 많은 사례를 들어가며 그를 변호한 것일까? 그것은 사마천이 평소 이광에게 탄복해 《사기》에 그 전기를 만들 정도로 경모했기 때문이다. 그 손자인 이릉을 위해 앞장서서 변호한 일은 충분히 이해할 만하다.

이 밖에도 사마천은 이 사건을 회상하며 당시에 "주상의 뜻을 넓히고, 비방하는 말을 막으려 했다."(《보임소경서報任少卿書》)고 한다. 이 말은 두 가지로 이해된다. 첫째는 당시 많은 사람이 마치 우물에 빠진 사람에게 돌을 던지듯이 이릉을 한쪽으로 매도하자 사마천은 한무제가 한쪽 편의 말만 듣고 판단하지 말 것을 권유한 것이다. 둘째는 사마천이 한무제를 위로하려고 자기 생각을 털어놓았던 것이다. 한무제가 이릉이 투항한 사실만을 가지고 대로하자 사마천은 그가 거짓 투항을 했을 가능성이 크다고 하면서 좀 더 두고 보면 그 사실을 확인할 수 있다고 위로한 것이다.

이번 흉노와의 전쟁에서 이릉은 이광리를 도우러 갔다. 그런데 이광리는 3만 기병을 가지고 처음에는 약간의 승리를 거뒀지만, 나중에는 그도 흉노에게 포위돼 병력의 60~70%를 손상했다. 그러면 이릉과 이광리 중에 누가 더 용감한가? 물어볼 것도 없이 이릉이다. 이릉은 5천 보병을 가지고 흉노의 8만 정예병을 막았으며, 그중에 1만 명을 죽였다. 이릉이 이광리와 비교하면 전투를 더 잘한 것이라고 할 수 있다.

사마천은 이런 정보를 바탕으로 이릉을 변호했고 이광리의 무능을 간접적으로 비판했다. 한데, 이광리와 한무제는 어떤 관계였던가? 그는 한무제의 처남이었다. 대완 정벌부터 한무제는 자기 처남이 큰 공을 세우도록 기회를 주었다. 드디어 한무제의 뜻대로 이광리는 작위를 받았다. 그러나 이광리는 실제 큰 전쟁에서 깔끔한 승리를 거둔 적이 없었다.

사마천의 주장은 한무제의 신경을 거슬렀다. 한무제는 사마천을 옥에 가두고 궁형에 처했다. 궁형이란 남성의 생식기를 자르는 것으로 매우 잔인한 형벌이자, 굴욕적인 인격모독이다. 이 사건으로 사마천은 심리적으로 큰 타격을 받았다. 사마천과 한무제의 이런 은원관계는 필연적으로 한 가지 문제를 일으켰다. 그것은 사마천이 《사기》를 편찬할 때 "한무제를 공정하고 객관적으로 묘사할 수 있겠는가?"에 관한 것이다.

이릉 사건이 《사기》 편찬에 준 영향

사람은 초목이 아니다. 위대한 역사가도 사람이지 기계가 아니다. 사람에겐 언제나 자기감정과 처지가 있다. 그러나 사마천 처지에서 그가 단순하게 한무제를 원망한다고 보는 것은 올바른 태도가 아니다.

　이릉 사건이 《사기》에 끼친 영향을 살펴보기 전에 먼저 《사기》는 언제까지 기록됐는가를 알아봐야 한다. 이에 관해 학자들 사이에서는 논쟁이 그치지 않고 있다. 왜냐하면, 오늘날에 《사기》 내용을 살펴보면 많은 부분이 사마천이 직접 쓰지 않고, 뒤에 사람들이 보충한 것으로 드러났기 때문이다. 도대체 사마천은 "어디까지 직접 쓴 것인가?"에 대한 의문점이 생긴다.

　첫째 사마천이 《사기》를 쓴 시점이 천한天漢 연간(BC. 100~BC. 97)까지라는 가설이다. 왜냐하면, 이 기간이 이릉 사건이 발생해 사마천이 궁형을 받았던 때이기 때문이다. 그 이후의 사정은 사마천이 쓰지 않았다는 것이다. 반고의 《한서》가 이 입장이다.

　둘째 《사기》가 마지막으로 기록된 것은 이릉 사건 이후에 정화征和 3년(BC. 90)으로 이광리가 흉노에 투항할 때까지라는 가설이다. 그렇다면 사마천은 왜 이 사건을 《사기》의 마지막으로 장식했을까? 학자들은 이릉이 흉노에 투항했을 때 사마천이 그를 변호했고, 한무제는 사마천의 진정한 의도가 이광리李廣利를 훼방하는 것으로 생각해 잔인하게 사마천에게 궁형을 가했다고 본다. 한무제는 이광리의 편을 들었지만 결국 이광리 또한 흉노에 투항하고 말았다. 애초 이릉이 투항한 것은 거짓인지 사실인지 섣불리 판단하기 어렵지만 이광리의 투항은 진실이다. 사마천은 이 사건을 《사기》의 마지막으로 삼아 억울함을 토로하고, 한무제를 풍자했다는 것이다. 이 관점은 민국 시대의 학자인 왕국유王國維의 견해다.

이 두 가지 관점은 비록 의견은 다르나 한 가지 공통점이 있다. 모두 이릉 사건이 《사기》 편찬에 중대한 영향을 끼쳤다는 점이다. 그렇다면 이 사건은 심층적으로 한무제의 평가에 영향을 끼치지 않을까? 이릉 사건을 사례로 《사기》, 《한서》, 《자치통감》을 비교하면서 어떤 다른 점이 있는가를 살펴보자.

세 역사서에 묘사된 이릉 사건의 차별점

《사기》에 이릉 사건은 매우 간단히 묘사되어 있다. 사마천은 전쟁이 왜 발생했고, 이릉이 전쟁터에서 어떻게 전투하고 왜 흉노에 투항했는지 단 300자로 완결했다. 사마천이 이릉 사건에 연루된 것은《사기》최후의 〈태사공자서太史公自序〉에 한 구절로 기록돼 있다. 이 과정이 어떻게 발생했고, 그가 한무제에게 무슨 의도로 말한 것인지는 쓰지 않았다. 사마천은 사건의 처리 과정을 은밀하게 숨기고 있다. 사마천은 전쟁을 단지 두 구절로 표현했다.

> 이사 장군 이광리가 기병 3만 명을 이끌고, 흉노의 우현왕을 기련
> 천산祁連天山에서 공격했다. 이때 이릉에게 보병과 사수 5천여 명
> 을 이끌고 거연에서 출병해 북쪽으로 1천 리를 진격하도록 했는
> 데, 이것은 흉노 군사들을 분산시켜서 이사 장군에게만 몰리지
> 않도록 하기 위함이었다.
>
> 《사기》〈이장군열전〉

한무제는 이광리에게 기병 3만을 이끌고 기련산에서 흉노를 공격하게 했다. 흉노 군대가 이광리를 집중적으로 공격하는 것을 막으

려고 한무제는 이릉에게 5천여 보병을 딸려 보내 적의 주의력을 분산시키려고 했다. 단순히 이 구절을 보면 한무제는 처음부터 이릉에게 큰 기대를 하지 않았다. 단지 이광리의 승리를 위해 이릉을 밑밥으로 삼았다. 그래서 단지 5천여 명의 보병만 주었던 것이다. 그렇다면 한무제는 일부러 이릉을 사지로 빠뜨린 것이 아닌가? 사마천은 이런 질문 때문에 이릉 사건을 의심했다. 다시 《사기》에 이 사건의 결말을 어떻게 처리했는지를 살펴보면 매우 간략하다.

한나라에서 이릉이 투항한 소식을 듣고 그의 모친과 처자를 몰살시켰다.

한나라에서는 이릉이 투항했을 뿐만 아니라 흉노의 선우가 그의 딸을 이릉에게 시집보냈다는 소식을 들었다. 그래서 한무제는 이릉의 모친과 처자식을 모두 죽인다. 이 구절을 살펴보면 한무제가 이 사건을 얼마나 경솔하고 조악하게 처리했는지 알 수 있다. 이것이 사마천이 이릉 사건의 결과를 표현한 방식이다.

사마천이 위에 쓴 이릉 사건은 그 원인부터 결과까지 이릉이 한무제에게 피해를 본 것으로 처리하고 있다. 사마천은 이광과 이릉의 사건을 권세에 희생물이 된 영웅의 비장하고 처량한 말로로 그렸다.

"여러 방면의 의견을 들으면 시비를 잘 구별할 수 있고, 한쪽 말만 들으면 사리에 어둡게 된다."는 속담이 있다. 이릉 사건에 관해《한서》의 기록을 살펴보면 이 사건이 간단하지 않다는 것을 알 수 있다.

이릉은 왜 5천여 명의 보병만을 이끌고 전쟁터로 나갔나? 한무제는 정말 이릉을 희생물로 삼았던 것인가?《한서》의 기록은《사기》보다 복잡하다. 최초에 한무제는 이릉을 전쟁터로 보낼 생각이 없었다. 단지 그에게 이광리의 군수물자를 공급하는 역할을 맡겼다고 한다. 그러나 이릉은 자기가 맡은 역할에 불만을 토로하고 자신에게 한 부대를 맡기면 곧바로 흉노의 왕정으로 진격하겠다고 했다. 또한, 자기는 기병도 필요치 않고 5천여 명의 보병만 맡겨도 흉노를 공격할 수 있다고 호언장담했다. 이는 그의 조부인 이광과도 비슷한 영웅주의적인 태도다. 이에 한무제는 그 요청에 따라 군대를 내주고 흉노의 주의력을 분산하게 했다는 것이다.

《사기》에서는 흉노의 주의력을 분산시키고 이광리의 압박을 덜어주려고 한무제가 이릉에게 무리한 임무를 맡겼다고 했다. 그러나《한서》에서는 이릉이 군수품 조달 임무에 만족하지 않고, 자원해 전쟁터로 나갔다고 했다.

한무제는 이릉이 자원하면서, 그를 전쟁터로 투입할 것을 결정했다. 하지만 한무제는 이릉이 단독으로 적진에 진격하지 말고, 단지 이광리 군대를 후원하는 임무를 수행하도록 했다. 이런 정황은《사기》에는 기록되어 있지 않다. 이렇게 보면 이릉이 왜 5천여 보병만으로 적진에 뛰어들었는지 그 정황을 알 수 있다. 이것이《사기》와《한서》의 차이점이라고 할 수 있다. 이 두 가지 관점은 어쨌거나 한무제와 연관되어있다. 한무제가 왜 최후에 이릉의 모친과 처자식을 죽였는지《사기》와《한서》는 어떻게 기술되어 있을까?

《한서》 기록으로는 선우가 이릉에게 딸을 시집보냈다는 소식을 한무제가 듣고 불같이 화를 내며 그 모친과 처자식을 죽이리라 결심했다고 한다. 그러나 그 속에도 곡절이 있다. 당시 전선에 있던 사람이 정탐한 결과, 이릉이 흉노에 투항한 이후에 흉노 군대에 한나라 군대를 어떻게 상대해야 하는지 전문적인 기술을 훈련했다고 한다. 이 소식이 전해진 후에 한무제는 이릉의 가문을 멸족시킬 각오를 하고 반역죄로써 응징했다고 한다.

그런데 정말 그렇다면 《한서》의 해석은 정탐했던 사람 잘못이다. 선우의 군대를 훈련한 사람은 이서李緖라는 장수였고, 이릉이 아니었다. 책임은 정탐한 자에게 있는 것이다. 한무제로서는 이전에 이릉이 한 행동을 보고 결정한 것으로 볼 수 있다. 처음에 이릉에게 군대를 이끌게 했을 때, 한무제는 이릉에게서 그 조부인 이광의 풍모를 연상했을 것이다. 이릉이 흉노에 투항하고 흉노의 군대를 훈련했다는 잘못된 정보를 듣고 한무제는 크게 분노했던 것이다.

한무제를 무척 옹호하는 견해를 밝힌 반고는 이 사건에서도 한무제를 위한 이유를 제시했을까? 《한서》에는 위 내용 외에도 이릉이 전투에서 영웅적인 용맹을 과시했다는 사실을 기록했고, 마지막에 이릉이 흉노에 투항한 것을 동정했다. 《사기》에는 없는 내용이다.

이릉이 흉노군과 악전고투를 한 후에 많은 병사가 부상했다. 이릉은 세 곳 이상 다친 병사들을 수레에 태우고, 두 곳을 다친 병사들은 수레를 끌게 했고, 한 곳 이하를 다친 병사들은 병장기를 가지고 전투에 참여하게 했다. 이런 세세한 구절은 당시 전투가 얼마나 치열하고 잔혹했는지를 알려준다. 또 이릉이 5천 보병을 이끌고 8만 기병을 상대할 때, 죽고 상처 입는 병사들이 속출해도 끝까지 전투를 포기하지 않고 용맹하게 싸웠다고 그 용맹함을 표현하고 있다. 이릉은 최후의 일각까지 전투할 생각으로, 병사들을 잘 이끈 장수였다는 것을 방증한다.

이릉이 불굴의 투지로 흉노와 치열한 전투를 벌여서 선우는 이 전투를 포기할 마음마저 먹었다고 한다. 무슨 까닭이었을까? 선우로서는 이렇게 완강한 부대는 처음이었고, 불가사의한 점이 있다고 여겼다. 선우는 이릉이 무언가를 믿는 구석이 있어서 자기 군대를 두렵게 생각하지 않는다고 믿었다. 그는 이릉의 부대가 마치 미끼가 되어서 자기 군대를 유인하는 것으로 의심해서 철수를 고려한 것이다. 그러나 이 무렵, 이릉의 군대는 화살조차 다 떨어졌고, 군량도 바닥나 있었다. 이 소식을 접한 선우는 사람을 보내 이릉에게 투항할 것을 권유했다. 흉노군은 이릉을 이미 포위해서 여유가 있었고, 이릉의 군대는 절망적인 상태여서 투항할 수밖에 없었다. 이릉의 5천 명 보병 중에 살아서 돌아온 병사는 4백여 명에 불과했다.

이런 세세한 기록은 《사기》에는 나오지 않는다. 이를 보면 반고 역시 이릉의 영웅적인 기개에 찬탄을 보냈고 어쩔 수 없는 상황에 부닥쳐 투항한 것이라고 동정했다. 그렇다면 반고가 단순히 한무제를 옹호하려고 이릉의 사건을 왜곡한 것으로 생각되진 않는다. 《사기》와 비교하면 《한서》가 더 객관적이라고 할 수 있다. 한무제나 이릉의 입장을 모두 대변했기 때문이다.

바로 이와 같아서 사마광이《자치통감》을 편찬할 때 이릉에 대한 묘사는 기본적으로《한서》의 내용을 바탕으로 했다. 사마광의 절묘함은 이광리의 전투 뒤에 바로 이릉의 사건을 다뤘다는 점이다. 이광리의 전투 실적은 60~70%의 병사들을 손실한 것이다. 이 이야기를 마치고 바로 이릉의 사건을 묘사했는데, 이릉이 전투에서 펼친 용맹과 이광리의 무능이 선명한 대조를 이룬다.

　　그러나 이릉이 무엇 때문에 5천여 보병을 이끌고 전투에 참여했는지에 대해《자치통감》은《한서》와 마찬가지로 이릉이 군수품 조달을 원하지 않고 직접 전투에 참여하길 원했기 때문이라고 기록하고 있다. 한 방면으로 한무제가 친척관계인 이광리를 기용해 국가에 막대한 해를 입힌 것에 신랄한 비판을 가한 것이다. 또 다른 방면으로 이릉의 사건을 객관적으로 묘사해 이릉의 실패가 한무제의 책임이 아니라는 점을 밝힌 것이다. 이 점은 한 사람의 형상을 무조건 좋은 사람이나 나쁜 사람으로 표현하는 것이 간단한 일이 아니라는 것을 알 수 있게 한다.

세 역사가의 견해를 어떻게 생각하나?

최후로 사마천이 궁형을 받은 일을 언급하지 않을 수 없다. 이 사건
은 사마천이 한무제를 평가하는 데 어떤 영향을 끼쳤고, 우리는 이런
영향을 어떻게 생각해야 하나? 사마천은 굴욕적인 궁형을 받았지만
《사기》에서 이릉의 사건을 세세하게 다루지 않았다. 또 자기가 이릉
을 왜 변호했는지 한 자도 기록하지 않았다. 이것은 사마천이 스스로
숨기려는 조처였을 것이다.

　《한서》에는 사마천의 발언을 상세하게 기록하고 사마천이 매우
훌륭한 말을 했다고 칭찬했다. 그는 사마천의 말이 매우 조리가 있고
화려하다고 했다. 사마천은 이릉을 변호해 한무제를 위로하려고 했
지만, 한무제는 되레 화를 내며 사마천에게 형벌을 내렸다. 한무제가
사마천에게 잔인한 형벌을 가한 것은 지나친 행동이었다.

　전쟁이 덮쳐 나라가 침울한 상황에서 천문이나 문헌을 담당했던
태사령 처지에서 자기 의론을 발표한다는 것은 일반적이지 않다. 그
래서 《한서》 〈사마천전〉에서 반고는 사마천을 두 가지 면으로 평가했
다. 한 면으론 사마천이 훌륭한 역사가의 재능이 있다고 칭찬했지만
또 다른 면에서 사마천이 폭넓은 지식이 있으면서 스스로 보호하는
지혜가 부족했다고 평가했다. 반고는 최후에 《시경》의 한 구절인 "대

저 〈관저〉에서 말하길 '명철하면서, 능히 그 몸을 보전한다.' 했는데, 이는 얼마나 어려운 일인가!"《시경》〈대아〉)를 인용하고 마무리했다. 반고는 사마천이 총명하고 높은 학문이 있으면서 결국에는 화를 면하지 못했다고 논했던 것이다.

《자치통감》을 살펴보면 사마광이 《자치통감》을 얼마나 소중하게 편찬했는지를 알 수 있다. 1300여 년간의 역사를 제한된 글 속에 밝혀낸다는 건 불가능하다고 할 수 있는데, 사마광은 이를 짧은 몇 구절로 표현했다. 그러나 사마천이 이릉을 변호한 것에 사마광은 한 글자도 꺼내지 않았고 당시 사마천의 언행에 대해서도 평가를 보류했다. 이는 후대의 두 사학자가 비록 사마천을 동정하지만, 사마천의 언행에는 찬성하지 않는다고 볼 수 있다. 사마천 스스로 이 사건을 처리하는 방법에서 치밀하지 못한 부분이 있었다고 본 것이다.

이릉 사건은 사마천도 사건 연루자였기에 《사기》의 기록은 분석할 필요가 있다. 사마천이 《사기》에 기록한 한무제에 관한 평가는 객관적인가? 만약 이런 의구심을 가진 사람이 있다면 사마천을 너무 얕잡아 본 것이다. 사마천은 사학자 중에서도 제일인자로 불리는 인물이다.

물론 동한 말기 대신인 왕윤王允의 평도 있다. 《삼국연의》를 본 독자들이라면 왕윤을 잘 알고 있을 것이다. 그 속에 "왕사도王司徒(왕윤)는 교묘하게 연환계를 구사하고, 동태사董太師(동탁)는 봉의정에서 큰 소동을 일으켰다."는 구절이 나온다. 왕윤은 최후에 동탁과 여포의 사이를 이간질해 동탁을 제거한다. 왕윤은 역사상 실존했던 인물이다. 그는 《사기》에 대해서 저명하게 평가했다. 《사기》를 '방서誹書'라 한 것이다. 전문적으로 황제와 조정을 훼방한 책이라는 뜻이다. 왕윤은 사마천이 궁형을 받고 한무제의 명성을 떨어뜨리고 보복했다고 여겼다.

《사기》와 한무제 시대를 자세히 연구했지만 왕윤의 관점을 찬성할 수는 없다. 먼저 《사기》 편찬은 사마천이 궁형을 받기 이전부터 시작했다. 사마천의 부친인 사마담司馬談이 책을 완성하라는 유언을 남겨 진행된 사안이다. 이 때문에 사마천이 전문적으로 한무제를 훼방하려고 《사기》를 썼다는 것은 어불성설이다. 그다음에 이릉 사건이라는 특수한 정황에서도 사마천은 한무제 시대를 사실에 근거해 묘사하려 했다. 《한서》에는 사마천이 쓴 역사를 "화려하지도 않고 질박하지만 촌스럽지 않다. 공연히 찬양하는 법이 없고 악을 숨겨주지 않는다. 그런 까닭에 실록이라고 일컫는 것이다."라고 쓰였다. 예컨대 《사기》에 한무제의 개성과 신앙의 묘사는 바로 우리가 한무제를 전면적으로 평가할 때 중요한 근거가 될 수 있다.

그렇다면 한무제 개인의 성격은 어떤 특징이 있었을까? 또한, 한무제는 주변에 어떤 사람들을 모았고, 그들은 어떤 상호작용을 일으켰을까?

제
20
강

인재의 모집과 등용

'골계滑稽' 동방삭東方朔

한무제 즉위 초에 한나라는 이미 건국한 지 60년이 되어 사회는 안정되고 국고는 풍요로웠다. 그러나 주변 민족과의 관계는 좋지 않았고, 많은 제도를 완비하진 못했다. 그래서 한무제는 나라를 잘 다스릴 방법을 찾고, 현명한 사람을 구하기를 갈망해 각양각색의 인재들을 모집했다.

조정에는 많은 인재가 모여들었다. 예컨대 문신으로 공손홍公孫弘, 동중서董仲舒, 무장으로는 위청衛靑, 곽거병霍去病, 문장고수로 사마천司馬遷, 사마상여司馬相如, 법률전문가로 조우趙禹, 장탕張湯, 외교 인재로 장건張騫, 소무蘇武 등이다. 이 밖에도 많았다. 천문 역수에 능한 자가 있었는데, 사마천과 같이 역법曆法을 만든 당도唐都가 있었다. 또 산수算術에 능해 한무제의 재정개혁에 참여한 상홍양桑弘羊이 있었고, 음악에 능한 이광리李廣利의 형 이연년李延年이 있었다. 개성이 강한 박실朴實이란 사람은 만석군萬石君의 식솔이었다. 정직하고 솔직한 인물로 급암汲黯이란 사람은 한무제를 면전에서 비판하기도 했다. 한편 어떤 사람은 익살스럽고 유모가 많았으니, 바로 동방삭東方朔이다.

반고는 한무제 시대에 인재들이 군집했는데, 그중에서 '골계滑稽는 즉 동방삭'이라 해서 동방삭을 '골계형' 인재에 속한다고 했다. 골계란 개인의 행동거지가 상리에서 벗어나 익살스럽거나 유머러스하다는 뜻을 품고 있다. 역사서에 기재된 동방삭의 사적을 살펴보면 적지 않은 내용에서 매우 익살스럽다. 예컨대 동방삭은 스스로 자신을 추천했다. 그는 스스로 자신은 올해 20세가 됐고 신장은 커서 9척 3촌에 달한다고 했다. 9척 3촌은 오늘날 약 2m에 달한다. 그런 후에 자기 얼굴을 소개했다. 두 눈은 밝은 진주와 같이 반짝이고, 치아는 조개껍데기처럼 가지런하다고 했다. 재능과 품격 상으로는 자기가 맹분孟賁과 같이 용맹하다고 했다. 맹분은 고대에 매우 유명한 용사로 맨손으로 맹수를 때려잡았던 사람이다. 또 자신은 경기慶忌처럼 민첩했다고도 했다. 경기는 달리면서 활을 쏘며 재빠르기가 말도 따라가지 못할 정도로 민첩한 사람이었다. 그리고 포숙처럼 청렴하고 깨끗했다고 했는데, 포숙은 의리를 중히 여기고 재물을 경시했던 사람이었다. 더불어 미생尾生처럼 신용을 중히 여겼다고 했다. 미생은 다리 밑에서 여자와 만날 약속을 했는데, 물이 갑자기 불자 약속을 지키기 위해 다리 기둥을 잡고 죽은 사람이었다. 동방삭은 이렇게 자기를 소개했는데, 그 말투가 무척 우습다.

여기서 그치지 않았다. 동방삭은 자기는 13세에 글을 배우기 시작해 3년 만에 문학과 역사 방면의 책을 완독해 과거에 응시할 정도였다고 했고, 15세에 검술을 배웠으며 그 후에 병법까지 익혔다고 했다. 동방삭은 스스로 문학과 역사 방면에 암송한 문자가 22만 자에 달했고 병서와 전략방면으로 암송한 문자가 또 22만 자여서 모두 44만 자를 암송했다고 했다. 그래서 반고의 《한서》〈동방삭전〉에서 동방삭을 "불손하게도 자신을 높여 자화자찬했다."고 평했다. 그러나 한무제는 동방삭을 대단히 기이하고 특별한 사람으로 여겨 곁에 두고 녹봉을 주었다.

한번은 한무제가 주변 사람들에게 고기를 하사하게 했다. 규정으로는 이를 담당하는 관리가 먼저 황제의 조칙을 전한 뒤에 고기를 나눠주게 된다. 그러나 저녁 늦게까지 담당하는 관리가 오지 않자 동방삭이 먼저 장검을 뽑아 고기를 베어 갔다.

뒤에 담당 관리가 이 사실을 한무제에게 보고했다. 한무제가 동방삭을 불러 어떻게 된 일인지 묻자 동방삭이 이렇게 대답했다. "동방삭아, 동방삭아, 하사품을 받되 조칙을 기다리지 않았으니 얼마나 무례한가! 검을 뽑아 고기를 베었으니 어찌 그리 호쾌한가! 고기를 많이 베어 가지 않았으니 또 얼마나 청렴한가! 귀가해 아내에게 주었으니 또 얼마나 인자한가!"

이 말은 들은 한무제는 그저 웃고 처벌하지 않았으며 별도로 술과 고기 백 근을 하사했다. 원래 조칙을 기다리지 않고 멋대로 행동한 것은 엄중한 처벌감인데, 한무제는 엄숙하게 처벌하지 않고 동방삭에게 해명할 기회를 주었다. 이는 한무제에게 동방삭이 웃음보따리 역할을 했기 때문이다. 동방삭은 비록 괴이하게 행동했지만, 행동거지에서 유모가 넘치고 성격이 시원스러웠다. 동방삭이 황제를 웃게 하는 것은 정상적이진 않았다. 그런 일은 기실 기생과 광대나 애첩들의 역할이었다. 그러면 동방삭은 평상시 어떻게 일했을까?

동방삭과 한무제의 용인 책략

동방삭은 어떤 경로로 한무제에게로 왔던가?《한서》〈동방삭전〉에는 한무제가 즉위 직후에 천하에 덕행이 높고 학문과 재능을 겸비한 인재들을 격식을 따지지 않고 불러 모았는데, 그중에 동방삭이 참여했다고 한다. 동방삭의 사적을 살펴보면 비록 과장되어 있으나 그 사람됨됨이가 유모가 넘치고 재치가 있다. 또 그는 남들이 감히 말하지 않는 의견을 제시하기도 했다.

한무제가 젊었을 때 궁정생활에 염증을 느껴 비밀리에 자주 민간을 시찰하고 사냥하러 다니기도 했다. 이때 백성에게 민폐를 많이 끼쳤고 안전하지 않아서 뒤에 한무제는 아예 한 지방의 토지를 지정해 황가皇家의 원림苑林으로 삼았다. 이것은 뒤에 '상림원上林苑'으로 불렸다. 이에 동방삭이 한무제에게 황제가 백성을 아끼지 않고 사치스런 방식으로 유희를 즐긴다고 비판했다. 심지어 그는 한무제가 "백성의 토지를 몰수하고 그곳에 애완동물을 키우고 사냥을 한다면 언제 민생을 돌볼 수 있겠는가?"라고 질타하면서 역사상 망국의 왕들이나 그런 행동을 한다고 경고했다.

이런 동방삭의 말은 매우 엄정하고 성심이 우러나온 것이고, 그 언행이 단지 한무제나 남을 억지로 웃기려고 하는 것이 아님을 짐작게 한다. 이런 동방삭의 말에는 조리가 있어서 한무제도 공개적으로 그가 잘못됐다고 말하지 못하고 그의 관직을 높여주고 황금 1백 근을 하사했다. 단 한무제는 동방삭의 직간에 표창했지만, 그의 의견을 받아주지는 않았다.

이 사건으로만 보면 동방삭은 폐단을 고치는 일을 제 임무로 삼아서 황제에게 거침없이 비판했다. 그러나 시간이 지나면서 한무제 주변에 인재들이 많아지자 동방삭은 다시 우스갯소리나 하는 사람으로 되돌아갔다.

필자는 이것은 한무제가 동방삭을 대하는 태도와 관련 있다고 생각한다. 한무제는 인재 선발과정에서 동방삭을 발탁해 마땅히 그에게 걸맞은 민생 관련 직위를 주었어야 했다. 그러나 그렇게 하지 않았다. 동방삭의 가치와 건의에 대해서 한무제는 무시하는 태도를 보였다. 그러자 동방삭은 황당무계한 행동거지로 한무제의 관심을 끌려고 했다.

반고는 동방삭이 한무제 주변에서 한 일은 "익살을 떨었을 뿐이었다."고 그를 평가절하했다. 단지 그는 한무제에게 웃음을 선사하는 작용만 했다는 것이다. 그러면 우리는 묻지 않을 수 없다. 왜 한무제는 동방삭 같은 인재를 뽑아놓고 제대로 활용하지 않았던 것인가? 한무제는 무슨 목적으로 주변에 인재들을 모았던가?

세 역사서에 기록된 동방삭

동방삭을 이야기하려면 먼저《한서》를 보아야 한다. 반고는《한서》에
서 동방삭을 전면적으로 소개했다. 반고는 동방삭의 개성을 강조했
다. 반고는 이렇게 말했다.

> 한무제가 많은 영재와 준걸을 불러 모아 그들의 기능과 재능을 헤
> 아려 다 쓰지 못할 것을 두려워했다.
>
> 《한서》〈동방삭전〉

당시 조정에는 인재들이 운집해 있었다. 반고는 이때 모인 인재
들 이름을 이렇게 밝혔다. 공손홍, 동중서, 주보언, 장조, 급암, 사마
상여, 사마천 등이다. 한무제는 이들을 그 장기대로 일일이 임용했다.
그런데 동방삭만은 중용되지 못했다. 왜 그랬을까? 반고는 그 원인을
동방삭 그 자신에서 찾았다.

반고는 동방삭을 평가할 때 최대 특징이 광대처럼 남을 웃기는
것이라고 했다. 그는 동방삭을 평판이 실제보다 지나쳤던 인물로 보
았다. 반고는 동방삭을 '골계滑稽의 우두머리'로 표현했는데, 오늘날
개그나 코미디계의 달인 정도로 보았던 셈이다.

사마광의 동방삭에 대한 인식은 《한서》와 상반된다. 《자치통감》에 남아있는 동방삭에 관한 기록은 모두 한무제에게 자기 견해를 밝히는 내용으로 웃기는 이야기는 하나도 없다. 이는 단지 《자치통감》이라는 책의 성질과 관련 있는데, 웃기는 이야기는 나라를 다스리는 데에 무익한 것으로 보았던 탓이다. 사마광은 동방삭이 남들은 감히 꺼내지 못하는 직간을 했으나 한무제는 이를 무시했고, 단지 그의 해학이나 유모만을 중시했다고 썼다. 이것은 한무제가 황제로서 자기 직분에 충실하지 못했던 부분이라고 할 수 있다.

《사기》를 펼쳐보면 〈골계열전(滑稽列傳)〉에 동방삭에 관한 기록이 있다. 〈골계열전〉을 살펴보면 그들의 행동거지가 해학적인 것에만 그치지 않고 유모와 지혜를 겸비한 것으로 나온다. 단지 《사기》에 나오는 동방삭의 기록은 사마천이 직접 쓴 것이 아니라 후인들이 보충해 삽입한 것이다. 《사기》는 전해 내려오는 과정에서 적지 않는 부분이 유실됐고, 이 때문에 후인들은 유실된 내용을 보충했다.

동방삭에 관해서 사마천은 본래 전기를 만들 생각을 하지 않았다. 왜냐하면, 한무제 말기까지 동방삭이 건재해 사마천의 전기에 포함할 수 없었기 때문이다. 그러나 사마천은 동방삭에 대한 깊은 인상이 있었다. 둘은 오랫동안 한무제 주변에서 함께 동고동락했기 때문이다. 사마천은 동방삭을 잘 알고 있었다. 그리고 한무제가 동방삭을 대하는 태도 역시 친히 목격했다.

한무제가 동방삭을 대하는 태도에 관해 반고와 사마광은 평가가 달랐다. 그러나 한무제가 동방삭을 대하는 진정한 태도에 관해 두 사람은 잘 알고 있었다. 한마디로 말하면 한무제가 동방삭을 전문적으로 오락을 담당했던 광대나 배우처럼 곁에 두고 길렀다는 것이다. 이 말은 일찍이 사마천이 한 말과 비슷하다. 사마천은 한무제가 자기를 대하는 태도를 한마디로 "악공이나 배우의 부류로 길렀다."고 토로한 적이 있었다. 이것은 사마천이 자기 잘못을 뉘우치고 허물을 고치려는 마음에서 한 말이었지만 진실성이 있다. 한무제 주변에 동방삭과 사마천 같은 인물들은 제왕의 유희 대상이었고, 그 이상과 이하도 아니었다. 그렇다면 한무제는 도대체 어떤 인물을 등용했단 말인가?

한무제가 등용한 사람들

동방삭 일화는 단지 한 사례에 불과하다. 중요한 것은 한무제가 도대체 어떤 인재들을 등용했고 어떻게 그들은 활용했느냐에 관한 것이다. 반고는 한무제가 발탁한 인재들의 성적을 매우 긍정적으로 평가했다. 그는 한무제가 발탁인 인재는 몇 가지 특징이 있다고 했다. 우선 각계각층의 인재를 망라했다는 것. 그러면서 "한나라가 인재를 얻음이 이처럼 성했다. (…) 후세인들은 이에 미치지 못할 것이다."(《한서》〈공손홍예관전〉)라고 결론을 내렸다.

그다음으로 반고는 한무제가 인재를 발탁할 때 한 가지 원칙이 있으니, 그것은 "영웅의 출신을 묻지 않는다"는 것이다. 한무제가 발탁한 인재들은 그 출신 성분을 가리지 않았다. 위청은 노비 출신이었고, 상홍양은 장사꾼이었다. 뒤에 한무제가 임종할 때 자기 어린 자식을 잘 돌보라고 당부했던 고명대신인 김일제金日磾는 투항한 흉노 사람이었다. 이런 사람들을 살펴보면 한무제는 어떤 사람이 재능만 있으면 그 출신 성분을 가리지 않고 대담하게 등용했고, 격식에 얽매이지 않았다. 그래서 한무제를 "여러 선비가 우러러 사모하고, 비범한 사람들이 함께 출현했다."고 했다.

반고는 마지막 특징으로 한무제가 인재를 진심으로 대했고 그 재능을 높이 평가했으며, 이에 걸맞게 대우해 주었다고 했다. 이 점에 대해 반고는 한 가지 사례를 든다. 그것은 "편안한 수레로 매생枚生을 맞이하게 했다."는 것이다. 매생은 매승枚乘으로 불리는 자로 문학 방면에 큰 성취를 이룬 자인데, 특히 부賦에 능했다고 한다.

한무제가 즉위할 때 매승은 이미 연로했다. 한무제는 그 명성을 듣고 그를 보고 싶어 했다. 그 당시 교통은 대단히 불편해서 노인이 장기간에 여정을 감당하기에는 무리였다. 한무제는 푹신한 부들 풀을 수레에 깔고 그를 모셔오게 했다. 그러나 매생이 오는 도중에 병사해 결국 한무제를 만나지 못했다. 이 사건은 한무제가 현인을 존중하고 우러러 사모한다는 인상을 남겼다.

반고는 한무제가 인재를 소중하게 여겨서 당시 인재들이 한무제 주변으로 성황을 이루었다고 밝히고 있다. 또 동방삭이 중용되지 못한 까닭은 그가 배우나 광대 같은 역할밖에 못 했기 때문이라는 것이다. 단지 똑같은 문제에 대해 사마천이나 사마광은 다른 견해를 지니고 있었다.

사마천의 직접 체험담

한무제 주변에 인재들이 운집한 것에 대해 사마천과 사마광은 이견
이 없었다. 단지 사마천은 반고와 달리 한무제가 인재를 잘 등용하지
못했고, 인재를 대하는 태도가 부정확했다고 했다. 사마천은 한무제
시대에 살았고 또 한무제 주변의 많은 인재를 기록했던 당사자다. 그
는 처음에 한무제에 충성을 다 바쳤지만 결국에는 궁형이라는 치욕
적인 형벌을 받았다. 사마천뿐만 아니라 많은 인재가 그와 같은 비참
한 최후를 맞았다.

장조莊助는 한무제가 남방의 민월국閩越國을 정벌할 때 찬성했던
대표적인 인물이었고, 한무제가 발탁한 청년 영웅이라고 할 수 있다.
그때 한무제는 즉위한 지 얼마 되지 않아서 국정운영이 미숙했다. 중
대한 결정을 할 때는 원로중신들의 반대에 시달렸다. 예컨대 한무제
가 민월국을 정벌하려고 하자 외숙부인 승상 전분田蚡이 반대했고,
숙부격인 회남왕 유안劉安도 마찬가지였다. 그리고 명망 있는 대신인
급암汲黯도 결사반대했다. 이때 장조는 신출내기에 불과한 신하였는
데, 팔을 걷어붙이고 한무제를 지지했다. 그는 민월국을 반드시 정
벌해야 하는 이유를 들어 전분과 첨예한 변론을 벌였으며, 결국에는
전분에게 아무런 말도 못 하게 해 한무제가 민월국을 정벌할 수 있게

했다.

민월국의 정벌에 관한 그 정당성 여부를 따질 필요는 없다. 단지 인간관계의 각도에서 말하자면 장조는 한무제를 전폭적으로 지지했으니, 한무제도 그를 잘 대해 주었어야 마땅하다. 그러나 장조의 최후는 어떠했나?

한무제는 회남왕 유안을 반역죄로 다스릴 때 장조가 회남왕과 서로 왕래했다는 장탕의 말만 듣고 장조를 무참하게 죽여 버렸다. 장조와 회남왕은 원래 왕래가 없었는데, 민월국을 정벌할 때 회남왕이 반대하자 한무제는 장조에게 왕래해 사귀게 했다. 그렇다면 장조는 한무제를 위해 유안과 왕래를 했을 뿐인데, 그 사건으로 목숨마저 내놓게 됐다. 이 사건으로 한무제를 위해서 적극적으로 일했던 사람들의 마음은 어떠했을까?

또 장조를 죽인 장탕은 한무제를 위해 적지 않는 악한 대역을 맡았다. 그는 한무제가 진황후陳皇后를 폐할 때 도와주었고, 회남왕 유안을 반역죄로 몰아 죽였으며, 한무제를 위해서 악랄한 수단을 총동원해 재물까지 모아 바쳤다. 장탕은 한무제를 위해 숱한 사람들을 숙청해 죽였는데, 결과적으로는 그 또한 당시 승상인 장청적張靑翟을 제거하려다가 자신은 물론 장청적과 그 수하인 세 명의 장사長史까지 모두 함께 죽었다.

이런 추악한 사건들을 사마천은 친히 목격했다. 그는 한무제의 잔인무도한 성격을 누구보다 잘 알고 있었다. 사마천 본인도 예외가 될 수 없었음을 직접 체험한 것이다. 사마천은 스스로 "한무제가 자신을 희롱의 대상으로 여겨 악공이나 배우처럼 대했다"고 토로한 적이 있다. 이 때문에 한무제가 동방삭을 대하는 태도는 사마천은 본인과 같은 일로 느꼈을 것이다. 동방삭이 담당한 일은 한무제의 울적한 마음을 달래고 웃기는 역할이었던 것이다.

사마광, 두 측면에서 관찰하고 생각하다

사마광은 《자치통감》에서 인재를 모집하고 등용하는 문제를 논할 때 두 가지를 중요하게 다뤘다. 하나는 한무제와 대신 급암 사이의 대화를 인용한 것으로, 대화의 핵심 내용은 어떻게 인재를 대우해야 하느냐는 것이었다.

사마광은 먼저 한무제가 인재를 다루는 정황을 소개했다. 사마광은 한무제는 확실히 인재를 선발하는 데 신경을 많이 썼다고 했다. 그러나 개인적인 성향이 엄격해 인재를 보는 안목이 매우 까다롭다고 했다. 또 어렵게 뽑은 인재가 사소한 문제를 일으키면 엄하게 처벌했으니 심지어 참수하는 경우도 허다했다고 적었다.

이 문제에 대해서 급암이 한무제에게 이렇게 말했다. "폐하! 당신께서 정력을 들여 어렵게 찾아낸 현명한 인재들을 크게 한번 등용해 보지도 못하고, 작은 잘못을 저질렀다고 걸핏하면 참수합니다. 천하의 인재들은 유한한데, 그렇게 참수해 버리면 마침내는 다 사라질 것입니다. 그때가 되면 누가 폐하께서 국가를 다스리는 것을 도와주겠습니까?"

이에 한무제는 급암에게 이렇게 말했다. "인재를 어찌 다 죽이겠소. 단지 찾으려는 의지만 있으면 언제나 찾아낼 수 있을 것이오, 만약 찾은 인재가 나에게 쓸모없는 사람이면 그런 인재는 없는 것과 마찬가지니, 죽이지 않고 남겨 두면 무슨 쓸모가 있겠소?" 이 말을 들은 급암은 마음에 한기를 느꼈다. 한무제는 다른 대신들에게 이렇게 말했다. "당신들은 급암이 얼마나 어리석고, 진부한지를 보시오."

위 대화에서 한무제가 얼마나 냉혹하고 무정한 사람인지 확인할 수 있다. 사마광은 사마천과 유사한 생각을 지니고 있었다. 이것이 《자치통감》에서 첫 번째로 주의해서 볼 부분이다.

사마광이 한무제의 인재 등용을 평하는 다른 한 가지 부분도 주의해서 볼 가치가 있다. 한무제는 만년에 자기 잘못을 뉘우치고 정책을 바꿔 농업생산에 중점을 두었다. 이때 임용한 인재 중에 조과趙過라는 사람이 있었다. 조과는 농업 전문가였다.

사마광은 한무제가 조과를 임용한 사건에 특별히 주목했다. 사마광은 이렇게 말했다. "천하에 진실로 일찍이 선비가 없지 않았다." (《자치통감》 권 19) 이 말은 천하는 시시각각으로 인재가 나오고, 또한 각양각색의 인재가 있다는 뜻이다. 사마광은 한무제가 대외전쟁을 벌일 때 죽음을 무릅쓰고 나서는 용사들로 조정에 가득했고, 만년에 농업생산에 관심을 두자 조과 같은 인재가 나왔다고 말하면서 이는 백성에게 유익하다고 주장했다. 무엇을 말하려는 것인가? 천하에 인재가 부족한 것이 아니라 단지 제왕의 의향과 기호에 따라 달라질 수 있다는 것이다.

《자치통감》과 《한서》를 비교해 보면 한 가지 의미심장한 현상을 발견할 수 있다. 앞서 말했듯이 반고가 언급한 명단에는 한무제 시대를 대표하는 각양각색의 인재들이 모두 있었다. 그러나 그 명단에 조과라는 인물은 찾을 수 없다. 조과는 단지 《한서》의 〈식화지〉 속에 한 차례만 언급되어 있다. 반고에게서 한무제 시대의 인재 중에 조과는 낄 수 없는 존재였다.

사마광은 이와 반대로 반고가 제시한 한무제 시대의 인물들에게 특별한 평론을 가하지 않고 오로지 조과만을 높이 평가했다. 조과는 농기구를 개량하고 선진 농경을 추진했는데, 착실한 사람이었지만 명성이 세상에 잘 알려지지 않았다. 그는 한무제의 총애를 받고 호의호식했던 사람들과 사막과 전쟁터에서 말을 타고 호령하던 명장들과는 사뭇 달랐다. 그러나 사마광은 조과의 사적을 통해 한무제의 인재를 등용하는 득실에 관해 논했다. 이는 사마광이 역사학자로 역사를 편찬할 때 관심을 어디에 두어야 하는지를 알 수 있게 한다.

사마광은 이때 모인 장성이나 신하들도 한무제의 정책을 상서로운 일이라고 생각하지 않았다고 여겼다. 대규모 대외확장, 토목공사는 백성의 행복지수를 떨어뜨리는 일로 보았고, 만년에 잘못을 깨닫고 농업생산을 중시하고 민생안정을 회복해 진나라처럼 망하지 않았다고 보았다. 그래서 조과 같은 인물을 중요하게 생각했던 것이다. 사마광은 한무제가 만년에 제 잘못을 깨닫고 조과를 임용한 것을 높이 평가했다.

우리는 세 사학자가 한무제의 인재 등용을 두고 다르게 보고 평가한 내용을 살펴보았다. 사마천은 한무제 시대를 살면서 한무제가 냉혹하고 무정한 수단으로 인재를 다루는 것을 폭로했고, 반고는 한무제 시대에 각양각색의 인재들이 운집해 공전에 성황을 이룬 것을 자랑삼아 기재했다. 반면, 사마광은 한무제 초기에 잔인하게 인재를 죽이는 과정을 소개하면서 뒤에 잘못을 깨닫고 조과 같은 인재를 등용해 농업을 발전시키고 민생을 안정시킨 것에 주안점을 두었다. 이 세 사학자는 한무제가 인재를 모으고 등용하는 문제를 서로 다른 시각으로 바라보았다.

한무제 시대의 인재들은 대부분 반고가 열거한 명단에 있다. 그러나 반고의 명단 속에 있지 않은 중요한 인물들이 한무제 주변에 포진해 있다. 이들은 한무제뿐만 아니라 국가와 사회에도 중대한 영향을 끼쳤다. 도대체 어떤 사람들이었을까?

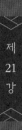

제
21
강

신선을 찾아 나서다

이소군李少君 이야기

한무제는 중국 역사에 많은 영향을 끼쳤다. 앞서 소개한 안으로 황권을 강화하고 밖으로 사이四夷를 정벌한 일 외에도 그의 개인 신앙과 관련한 활동 또한 매우 활발했다. 그 가운데 신선을 찾고 불로장생을 위한 활동이 대표적이었다. 이는 정치에도 영향을 끼쳤다. 예컨대 한무제 만년에 발발한 '무고지화巫蠱之禍'는 그의 친아들인 태자와 반목해 원수지간이 된 사건이다. 부자지간의 모순이 왜 무속과 관련되었을까? 이것은 한무제의 신앙과 관계가 있다. 우리가 한무제를 보다 더 정확하게 알려면 이 방면의 활동을 주목해서 살펴보아야 한다.

사마천의 《사기》〈봉선서〉는 역대 제왕이 봉선과 기타 큰 제사에 관련한 기록이다. 이 속에서 사마천은 한무제의 활동을 소상하게 묘사해 두었다. 한마디로 한무제는 신선을 추모하고 불로장생을 원했다는 것이다. 〈봉선서〉에 묘사된 한무제의 행동거지는 황당무계하고 도리에 맞지 않는다. 이 일을 이해하려면 먼저 한무제 주변에 있었던 이소군李少君이란 사람의 일화를 꺼내지 않으면 안 된다.

이소군이 한무제와 가까이 지낼 수 있었던 것은 한무제 외숙인 전분田蚡의 추천 때문이었다. 전분이 한번은 연회를 베풀었는데, 손님 중에 이소군이 주빈이 됐다. 또 손님이 한 명 있었는데, 90여 세 되는 노인이었다. 그 자리에서 이소군은 이 노인에게 "당신의 조부와 나는 일찍이 아무개 지방에서 같이 사냥하러 다녔소."라고 했다. 그 말을 들은 노인은 대경실색했다. 왜냐하면, 노인이 어렸을 때 조부와 함께 이소군이 말했던 아무개 지방에 간 적이 있었고, 확실히 자기 조부는 그 아무개 지방에서 사냥하는 것을 좋아했기 때문이었다. 이 광경을 본 다른 사람들은 노인이 이미 90여 세에 달했는데, 그의 조부와 함께 노닐었던 이소군의 나이가 얼마나 되는지 도무지 추측할 수가 없었다.

그러자 이소군은 스스로 자신은 장생불로 약방을 가지고 있는데, 70세 이후에 더는 늙지 않는다고 했다. 이소군은 또 어떤 신에게 어떤 방식으로 기도를 드리면 복을 얻을 수 있는지 비법이 있다고 했고, 귀신까지 부릴 수 있다며 호언장담했다. 많은 사람이 이소군의 불로장생 비방을 알고 싶어 분분히 재물을 갖다 바쳤다. 그를 따르는 신도는 기하급수적으로 늘어났다. 이 신도 중에 아주 특이한 인물이 있었으니, 그는 바로 한무제였다. 한무제는 젊었을 때 이소군을 알게 되고, 그를 믿고 무척 존경했다.

그와 한무제가 연결된 고사가 하나 있다. 한무제에게는 아주 오래된 골동 동기銅器가 있었는데, 일부러 이소군에게 그 동기를 보여주고 "어느 시대에 어느 사람이 썼던 것이냐?"고 물어본 적이 있었다. 이소군은 그 골동품을 보고는 바로 제나라 환공桓公 10년 때 백침대栢寢台에서 썼던 물건이라고 대답했다. 한무제는 그 말이 맞는지 골동품에 새겨진 글자를 보니, 확실하게 제나라 환공이 썼던 물건이었다.

이 사건으로 이소군은 더욱 유명해졌고, 한무제 또한 그를 더욱 신뢰하게 됐다.

이소군은 한무제에게 자기가 신선들과 교류한 사실을 알려주면서 불로장생 이론을 설명해주기도 했다. 그중에는 단사丹砂로 황금을 만드는 연단술이 있고, 또 이 연단술로 황금을 그릇으로 만들면 불로장생할 수 있다고 주장하기도 했다. 그리고 봉래산蓬萊山에 가서 신선을 찾으면 전설의 황제黃帝처럼 죽지 않는 경지에 이를 수 있다고 미혹했다. 이런 황당무계한 설법에 한무제는 깊게 믿을 뿐 전혀 의심하지 않았다. 그래서 이소군의 지도로 신당神堂을 만들고 신선을 찾으며 연단술로 황금을 만들게 했다.

그러나 신선을 찾는 일은 우습게 끝나고 말았다. 이소군이 죽어버렸기 때문이다. 스스로 불로장생 비방이 있고, 또 신선들과 왕래한다고 하면서 왜 갑자기 죽어버렸을까? 이소군은 실제 강호의 술사 출신이었고 혹자는 그를 강호의 사기꾼이라고 했다. 사마천은 이 사람을 "교묘하게 꺼낸 말이 신기하게 들어맞았다."고 했다. 이 사기꾼은 기회를 잘 타 사람들 심리를 교묘하게 분석하는데 남들은 이에 경탄을 금치 못했다. 예컨대 처음에 90여 세 된 노인의 일은 이소군이 사전에 그 집안 내력을 조사해 알아낸 것이다.

그러나 한무제는 이 사람을 깊게 믿고 의심하지 않았으며 그가 죽었다는 것도 믿지 않았다. 도리어 이소군이 신선으로 승천했다고 생각했다. 이런 한무제의 생각은 사실 역사에 연원을 두고 있다. 역사상 흔히들 '진황한무秦皇漢武'라고 병칭하는데, 한무제는 확실히 진시황과 비슷했다. 오히려 어떤 측면에서 진시황보다 더 심할 정도였다. 신선을 찾고 불로장생을 믿는 부분에서 그렇다. 진시황은 중국을 통일한 후에 전국 유명한 산천을 순행하면서 각종 제사와 봉선제封禪祭를 올렸고, 동쪽 제나라와 연나라 일대를 다니며 신선을 찾아나섰다.

한나라가 건립된 뒤에도 유명한 산천, 천지, 귀신 등에 각종 제사를 지내는 분위기가 남아있었다. 단지 한무제는 이 방면에서 남보다 더 큰 관심을 보였을 뿐이다. 사마천이 〈봉선서〉에서 한무제에 대해 첫 마디로 언급한 것이 "지금 천자가 즉위한 초부터 더욱 귀신을 공경하는 제사를 지냈다."이다. 우리는 위에서 본 이소군 사례를 통해서 사마천의 판단이 사실과 부합한다는 것을 확인할 수 있다.

한무제 이전의 몇몇 황제들은 비록 귀신에게 제사를 지냈지만, 신선을 찾아 헤매지는 않았고 불로장생을 믿지도 않았다. 한무제가 그들과 크게 다른 점은 귀신에게 제사를 지내는 것 외에도 적극적으로 불로장생을 추구하고 신선이 되려고 애썼다는 것이다. 되레 집착은 진시황보다 심할 정도였다.

한무제의 방사方士들

이소군은 비록 죽었으나 한무제가 신선을 흠모하는 심리는 이미 다른 사람들에게 알려졌다. 이 때문에 많은 방사方士들이 한무제 주변에 모여들었다. 이 사람들은 한무제를 위해서 무엇을 했나? 한무제는 또 이들을 어떻게 대우했나? 이를 잘 알려주는 몇 가지 이야기가 있다.

소옹少翁이라 불리는 사람은 스스로 귀신을 부릴 수 있다고 했다. 마침 한무제가 총애하던 왕부인王夫人이 세상을 떠났을 때였다. 소옹은 한무제에게 자신이 왕부인을 불러들일 수 있다고 호언장담했다. 그러고는 한무제에게 한밤중에 휘장 속에서 밖을 바라보게 하니, 정말로 왕부인 같은 형상이 밖에서 배회하는 게 아닌가. 이에 한무제는 놀라 소옹을 문성文成 장군으로 봉한다.

소옹은 또 한무제에게 신선들과 왕래하려면 정중한 복장을 갖추고 궁전에 거주하면서 신선처럼 지내야 한다고 말했다. 그래서 한무제는 수레에 구름을 그리고, 문에다가는 각양각색의 귀신을 그리게 했다. 이렇게 감천궁은 한무제의 활동중심지가 됐다. 그러나 이렇게 1년이 지나도 신선이 오지 않자 한무제는 점차 소옹을 믿지 못했고 최후에는 소옹이 자기를 속였다고 대로해 그를 죽이고 말았다.

소옹을 죽이고 한무제는 방사들을 다시 믿지 않았을까? 놀랍게도 한무제는 소옹을 너무 일찍 죽인 것을 후회했다. 그리고 다른 방사들에게 소옹이 했던 술법을 시험해 보도록 했는데, 영험한지를 알 수가 없었다. 악성후樂成侯라는 사람이 새로운 한 방사를 추천하니, 한무제가 그를 만나고는 매우 기뻐했다. 새로 추천된 방사는 난대欒大라는 인물이었다.

난대는 한무제에게 자신이 황제의 이름으로 신선들에게 돈을 줘 불러들이고, 그들에게 불로장생의 약을 만들도록 하겠다고 허풍을 쳤다. 그러나 그는 사전에 한무제에게 이렇게 말했다. "신은 문성 장군처럼 될까 두렵습니다. 이렇게 방사들의 입을 틀어막는다면 어찌 방술에 대해서 이야기할 수 있겠습니까?"(《사기》〈봉선서〉) 그러자 한무제는 자신이 죽인 것이 아니라 그가 말의 간을 잘못 먹어서 죽은 것이라고 변명했다. 옛사람들은 말의 간에 독이 있다고 믿었다.

난대는 한무제의 신임을 얻고 오리五利 장군에 제수됐다. 한 달이 지난 뒤에 또다시 천사天士 장군, 지토地士 장군, 대통大通 장군 등에 봉해졌다. 이 사기꾼은 한꺼번에 4개의 장군 인장을 얻었다. 또 한무제는 그를 악통후樂通侯에 봉하고, 위황후의 장녀인 장공주長公主와 결혼시켰다. 마침내 천도天道 장군이라는 옥인玉印까지 주었다. 한무제는 그에게 모두 6개의 인장을 주고, 황금 1만 근과 노비 1천 명 등 헤아릴 수 없이 많은 상을 하사했다. 그는 한무제를 위하여 황금을 연단하지도 않았는데, 한무제는 그에게 먼저 엄청난 황금을 주었던 것이다.

한무제는 친히 난대의 부상府上를 방문하고 그를 위로하며 각양 각색의 신선을 청해오는 의식을 거행했다. 장안의 귀족, 제후, 고관대작들은 한무제의 동정을 보고 서로 다투어 난대에게 잘 보이려고 재물을 보냈다. 난대의 부귀영화를 본 방사들은 서로 자기가 불로장생 비방을 알고 신선을 불러올 수 있다며 주장하기에 이르렀다.

이런 난대의 행위를 목격한 사마천은 다음과 같이 풍자했다. "신선은 오지 않고 백 가지 귀신鬼神만이 다 모였다." 난대는 또 한무제에게 동해로 들어가서 자기 스승을 찾아 신선을 데려오겠다고 했다. 그래서 난대는 행장을 정리해 동해로 들어갔는데, 한무제는 사람을 파견해 그 사실 여부를 확인하려고 했다. 결과적으로 난대는 동해로 들어가지도 못해 태산에서 제사만 지냈다. 그리고 자기 스승을 만나지 못했다고 거짓말을 했다. 이에 한무제는 가차 없이 난대를 죽여버렸다.

이런 사건을 경험한 뒤에 한무제는 깨닫는 것이 있었을까? 아니다. 옛날과 전혀 변함이 없었다. 난대를 죽인 그해 겨울에 공손경公孫卿이란 사람이 구지성緱氏城에서 신선의 족적을 발견했다고 고했다. 한무제는 친히 그곳까지 가서 확인했는데, 신선은 만날 수 없었다. 한무제는 공손경에게 이렇게 말했다. "문성 장군과 오리 장군처럼 되려는 것이 아닌가?" 이 말은 공손경에게 거짓말을 하면 문성과 오리 장군처럼 죽이겠다는 겁박이었다. 그러나 공손경은 이미 각오하고 거짓말을 했던 것이라 이렇게 대답했다. "신선은 먼저 사람을 찾아오지 않으므로 사람이 신선을 찾아야 합니다. 시간을 넉넉히 잡고 인내하면서 기다리지 않으면 신선은 오지 않을 것입니다."이 말을 들은 한무제는 조급하게 신선을 찾고자 하는 마음을 진정하고 좀 더 두고 보기로 했다.

한무제의 이런 심리상태를 간파한 강호의 사기꾼 방사들은 계속 한무제를 속이려고 달려들었다. 사마천은 당시 한무제가 "어쩌면 신선을 볼 수 있다고 바랐다."고 적어 두었다. 앞서 한무제는 문성과 오리 장군에게 속았지만, 여전히 정신을 차리지 못하고 요행히 신선을 만나면 자신도 불로장생할 것으로 한껏 기대하고 있었던 것이다. 공손경은 이런 한무제의 심리상태를 교묘하게 이용했다.

한무제의 조부인 한문제가 재위할 때도 방사들이 찾아와서 허튼소리를 한 적이 있었다. 그 대표적인 인물이 신원평新垣平이다. 그는 점을 치지도 않고서 앞일을 안다고 강변했다. 한문제도 처음에는 그가 하라는 대로 했다. 뒤에 어떤 사람이 신원평이 점을 치지도 않고 앞일을 안다는 것은 기실 미리 계획을 짜고 저지른 일이라며 고발했다. 한문제는 조사 후에 신원평을 죽여 버리고 다시는 방사들의 헛소리에 넘어가지 않았다. 또 각종 제사나 전례典禮 때는 사람을 보내 의식을 거행하게 했고 자신은 직접 참여하지 않았다.

한문제나 한무제 두 사람을 비교하면 대단히 큰 의미가 있다. 한문제는 한 번 속고 두 번 다시는 속지 않았는데, 한무제는 세 번 속고도 여전히 미신에서 깨어나지 못했다. 이것이 앞서 사마천이 말한 "어쩌면 신선을 볼 수 있다고 바랐다."는 기록의 진상으로, 한무제의 정신상태였다. 진시황도 "바다 가운데 삼신산에서 불로장생의 약을 찾길 바랐다."고 했는데, 결국에는 얻지 못하고 사구沙丘에서 죽었다.

방사들이 계속 봉래산 등에서 신선을 찾을 수 있다고 아뢰자, 한무제는 기뻐하면서 어쩌면 신선을 볼 수 있을 것으로 믿고 다시 동쪽으로 가서 해변에 이르러 조망하며 봉래선도를 볼 수 있기를 바랐다. 하지만 직접 볼 수 없자 여러 차례 사람을 파견해 조사토록 했다. 이런 허망한 한무제의 심리는 괴이할 정도였고, 반성도 하지 않았다.

한문제는 한 번 속고는 두 번 다시 속지 않았는데, 한무제는 계속 미망에서 헤어나지 못한 까닭은 무엇 때문일까? 사람의 본성에 답이 있다. 그렇다면 역사학자들은 한무제의 이런 행위를 어떻게 평가했나?

세 사학자의 다른 견해

《사기》〈봉선서〉에 최후의 말은 이렇다. "천자는 갈수록 방사들의 괴이한 말에 염증을 느꼈으나, 그들의 농락이 끊이지 않아 신선을 만나기를 바랐다. 그 후 방사들의 신선에 대한 담론은 갈수록 많아졌으나, 그 결과가 어떠했을지는 눈에 보이는 듯하다."

한무제는 방사들의 괴이한 말에 의구심을 가졌으나 한무제 본인이 신선을 만나기를 염원해서 방사들을 계속 시험하고 속았다. 결과적으로 한무제는 영험 없는 방사들을 죽여 없애며 경계했으나, 신선을 논하는 사람들은 갈수록 늘어났다. 왜 그랬던가? 그들은 한무제가 신선을 찾는 것을 포기하지 않는 심리상태를 이용해 부귀영화를 꿈꿨기 때문이다. 사마천은 친히 이 허황한 현상을 봤다.

사마천은 한무제 시대에 살아서 매우 조심스럽게 당시 부정적인 측면을 들춰냈다. 글을 쓸 때는 매우 신중했고 직접 표현하기보다 간접적으로 숨겨서 표현하는 기법을 썼다. 그러나 신선을 찾고 불로장생을 추구하는 일에 대해서는 아주 명백하게 반대했다.

사마광은 뒤에 사마천의 남긴 문자를 읽고 시 한 수를 다음과 같이 지었다. 그 제목은 〈독무제기讀武帝紀〉이다.

방사들은 분분히 신선을 찾는 비방을 늘어놓고,

한무제는 득의양양해 의심하지 않았다네.

운산雲山에 운무는 온 산을 덮었다가 거치기를 반복하는데,

수궁사壽宮祠를 지어 소식 오기만 기다렸다오.

방사들은 불로장생의 약을 찾아 나섰는데,

수정殊庭에서 신선을 만나 얻을 수 있겠나.

봉래산 간 방사들은 언제 돌아올지?

오리五利 장군은 나를 속이지 않았다네.

《전가집傳家集》 권 7

이 시는 사마광이 젊었을 때 사마천의 《사기》를 읽고 감회가 있어 쓴 시다. 시 속에서 신선을 찾겠다는 방사들의 황당무계한 말을 믿는 한무제의 모습이 가소롭기만 하다. 사마광은 《자치통감》에서 이런 한무제의 행태를 비판했다. 그는 한무제가 미신을 맹목적으로 믿는 것 자체보다 한무제의 이런 어리석은 행동이 국가재정에 심각한 손해를 끼친 것에 비판을 가했다.

《사기》에는 공손경과 같은 방사들은 실제로 영험한 비법을 가지고 있지 않아서 조만간에 한무제의 신임을 잃고 죽임을 당할 것으로 예측했다. 공손홍은 또 한무제에게 신선들이 좋아하는 높은 누각을 지으면 신선들을 불러 모을 수 있다고 주장했다. 그래서 한무제는 장안에 비염계관蜚廉桂觀을, 감천궁甘泉宮에 익연수관益延壽觀을 건축했으며, 또 통천대通天臺를 만들었다. 그리하여 공손경에게 그곳으로 신선

들 유치하도록 했다.

사마광은 한무제를 비평할 때 신선과 미신을 믿는 신앙을 대형 토목건설과 관계 지었다. 이 건설 토목은 위와 같은 건축물을 말한다. 한무제는 궁관을 건축한 것 이외에도 백양대柏梁台, 건장궁建章宮, 천문만호門萬戶 등 대단히 사치스럽고 호화스러운 궁전을 지었다. 또한, 원림을 조성해 진귀한 짐승들과 큰 호수인 태액지太液池를 파고 가짜 산을 만들었는데 그 형상은 봉래蓬萊나 방장산方丈山 같은 선산仙山들이었다. 이 모든 것이 신선과 왕래하고 싶은 욕망에서 비롯된 것이다. 신선은 결국 오지 않았고, 그 결과 엄청난 인력과 재력만을 소모했다. 여기에 사방에서 전쟁을 벌이며 쓴 비용을 합치면 국가재정은 턱없이 부족했다.

사마광은 《자치통감》을 써서 후인들에게 경계하고 본보기가 되도록 했다. 후세 제왕들이 한무제처럼 신선에 미혹되지 말라는 법은 없으니 향락을 탐하고 각종 누각과 궁전을 호화롭게 짓는 것은 제왕의 병통으로 삼았다. 일단 대형 토목공사가 벌어지면 백성은 고달파진다. 사마천도 마찬가지로 이를 중점으로 삼아 비판했다.

반고는 한무제가 신선을 찾아 헤매는 문제를 논할 때 나름대로 다른 관점이 있었다. 《한서》〈교사지郊祀志〉에서 '교郊'는 고대 제왕의 제천행사라고 설명하면서 단순히 한무제가 미신을 믿고 멋대로 행동한 것이 아니라고 했다. 고대에 우주와 자연에 대한 인식은 오늘날의 과학 지식과 사뭇 달랐다. 고대인들은 미지의 세계에 대한 제 논리가 있었다. 한무제의 황당무계한 행위는 오늘날에는 상상하기 어렵지만 그 당시에는 충분히 일어날 수 있었던 일이다. 그 시대 분위기는 하늘을 경외하고, 또 하늘과 소통하려는 욕망이 강했다.

반고는 한무제의 미신행위를 역대 흥망성쇠와 연결해 보았다. 고대인은 흥망성쇠가 모두 하늘의 뜻대로 결정된다고 보았다. 만약 황제가 덕을 잃으면 쇠망하고 덕을 갖추면 흥성하고 태평성대를 이룬다고 믿었다. 덕을 갖추고 못 갖추는 것은 천명과 직결된다. 반고는 한무제의 이런 행위가 비단 신선을 찾는 것뿐만 아니라 하늘과 소통하고, 하늘의 뜻대로 통치하고 싶은 욕망에서 비롯됐다고 여겼다. 그래서 반고는 이렇게 말했다. "한무제 시대에 문물과 제도가 성대하게 됐고, 태초太初(BC. 104년)에 역법을 개정했다. (…) 복색은 여러 차례 순서에 따라 황덕黃德으로 삼았다."(《한서》〈교기지郊祀志〉)

한무제 시대에는 한나라의 국력이 축적되어 가장 강성했던 때여서 제도를 개혁하고 천명에 순응해 장구한 태평성대를 바랐다. 복장의 색을 각종 예의제도에 따라 황덕에 부합하도록 했다는 것은 천명에 순응하려고 했다는 증표다. 무엇을 황덕이라고 하는가? 하늘은 흥망성쇠를 금金, 목木, 수水, 화火, 토土의 오행상생과 상극의 순서에 따른다고 했다. 오행은 다섯 종류의 덕행을 대표한다. 한나라 초기와 한무제 시대는 오행 중에 토덕土德에 해당하는 때여서 황색을 강조했던 것이다. 반고가 말한 황덕은 기실 토덕을 말한다.

고대 중국의 전설 중에 저명한 성왕聖王의 덕행은 토덕에 해당했는데, 이를 대표하는 인물이 황제黃帝다. 오늘날 중국인들은 자신들을 염황炎黃의 자손이라고 칭한다. 염황은 염제炎帝와 황제黃帝를 지칭

한다. 전설에 따르면 황제黃帝는 득도한 후에 신선이 되어 승천했다고 전해진다. 그래서 반고는 한무제가 신선을 찾아 나섰던 것이 단순한 미신이 아니라 황제黃帝를 모방하고, 하늘과 소통하고 싶었던 까닭이라고 설명한 것이다. 고대에 하늘과 소통하는 방법으로 제왕들은 명산대천에서 '봉선封禪 의식'을 거행했다. 이것은 일찍이 황제黃帝가 거행했던 것으로 한무제도 배우고 싶었을 것이다. 무엇을 '봉선'이라고 하는가? 또 한무제가 '봉선 의식'을 거행할 때는 어떤 일들이 발생했을까?

봉선封禪의 전주

상서로운 조짐이 잇달아 출현하다

한무제는 많은 방사를 불러들여 자신을 위해서 신선을 찾게 했지만, 신선은 결국 오지 않았다. 그러나 한무제는 천지신명에 제사 지내는 것을 게을리하지 않았고, 하늘과 소통하려고 노력해 마침내 하늘의 인정을 받을 조짐이 생겼다. 《역경》에 "하늘이 상象으로서 세상의 큰 변화를 예시한다."고 했다. 하늘은 비록 말을 하지 않지만, 세속의 황제에게 불만족스러우면 재앙으로 경고하고, 황제가 통치를 잘하면 길상의 징조를 보여 인정해 준다. 이런 길상의 징조를 상서祥瑞라고 부른다.

BC. 122년 한무제가 처음으로 하늘에 제사를 지낼 때 이상한 짐승을 얻었으니, 그 생김새가 매우 특별하고 희귀했다. 머리엔 단지 하나의 뿔이 달려 있었는데, 사람들은 대부분 이 짐승이 어떤 동물인지 알지 못했다. 이때 어떤 사람이 나타나서 그 동물을 기린麒麟이라고 주장했다. 전설상의 기린은 뿔이 하나로 기린이 출현하면 천하가 통일되고 나라와 백성이 모두 평안해진다고 했다. 그러나 누구도 기린을 본 적이 없어서 당시에 잡은 것이 어떤 짐승인지 알 수 없었다. 처음에는 누구도 함부로 나서려고 하지 않았다. 이때 종군終軍이라는 사람이 나서서 한무제에게 이렇게 말했다. "폐하께서 나라를 잘 통치하시고 정성스럽게 하늘에 제사를 올린 덕분에 하늘에서 기린을 보낸 것입니다. 이것은 하늘과 소통할 수 있는 길조입니다." 이 말을 들은 한무제는 매우 기뻐하며 사람을 시켜서 〈백린지가白麟之歌〉라는 가송歌頌을 짓게 했다.

기린을 얻은 것은 한무제 시기에 전형적인 상서로운 사건이었다. 그런데 이와 유사한 사건이 한무제 시기에 빈번하게 발생했다. 기린을 잡은 후에 또 상서로운 물건을 얻으니, BC. 113년 여름이었다. 분수汾水 남쪽 연안에서 한 무당이 제사를 지낼 때 땅이 갑자기 울퉁불퉁해져서 파보니 그곳에 이상하리만치 거대한 솥인 정鼎을 발견한 것이다. 상면에는 기이한 문양이 있었다. 한무제는 이 소식을 듣고 정을 보배로 삼아 감천궁으로 가져오게 했다. 오는 도중에 정의 상면에 누런 구름에 휩싸여서 더욱 신비한 장면이 연출됐다. 모두 상서로운 징조로 믿었다.

한무제 시기에 나타난 기린과 정鼎은 오늘날의 관점에서 보면 허황하고 상식에 어긋나는 상황이겠지만 당시 사람들에게는 대단한 의미가 있었다. 이 사건으로 중국 역사상에 매우 영향력이 있는 전통이 세워졌으니 그 전통은 청나라가 망할 때까지 이어졌다.

연호年號의 탄생

한무제는 자기 시대에 나타난 상서로운 징조로 하나의 전통을 수립했다. 그것은 중국 고대에 중요했던 기년紀年 방법에 관한 것이다. 오늘날에는 서기로 표기하지만, 과거에는 황제의 연호로 표기했다. 청나라 황제들의 연호는 강희康熙, 건륭乾隆 등의 호칭이다. 예컨대 강희 황제 재위 20년째면 바로 강희 20년이다. 이것은 고인들이 가장 상용했던 연대 기록법이다. 이런 전통이 바로 한무제 때 시작됐다. 그는 중국 역사상 가장 먼저 연호를 사용한 황제였다. 그리고 연호는 상서로운 사건들과 깊은 관련이 있다.

한무제 이전에 기년 방법은 매우 간단했다. 등극한 첫해를 원년元年이라 부르고, 그다음부터는 2년, 3년 등 차례대로 표기하면 됐다. 한무제 역시 처음 등극할 때는 이와 같았다. BC. 114년은 한무제 재위 27년이 되던 해였는데, 이해에 한 대신이 그에게 이렇게 말했다. "연호를 세움은 마땅히 하늘이 내린 상서로운 징조로 명명해야지, 1년이나 2년 등 숫자로 표기해서는 안 됩니다."《《사기》〈봉선서〉)

한무제 시대에는 하늘에서 적지 않은 상서로운 징조를 보냈다. 그 대표적인 것으로 앞서 말한 기린과 보정寶鼎이 있다. 그래서 대신들은 상서로운 징조를 기년의 연호로 사용하자고 주장했다. 단지 연호를 건의할 때 한무제는 이미 재위 27년이 됐고, 그가 통치한 기간의 반이 넘어서고 있었다. 한무제는 54년 동안 통치했는데, 이미 27년이 지났으니 어떻게 기년을 처리했을까?

한무제는 처음 즉위할 때로 돌아가 연호를 붙이도록 했다. 한무제 연호는 일정한 규율이 있었는데, 전기에는 6년마다 새로 연호를 만들었다. 앞의 27년 동안에 처음 6년은 '건원建元'이라고 했으니, 한무제 시대가 시작됐다는 뜻에서 붙인 것이다. 두 번째 6년은 '원광元光'이라고 했는데, 이 기간에 하늘에 별이 유난히 빛나는 천문현상이 있었다. 세 번째 6년의 연호는 '원삭元朔'이라고 했다. 삭은 처음이라는 뜻이고 새로운 연호를 처음부터 다시 시작한다고 해서 이름 붙였다. 네 번째 6년의 연호는 '원수元狩'라고 했다. '수'는 길상의 상징인 기린을 의미하고, 이때 기린이 출현해서 붙여진 이름이다. 네 번째 연호까지 24년이 지났다. 25년째는 '원정元鼎'이라고 했다. 이 연호도 규율에 따라 붙인 것으로 이 시기에 보정寶鼎이 발견됐다. 그 후에는 '원봉元封'이라 했는데, 이 시기에 일련의 상서로운 조짐이 나타나고, 한무제가 신선을 흠모해 대규모로 성대한 활동을 벌였다.

상서로운 징조와 봉선

BC. 110년은 한무제 연호로 표시하면 원봉元封 원년元年이다. 이해에 연호를 원봉으로 한 까닭은 한무제가 태산에서 대규모로 천지신명에게 전례典禮를 올렸기 때문이다. 이 전례를 봉선封禪이라고 한다. 봉선 활동과 '원봉'이란 연호가 출현한 것은 한무제가 불로장생을 희망하고 신선을 추모하기 때문이었다. 봉선이란 어디에서 기원을 두고 상서로운 징조와 무슨 연관이 있을까?

한무제는 불로장생하고 신선이 되려고 자기 주변에 방사들을 모았다. 이 방사들은 한무제가 노력만 한다면 최종적으로 황제黃帝와 같은 수준의 신선이 될 수 있다고 주장했다. 그 중요한 절차 중 하나가 태산에 가서 봉선 의식을 거행하는 것이었다. 앞서 이야기했던 각양각색의 상서로운 조짐이 신선이 될 수 있는 근거가 됐으니, 방사들은 특히 보정이 출현한 것을 계기로 한무제에게 봉선 의식을 거행하길 권했다.

보정을 한무제의 궁궐로 옮긴 다음에 방사들은 한무제에게 신선의 문에 들어가는 길이 있는데, 그러려면 반드시 보정이 있어야 한다고 주장했다. 때마침 한무제가 보정을 얻은 시기가 황제黃帝가 보정을 얻은 시기인 동지일冬至日과 일치했다. 또 황제黃帝도 신선이 되기 전에

중요한 의식을 거행했으니, 바로 봉선이었다. 그래서 한무제는 황제黃
帝를 모방해 봉선 의식을 거행한 것이다.

방사들은 뭣 때문에 봉선 의식을 한무제에게 권했을까? 그들은
상서로운 조짐을 가지고 한무제가 신선이 될 수 있는 자격이 있다고
주장해 그의 허영심을 만족하게 하려고 했다. 또 한무제가 하늘과
소통하려는 심리를 교묘하게 이용해 하늘이 기린과 보정을 내려 주
었으니, 이에 봉선 의식으로 응답해야 한다고 설득했다.

보정이 출현했을 때 많은 사람은 한무제에게 영합하려고 했다.
성스러운 제왕이 출현하면 하늘이 보정을 하사한다고 주장한 것이
다. 주나라 때 주문왕과 주무왕이 통치할 때도 보정寶鼎이 나타났다
고 했다. 방사들은 한무제가 주문왕과 주무왕에 필적할 성왕이라고
칭송했다. 그러나 세상에는 남의 흥을 깨는 사람도 있다.

오구수왕吾丘壽王이라는 사람은 한무제 때 발견한 보정을 다름
아닌 주나라 때 보정이라고 주장해 한무제를 화나게 했다. 한무제는
그에게 발견된 보정이 왜 주나라 때 것인지 확실한 증거를 들어 조리
있게 말하지 못하면 그 자리에서 죽여 버린다고 엄포를 놓았다. 이에
깜짝 놀란 오구수왕은 재빨리 머리를 굴려서 주나라 때 발견한 보정
은 '주정周鼎'이고, 한나라 때 발견된 보정은 '한정漢鼎'이라고 말을 바
꿔 한무제의 기분을 더는 상하지 않게 했다. 덕분에 그는 되레 열 근
의 황금을 하사받았다. 오구수왕 이야기는 그 당시에도 적지 않은
사람들이 보정을 상서로운 조짐으로 보지 않고, 그저 골동품의 하나
로 생각하고 있었다는 하나의 방증이다.

사마상여司馬相如의 유서遺書

방사 출신이 아닌 인물 중에서 저명한 문인인 사마상여도 한무제의
봉선 의식을 전폭적으로 권했다. 사마상여는 문장이 훌륭해 한무제
가 평소 좋아했던 인물 중 하나였다. 한무제 시기에 "천하의 문장가
로 양사마兩司馬가 있다."는 말이 유행했는데, 양사마란 사마상여와
사마천을 의미한다. 그러나 사마천과 사마상여는 중요한 차이점이
있다. 사마천은 한무제의 행위에 대해 매우 냉철하고 객관적인 태도
를 유지했고, 일련의 잘못된 정책에 대해서는 비판적이었다. 한데 사
마상여는 반대였다. 그는 한무제의 심리를 잘 어루만져줘 한무제에
게 영합하려고 부단히 노력했다.

사마상여는 한무제 주변에 장기간 머물면서 한무제가 좋아하는
것들을 잘 파악했다. 심지어 한무제가 마음속으로 무엇을 생각하고
무슨 일을 하고 싶어 하는지도 예상했다. 그래서 사마상여가 쓴 글
을 보면 대개 한무제를 칭송하는 것들이 많다. 예컨대 한무제가 사냥
을 좋아해서 사마상여는 사냥에 관한 문장을 지어 바쳤고, 한무제가
서남이를 개척하려는 뜻을 내보이자 서남이의 형세에 관한 문장을
써 바쳤다. 한무제가 신선이 되려는 생각을 품자 사마상여는 신선의
생활과 관련된 문장을 써서 한무제의 비위를 맞추었다. 《사기》〈사마

상여전〉에는 〈대인부大人賦〉라는 한 편의 글이 있는데, 바로 사마상여가 한무제가 신선이 되려는 것을 찬미한 문장이다.

이 문장은 한무제가 주인공이고, 한무제가 어떻게 구름 위로 수레를 타고 신선으로 승천하며, 하늘나라에서 다른 신선들과 전대 성왕들을 만나는 광경을 묘사한 것이다. 문장의 첫 마디는 이렇게 시작한다.

세상에 대인大人이 중주中州에 살았었다. 저택이 만 리에 가득 찼지만, 일찍이 그것을 가지고 만족해 잠깐이나마 머물러 있지 않았다. 세속이 질박하고 좁은 것을 서글퍼해 훨훨 가볍게 털고 일어나 먼 지방을 노닐었다. 붉은 기운의 깃발과 흰 무지개를 드리운 채 구름 기운을 타고 위로 떠올라 갔다.

이 문장에서 대인은 한무제를 지칭한다. 이 문장을 읽은 한무제는 매우 감동해 "두둥실 구름 위로 떠오른 기분 같고, 천지 사이를 자유롭게 노니는 것 같은 기분이 들었다."《사기》〈사마상여전〉라고 자기 속마음을 털어놓았다.

이 문장보다 더 훌륭한 것이 있는데, 한 가지 곡절이 있다. 사마상여는 한무제의 주변에 한동안 머물러 있다가 건강상의 문제가 생겨 장안에서 무릉으로 옮겨 요양했다. 얼마 지나지 않아서 한무제가 갑자기 사마상여가 생각나 사람을 보내 그의 안위를 살펴보도록 했다. 한무제가 가장 궁금했던 것은 그가 최근에 어떤 작품을 남겼는지에 대한 것이었다. 그런데 사자가 사마상여를 방문했을 때, 그는 이미 세상을 떠난 후였다. 사자는 사마상여의 처에게 "그가 죽기 전에 남긴 글이 있는가?"라고 물으니, 처는 그가 남긴 글이 있다고 했다. 사자는 한무제에게 그 글을 바쳤다. 그 글은 바로 한무제에게 봉선을 권하는 글이었다. 사마상여는 글 속에서 역대 성공한 제왕들이 모두 봉선대전封禪大典을 거행해 하늘과 소통하고 자기 통치를 공고하게 했다고 소개했다. 그러면서 사마상여는 한무제가 "인덕仁德으로 모든 생물을 양육하고, 의로움으로 사방의 오랑캐를 정복했다."고 칭송하며 이렇게 위대한 제왕은 마땅히 봉선 의식을 거행해야 한다고 주장했다.

한무제는 감동이 북받쳐 마침내 봉선 의식을 거행할 것을 결심했다고 전해진다. 한무제의 봉선 의식은 주변의 방사와 사마상여 같은 문인들의 권유가 중대한 계기가 됐다. 그렇다면 사학자들은 이 사건에 대해서 어떻게 평론했는가?

세 사학자의 평론

세 사학자의 평론엔 아주 세밀하고 작은 차이점만 드러난다. 이는 흔히 지나치기가 쉬운데, 필자는 이 세밀하고 작은 차이점 뒤에 세 사학자의 거대한 관념의 차이가 있다고 생각한다.

앞서 한무제 때 발견된 기린은 상서로운 징조라고 했다. 그러면 고대 중국인들은 기린을 어떻게 인식했던가? 기린, 용, 봉은 오랫동안 중국 전설에서 길상의 동물로 여겨졌다. 그러나 실제로 현존했던 동물이 아니었고 고대인들이 상상으로 만들어낸 것이다. 기린은 어떻게 생겼나? 각종 고서에 기록된 바가 서로 일치하지 않는다. 다만 대체로 기린의 몸은 사슴과 같고, 꼬리는 소와 비슷하며, 발굽은 말과 비슷하고 머리 위에는 뿔 하나가 있는 것으로 알려졌다.

세 역사가는 한무제 때의 기린을 어떻게 묘사했을까? 사마천의 《사기》에는 전형적인 두 가지 언어로 표현되어 있다. 처음에는 "기린과도 같았다."고 했고, 뒤에는 "듣건대 기린이라고 했다."고 표현했다. 이런 표현은 의심했다는 증거라고 할 수 있다.

반고도 《한서》에서 유사하게 묘사했다. 단 반고는 "고라니와 같았다."고 했고, "듣건대 기린이라고 했다."고 기록했다. 반고는 기린 몸이 고라니와 같았다고 했는데, 고라니 역시 사슴과의 유형인 점을 고려해 기린이라 추측했던 것이다. 반고는 사마천이 "사슴과 같았다."를 단지 "고라니와 같았다."고 바꾼 것이지만, 그 차이는 엄청나다.

사마천이 기린이 "사슴과 같았다."라고 표현한 것은 기린이 "사슴과 비슷했다."는 뜻이다. 기린은 기린이어야 마땅한데 당시 누구도 기린을 보지 못했으므로 단정 짓지 못하겠다는 뜻이 내포되어 있다. 그가 우리에게 알려준 내용은 기린은 실제가 아닌 상상 속 동물일 뿐이라는 것이다.

반고가 한무제 때 얻은 동물을 "고라니와 같았다."고 표현한 것은 고라니와 사슴이 비슷했기 때문이다. 기린과 고라니를 비교한 것은 단지 간단한 비유가 아니고, 분명히 독자들이 상상했던 기린을 현존하는 동물로 비유해 설명하기 위함이었다. 반고는 기린이 "고라니와 같았다."고 주장함으로써 독자들의 생각을 180도 변화시켰다.

사마광은 이 상서로운 기린의 출현에 대해 어떻게 생각했나? 사마광은 다행히 송대에 살아서 외국 사신이 가져온 기린을 친히 볼 수 있었다. 사마광은 당시 황제에게 말하길 "사신이 가져온 기린을 보고 황제가 덕행을 쌓고 중국 천하를 잘 다스렸다는 상서로운 징조로 생각하지 마라"고 했다. 그는 황제에게 기린이란 누구도 보지 못한 상상의 동물이니, 사신이 가져온 기린을 다시 자기 나라로 가져가라고 명을 내리라고 했다. 그런 후에 "나라에 현명한 인재를 등용하고, 정치를 잘해 백성을 만족하게 하는 것이 중요하다."(《전가집傳家集》권 17)고 강조했다. 고대 중국 황제들이 기린을 중요하게 생각했던 것은 분명 일종의 허영심에서 비롯된 것이다. 사마광은 황제가 정치를 잘해 사회가 안정되면 이에 하늘이 기린을 보여 회답한다는 기대심은 허무맹랑한 설로 치부했다. 그는 기린이 아니라 백성의 생활안정과 만족이 중요하다고 봤다.

비록 사마천과 사마광은 기린 사건을 부정하는 태도를 보였지만, 이 두 사람의 생각에도 차이점은 있다. 본래 사마천은 천명과 사람의 관계에 대해 근본적으로 부정하지는 않았다. 사마천이 《사기》를 편찬한 목적 중의 하나는 "하늘과 사람의 관계를 탐구하다."이고, 이는 천명과 사람의 관계를 명백히 밝히려는 것이었다. 그래서 사마천은 공자의 일생을 묘사하면서 공자가 만년에 기린을 보았다는 것을 부정하지 않았다. 그러나 사마천은 한무제가 얻은 기린에 대해서는 회의적인 태도를 보였다. 한무제를 불신했던 탓이다. 그는 한무제가 얻은 기린은 천명을 들어 당시의 어둡고 혼란한 상황을 감추고 태평한 것으로 꾸미려는 수단이라고 생각했다.

사마광은 한무제의 덕행이 부족해 하늘이 그에게 기린을 보낼리가 없어서 이 사건을 근본적으로 가짜라고 생각했다. 또 사마광이 살았던 시대는 이미 자연에 대한 인식이 전보다 이성적이고 과학적으로 바뀌어 기린의 출현 같은 신화를 믿지 않았다.

결론적으로 사마천은 한무제가 가식적이라는 걸 밝히려 했고, 사마광은 한무제의 행위 자체를 유치하게 보았다고 할 수 있다. 반면 반고는 한무제의 이런 행동 중 특히 봉선 의식은 일련의 관념적인 체계 속에서 이루어진 것으로 보았다.

봉선대전 封禪大典

진시황과 한무제가 거행한 봉선封禪 의식

한무제가 태산에서 봉선 의식을 거행한 것은 그의 시대에 중요한 사건이었을 뿐만 아니라 중국 역사상에도 지대한 영향을 끼쳤다. 그러면 도대체 봉선이란 무엇인가? 한무제는 또 무엇 때문에 봉선 의식을 거행했나?

　봉선 의식은 두 가지 각도로 이해할 수 있다. 중국 고대의 정치문화와 예의제도다. 고대 중국인들은 인간 세상의 일들은 모두 하늘에서 결정한다고 믿었다. 한 왕조의 흥망성쇠를 포함해 개인이 황제가 되는 것도 모두 천명에 의한 것으로 여겼다. 그래서 황제는 '천자天子'라고 불렸다. 그는 하늘을 대신에서 나라를 통치했다. 이렇게 황제는 하늘이 부여한 사명을 자기 책임으로 삼았다. 하늘은 덕행이 있고 인자한 것을 좋아한다. 황제는 반드시 자기 통치과정 중에 하늘이 요구한 덕행과 인자함을 실현해야 한다. 황제가 되어서 진정으로 나라가 태평하고 백성이 편안하면 바로 태산에 올라 봉선 의식을 거행할 수 있었다. 의식을 통해 황제는 그동안 자기 일과 사명을 저버리지 않았음을 하늘에 보고한다. 이런 각도에서 본다면 봉선 의식은 황제가 하늘이 부여한 국가를 잘 다스리는 사명을 완성한 후에 거행하는 최고의 제천행사라고 할 수 있다.

그러나 이런 각도에서 이해하는 것은 매우 이상화된 것이고, 혹은 학자들의 생각일 뿐이다. 고대 중국에서 만약 무뢰한이나 폭도가 황제가 되면 현실적으로 그들을 제약하거나 제지하는 수단이 매우 제한적이었다. 그래서 학자들은 일련의 천명 학설을 발전시켜 황제에게 이를 계승하여 권력의 야만성을 순화시키려 했다.

황제 처지에서 말하자면 그들은 대규모로 봉선 의식을 거행해 자기 공덕을 과시하려는 목적이 강하다. 앞에서는 하늘에 보고한다는 명목을 내세우지만, 실제적으로는 신하와 백성에게 자신을 과시하고자 했다. 한무제 전에 진시황은 태산에서 봉선 의식을 거행하고 신하들에게 태산의 정상에 자기 공덕비를 세우게 했다. 봉선 의식을 왜 태산에서 거행해야 하나? 태산은 고대 중국의 산악숭배에 중요한 성지聖地였고 오악五嶽의 우두머리였기 때문이다. 또 태산 정상에서 하늘까지 거리가 가까워 그곳에서 의식을 거행했다.

중국 역사상 황제는 대략 총 348명이다. 그중 진정으로 봉선 의식을 거행한 황제는 측천무후를 포함해 단지 7명뿐이다. 첫 번째가 진시황秦始皇이고, 두 번째가 한무제漢武帝였고, 세 번째가 동한의 개국황제 유수劉秀였다. 네 번째는 측천무후의 남편인 당唐나라 고종高宗이었고, 다섯 번째가 측천무후則天武后였고, 여섯 번째가 당나라 현종玄宗이었으며, 일곱 번째가 송나라 진종眞宗이었다. 이렇게 봉선 의식을 거행한 황제는 개별적으로 특수한 정치적 목적 외에도 대부분이 자기 공덕을 과시하려는 의도가 강했다.

진시황이 중국을 통일하기 전에 봉선 의식을 거행했다는 전설도 있다. 그러나 확실하게 기록에 등장하는 봉선 의식은 진시황이 첫 번째, 한무제가 두 번째로 했다. 이 두 황제가 태산에서 봉선 의식을 거행한 것은 공덕 과시 외에도 매우 특수한 목적이 있었다. 바로 봉선 의식을 통해 신선이 되려고 했던 점이다.

황제黃帝가 신선이 된 전설

봉선 의식과 함께 신선이 됐다는 기원은 황제黃帝 전설에서 비롯됐다. 황제는 봉선 의식에서 승천해 신선이 됐다고 전해진다. 한무제가 신선을 믿고 불로장생을 추구하면서 많은 방사가 모여들었는데, 그들은 한무제에게 황제가 봉선 의식을 거행한 후에 신선이 됐다는 이야기를 해주었다. 이것은 한무제에게 큰 영향을 주었다. 한무제가 젊었을 때 이소군李少君이 이렇게 말했다. "봉선 의식을 하고 죽지 않은 사람은 황제였습니다."《사기》〈봉선서〉)

이때부터 한무제는 봉선에 큰 관심을 두고, 더불어 최종적으로 봉선 의식을 거행하기로 한다. 중간에는 두 가지 중요한 계기도 있었다. 하나는 사마상여가 남긴 유서로 한무제에게 봉선을 권유한 것이다. 다른 하나는 분수汾水 남쪽 연안에서 보정寶鼎을 얻은 것이다. 그로 말미암아 한무제는 연호를 고쳐 '원정元鼎'이라 했다.

보정이 발견된 때, 방사 공손경公孫卿은 한무제에게 다음과 같은 의미 있는 고사를 들려주었다. 발견된 보정의 시기가 황제가 보정을 얻었던 시기인 동지일冬至日과 일치한다는 것이다. 당시 황제는 보정을 주조해 태산에서 봉선 의식을 거행하니, 하늘에서 용이 나타나서 황제를 수레에 태우고 승천하려고 했다. 이때 황제는 홀로 승천하는 것이 쓸쓸하다고 여겨 대신과 후궁 등 모두 70여 명을 데리고 가려고 했다. 70여 명에서 제외된 나머지 신하들은 황제와 함께 승천하려고 용의 수염을 잡았다가, 수염이 중간에 뽑혀 모두 땅에 떨어졌다고 한다. 공손경은 한무제에게 이 사실은 그때 모든 백성이 본 명백한 진실이라고 했다.

황제黃帝 고사에 근거해 공손경은 한무제에게 한나라에서는 한 황제만이 태산에서 봉선 의식을 거행하고 신선이 되어 승천할 수 있다고 주장했다. 그 황제가 누구인가? 이미 일찍이 신선들이 결정했다고 했다. 즉 "한나라의 성자聖者는 고조高祖의 손자 혹은 증손이다." (《사기》〈봉선서〉)는 것이다. 배열 순으로 보면 한고조 유방의 증손은 바로 한무제다. 무엇 때문에 봉선을 해 신선이 될 황제가 한무제였단 말인가? 하늘이 이미 이렇게 암시했다는 것이다. "보정이 출현하면 신선과 통할 수 있으니, 봉선을 거행할 수 있다."(《사기》〈봉선서〉)

이 모든 말을 듣고 난 황제는 마음속으로 애가 타서 이렇게 말했다. "내가 진실로 황제黃帝와 같이 될 수 있다면 해진 짚신을 버리듯이 처자와 헤어지리라!"(《사기》〈봉선서〉)

황제의 결심은 대단해서 방사들은 한무제에게 마땅히 봉선 의식을 거행해야 한다고 권유했다. 그러나 이렇게 한무제에게 봉선 의식을 거행하고 신선을 될 수 있다고 종용했던 방사들은 두 가지 이야기를 덧붙였다. 하나, 한무제에게 봉선 의식을 통해 신선이 되려고 했던 역대 성왕이 모두 72명이었으나, 오로지 황제黃帝만이 성공했다. 따라서 성공률은 비교적 낮다. 또 하나, 황제黃帝도 일백여 년 동안 노력을 기울여서 겨우 성공해 신선들과 왕래할 수 있었으니, 반드시 인내심을 가져야 한다. 이 두 가지는 방사들이 실패에 대비해 한무제에게 미리 자신들의 안전을 보장받으려고 선수를 친 것에 불과하다. 기실 방사들은 대개가 사기꾼들이었다. 그러나 한무제는 신선이 되고 싶다는 일념에서 적극적으로 봉선 의식을 준비했다.

태산에서 봉선 의식을 거행하다

황제黃帝가 일찍이 거행했던 봉선 의식을 누가 본 적이 있었을까? 한무제가 봉선 의식을 거행하려면 중간에 어떤 물건을 준비하고 어떤 조건에 부합해야 하며 그 절차는 어떠해야 하는지 모든 것들을 명백하게 알아야만 했다. 그래서 봉선에 관련한 의식을 제정하고 방안을 확정하는 데 많은 시간이 소모됐고, 또 많은 사람이 참모로 참여했다. 문헌에 근거한 것은 제한이 따라서 참여하는 사람들의 의견이 분분해 오랜 시간 결정이 나지 못했다. 토론에 참여한 사람들은 주로 유생儒生들이 많았다. 유가 경전 중에 봉선 의식에 관한 것은 없었으니 참여자들은 다른 문헌에서 봉선 의식의 절차와 방법을 찾으려고 했다. 물론 그것들은 찾지 못했다. 그들은 하는 수 없이 유가 경전 가운데서 제천의식에 관한 것을 봉선 의식과 연계해 한무제에게 바쳤다.

한무제는 이 유생들이 진부하다고 여겼다. 그들이 《시경》과 《상서》에서 그 절차와 방법을 찾으려고 해 창조력에서 부족함을 드러냈다고 여겼다. 한무제가 봉선 의식에 사용할 제기들을 이 유생들에게 보여주니, 그들은 모두 고대 제법에 어긋난다고 반대했다. 한무제는 이런 유생들 주장에 염증을 느끼며 잠시 그들이 제정한 의식을 사용하지 않기로 했다.

기원전 110년, 한무제는 정식으로 태산에서 봉선 의식을 올렸다. 의식은 유생들이 주장했던 고대의식과 제사용품은 갖출 수가 없는지라 현실에 적합하게 수정 보완해 거행했다. 한무제는 태산 아래 동쪽의 자리 위에서 너비는 1장 2척이 되고, 높이는 9척이 되는 흙더미 제단을 쌓았다. 그런 후에 단지 곽자후郭子侯라는 사람을 대동해 태산 정면의 산길을 올라갔다. 곽자후은 바로 한무제가 총애했던 곽거병의 아들이었다. 당시에 이미 곽거병은 죽어서 그를 대신 대동한 것이다. 이 때문에 곽자후를 제외한 사람들은 한무제의 봉선 의식을 친히 목격할 수가 없었다.

　　한무제는 곽자후와 태산 위에서 하룻밤을 지내고 다음 날에 반대쪽 산 아래로 내려와서 태산 동북쪽에서 숙연히 산신제를 올렸다. 태산에 올라 하늘에 제사하고 하산해 대지에 제사를 올린 것이다. 이것으로써 기본적인 봉선대례는 완성됐다. 그러나 한무제는 바로 신선이 될 수 없었다. 방사들은 한무제에게 먼저 인내심을 가져야 하고 그다음에 어떻게 해야만 신선이 될 수 있는지 끊임없는 거짓말을 늘어놓았다. 한무제가 봉선 의식을 거행할 때 한 사람이 세상을 떠났으니 바로 사마천의 부친인 사마담司馬談이었다.

사마담司馬談의 죽음

사마담은 한무제가 봉선 의식을 준비할 때 중요했던 인물 중 하나였다. 사마천이 《사기》〈봉선서〉에서 한무제를 말할 때 첫 마디가 바로 "지금 천자가 즉위 초부터 더욱 공경히 귀신에게 제사를 지냈다."였다. 그 말마따나 한무제는 봉선 의식이라는 특수한 제사 외에도 평소에 각종 귀신에게 제사를 지냈다. 조정에서 지내는 제사 활동에는 반드시 참석하는 관원이 있었다. 그 관원의 관직이 태사령太史令이다. 태사령은 두 가지 직무가 있었다. 천문현상을 관측하고 각종 문헌을 정리해 관장하는 것이었다. 봉선 의식에서 제사 지내는 것을 포함해 하늘과 인간이 소통하는 문제도 태사령이 마땅히 참여해 토론해야 한다. 당시 태사령은 바로 사마천의 부친인 사마담司馬談이었다.

한무제가 봉선 의식을 거행할 때 각양각색의 인원이 수행해 그 대오가 장관이었다. 사마담도 이 대오에 참가했는데, 다만 장안에서 태산까지의 중간지점이라 할 낙양에 남겨지게 됐다. 구체적인 원인은 밝혀지지 않았지만, 사마담이 이때 크게 반발했던 것 같다. 사마천은 《사기》〈태사공자서〉에서 부친의 죽음을 이렇게 말했다. "그 해, 천자가 태산에서 봉선 의식을 거행할 때 태사공(사마담)은 주남周南(낙양)에 남게 됐다. 봉선 의식에 참여하지 못한 까닭에 화가 나서 죽게 됐다." 학자들은 천자가 하늘과 소통하는 의식에 천문현상을 관장하는 태사령이 마땅히 참여해야 하는데, 한무제가 그를 낙양에 남게 해 태사령이 이를 수치스럽게 여겨 마침내 생명까지 잃을 정도로 상심했다고 주장한다.

당시 사마천은 한무제가 부여한 첫 임무를 수행하고 부친의 소식을 듣고는 바로 낙양으로 갔다. 사마담은 임종 전에 한무제가 자신을 봉선 의식에 참여하지 못한 것을 개탄스러워하고 사마천에게 반드시 기존의 중국 역사를 정리해 책으로 남기라고 유언한다.

한무제는 무엇 때문에 사마담을 봉선 의식에 참여시키지 않았나? 사마천은 《사기》에도 그 까닭을 설명하지 않았다. 그러나 정황을 분석해 보면 이유를 충분히 짐작할 수 있다. 한무제는 봉선 의식에 관해 유생과 학자들에게 연구하도록 했다. 사마담 역시 그중에 포함됐을 것이다. 뒤에 이 유생·학자들과 한무제의 생각이 달라 한무제가 중도에 그만두게 했다. 거기 사마담이 있었을 가능성이 크다. 유생과 학자들은 천명을 이용해 황권을 구속하려고 했고, 황제는 봉선 의식을 이용해 자기 공덕을 과시하려고 했다. 특히 한무제는 친히 신선이 되려는 생각을 품고 있어서 이들과 의견일치를 보지 못했을 것이다.

사마담은 비록 유생도 아니고 학계를 이끄는 영수도 아니었지만, 권위 있는 학자였다. 그래서 사마담은 어떤 부분에서 한무제와 의견을 달리했고, 이 때문에 한무제는 그를 봉선 의식에서 뺐던 것 같다. 물론 이것은 추측일 뿐이다. 다만 이 사건이 사마천이 《사기》를 편찬할 때 어떤 영향을 끼쳤는지만은 분명하다. 사마천은 분명히 부친이 받은 실망, 굴욕, 그리고 분노에 큰 자극을 받았다. 그는 더욱 냉철한 눈으로 한무제를 관찰했을 것이다. 앞서 한무제 주변에서 활동한 인물들이 자기 이익을 위해서 한무제에게 아부하고 영합하는 것을 사마천은 매우 못마땅하게 기록했다.

한편 한무제의 봉선 의식에 관해서 사마천은 부친인 사마담과 큰 차이를 드러냈다. 사마담은 학자로서 봉선 의식에 큰 기대를 했고, 황제가 진정으로 하늘과 소통하길 바랐다. 그래서 그는 적극적으로 봉선 의식 준비과정에 참여했지만, 최종적으로는 봉선 의식에서 배척됐다. 사마천은 친히 부친의 비극을 보고, 한무제의 봉선 의식에 대해 좀 더 깊은 회의심을 가지게 됐다.

사마천은 한무제의 봉선 의식을 냉철하게 관찰하고 그 내용을 정리해《사기》〈봉선서〉에 담았다. 그러면 사마천은 어떻게 한무제의 봉선 의식을 기록하고 평가했을까? 반고와 사마광은 이 사건을 또 어떻게 평가하고 서로 다른 점은 무엇일까?

세 사학자의 다른 서술

한무제가 정식으로 태산에 가서 봉선 의식을 거행하기 전, 일련의 천지 귀신에게 제사를 지냈다. 처음으로 중악中岳 숭산崇山의 태실산太室山에서 제사 지낸 것이다. 이때 산 아래에 황제를 수행한 사람들이 산 위에서 '만세萬歲'하는 소리를 들었는데, 사람 소리가 아니라 산신이 한무제에게 '만세'라고 외쳤다는 것이다. 사마천은 이 사정을 안 뒤에 명백하게 밝히려고 했다. 그래서 이렇게 물어보았다고 한다.

> 한무제에게 만세 소리를 들었느냐고 물었더니, 한무제는 회답하길 거절했고, 신하들에게 만세를 불렀느냐고 물으니, 신하들도 모두 침묵으로 일관했다.
>
> 《사기》〈봉선서〉

사마천은 이 구절을 무슨 뜻에서 쓴 것일까? 바로 한무제에 관한 회의다. 이른바 산신이 만세를 불렀다는 것은 귀신 씻나락 까먹는 소리라고 할 수 있다. 이와 같았다면 태산에서 거행한 봉선 의식도 시끌벅적한 연극으로 끝났을 가능성이 짙다. 한무제는 황제黃帝를 모방해 신선이 되고 싶어 했지만, 한무제 주변의 사대부들은 황제黃帝

이야기를 달갑게 여기지 않았다. 이는 사마천이 "제자백가에서 황제 黃帝를 말할 때 그 문장이 바르고 순조롭지 않아서 관직에 있는 사대 부들은 그것에 대해 말하기를 꺼렸다."(《사기》〈봉선서〉)고 한 점에서 알 수 있다. 이는 여러 사람이 황제黃帝를 거론할 때 각양각색의 이야기 를 했지만, 경전에 근거한 것은 없었다는 뜻이다. 그래서 사대부나 학 자들은 모두 분명하게 말하기를 주저했던 것이다. 결국, 한무제가 믿 는 황제의 승천 사실은 모두 강호 사기꾼인 방사들의 허튼소리에 불 과했다는 것이다. 같은 태실산의 정경을 두고 반고는 《한서》〈교사지〉 에서 이렇게 서술했다.

어사 및 여러 신하와 사당 주변에 있던 사람들은 모두 (산신이) 만 세삼창을 한 것을 들었다. 한무제가 산에 올라 신령에게 기도를 올리니 이에 신령도 반응했다.

반고가 서술한 것을 보면 한무제가 신령과 소통하고 있다. 이것 이 가능한가? 사마천은 그 당시에 친히 이 사건을 목격해 한무제와 여러 신하에게 그런 소리를 직접 들었느냐고 물어봤다. 모두 듣지 못 했다는 답뿐이었다. 그런데 1백 년이 지난 뒤에 반고가 어떻게 한무 제와 신령이 소통했다는 것을 알 수 있단 말인가?

반고는 관방의 주장을 초록해 한무제를 멋지게 꾸몄다. 봉선 의 식에 관해서 반고는 사마천보다 더 많은 의미를 부여했다. 《한서》〈무 제본기〉에 한무제 태초 원년(BC. 104년)의 일을 이렇게 기록했다. "그해 여름 5월에 역법曆法을 바로잡고자 했다. 정월을 세수歲首로 삼고, 색깔은 황색을 숭상하며, 수는 5를 사용하고 관명을 정하고, 음률을 맞추었다."

반고는 이해에 한무제가 몇 가지 큰 제도를 개혁했다고 했다. 첫째는 역법曆法을 고쳤는데, 이를 하력夏曆 혹은 농력農曆이라 하고 매년의 시작을 정월로 정했다. 한무제 이전에 1백 년 동안 쓰였던 진시황이 만든 역법은 매년의 시작이 10월이었다. 둘째로 관방에서는 정식으로 금金, 목木, 수水, 화火, 토土 등의 오행 중에 토덕土德을 한나라에 부합한 것으로 판단해 황색을 숭상했는데, 반고가 이 점을 주장한 것은 매우 중요하다. 그 까닭은 전설 중에 황제黃帝의 덕행이 토덕에 속하고, 황색을 숭상해 황제黃帝로 명명했던 데 있다. 이것을 강조한 것은 한무제가 황제黃帝처럼 태산에서 봉선 의식을 거행하는 것이 맹목적이고 황당무계하지 않다는 것을 밝히고, 또 일련의 봉선 의식을 통해 한나라의 덕행을 황제의 덕행에 필적할만한 것으로 승격시킴으로써 한나라의 통치를 더욱 공고하게 하려는 데 목적이 있다. 이두 가지를 제외하고도 한무제는 새로운 관료체계를 구축했고, 조정에서 거행하는 의식의 음악 등을 새로 정했다. 결론적으로 반고는 한무제의 이런 행위가 위대한 것임을 강조하려 했다.

사마광은 《자치통감》에서 한무제가 태실산에 간 전경을 이렇게 묘사했다.

수행했던 관리들은 산 아래에서 있다가 마치 만세라고 외친 듯한 소리를 세 번 들었다고 했다.

《자치통감》 권 20

사마광은 반고와 달리 관방의 주장에 의존하지 않았지만 한무제가 신과 소통하는 능력이 있었다는 듯이 표현했다. 그러나 그는 사마천과 달리 직접 이것을 거짓말이라고 판단하지는 않았다. 사마광도 기실 이런 일이 정말 발생했으리라 믿지 않았다. 그래서 '외친 듯한 소리'라고 표현했다. 또 앞에 '마치'라는 부정사를 사용해 이 사건에 회의심을 가졌다.

봉선 의식에 따른 사마광, 사마천, 그리고 반고의 평론은 "한무제가 이 활동을 통해서 국가재정을 얼마나 소비했는가?"에 따라 달라진다. 《자치통감》 제20권 끝에는 한무제의 봉선 의식을 거론한 후에 이런 사실을 밝혀 두었다. "이보다 앞서 상홍양桑弘羊에게 대농大農을 맡겨 천하의 소금과 쇠를 모두 관장하게 했다." 이는 한무제가 봉선 의식을 거행하기 전에 상홍양에게 국가재정을 맡기기 시작했다는 뜻이다. 상홍양은 한무제를 대신해 민간의 재물을 갈취했다. 이런 결구는 《사기》, 《한서》와 다르다.

사마광이 봉선 의식의 마지막을 이렇게 장식하리라는 것은 아무도 예상하지 못했던 일이다. 사마광은 봉선 의식의 결구를 복식卜式과 연결했다. 당시에 하늘에서 비가 내리지 않자 복식은 상홍양을 삶아 죽이면 하늘에서 비가 내릴 것이라고 주장했다. 이 사건은 상홍양이 가렴주구로 세금을 긁어모으는 정책에 불만을 토로한 것이지만,

한무제의 봉선 의식과는 직접적인 관련이 없다. 그러나 사마광이 한무제의 봉선 의식 최후에 이런 사건을 언급한 것은 의도적으로 실속 없는 대규모 봉선 의식은 국가 통치를 공고히 하는 데 도움은커녕 해가 된다고 주장한 것이다. 이것은 사마광이 후세의 제왕들에게 백성의 생활이 먼저 안정이 되어야 국가 통치가 공고해질 수 있다고 경고하는 것이다. 사마광은 사마천과 반고처럼 한무제의 봉선 의식에 어떤 의미를 부여하진 않았다. 사마광은 한무제와 큰 시간적인 격차를 두고 매우 고차원적인 각도에서 이 사건을 바라본 것이다.

한무제가 미신을 믿고 신선을 찾아 헤매는 행위는 비단 개인의 신앙에만 국한되지 않고 정치에도 큰 영향을 끼쳤다. 특히 한무제 말년에는 미신 때문에 궁중변란까지 발생했다.

제
24
강

무고巫蠱의 화가 일어나다

무당의 활약

고대인에게 중요한 관념 중 하나는 천명을 믿고 하늘의 뜻을 따르며 어떤 경우에는 하늘과 소통하길 희망하면서 하늘의 지시를 받기 원했다는 것이다. 다만 일반인들은 그런 능력이 없어서 매우 특수한 인물인 무당을 통해서 했다. 무당은 보통 사람과 달리 귀신과 교류할 수 있고, 귀신의 뜻을 전달하거나 심지어 신 내림을 통해서 자기 몸으로 귀신을 불러들이는 능력이 있다는 것이다. 한마디로 무당은 사람과 귀신의 중개자 역할을 했다. 고대인들은 이를 절대적으로 믿었다. 한무제 역시 귀신에게 지내는 제사를 무척 중시했다. 그래서 그 주변에는 방사들을 제외하고 무당들이 포진해 있었다.

한번은 한무제가 병이 났는데, 무의武醫들을 청해 치료를 받았다. 무의는 두 가지 역할을 했다. 먼저 귀신과 소통하는 무당으로서 기능과 의약적 기능이었다. 무의는 병을 보고 무술과 의약을 동시에 시술하지만, 그 주도적인 역할은 역시 무술이었다.

한무제는 미신을 깊게 믿어서 일반 의원들에게 치료를 맡기지 않았다. 그러나 무의들도 한무제의 병을 고치지는 못했다. 이는 한무제의 병 또한 일반적인 병이 아니라 무병巫病에 가까웠기 때문이다. 이때 한 사람이 상군上郡이란 지방에 신들린 무당이 있다고 알려주었다. 한무제는 서둘러 사람을 보내 그 무당을 청해서 신령을 불러들이고 제사를 지냈는데 말끔하게 병이 나았다. 이 시기가 대략 원수元狩 5년(BC. 118년)쯤이었다. 이 사건은 한무제가 무술에 의지해 귀신을 불러 병을 치료한 첫 사례라고 할 수 있다. 이를 계기로 한무제 주변에는 적지 않은 무당들이 모여들었고, 무술은 한무제의 삶에 지대한 영향을 끼쳤다.

한무제의 일이 세간에 알려지면서 더 많은 무당이 장안으로 모여들었다. 그러나 시간이 흐르자 무당들 사이에서 문제가 터진다. 한무제 주변에서 시중을 들었던 무당은 소수였고, 나머지 무당들은 각자 알아서 생계를 유지해야 했다. 어쩔 수 없이 사방팔방에서 활동했다. 또 아랫사람은 윗사람이 하는 바를 따라 하길 좋아해서 장안의 많은 귀족과 고관대작들은 물론이고 심지어 궁중 후궁들과 미인들까지도 분분히 한무제를 모방했다. 이때 많은 무당이 귀인들과 왕래하고, 심지어 궁중까지 출입했다.

사마광은《자치통감》에서 이렇게 말했다. "여자 무당들이 궁중에 왕래하며 미인들에게 액막이하는 법을 가르쳐서 지붕마다 나무로 만든 인형을 묻어 제사 지내게 했는데, 질투와 시기로 인해서 성내고 욕하며 서로 비방하면서 말하길 '상(한무제)을 저주하고 무도하다.'고 하니 상이 노해 죽인 것이 수백 명이었다."(《자치통감》권 22)

진황후陳皇后 사건

한무제 초기, 궁정에서 무당의 술법으로 인한 큰 사건이 일어났다. 일반인이 아닌 바로 한무제의 제일 황후였던 진황후陳皇后가 연루됐다. 진황후는 한무제 고모의 딸로서 어려서부터 응석받이로 자라 성품이 자유분방했다. 성장 과정은 차치하고 한무제와 결혼한 후부터가 관건이었다.

한무제는 위자부衛子夫를 총애했다. 진황후는 어려서부터 성장할 때까지 어떤 경쟁자도 없던 터라 위자부의 출현은 진황후에게 큰 수치감과 질투는 물론이고 절망적인 위기감마저 심어주었다. 이런 상황에서 한 사람이 진황후의 주변에 출현해 사건을 더욱 복잡하게 하니 바로 여자 무당이었다. 그녀는 진황후에게 두 가지 일을 일러줬다. 첫째는 압승壓勝이고, 둘째는 미도媚道였다. 이 두 가지는 고대 무당의 술법 중에서도 가장 사악한 술수라고 할 수 있다. 압승이란 원한이 있는 상대방을 저주하는 것이다. 미도는 좋아하는 사람에게 총애를 받는 방법이고, 동시에 미워하는 상대방을 공격하는 것이다. 진황후가 이 두 가지 사술을 펼칠 대상은 다름 아닌 위자부였다.

뒤에 한무제는 이 사건을 알게 됐고, 장탕張湯에게 이 사건을 철저히 조사하도록 했다. 장탕은 조사 끝에 이 사건과 연관된 300여

명을 잡아들이고, 진황후에게 사술을 교사했던 여자 무당을 죽여 버렸다. 그리고 원광元光 5년(BC. 130) 가을에 진황후는 황후 자리에서 물러나야 했다.

진황후는 남을 해치려다 도리어 자신을 해하게 됐으니 자업자득이라 할 수 있다. 그런데 이 사건에서 한무제는 일말의 책임도 없을까? 필자는 한무제에게 적어도 두 가지 책임이 있다고 생각한다. 첫째는 민간의 무당 술법을 궁정 안으로 끌어들이고, 아랫사람들은 물론이고 궁정의 비빈, 미녀들까지도 물들게 한 것이다. 둘째는 진황후가 사악한 법술로 몰래 위자부에게 음해를 가한 것은 과분한 행위였지만 두 여인네 간의 질투싸움에 300여 명을 연루해 처벌한 것은 지나치게 가혹하다. 어떻게 300여 명이 조사를 받고 연루됐는가? 그중에 무고한 사람은 없는가? 이 사건은 후궁들의 총애 다툼뿐만 아니라 정치적인 사건으로까지 비화했다.

반고의 《한서》에 진황후 사건과 관련된 기록들이 여러 차례 나온다. 모두 여자가 변란을 꾀했다는 것이다. 더욱이 일련의 괴이한 천문현상과 재앙이 함께 연관됐다. 예컨대 일식日食이 일어나고, 별빛이 문란했으며 혹자는 중요한 능원이 하늘에 의해서 불타 없어졌다고도 했다. 진황후 사건이 여성 주도의 궁정음모로 여자가 변란을 꾀했다고 주장한 것이다. 그러나 궁정음모는 단순히 위자부 한 사람만을 겨냥한 것이 아니라 진황후 배후의 정치세력들이 한무제를 겨냥했을 공산도 크다. 이 사건은 비록 장탕이 맡았지만 장탕의 배후는 한무제라고 할 수 있다. 그럼 한무제가 무엇 때문에 이 사건을 정치적인 음모로 파악했나? 그것은 한무제가 믿던 미신과 섬기던 귀신이 만든 일종의 의심병에서 비롯된 것이라 할 수 있다.

진황후가 황후의 자리에서 물러난 뒤인 원삭元朔 원년(BC. 128)에 위자부는 한무제의 아들을 낳았다. 유거劉据라고 불렀다. 바로 한무제의 장자이자 태자이기도 했다. 한무제는 매우 기뻐서 위자부를 황후로 승격시켜 책봉했다. 이것이 한무제 시대에 일어났던 첫 번째 무고巫蠱의 화라고 할 수 있다. 이 사건의 패배자는 진황후였고, 승리자는 위자부라고 할 수 있다. 그 후에 궁중과 조야朝野는 태평하게 됐을까? 그렇지 못했다. 더욱 큰 풍랑이 기다리고 있었으니 말이다.

두 공손씨公孫氏의 죽음

한무제 태시太始 원년(BC. 96), 또 한 사람이 무고巫蠱의 사건으로 죽게 됐다. 이 사람은 공손오公孫敖다. 공손오는 여러 차례 위청과 더불어 흉노를 공격해 전공을 세운 인물이다. 그러나 뒤에 한 차례 흉노와 벌인 전쟁에서 패배해 많은 병사를 잃었다. 군법으로 그는 마땅히 참수형을 당할 처지였다. 공손오는 처벌을 피하려고 민간으로 숨어버렸다. 민간 속담에 "첫 하루는 피할 수 있어도 보름날을 피할 수 있는 것이 아니다."는 말이 있는데, 이는 "어떻게 숨으려 해도 숨을 수 없다."는 뜻이다. 공손오는 숨은 지 5~6년 만에 발각되어 붙잡혀 감옥에 들어왔다. 정식 판결을 받지 못한 때 어떤 사람이 공손오의 부인이 무술巫術를 이용해 모종의 목적을 달성시키려 했다고 고발했다. 이 고발에 공손오까지 연루되면서 그는 허리가 잘리는 잔혹한 형벌을 받게 됐다.

이 사건은 괴기하다. 현존하는 사료를 살펴보면 사건기록이 없다. 공손오의 부인은 어떤 목적을 달성하려고 무고巫蠱와 사술邪術을 이용했을까? 역사 기록에는 남아있지 않아서 그녀에게 무슨 의도가 있었는지 알 수는 없다.

정화征和 2년(BC. 91), 공손오가 죽은 지 5년 뒤에 또 한 명의 공손 성을 가진 자가 재수 없이 공손오와 똑같은 죄명인 무술巫術로 한무제를 저주했다고 고발당했다. 이 사람의 이름은 공손하公孫賀였다. 그는 감옥에 가기 전에 승상을 역임한 인물이었다. 공손하의 아들도 감옥에서 함께 죽임을 당했다. 이 공손하와 앞서 말한 공손오 사건에는 하나의 중요한 공통점이 있다. 바로 위황후 가문과 밀접하다는 것이다. 공손오와 위황후의 가문은 어떤 관계였나?

당시 진황후와 위자부의 총애 다툼에서 진황후의 모친인, 한무제의 고모는 역사상 두태주竇太主로 불렸다. 이 두태주는 자기 딸인 진황후를 돕고, 위자부에게 타격을 가하려고 위자부의 동생인 위청을 모함해 죽이려고 했다. 이 위급한 시기에 공손오는 몇 명의 장사들과 약속해 위청을 구출했다. 위청은 공손오 덕택에 목숨을 부지할 수 있었다. 뒤에 위청이 대장군이 됐을 때 공손오에게 잘 대해주었고 은혜를 갚으려고 했다. 또한, 공손하의 부인은 위자부의 누이동생인 위군유衛君孺였다. 그래서 공손하와 위씨 가문의 관계는 공손오보다 친근했다고 할 수 있다.

공손하 사건은 그 자초지종을 사서에 기록해 놔서 명확하게 밝힐 수 있다. 공손하는 본래 위씨 가문과 혼인을 맺어 한무제의 신용을 받았고 그 덕택에 승상이 될 수 있었다. 그런데 공손하의 아들은 자기 가문의 세력을 믿고 교만하고 멋대로 행동하면서 법을 어겼다. 이 아들은 최초로 공금 횡령을 했으니, 그 액수가 자그마치 1900만 전에 달했다. 그는 관아에 체포됐다. 공손하는 다급하게 아들을 구할 생각을 했다. 그는 한무제를 위해서 민간세력을 와해시키고 민간의 유협들에게 타격을 가하기로 한다. 이 시기에 관부는 전심전력으로 한 대협大俠을 잡으려고 했으니 그는 바로 주안세朱安世였다. 이전에 관부에서 주안세를 체포하려고 무척 애를 썼지만, 주안세의 조력자가 많아서 찾을 수가 없었다. 공손하는 주안세를 체포하는 일을 자기가 책임지고 맡겠다고 자청했다. 그는 주안세를 잡아서 한무제에게 자기 아들의 죄를 사면받고 싶다고 간청했다. 한무제는 그렇게 하도록 윤허했다.

공손하의 노력 끝에 주안세는 체포됐지만 공손하는 자기 아들을 구할 뿐만 아니라 자기 생명도 부지하지 못할 처지로 전락하고 만다. 어떻게 된 일인가? 주안세는 한 시대 주름잡던 대협으로 재능이 이만저만한 사람이 아니었다. 민간의 대협은 한 가지 특징이 있으니, 자신이 활동하는 지방에서 많은 수하를 동원해 각종 정보에 달통했다는 점이다. 심지어 관부에서도 파악하지 못한 정보를 장악하고 있었다.

주안세는 공손하가 자기 아들을 구하려고 자신을 체포한 사실을 알고 감옥에 들어와서 호탕하게 웃었다. 그리고 이렇게 말했다. "승상의 죄는 멸족감이오!"《한서》〈공손하전〉 주안세는 감옥에서 한무제에게 "공손하의 아들이 한무제의 딸인 양석陽石공주와 사통하고, 더불어 감천궁甘泉宮의 도로에 나무인형을 파묻어놓고 한무제를 저주했다"는 상소를 올렸다. 감천궁은 한무제 만년에 주요한 활동장소로 제사를 지내고, 신선이 찾아오기를 고대했던 곳이다. 대로한 한무제는 사실 여부를 확인하도록 했다. 종국엔 공손하 부자가 사형당하고,

양석공주까지 연관되어 죽게 됐다. 이 밖에도 많은 사람이 이 사건에 연루됐다. 한데 공손오와 공손하가 무고 사건에 연루된 것을 자세히 분석하면 문제의 중심은 다른 곳에 있었음을 발견할 수 있다.

무고 사건은 두 가지 연관성이 있다. 첫째, 이 사건들이 한무제의 미신과 귀신 숭배에 관련되어 있다는 점이다. 신하와 백성은 한무제의 행위를 모방하고, 무당의 술법에 의한 저주 사건이 끊임없이 터졌다. 둘째, 앞서 든 세 사건은 각각 다른 시기에 발생했지만 모두 위황후衛皇后(위자부衛子夫)와 연관되어 있다.

진황후의 사건에서 위자부는 일차 피해자라고 할 수 있다. 진황후는 위자부를 제거하려고 무당의 술법을 이용해 한무제와의 총애를 다투었다. 한데 그 뒤에 벌어진 공손오와 공손하의 사건은 매우 의미심장하다. 이 두 사람의 공통적인 특징은 모두 위씨 가문과 매우 친밀한 관계가 있다는 것이다. 우연한 일치인가?

한무제가 공손하 사건을 처리할 때 한 가지가 시선을 끈다. 이 사건에서 공손하의 부자와 연관된 양석공주를 제외하고 별도 죽임을 당한 한 사람이 있었다. 이 사람은 위항衛伉으로, 대장군 위청의 장자였다. 반고의 《한서》에는 이렇게 기록했다. "황후 아우의 아들인 장평후長平侯 위항衛伉도 모두 주살됐다." 또 《자치통감》에도 이렇게 기록했다. "황후 아우의 아들인 장평후 위항, 모두 무고죄巫蠱罪로 주살됐다." 이 문구들의 특징은 위항의 신분을 소개하면서 대장군 위청의 아들이라고 거론하지 않고, 단지 황후 아우의 아들이라고 한 점이다.

이들 사건의 본질에 대한 세 사학자의 다른 견해

공손오와 공손하 두 사건에서는 하나의 의문점이 드러난다. 이 사건은 모두 무고와 사술에 연관되어 있으나 위씨 가문과 직접적인 관계는 없다. 그러나 사건을 처리하는 과정에서는 모두 위씨 가문과 매우 밀접한 관계가 있다. 공손오는 위청의 목숨을 구해준 적이 있었고, 공손하는 위자부와 위청의 자형이었다. 최후로 위청의 장자인 위항도 연좌되어 죽었다. 정말 우연의 일치란 말인가? 잠시 이 두 무고 사건을 접어두고 한무제 만년에 발생한 참담한 무고 사건에 대해서 알아보자.

반고는 《한서》에서 한무제 만년에 소인 강충江充으로 인해 한무제와 태자, 즉 위자부와 한무제 사이에 태어난 아들인 유거劉據 사이에 극렬한 충돌이 발생했다고 기록했다. 강충은 태자에게 밉보인 적이 있었는데, 뒤에 한무제가 중병으로 시달릴 때 태자가 황제로 등극하면 자신에게 올 보복이 두려워 위황후와 태자가 무당의 술법으로 한무제를 저주했다고 고발했다.

한무제는 이 사건을 철저하게 조사하도록 했고, 처벌을 받을 것이 두려웠던 태자는 반란을 일으켰다. 최후에 태자는 물론이고 위황후도 변란 중에 목숨을 잃었다. 이것이 한무제 시기에 일어났던 무고 사건 중에서 가장 극렬하고 엄청난 파급력을 일으켰다. 반고는 이 사건이 강충으로 인해서 야기된 재앙이라고 소개했다.

강충이 위황후와 태자를 고발하기 전에 위씨 가문은 이미 무고 사건에 연루된 적이 있다. 반고는 《한서》에서 이렇게 기록했다. "무고의 화는 주안세朱安世부터 시작됐고, 강충江充에 의해서 완성됐다. 급기야 공주, 황후, 태자까지 모두 해치게 됐다."

반고는 공손하의 사건과 위부자 모자의 사건을 하나로 보고 있다. 또 공손오의 사건은 부차적인 문제로 돌리고 있다. 공손오의 사건은 5년 전의 일로 비교적 멀리 떨어져 있으며, 공손하 사건이 발생한 지 반년 만에 위자부 모자의 무고 사건이 발생했다. 이 사건들은 시간상으로 매우 가까워서 같은 사건으로 볼 수 있다. 이들 사건 사이에는 무슨 연관이 있을까? 이것을 분명하게 하려고 반고는 전문적으로 이렇게 설명했다. "무고의 사건이 일어나자 강충이 그것을 가지고 간계를 부렸다."《한서》〈무오자전武五子傳〉)

반고는 강충이 태자를 모함할 기회를 찾다가 주안세가 공손하 아들을 고발했던 무고의 사건이 벌어지자 이에 힌트를 얻어서 그대로 태자에게 덤터기를 씌었다는 것이다. 강충은 한무제의 의심병을 이용해 결국에는 황후와 태자를 죽게 했다. 이렇게 본다면 앞서 말한 공손하 사건은 황후와 태자의 사건을 촉발했고, 중간에 강충이 농간을 부린 셈이다.

《자치통감》과 《한서》의 다른 점은 무엇일까? 사마광은 무고 사건을 정리할 때 한무제의 미신을 맹신했던 심리상태와 그것이 끼친 영향을 강조했다. 사마광은 한무제가 자신이 맹신했던 미신 때문에 의심병이 생겼고, 마침내 무당의 술법을 써서 태자를 해쳤다고 판단했다. 《자치통감》에는 이 사건을 이렇게 서술했다. "하루는 한무제가 낮잠을 자다가 악몽을 꾸었는데, 꿈속에 나무로 만든 사람들 수천 명이 손에 몽둥이를 들고서 한무제를 때리려고 했다. 이에 놀란 한무제는 잠에서 깨서 정신을 차리지 못하고 시름시름 앓게 됐다." 이 모습을 본 강충은 한무제가 두려워하는 심리상태를 이용해 황후와 태자를 모함한 것이다. 사마광이 이렇게 해석한 것을 보면 태자 무고 사건의 형식은 우연한 것이 아니라 한무제가 맹목적으로 믿는 미신과 두려워했던 심리상태에서 야기된 것이라 할 수 있다.

《자치통감》과 《한서》는 이렇듯 주안점을 다른 곳에 두고 있다. 그런데 무고 사건으로 발전하는 순서는 모두 그 도화선이 공손하 사건이라고 보았다. 무고 사건을 다시 돌이켜 보면 결과적으로 위황후와 태자 유거가 제거 대상이 됐고, 그전에는 위씨 가문과 밀접했던 공손오와 공손하가 제거 대상이었다. 그러면 단지 이들만이 희생됐나?

사마천이 무고의 사건을 어떻게 서술했는지 살펴보아야 한다. 《사기》에는 무고의 사건에 대해 총정리하진 않았으나, 무고의 사건으로 죽은 사람들에 관해서 기록해 놓았다. 모두 세 사람인데, 집중적으로 〈위장군표기열전〉에 기록했다. 〈위장군표기열전〉은 전문적으로 위청衛靑과 곽거병霍去病에 관한 전기다. 이 세 사람은 누구인가? 바로 공손하公孫賀, 공손오公孫敖, 조파노趙破奴였다. 공손하와 공손오는 앞서 소개했다. 이 두 사람은 장기간 흉노와 벌인 전쟁터를 위청과 함께 다녔다. 위청의 오래된 부하들이라고 할 수 있다. 그래서 사마천은 위청의 전기에 그들을 소개하고 더불어 이들이 무고의 사건으로 죽었다고 기술했다.

조파노는 누구인가? 조파노도 흉노를 공격했던 무장으로 일찍이 위청의 생질인 곽거병과 함께했다. 이 세 사람 외에 사마천은 전인田仁이 무고 사건으로 희생됐다고 거론했다. 그는 바로 위청의 식객으로 알려졌다.

앞서 위청의 아들인 위항이 무고 사건에 연루됐을 때, 반고와 사마광은 위항을 황후 아우의 아들이라고만 언급했다. 사마천은 이와 반대로 무고 사건으로 희생된 사람들을 모두 위청 휘하의 사람들로 묘사했다. 여기까지 말하면 사건은 갈수록 복잡해진다. 만약에 정치적인 숙청이었다면 무고 사건의 진상은 무엇을 의미하는가?

제
25
강

부자지간

유거劉据의 탄생

한무제는 16세에 즉위해 29세까지 아들이 없었다. 황제에게 아들이 없다는 것은 계승자가 없을 뿐만 아니라 이는 또한 혼란의 잠재성이 있다는 의미다. 이 문제는 매우 엄중했다. 그러나 29세 되던 해에 한무제는 총애하는 애첩 위자부衛子夫를 들인 뒤에 아들 하나를 얻으니, 바로 태자 유거劉据다.

한무제는 매우 기뻐해서 동방삭과 다른 문장가들에게 제사에서 '매신禖神'이라는 문장을 쓰게 했다. '매신'이란 천자가 아들을 낳게 해 준 신에게 감사제를 지낸다는 의미다. 이밖에 2년 전에 한무제는 원황후였던 진가교陳阿嬌를 폐위해서 바로 위자부를 새로운 황후로 삼았다. 원수元狩 원년(BC.122), 유거는 7세가 되던 해에 정식으로 태자가 됐다.

유거에 대한 한무제의 총애는 각별해 그에게 큰 기대를 걸었다. 그를 위해 저명한 스승을 청하고 학문을 가르쳤다. 유거는 어렸을 때부터 유가의 최대 중요한 경전인 《춘추春秋》를 학습했고, 또 학파가 다른 2명의 스승에게서 《춘추春秋》를 배웠다. 뒤에 유거가 성인이 되자 한무제는 그를 위해 박망원博望苑을 만들어주고 그곳에서 활동하게 하면서 각양각색의 인물들을 사귀게 했다. 이런 점에서 본다면 한무제는 유거를 위해 많은 정열을 쏟았고 그가 유교경전을 학습하고 각계의 걸출한 인물과 사귀게 해 훗날 자기 계승자로 삼으려 했던 것 같다. 유거의 행동거지는 매우 훌륭했고 조야朝野의 칭송을 받았으며 성격 또한 비교적 인자하고 후박했다.

위자부와 유거는 위씨 일가에 영예였다. 한무제는 위자부의 오라버니와 아우 모두를 궁으로 불러 관직을 제수했다. 뒷날 위자부의 아우인 위청은 장군이 되어서 군대를 이끌고 흉노를 공격했다. 위청은 뒤에 대장군이 됐고 조정에서 그 지위는 매우 높았다. 위씨 가족들은 한무제의 총애로 모두 크게 성공할 수 있었다. 위자부가 한무제를 만나기 전에 위씨 가족들은 모두 노복 신세였다. 이들은 사회 최하층에서 일약 최고고위층이 됐다.

"사람은 천일을 하루같이 좋을 수 없고, 꽃은 백날을 붉게 피어 있을 수 없다."고 속담이 있다. 위자부와 유거 모자가 위씨 가문에 행복을 가져왔다. 한무제의 총애가 있을 때는…. 그런데 한무제의 태도에 변화가 찾아왔다.

한무제와 위자부

위자부의 출신 성분은 매우 천했다. 위자부는 한무제의 누이 양신 장공주陽信長公主의 여자 노복이었다. 역사서에는 '구자謳者'라고 했는데, 주인 집안에서 노래하는 창기라고 할 수 있다. 한무제가 즉위한 지 얼마 뒤에 젊은 한무제가 누이 집에 간 적이 있었다. 이때 주연이 벌어졌고 양신장공주는 한무제의 주흥을 돋아주기 위해 위자부에게 노래를 부르게 했다. 한무제는 위자부가 마음에 들었다. 한무제는 양 신장공주에게 많은 재물을 하사하고 위자부를 궁으로 데려왔다. 관건은 위자부가 궁으로 들어온 다음의 운명이었다.

한무제는 기쁜 마음으로 위자부를 궁으로 데려왔지만 얼마 후 그녀를 잊게 됐다. 1년 동안 위자부를 찾지 않게 됐는데, 한번은 위 자부를 우연히 만났다. 이때 위자부는 울면서 출궁하고 싶다고 통사 정했다. 한무제는 위자부를 딱하게 여겨 그녀를 자주 만나 주었다. 이렇게 일단의 시간이 지나자 위자부는 한무제와 사이에 세 딸을 낳고 마지막에는 아들을 얻었으니, 바로 태자 유거였다.

유거가 태어난 지 1년 전후를 계산하면 위자부는 한무제 곁에 12년 동안 있었다. 유거의 탄생은 한무제에게 큰 기쁨을 주었다. 그러나 이때 위자부는 점점 연로해져 미색이 쇠해졌다. 한무제와 위자부의 관계는 보통 부부의 표준으로 생각해서는 안 된다. 앞서 언급했듯이 한무제는 위자부를 처음 궁으로 데리고 온 다음에 얼마 후 그녀를 잊고 지냈다. 그런 점에서 본다면 위자부가 일반 미인이었지 경국지색은 아니었던 것 같다. 궁 안에는 숱한 미인들이 있어 황제는 많은 후궁을 거느렸는데, 그중에 눈에 띄기란 대단히 어려운 법이다. 뒤에 위자부가 유거를 낳고 후궁 중에서 지위가 높아졌지만, 한무제는 위자부에 대한 흥미가 점점 떨어졌을 것이다.

위자부는 한무제가 주변 여자들을 어떻게 보는지 이미 잘 알고 있었을 터다. 비록 역사서에는 정면으로 이런 사실을 묘사하지 않았지만, 한무제가 별도로 총애하는 후궁들을 통해서 한무제가 주변 여자를 어떻게 대하는지 알 수 있다. 별도로 총애한 후궁 중 한 사람이 이부인李夫人이다. 역사서에 묘사된 이부인의 미색은 매우 출중하다. 또한, 노래와 춤까지 잘 춰 한무제가 매우 총애했다고 한다.

뒤에 이부인이 병으로 위중해지자 용모가 매우 초췌하고 볼품이 없어졌다. 한무제가 병문안을 가자 이부인은 이불로 얼굴을 덮고 보고 싶지 않다고 했다. 한무제는 그녀가 이불로 얼굴을 덮어도 만나고 싶다고 했다. 이부인은 이불로 얼굴을 덮은 채로 한무제에게 이렇게 말했다. "자신이 죽은 뒤에 당신은 나의 몇몇 형제들을 잘 돌보아달라." 한무제는 이불에서 얼굴을 보이고 나를 한 번 쳐다봐주면 당장 당신 형제들에게 관직을 주겠다고 했다. 그러나 이부인은 시종 거절하고 최후에는 몸을 측면으로 돌리고 아무 말도 하지 않고 다시는 한무제를 응대하지 않았다. 한무제는 친히 병문안을 이렇게 거절당하니 매우 화가 나서 되돌아와 버렸다.

한무제가 간 후에 이부인 신변의 사람들, 특히 그녀의 집안사람들은 이부인을 원망했다. 그들은 이부인이 한무제를 한번 쳐다보면 자신들이 출세할 수 있는데, 그렇게 하지 않은 이부인의 행동을 이해할 수 없었다. 그러나 이부인은 총명한 사람이었다. 그녀는 한무제가 한 여인과의 특별한 감정 관계보다 미색을 중시한다는 사실을 잘 알고 있었다. 이부인 일화는 위자부에도 똑같이 적용된다.

이부인은 다음과 같은 한마디 말을 남겼다. "미색으로 남을 섬기는 자는 미색이 쇠하면 사랑도 늦춰지고, 사랑이 늦춰지면 은총도 없어진다."(《한서》〈외척전〉) 이부인이 최후에 한무제를 보지 않았던 결정은 옳았다. 이부인이 죽은 뒤, 그녀의 형제들은 한무제의 비호를 받아 출세했다. 또한, 한무제는 이부인을 생각해 친히 추도문을 만들었다. 이것은 모두 이부인이 젊었을 때 죽고, 이전 그녀의 고운 용모와 자태가 한무제의 마음속에 남아있었기에 가능했다.

위자부는 이부인와 비교하면 행운이 따라 오래 살 수 있었다. 불행인 것은 세월이 흘러감에 따라 위자부의 형상이 한무제 마음속에서 사라져 버렸다는 점이다. 이는 위자부 자신에게뿐만 아니라 그 자식인 유거에게도 영향을 주었다.

한무제와 유거

유거의 출현은 한무제가 이전까지 아들이 없던 시대가 완전히 끝났음을 의미한다. 유거가 태어난 뒤로 계속해서 6명의 아들이 생겼다. 그중에는 앞에서 언급했던 이부인의 아들도 있었는데, 바로 창읍애왕昌邑哀王 유박劉髆이다.

아들이 많으면 그중에서 누군가를 더 사랑하느냐에 따라 여러 모순이 발생한다. 한무제의 6명 아들은 위자부를 포함에서 5명의 후궁이 낳고 길렀다. 이 사람들의 처지는 모두 달랐고, 그 배후에 여러 세력이 있다. 늘 상호 모순과 마찰이 생겼고, 한무제는 사사건건 이것들을 다 조절할 수가 없었다. 한무제 본인 처지에서도 1명의 아들만 있을 때는 전심전력으로 그에게 정성을 다하면 되지만, 아들이 많아지면 그들을 비교하게 된다. 어떤 아들은 천성이 좋고, 어떤 아들은 자기와 성질과 비슷한지 따위의 것들이다.

유거는 성장한 후에 성격상 온순하고 관대하며 후덕했다. 굳센 한무제와는 달랐다. 부자간 성격 차는 한 가지 사건에서 여실히 드러났다. 한무제 통치 기간에 대외전쟁이 잦아서 인구와 재정의 손실이 매우 컸다. 유거는 잦은 전쟁을 반대해 한무제에게 때때로 전쟁하지 말라고 건의했다. 전쟁에 관해서 부자지간에 강하고 유한 성격이 드러났다. 《자치통감》에서는 한무제와 유거의 관계를 한마디로 이렇게 말했다. "한무제는 유거의 재주와 능력이 자기와 다름을 싫어했다."

한무제는 유거가 다른 아들들과 비교해서 자기와 닮지 않았다는 걸 발견했다. 이는 다른 아들들에게는 좋은 기회가 될 수 있었고, 되레 위자부와 유거의 지위는 전처럼 공고해질 수가 없었다. 최초로 위기감을 느낀 사람은 위자부다. 유거는 젊어서 그런 위기감을 크게 느끼지 못했지만, 위자부는 풍부한 인생 경력 덕에 매우 민감했다. 위자부는 자주 불안했다.

위자부의 이런 불안감은 점차 한무제도 느끼게 됐다. 한무제는 위자부와 유거를 위안하려고 특별히 한 사람을 찾아 이야기했다. 위자부의 동생인 위청이다. 한무제는 위청에게 현재 한나라의 통치는 여전히 안정되지 못하고, 제도는 건실하지 못하며 외적들은 여전히 호시탐탐 기회를 노려 사방을 정벌해야 하므로 백성이 수고스럽고 재정이 손상된다고 말했다. 그러나 이런 일은 자신이 직접 해야 하고 계승자가 자기와 똑같이 한다면 진나라처럼 멸망할 것이라고 했다. 여기까지 말하고 유거에 대해서 이렇게 평가했다. "태자는 돈후하고 조용함을 좋아하니 반드시 천하를 편안하게 할 것이다."(《자치통감》 권 22) 이 말은 한무제가 수고로움은 자신이 맡고 태자에게는 편안함을 물려주겠다는 것이다. 그런데 한무제는 왜 위자부와 유거에게 직접 말하지 않고 위청을 찾아가 말을 했을까?

'요모문堯母門' 사건

위청과 위자부의 관계는 세 단계에 걸쳐 변화했다. 위자부가 한무제의 총애를 받을 때 위청은 위자부의 동생이니 두각을 나타내고 한무제의 신임을 얻을 수 있었다. 이 단계에서 위청은 마땅히 위자부를 우러러볼 수밖에 없었다. 이후에 위자부는 한무제의 장남을 낳았고, 궁중 지위는 절정에 달했다. 동시에 위청도 자기 능력으로 전공을 세워 최종적으로 대장군이 됐다. 이 단계에서 위자부는 후궁 중에 최고의 지위에 올랐고, 위청 또한 군신群臣들을 압도하는 지위에 올라 오누이는 서로 도움되는 관계가 됐다.

그러나 세월이 지나자 유거는 한무제의 유일한 아들이 아니었고, 위자부 역시 후궁들에게 점차 밀리는 신세가 됐다. 이와 비교하면 위청은 명성이 혁혁한 대장군이었고, 여전히 전쟁터에서 전공을 세웠다. 하지만, 한무제는 한편으로 곽거병을 신임하려 했다. 곽거병은 위청의 외조카다. 비록 위청이 일관되게 자신을 낮추고, 한무제에게 순종적이었으며, 당파를 만들지 않았다지만 위청은 병권을 장악하고 있었다. 이 때문에 이 단계에서 위자부는 어떤 사람이 유거의 태자 지위를 흔든다면 먼저 위청의 눈치를 살펴야 할 것이다.

한무제에게도 위자부와 유거는 자기가 충분히 제어할 수 있으므로 문제 되지 않는다. 단지 위청이 신경에 거슬렸다. 그래서 한무제는 위청에게 먼저 말을 했던 것이다. 하지만 원봉元封 5년(BC. 106)에 위청이 세상을 떠나자 형세는 급격하게 변했다. 한무제는 일련의 행동에서 태자를 바꾸려 했다. 이것은 중요한 사건으로 우리는 이것을 요모문堯母門 사건이라고 부른다.

한무제가 총애하는 후궁 중에 조첩여趙婕妤가 있었다. 그녀와 한무제 사이에 한 아들이 있었으니 이름은 유불릉劉弗陵이다. 그는 한무제의 막내아들로 뒤에 한무제의 계승자가 된 한소제漢昭帝다. 유불릉의 출생에는 한 가지 특이한 고사가 있다. 보통 10개월 동안 회임해 출생하는 것이 일반적인데, 유불릉은 14개월의 회임 끝에 태어났다. 이 사건을 계기로 조첩여가 거주하던 곳의 문을 '요모문堯母門'으로 불렀다. 그 까닭은 옛날에 전설적인 제왕이었던 요堯 임금이 14개월 만에 태어났기 때문이다. 조첩여를 요임금의 모친에 비교한 것이다.

요모문이란 세 글자를 가볍게 여겨서는 안 된다. 조첩여를 요임금 모친에 비교했다면 그 아들인 유불릉은 요임금에 비교된 셈이다. 요임금은 어떤 사람인가? 상고 시대에 가장 위대하고 성스러운 제왕이다. 사람들은 일반적으로 상고 시대 성왕(聖王)을 꼽으라면 가장 먼저 요순우(堯舜禹)를 거론한다. 그런데 유불릉을 당대의 요임금으로 거론했으니, 누가 그와 더불어 제왕의 자리를 다툴 수 있단 말인가? 과연 태자였던 유거는 어떤 처지에 놓였을까?

요모문 사건은 위청이 죽은 뒤에 발생했다. 그 세력이 기본적으로 소멸한 시기였다. 한무제는 단지 '요모문'이란 세 글자로 표현했지만, 사람들은 모두 앞날을 예측할 수 있었다. 한무제는 태자 유거에 만족하지 못했고, 그를 대신할 아들을 생각했던 것이다. 이 사건은 한무제와 위자부, 유거와의 관계를 더욱 복잡하게 한다.

세 사학자의 다른 서술

이 사건에 대해 《사기》, 《한서》, 《자치통감》을 살펴보면 한 가지 의미 있는 현상을 발견할 수 있다. 이 사건과 시차가 얼마 나지 않았을 때 사마천은 이를 매우 모호하게 표현했고, 도리어 시차가 많이 났던 사마광은 매우 자세하게 표현했다.

예컨대 '요모문' 사건에 대해 사마광은 직접적인 평론을 가해 한무제의 행동은 막내아들로 태자를 바꾸려는 의도로 먼저 위자부와 유거에게 타격을 가한 것이라고 했다. 이것이 훗날 위자부와 유거 모자가 무고지화(巫蠱之禍)에 걸려 둘 다 목숨을 잃는 화근이 됐다고 보았다. 사마광의 이런 지적은 분명하다. 한무제와 유거 사이에 큰 변화가 생겨 부자가 반목하는 화근이 여기서 비롯됐다는 것이다.

앞서 한무제와 위청의 대화는 한무제가 앞으로 위씨 일가에 취할 행동 중에 중요한 절차였던 것임을 알 수 있다. 《사기》에는 기재된 것이 없고, 《한서》에도 특별한 기록이 없다. 단지 《자치통감》에 있던 내용이다. 한무제가 태자를 바꾸려 했던 것과 부자간의 모순이 하루 이틀 사이에 벌어진 것이 아니다. 한무제가 위청에게 했던 말의 목적은 위씨 일가는 경거망동하지 말라는 경고였던 셈이다.

《한서》에는 한무제와 위청의 대화는 기재되지 않았고, 단지 요모문 사건에 대해서만 기록해 두었다. 유불릉은 당시 5, 6세에 불과했지만 총명했다. 한무제는 자주 자신을 닮았다고 언급했다. 뒤에 유불릉이 태자가 된 이유는 자신을 닮았다는 이유에서였다. 이것은 일전에 한무제가 위청에게 한 말이 진심이 아니라, 단지 그들을 안정시키려는 일종의 책략일 뿐이었다.

반고가 이 사건을 다 기록하지 않은 이유는 한무제가 위청에게 한 말과 실제 행동이 달랐으므로 취사선택한 것이라고 볼 수 있다. 한무제에게는 6명의 아들이 있었다. 반고는 어떤 것은 감추었지만 《한서》에 6명의 아들을 전부 소개했다. 또한, 유거의 일생에 대한 기록도 상세했다. 그러나 《사기》를 살펴보면 단지 한 문장으로 한무제의 아들을 소개했으니, 바로 〈삼왕세가三王世家〉다. 사마천은 한무제의 아들 6명 중에 단지 세 명만을 소개했다. 유거, 유불릉, 그리고 이부인李夫人 소생인 창읍애왕昌邑哀王 유박劉髆을 제외했다. 무엇 때문에 이 세 명을 소개하지 않았나?

유거는 최종적으로 무고지화巫蠱之禍로 말미암아 모반을 일으켰다. 이 때문에 당대를 살았던 사마천으로서는 이 사건이 매우 민감하고 잘못 언급했다가는 연좌될 가능성이 커서 조심스러웠다. 그러면 왜 유불릉과 유박은 언급하지 않는가? 그것은 사마천이 《사기》를 쓸 때 이들이 아직 성인이 되지 않았기 때문일 것이다. 그러나 다시 분석해보면 유불릉과 유박은 공통적인 특징이 있다. 두 사람 모두 유거의 경쟁 상대라는 것이다. 사마천이 《사기》 〈삼왕세가〉에서 소개한 세 사람은 제왕齊王 유굉, 연왕燕王 유단, 광릉왕廣陵王 유서다. 이들은 제왕 승계권에서 벗어난 사람들이고, 소개하지 않았던 세 사람은 제왕 승계에 각축전을 벌였던 핵심 인물들이다.

유불릉과 유거의 경쟁 관계는 앞서 요모문 사건 때 이미 분명하게 밝혀졌다. 유불릉은 한무제의 황위를 계승했다. 그러면 유박은 어떤가? 우리는 두 가지 중요한 방증으로 유불릉이 출생하기 전에 한무제가 유박을 눈여겨보고 있었던 점을 확인할 수 있다. 우선 유박은 한무제가 시시각각 잊지 못했던 이부인이 양육했다. 그다음으로 한무제는 이부인의 가족을 도우려는 조치가 위자부의 형태와 매우 비슷했다. 이부인의 오빠는 이광리李廣利로 바로 한혈보마汗血寶馬를 탈취한 이사장군貳師將軍이었다. 위청 사후에 여러 차례의 흉노 전쟁은 모두 이광리가 출전해 통수統帥를 맡았다.

한무제의 용인用人 순서와 방법은 이랬다. 그가 위자부와 유거를 총애할 때는 먼저 위청을 발탁했다. 뒤에 이부인을 총애할 때는 이광리를 기용했다. 이 관계는 위자부가 이부인으로, 위청이 이광리로 대체된 것이라고 할 수 있다. 그렇다면 유박이 유거를 대신할 가능성이 있었을까? 없었다. 유박이 요절하고 이광리가 정치적으로 실패한 뒤 최종 낙찰된 것이 유불릉이라고 할 수 있다.

사마천은 《사기》에 상관인물을 처리할 때 매우 신중했다. 또 기록을 남길 때 황위 계승권에서 벗어난 세 사람을 대상으로 삼았다. 나머지 세 사람에 대한 것은 오늘날에 볼 수가 없다. 전해지지 않는 까닭은 밝혀지지 않았지만, 전해지는 과정에서 없어진 것이 아니라면, 사마천이 고의로 삭제한 것이다. 그러나 사마천이 속 시원히 밝힐

수 없었던 것은 단순히 그가 신중한 것뿐만 아니라 당시 이 사태가
엄중했다는 사실을 방증한다.

제
26
강

예견된 분쟁

부자지간의 틈

한무제 만년에 위황후와 태자 유거는 한무제를 만나기 어려웠다. 이런 상황은 부부와 부자의 틈을 더 벌어지게 했다. 중국 역사에서 태자라는 역할은 매우 어렵다. 먼저 태자는 많은 사람이 넘보는 자리로 자격이 있는 황위 계승자들은 모두 쉽사리 태자를 포기하지 않는다. 또 태자의 본질은 적당한 시기가 오면 늙은 황제를 대신하는 것이다. 여기에 권력의 유혹이 더해지면 부자지간에도 서로를 의심할 수 있다. 태자가 소극적이면 늙은 황제는 그가 무능하다고 여길 것이고 반대로 적극적이면 찬탈을 꾀한다고 여길 것이다. 그래서 태자는 늙은 황제 앞에서 모호한 태도를 취하거나 횡설수설할 때가 많다.

이런 모순은 태자 자리를 노리는 사람들에게 이용될 수 있다. 중국 역사에서 이런 풍경은 자주 연출됐다. 한무제와 태자 유거의 사이 또한 그렇다. 하나의 전형적인 사례로 한번은 태자가 황후를 알현했다. 황후의 궁전에서 머물던 시간이 길었다. 모자지간에 만남이 길었다는 것이 무슨 흠이 되겠나. 그런데 한 환관이 한무제 앞에서 이렇게 보고했다. 태자가 황후의 궁에 문안 가서 오랫동안 머문 것은 황후 주변의 아리따운 궁녀들에게 눈을 팔았기 때문이라는 것이다. 이 보고를 들은 한무제는 태자가 체통을 지키지 않은 것에 불쾌했고, 단지 바로 책망하지는 않고 수백 명의 궁녀를 하사해 다음부터는 황후의 궁녀들에게 눈을 팔지 말도록 조처했다.

기실 태자가 황후의 궁에서 궁녀들에게 한눈을 팔았다는 것은 날조 가능성이 크다. 이것은 태자 주변에서 태자를 흠집 내려는 세력들이 포진해 있었다는 걸 말해준다. 한번은 한무제가 몸이 불편한 일이 있었다. 그는 한 환관에게 태자에게 가서 그 사실을 알리게 했다. 환관이 돌아와서는 한무제에게 태자가 그 소식을 듣고 처음에는 매우 기쁜 표정을 지었다고 보고했다. 이 소식을 전해 들은 한무제는 태자가 자신이 일찍 죽기를 바라는 것 같아서 괘씸하게 여겼다. 그런데 얼마 뒤에 태자가 찾아와서 병문안하는 모습을 보고 환관의 말과 다른 것을 깨달았다. 태자의 얼굴에 눈물 자국이 있었고, 진심으로 자신을 걱정하는 모습을 보고 환관이 중간에서 농간을 부린 것으로 알게 된 것이다. 한무제는 그 환관을 당장 죽였다. 이것은 부자지간에 벌어진 사소한 촌극에 불과하다. 한무제와 태자 사이를 이간질하는 다른 일련의 사건들이 연이어 벌어진다.

강충江充의 모함

몇몇 환관의 보고는 한무제 부자지간의 사소한 오해에서 비롯된 것이라 큰 문제가 되지 않았으나 뒤에 벌어진 엄청난 사건은 공교롭게도 이 사소한 오해에서 비롯됐다. 어떻게 된 일인가? 한무제는 법을 엄격하게 집행하고, 또 이를 집행하는 관리를 중용했다. 한무제 만년에 강충江充이라는 인물이 용감하게 법을 집행해 한무제의 신임을 얻었다. 이에 용기를 얻은 강충은 태자에게까지 엄격하게 법을 집행했다.

한무제는 만년에 자주 감천궁甘泉宮에 거주했는데, 장안長安 궁전과는 상당히 떨어져 있었다. 한번은 태자가 수하를 보내 한무제의 안부를 물어보게 한 일이 있었다. 그런데 그 수하가 법을 어기고 황제만이 다닐 수 있는 치도馳道를 이용해 강충에게 체포됐다. 태자는 이 사실을 안 후에 강충에게 수하가 자기 명령을 급하게 수행한 나머지 저지른 잘못이니, 용서해달라고 부탁했다. 그런데 고리타분한 강충은 냉정하게 거절하고 모든 사실을 황제에게 보고하고 엄격하게 법대로 처결했다. 이 때문에 태자는 강충에 대해 원망을 품게 됐다.

이 사건도 본래는 그렇게 엄중하진 않았다. 문제는 강충의 커지는 불안감이었다. 시간이 지날수록 한무제의 건강상태가 안 좋아지고, 그가 그대로 붕어한다면 태자가 등극해 자신을 처벌할 것이 두려워지기 시작한 것이다. 이때 마침 공손하公孫賀 부자가 무고巫蠱와 저주咀呪로 고발되고, 한무제가 나무로 만든 꼭두각시에게 매 맞는 악몽을 꾸는 일이 발생했다. 여기에 한무제의 건강은 더욱 악화했다. 이에 강충은 두 가지 사건을 연계해 태자에게 올가미를 씌울 작정을 했다. 먼저 한무제에게 공손하 부자의 무고와 저주 사건은 빙산의 일각이고, 그 배후가 반드시 있을 것이니 적발해야 한다고 보고했다. 한무제는 의심이 많았던 사람이라 강충에게 재조사를 명령했다.

기실 강충은 사전에 이 사건의 배후자를 태자로 정해놓고 모함에 빠뜨릴 작정이었다. 그는 무고巫蠱와 관련된 민간인들을 대거로 체포해 고문하고 각종 유언비어를 퍼뜨렸다. 당시 궁전에는 많은 방사가 출입했는데, 궁녀들에게 액막이를 해준다면서 지붕이나 땅속에 나무인형을 묻어 놓았다. 강충은 무당을 매수해 황제에게 태자를 모함하려고 이렇게 상주했다. "궁 안에 무고巫蠱로 남을 저주하는 기운이 있으니 이를 제거하지 않으면 큰 환란이 있을 것이옵니다." 이 보고를 들은 황제는 지위고하를 막론하고 철저히 조사토록 했는데, 강충은 사전에 황후와 태자의 궁에서 인형 등 가장 많은 무고의 증거물을 몰래 숨겨놓고는, 조사과정에서 이를 발견했다고 보고했다.

태자, 반란을 일으키다

당시 한무제는 장안 궁전에서 떨어진 감천궁에 거주하고 있었다. 태자는 강충의 모함을 받아 놀라고 당황해 자신을 보좌하는 신하를 불러 상의했다. 이 신하는 자기도 태자를 보좌하는 직책을 맡아서 자기에게까지 죄가 연좌될 것으로 생각하고 먼저 강충을 없애버리자고 제의했다. 그리하여 태자는 강충을 체포해 죽여 버렸다.

강충을 죽인 태자는 먼저 한무제에게 가서 사건의 자초지종을 설명하지 않고, 황후를 찾아가 상의한 끝에 무기고를 열고 자기 군사를 모아 반란을 일으켰다. 태자는 왜 이런 행동을 했을까? 한무제의 명령을 받고 조사하던 신하를 주살한 후에 군사를 일으킨 것은 모반죄를 스스로 인정하는 꼴이 아닌가? 이 문제에 대해서 《사기》와 《한서》에는 기록이 없다. 심지어 《자치통감》에서도 분명하게 이 사건의 자초지종을 기술하지 않았다. 단지 관련 내용으로 추측만 할 수 있을 뿐이다.

가장 가능성이 큰 것은 비록 강충을 살해했더라도 태자의 적대 세력이 여전히 건재했으리라는 점이다. 예컨대 강충은 바둑판에서 병졸에 불과했고, 진정으로 이 사건을 책동한 배후는 따로 있다는 추정이다. 그래서 강충을 죽인 후에도 태자는 불안감을 느끼고 군사를 일으킨 것이다. 앞서 강충이 사건을 일으키기 전에 이미 몇몇 환관들이 이미 한무제에게 태자를 모함했던 일들이 있었다. 이를 자세히 들여다보면 이 환관들이 멋대로 태자를 모함한 것이 아니라 분명히 배후에서 그들을 움직인 세력이 있었음이 확실하다.

또 강충은 아무리 한무제에게 신임을 얻고, 개인적으로 태자와 쌓인 원한이 있을지라도 대담하게 황후와 태자를 모함해 자기 출세 가도를 위한 발판으로 삼을 정도로 정치 야망이 큰 인물은 못 된다. 따라서 강충 혼자서 이 소요를 일으켰다는 것은 커다란 의심에 부닥친다.

태자가 강충을 살해하자 강충의 잔당이 한무제가 있는 감천궁에게 달려가 "태자가 난을 일으켰다"고 보고했다. 한무제는 사람을 보내 장안 궁정 일대를 살펴보도록 했는데, 모두 태자의 군사들에게 체포되거나 출입금지 당해 그대로 돌아왔다.

한무제는 장안에 머물고 있던 승상에게 태자의 반란에 어떻게 대처하고 있는지 보고하도록 했다. 이때 승상은 유굴리(劉屈氂)로 태자의 반란이 두려워 감히 대항하지 못하고, 안절부절못하고 있었다. 이 사실을 안 한무제는 대로해 승상에게 이렇게 전했다. "승상에게는 주공周公의 풍도가 없구려! 주공은 관채管蔡를 토벌하지 않았던가?"《《한서》〈유굴리전〉》 이 말은 곧 과거에 주공이 관채와 형제 사이였지만 그가 반란을 일으켰을 때 바로 토벌하고 주살한 일이 있었으니, 당신도 태자를 죽여 버리라는 명령과도 같은 것이었다.

승상은 한무제의 말을 전해 듣고, 군대를 발동해 태자의 군대와 장안에서 닷새 동안이나 전투를 벌여 사망한 자가 수만 명에 이르렀다. 이 무렵, 장안에서 태자가 반란을 일으켰다는 소문이 파다해 일반 백성까지 유굴리 편을 들어 마침내 태자의 군대는 패하고 말았다. 이에 태자는 장안 동쪽 호수로 도망가 목을 맸고, 그 모후이자 황후였던 위자부도 자결했다.

세 사학자의 다른 기록

반고는 태자 유거의 운명을 매우 의미 있게 해석했다. 반고는 《한서》〈유굴리전〉에서 먼저 무고지화巫蠱之禍가 일어난 것을 탄식하고 애통해 했다. 동시에 그는 이처럼 큰 사건이 강충이라는 소인물에 의해서 비롯된 것에 주목했다. 강충의 배후에서 다른 사람이나 세력이 개입했을 가능성이 농후하다고 지적했다. 그러나 반고는 그 원인을 하늘의 뜻으로 귀속하고 사람 힘으로 어쩔 수 없었던 일로 치부하고 있다.

무고지화가 일어난 것이 어떤 점에서 하늘의 뜻인가? 반고는 한무제가 즉위한 이후에 많은 전란의 징조가 있었다고 지적했다. 예컨대 한무제 즉위 6년째 되던 해에 나타난 혜성이 그 증거였다는 것이다. 그 후에 한무제가 해마다 대외정벌에 나섰는데, 특히 흉노와의 전쟁은 매우 치열했다. 한무제가 정식으로 흉노와의 전쟁을 시작한 BC.129년에서 BC.128년 사이에 유거가 출생했다. 또 유거가 출생한 이후 십수 년 동안에 전쟁은 끊이지 않았다. 최후에 유거가 반란을 일으켰을 때 장안은 피바다가 되어서 죽은 자가 무수했고, 자신도 이 사건으로 죽었다. 그래서 반고는 "태자가 전쟁 중에 성장했으며, 전쟁과 더불어 시작과 끝을 함께했으니, 어찌 아첨하는 한 신하에 의해서 좌지우지될 수가 있겠는가?"(《한서》〈무오자전武五子傳〉)라고 했다.

반고가 무고의 사건을 천재天災로 여겼다면 사마광은 무고지화를 인재人災로 평가했다. 일반인들은 대개 무고지화를 당한 태자를 동정한다. 사마광은 이 문제에 대해 독특한 견해를 가지고 있다. 일반 사람은 태자가 어떤 피해를 받고 누가 태자를 음해했는지에 대해 관심이 있다. 그러나 사마광은 일반인들과 달리 태자 본인이 화를 키웠다고 보았다.

《자치통감》에서 무고지화는 그 사건의 자초지종을 소개한 뒤에 돌연 태자가 어렸을 때의 성장환경에 대해 평론한다. 한무제는 태자가 어렸을 때 박망원博望苑에서 지내게 하면서 다양한 인사들과 교유하게 했다. 사마광은 이를 매우 부정적으로 봤다. 이 때문에 태자의 성품이 변했다고 여겼다. 사마광은 《자치통감》에서 "빈객 중에 너무 이단이 많았다."고 기술했다. 많은 인사가 정통이 아닌 이단으로 태자를 유혹해 자기 출세의 기회로 삼았다는 것이다. 또 당시 태자 나이는 어려서 판단력이 부족하고 쉽게 이런 인사들의 영향에 놓여서 안 좋은 습관이 생겼다는 것이다. 한편 태자 주변에 이런 인사들이 포진하는 동안 성인군자들의 바른 인도가 부족했다는 점도 들었다.

사마광은 태자가 많은 일에서 처리가 좋지 않고, 심지어 말로까지 나빴던 것은 모두 어렸을 때 성장환경과 관계가 있다고 보았다. 강충의 사건 같은 경우에 태자를 보좌하는 신하가 자기가 연좌될까 두려워 태자에게 강충을 죽여 버리라고 권했던 것이 대표적이다. 이 결정은 대단히 옳지 못한 판단으로 강충을 죽임으로써 적대 세력에게 반격의 빌미를 제공했다. 이 사건은 태자 주변에 참모와 좋은 스승이 부족했다는 방증이다.

반고가 태자의 불행을 하늘이 내린 재앙으로 본 것은 기실 많은 진상을 덮어두고 오로지 한무제의 결백을 주장하기 위해서다. 하늘이 내린 재앙이니 사람들 책임이 아니다. 사마광은 인재의 각도에서 이 사건을 바라보았고, 태자 스스로 잘못 처리했다고 주장했다. 그러나 반고는 물론 사마광도 이 사건에서 분명하게 파헤치지 못한 부분이 있다. 예컨대 태자가 모함을 받았을 때 "반란을 일으키지 않으면 안 되는가?"에 관한 것이다. 어떤 사람이 혹은 어떤 세력이 사태를 이 지경으로 몰고 갔는가? 한무제인가? 한무제는 태자를 바꿀 생각이 있었으나 태자를 죽음으로 몰고 가는 결과를 바라지는 않았을 것이다. 먼저 한무제는 이전처럼 유거를 총애하지는 않았으나, 그래도 부자지간이란 점을 고려하면 아들이 자신에게 칼을 들고 달려드는 형국을 원하지 않았을 것이다. 한편으로 황제로서 자기 국가에 변란이 발생하는 것을 원하지 않았을 것이다.

한무제가 아니라면 누가 태자를 음해하려고 했는가? 이 의문을 풀려면 《사기》를 살펴보아야 한다. 무고지화와 태자의 반란 같은 큰 사건에 대해서 당시에 생활했던 사마천이 모르고 관심을 안 가질 수 없다. 이상한 점은 《사기》에 이처럼 큰 사건에 대한 어떤 기록과 상관된 인물도 정면으로 묘사하지 않았다는 것이다. 그러나 사마천은 측면에서 작은 인물로부터 그 실마리를 찾을 수 있도록 기록해 두었다. 이 작은 인물은 누구인가? 바로 전인田仁이란 사람이다. 그는 젊었을 때 위청衛靑의 식객으로 위청이 흉노를 공격할 때부터 따라다녔던 인물이다. 뒤에 전인은 스스로 자립했다. 반란이 발생할 때 승상 유굴리는 전인에게 성문을 수비하도록 했다. 그런데 전인은 태자가 패배해 도망할 때 성문을 열어서 도피시켰다. 이 사건으로 전인은 태자의 반란죄에 묶여 죽임을 당했다. 이것이 《사기》에서 태자의 반란과 관련된 유일한 기록이다. 사마천은 무고지화나 태자의 반란과 같이 엄청난 사건을 정면으로 기록하지 않고, 작은 한 인물의 운명을 가지고 중대사건을 마무리했다. 그 까닭은 무엇인가?

전인의 전기를 읽고 우리는 한 가지 의문이 생긴다. 사마천은 고금의 역사를 꿰뚫으려고 삼황오제부터 한무제에 이르기까지 주요한 문제는 언급하지 않은 것이 없다. 그러나 전인은 역사의 흐름에서 대단한 인물이 아닌데 무엇 때문에 사마천은 《사기》에 그 전기를 기록했을까? 비록 그 전기는 1백여 자에 불과하다. 이에 대해 한 학자는 이 전기를 분석하면 사마천이 태자의 반란 때문에 그의 전기를 삽입했을 것이라고 한다. 왜 사마천은 무고지화와 태자의 반란을 전인의 운명을 통해서 묘사했나?

사마천, 절필絶筆하다

무고지화의 후속

사마천이 《사기》에서 무고의 사건을 이야기하는 데엔 두 가지 특징이 있다. 첫째, 전인田仁이라는 소인물의 운명으로 무고지화를 비유했다는 점이다. 전인은 위청의 식객으로 유거가 반란을 일으켰을 때 승상 유굴리의 명령으로 성문을 지키고 있다가 유거를 도피하게 했다. 이 일로 전인은 죽임을 당했다. 이것은 《사기》에서 태자의 반란에 관한 유일한 기록이다.

둘째, 학자들 연구로는 사마천이 쓴 《사기》의 마지막 부분이 무고의 사건과 관련 있다는 것이다. 어떤 정황에서 그렇게 말할 수 있나? 무고의 사건 이후 한나라 조정은 새로운 문제에 부닥쳤다. 누가 유거를 대신해 새로운 태자가 될 것인가에 관한 문제였다. 무고의 사건은 이런 식으로 발전했다.

정화征和 3년(BC. 90년)에는 무고의 사건이 발생한 이듬해로 한 제국과 흉노 사이에 극렬한 충돌이 발생했다. 한무제는 이광리를 원수로 삼아 출격하도록 했다. 이광리가 떠나기 직전에 승상 유굴리가 그를 전송했다. 이때 이광리는 유굴리에게 이렇게 말했다. "바라건대, 군께서 하루속히 창읍왕昌邑王을 태자로 추천해 만약 그가 황제로 등극한다면 그대는 장구하게 근심 없이 부귀영화를 누릴 수 있을 것이오!"

창읍왕의 이름은 유박劉髆으로 이부인李夫人과 한무제에서 태어난 황자皇子다. 가족관계로 살펴본다면 이광리는 창읍왕의 외숙이다. 이광리는 왜 유굴리에게 창읍왕을 태자로 추천하라고 했을까? 그것은 이광리와 유굴리가 사돈지간이었기 때문이다. 이광리의 딸은 유굴리의 며느리였다. 창읍왕이 태자가 되면 유굴리와 자기 가문에 공동의 이익이 발생한다.

이것은 유거가 무고의 사건으로 죽은 뒤에 전개된 중요한 후속 화제였고, 무고의 사건을 되돌아볼 중요한 열쇠이기도 하다. 여기서 이광리와 유굴리가 언급한 사람은 바로 창읍왕 유박이다. 이 사람은 한무제 때 정치무대에서 정면으로 출현한 적이 없다. 유박의 모친인 이부인은 한무제가 매우 총애했던 후궁이다. 생전에 비록 황후가 되지 못했지만 죽은 뒤에 황후급의 예후를 받았다. 즉, 한무제 사후에 같이 배향해 제사 지낸 효무황후孝武皇后가 바로 이부인으로 위자부가 아니었다.

또 유박의 외숙인 이광리는 한무제 후기에 중요한 장수로 이 사람의 재능은 일반적이었지만, 한무제는 유박의 모친인 이부인을 유거의 모친인 위자부 대신으로 했고, 유박의 외숙인 이광리를 유거의 외숙인 위청 대신으로 해 얼마든지 유박을 유거의 대신으로 선택할 수 있었다. 그럴 가능성은 이미 무고의 사건이 발생하기 전부터 존재했다.

유굴리란 인물의 사적을 살펴보면 태자 유거의 반란을 진압한 인물로 알려졌다. 그가 태자의 난을 진압하는 권한은 한무제에게 부여받았다. 그런데 그의 유거에 대한 태도는 어땠을까? 역사서에 명확한 기록은 없다. 우리는 유굴리와 이광리가 사돈지간이고, 유거가 죽은 뒤에 신속하게 이광리와 결탁해 유박을 황태자로 옹립하려 했다는 사실을 알게 된 것뿐이다.

이광리와 유굴리의 결탁은 무고의 사건과 어떤 관련이 없을까? 먼저 성급하게 결론을 내릴 수는 없다. 그러나 무고의 사건 후에 형국을 살펴보면 유거가 죽은 직후. 이광리는 바로 창읍왕을 태자로 옹립할 태세를 갖추고 있었다. 이를 미뤄보면 이광리는 이부인 측을 대표하는 사람으로 유거의 주요한 적수였음을 알 수 있다. 이광리는 유굴리와 결탁했다. 이광리는 무장武將으로 대외 부분을 책임졌고, 유굴리는 재상으로 대내 부분을 책임질 수 있으니, 이 조합은 강력한 연합이다. 그렇다면 그들이 계획한 창읍왕을 태자로 옹립한 사건은 성공했을까?

이광리와 유굴리가 결탁한 지 얼마 안 되어서 유굴리가 다른 사람에 의해서 고발당한다. 유굴리는 위자부와 유거가 모함당했던 무고와 미신을 이용해 목적을 달성하고자 했다. 가장 중요한 목적은 창읍왕을 황제의 자리에 올리려고 것이었다. 역사서에서도 이렇게 기술해 두었다. "(유굴리는) 이사 장군과 함께 무속을 이용해 창읍왕을 황제로 만들려고 했다."《한서》〈유굴리전〉) 그렇다면 어떻게 무속을 이용해 창읍왕을 황제로 만들려고 했을까? 바로 무속을 이용해 하루속히 한무제를 저승의 염라대왕에 보내고, 창읍왕이 그 뒤를 계승하게 하려는 것이었다.

　유굴리를 고발한 사람은 한 환관이었다. 태자가 죽은 뒤에 어떤 사람이 한무제를 저주하는 글을 발견하고 유굴리와 이광리를 고소했다. 이 사건으로 유굴리는 피살됐다. 이광리는 외부에서 군대를 이끌고 있어서 넘어갔지만, 그 가족은 모두 멸족당했다. 정계에 정면으로 출현하지 않았던 유박이 연좌되었는지는 기록에 없지만, 그 역시 반년 만에 죽었다. 단, 사인은 밝혀지지 않았다. 무고의 사건이 이렇게 발전한 것은 도대체 무엇을 의미하나. 이것과 사마천의 《사기》는 어떤 관계가 있는가?

사공史公의 절필絶筆

유굴리가 피살될 때 이광리는 전선에서 흉노와 교전 중이었다. 이광리는 자기 가족들이 멸족당한 후에 흉노에 투항했다. 《사기》〈흉노열전〉에 이런 기록이 남아있는데, 어떤 학자는 이것이 사마천이 쓴 《사기》의 마지막이라고 주장한다. 만약 이 관점이 사실이라면 우리는 사마천이 "무엇 때문이 이 부분에서 멈추었을까?"에 대해 생각해보지 않을 수 없다.

사마천이 이광리가 흉노에 투항한 부분을 《사기》의 끝으로 삼았다면 마땅히 이릉李陵 사건이 떠오를 것이다. 사마천은 일찍이 이릉을 변호하다가 궁형을 당했다. 한무제는 사마천이 이릉을 변호한 것이 사실상 이광리의 무능을 규탄한 것이나 마찬가지라고 여겼다. 일찍이 한무제는 이광리가 흉노에게 패배할 때마다 백방으로 변호한 적이 있다. 그런데 사마천이 이 사건을 마지막으로 《사기》의 끝으로 삼았다면 이는 한무제에 대한 항의라고 할 수 있고, 이릉의 굴욕을 자기 굴욕으로 삼았다고 볼 수 있다. 이것이 사마천이 왜 《사기》의 이 부분에서 절필했는가에 관한 해석이다. 그러나 우리는 더 합리적인 해석을 내려야 할 것이고, 그것은 무고의 사건에서 실마리를 찾을 수 있다.

사마천은 무고의 사건에 매우 관심이 많았으나 정면으로 거론하지는 않았다. 그는 측면에서 매우 신중하게 묘사했고, 그 내용 또한 적고 체계적이지 않다. 이는 반드시 그 원인이 있을 것이다.

무고의 사건에 대해 사마천은 어떤 기분이었을까? 그는 하고 싶었던 말을 왜 쓰지 못했나? 우리는 《사기》에서 그 답안을 얻을 수 없다. 그러나 사마천은 《사기》 바깥에 글을 남겨 놓았다. 저명한 〈보임안서報任安書〉가 그것이다. 이 글은 사마천이 그의 벗인 임안任安에게 보낸 것이다. 만일에 이광리가 흉노에게 투항한 것이 《사기》의 마지막 부분이라면 〈보임안서報任安書〉는 사마천이 남긴 글 가운데 마지막 글이라고 할 수 있다. 이 편지를 받은 임안은 바로 무고의 사건으로 연좌되어 죽은 사람이다.

임안의 젊었을 때 경력은 앞서 언급한 전인田仁과 유사하다. 그는 일찍이 위청의 식객이었다. 유거가 반란을 일으킬 때 임안은 금군禁軍 장수였다. 유거가 임안을 불러 병사들을 소집해 자기를 도와달라고 했다. 그는 비록 병사들을 불러서 유거의 반란에 직접 참여하지는 않았지만, 암묵적으로 협조했다는 누명을 쓰고 감옥에 끌려가서 참형을 받았다. 그가 감옥에 있을 때 사마천이 〈보임안서報任安書〉를 보냈다.

이 편지에서 우리는 사마천의 감정이 매우 격앙되어 있음을 살펴볼 수 있다. 사마천은 궁형을 당한 뒤 수치심과 분노로 우울한데, 누구에게 이야기할 사람이 없다고 토로했다. 그는 또 당시 정신상태가 시종일관 어렴풋하고 홀로 방 안에 있을 때는 자주 식은땀을 흘려 옷깃을 적실 정도였으며, 밖에 나가면 자주 망연자실해 어쩔 바를 몰랐다고 했다.

〈보임안서保任安書〉에는 어떤 내용이 실려 있을까? 젊었을 때 임안은 일찍이 사마천에게 이렇게 말했다. 그대가 국가와 조정에 성심성의껏 공헌을 다 하는 길은 "어진 사람을 추천하는 것이다."라고 하였다. 그러나 사마천은 답장에서 자기가 궁형을 받은 뒤에 심리과정을 토로하고 최후에는 "자기처럼 형벌을 받은 사람이 어떻게 조정을 위해 어진 인사를 추천하고 조정의 부담을 덜어줄 수 있는가?" 하며 반문하는 형식으로 서술되어있다. 사마천은 자기 고통과 암울한 심정을 진솔하게 표현했다. 그러나 이 편지를 연구한 학자들은 보통 사람들이 주목하지 못하는 의문점을 하나 발견한다. 이 편지는 대개 2,300에서 400자 정도다. 오늘날에는 A4 용지 두 페이지 정도에 불과한데, 당시에는 종이가 없어서 대나무를 쪼갠 한 죽편 위에 2~30자 정도를 썼다. 이 편지에는 그렇다면 최소 총 80~90매에서 100매 내외 죽편이 필요했을 것이다. 이 정도 분량이면 한 보따리가 넘는데, 어떻게 사형을 선고받고 감옥에 있는 죄수에게 이 꾸러미를 보낼 수 있었던가? 간수들에게 걸리지 않을 수가 없어서 전달하기는 불가능하다고 볼 수 있다.

그래서 오늘날 우리가 판단하기로 이 편지는 임안에게 전달될 수 없었을 것이다. 편지는 분명히 임안에게 보내는 형식을 취했지만 실제로 임안에게 전달하기 위해서가 아니라 사마천이 자기 생각을 펼쳐놓은 것으로 볼 수 있다. 그렇다면 사마천은 무고의 사건에 대해 무엇을 말하고 싶었던 것일까? 그 단서는 《자치통감》에서 찾을 수 있다.

《자치통감》의 단서

사마천과 무고의 사건은 어떤 관계가 있던가? 이 문제는 다른 각도에서 생각할 필요가 있다. 무고 사건에서 핵심 인물은 태자 유거다. 그렇다면 태자와 사마천은 어떤 관계일까? 《자치통감》에 보면 무고의 사건이 발생할 때 사마천은 태자 유거를 지지했다.

《자치통감》에는 태자가 조정에서 처한 환경이 있다. 한무제와 태자의 성격은 달라서 조정은 두 진영으로 나뉘었다. 한무제의 성격은 엄하고 가혹해 엄격하게 형벌을 집행하는 자를 좋아했고, 그중에 일부는 대신이 됐다. 앞서 언급한 혹리酷吏들은 이 부류에 속했다. 반면, 태자의 성격은 관대해 형벌을 느슨하게 집행하기를 바랐다. 조정 대신 중에 인자하고 후덕한 대신들은 아마도 태자의 편에 서서 그를 지지했을 터다.

한편, 한무제의 편에 서서 형벌을 엄격하게 집행했던 사람들은 태자의 행위를 좋아하지 않았고, 자주 그를 비방했을 것이다. 당시 혹리 세력은 방대해서 태자는 언제나 모함을 받는 경우가 많았을 것이다. 학자들은 무고의 사건이 바로 한무제와 태자의 관계에서 비롯된 것으로 판단한다. 앞서 한무제와 태자는 성격이 달라서 한무제가 태자를 바꾸려는 중요한 요인으로 작용했다고 했다. 조정의 두 진영은 부자지간의 성격 차이로 서로 대립했고, 최후에 무고지화로 폭발하고 만 것이다.

만약 조정에서 두 진영이 정말 대립했다면 사마천은 어떤 그룹에 속했을까? 사마천이 《사기》에서 혹리들을 격렬하게 비판한 점을 미뤄보건대 사마천은 태자를 지지하는 그룹에 속했을 것이다. 한편으로 사마천은 엄격한 형벌을 받은 피해자여서 아마도 가해자 편을 들 수는 없었을 것이다.

한무제가 집권했던 시대상을 사마천은 직접 봤다. 그는 한무제가 대외전쟁에서 무력을 남용하고, 사치스럽게 궁전을 지으며, 불로장생을 위해 허황한 미신을 쫓는 것을 똑똑히 지켜보았다. 그리고 한무제가 가혹하고, 냉정하게 형벌을 남용하는 것 또한 보았다. 특히 사마천 자신이 감옥에 갇히고 궁형을 받은 뒤로 한무제와 그 시대에 크게 절망했을 것이다. 사마천은 태자 유거에게 유일한 희망을 걸었을 테다. 만약에 관대한 태자가 황제로 등극하면 한무제가 남긴 폐단을 모두 고쳤을 거라고. 그러나 현실은 그렇지 못했다. 무고의 사건이 발발해 태자가 죽고 말았다. 누가 한무제를 계승하나? 장래는 또 어떻게 될 것인가? 예측 불가한 상황이 되고 말았다. 결국, 태자의 죽음으로 말미암아 사마천은 희망을 완전히 잃어버렸다.

맨 처음에 제기했던 두 가지 문제를 되짚어 보자. 첫째, 사마천이 무고의 사건에 대단한 관심이 있으면서 자기 의견을 명확하게 밝히지 않고 이리저리 숨긴 까닭이다. 왜 사마천은 《사기》〈전인전〉과 〈보임안서保任安書〉만 남겼는가? 당시 환경은 사마천에게 거대한 억압이었고, 무거운 압박을 주었을 것이다. 이미 궁형을 받았던 사마천은 감히 비판할 엄두를 낼 수 없었다. 위청의 식객이던 전인을 통해 태자 반란의 여록을 남기는 정도가 최선이었다.

둘째, 사마천은 무엇 때문에 무고의 사건에 연장 선상이던 이광리가 흉노에 투항한 것을 《사기》의 종결로 삼고, 또 〈보임안서保任安書〉를 썼던가? 무고의 사건은 사마천에게 국가와 정치의 개선책이 보이지 않고, 절망적이라고 판단하게 한 사태로 글쓰기가 더는 가치가 없다고 판단한 것이다.

《자치통감》에 남겨놓은 단서는 우리가 무고의 사건과 한무제 시대를 더욱 깊게 인식할 수 있게 한다. 무고의 사건에 관한 사마천의 심리를 잘 알 수 있다. 만약에 《사기》만 읽는다면 이런 내용을 짐작할 수 없을 것이다. 바로 한무제의 세 가지 다른 면모와 세 가지 다른 시각에서 한무제 시대를 살펴보는 까닭이 여기에 있다. 사마천과 한무제 시대의 관계는 매우 특수하다. 사마천은 그 시대에 살았고, 그 일원이었기 때문이다. 그는 현장의 목격자였지만 표현에는 제한이 뒤따랐다. 1천여 년 후에 사마광은 마치 자신이 사마천이 된 것처럼 당시 역사를 거침없이 표현했다. 그래서 그날은 더 분명해지고 정확해졌다. 그렇다면 반고는 이 문제를 어떻게 보았고, 또 무슨 특징이 있었는가?

《한서》의 특징

《한서》에는 무고의 사건에 대한 자초지종이 비교적 상세하게 실려 있다. 단《한서》와《자치통감》을 비교해 보면 색다른 해석이 있다. 가장 큰 특징은 첫째로 강충과 태자 간의 은원관계이고, 둘째로 태자의 불운에 관한 것이다.

《한서》와《사기》를 비교해 보면 사마천은 되도록 감추려 했으며, 몇 가지 실마리만을 언급했다. 이와 비교하면《한서》는 상세하고 체계적으로 묘사했으나, 본질은 의도적으로 숨기려는 측면이 있다.

위황후와 태자의 무고지화의 배후에는 잔혹한 투쟁이 있다. 바로 위황후와 태자를 위시한 위씨 그룹의 암투다. 사마천은 비록 체계적으로 무고의 사건을 처음부터 끝까지 기술하지는 않았으나, 무고의 사건으로 죽은 사람들이 모두 다 위씨 계통이라는 것을 강조했다. 이것은 위씨 그룹이 정치적으로 완전히 숙청당했음을 암시한다. 무고의 사건에서 최초로 희생된 사람은 위청의 절친한 친구이자 수하였던 공손오公孫敖였다. 또 무고의 사건이 정식으로 펼쳐지자 희생된 사람은 공손하公孫賀로 바로 위청과 위자부의 자형이었다. 이때 위항衛伉도 죽었는데, 그는 위청 장남이다. 동시에 두 공주도 죽었다. 바로 양공주陽公主와 제읍공주諸邑公主다. 이 두 공주는 모두 위자부의 소생이다. 위자부는 모두 세 딸과 한 아들을 낳았는데, 모두 무고의 사건으로 죽고 한 공주만 살아남았다. 이 공주는 아들을 하나 낳았는데, 그 아들 역시 이 사건에 연루되어 죽임을 당했다. 그 아들의 이름은 조종曹宗이다. 《사기》에는 분명하게 이렇게 기록했다. "조종은 태자의 사건에 연좌되어 죽었다." 하지만 사마천은 여전히 무고의 사건이라고 직접 언급하지 않는다. 단지 태자의 사건으로 연좌됐다고만 했다.

조종이라는 같은 인물에 대해서《한서》에는 그가 죄를 지었다고 기술됐지 왜 죽었는지에 대한 기록은 없다. 이렇게 반고는 무고의 사건에서 위씨 일가에 관한 중요한 대목을 없애버렸다. 사마천이 무고의 사건을 묘사할 때 단순히 겉모습만을 숨기려고만 했다면, 반고는 진상을 숨기려고 한 것이다.

무고의 사건에 대한 총 결말

우리는 다음과 같은 결론을 내릴 수 있다. 이 사건은 상당히 복잡하고 그중에는 이해할 수 없는 내막도 도사리고 있다. 앞서 보았듯이 한무제와 태자 유거는 나라를 다스리는 데 서로 다른 견해를 가지고 있었다. 그래서 조정에서 한무제를 지지하는 그룹과 태자를 지지하는 그룹으로 나뉘어 있었다. 한무제는 태자와의 성격 차이로 태자를 바꾸려는 생각을 품고 있었다. 이런 상황에서 태자 자리를 넘보는 다른 세력들이 최종적으로 무고의 사건을 일으켜서 태자를 제거해버리고, 또 그의 외척들도 동시에 제거해 버린 것이다.

태자가 죽은 지 얼마 뒤에 이광리는 유굴리와 연합으로 자기 외조카인 창읍왕 유박을 새로운 태자로 옹립하려 했다. 시도는 성사되지 못하고 무고의 사건과 연관되어 모두 제거됐다. 그 전에 이씨 세력들은 태자를 무고의 사건으로 끌어들이지는 않았을까? 그건 알 수 없다. 하나 《사기》에는 이광리가 흉노에게 투항하는 것으로 무고의 사건을 결말지었다. 이때는 아직 한무제 시대가 끝나지 않았는데, 사마천은 절필했다. 사마천이 한무제의 일생을 완전하게 기록하지 않았던 것은 무고의 사건으로 충격을 받았던 탓이다.

반고는 《한서》에서 무고의 사건을 기록했지만, 단지 강충이라는 소인배의 농간과 하늘의 뜻으로 태자의 죽음을 설명했다. 또 한무제가 태자를 죽이고서 후회했다고 강조했다. 《한서》에는 강충이란 소인배의 모함으로 죽은 태자를 위해서 사자궁思子宮과 귀래망사대歸來望思台를 만들어졌다고 적혀 있다. 반고는 무고의 사건으로 한무제가 어떤 책임을 졌어야 했는지에 관한 어떤 언급도 하지 않았다. 반고가 한무제를 미화하려고 했던 것을 알 수 있다.

《자치통감》에는 무고의 사건을 더욱 심각하고 전면적으로 파헤쳤다. 사마광은 무고의 사건이 치국의 방책을 위반했다는 점을 지적하고 한무제와 태자 사이에 벌어진 모순이 조정 세력의 파벌을 만들었다고 분석했다.

위에 분석한 무고의 사건은 한무제의 진정한 면모를 살펴보는 데 큰 도움이 된다. 무고의 사건은 사마천이 《사기》를 더는 쓰지 못하게 했다. 무고의 사건이 일어난 뒤 한무제는 변화하기 시작한다.

제
28
강

자신을 책망하는 조서詔書

한무제 만년에 닥친 문제

한무제의 만년에 사회적 위기가 찾아왔다. 이 위기는 최후에 두 가지 조처로 이어졌다. 하나는 국책國策을 조정하고 통치책략을 변경한 것이고, 다른 하나는 태자 유거의 사건을 잘못 판결했다고 이를 바로잡은 일이다.

우리는 앞서 당시 사회에서 일어난 문제를 살펴보았다. 먼저 장기간에 걸친 대규모 군사 활동으로 징집된 인력과 물자, 백성의 부담과 고통이다. 원봉元封 4년(BC. 107)에 관동關東 지방에서 약 2백만의 유민이 발생했다. 이렇게 많은 유민은 대체 어떻게 출현했을까?《노자》에 "큰 병란 뒤에는 반드시 흉년이 뒤따른다."는 말이 있다. 한무제 만년에는 흉년이 들어서 백성이 입에 풀칠도 못 할 지경이 됐다. 엎친 데 덮친 격으로 전쟁터에 많은 물자가 필요해져 관아에서는 세금을 더 가혹하게 거둬들였고, 백성은 도저히 살 수가 없어 본적을 버리고 떠돌아다니기 시작했다. 이것이 한무제 만년에 발생한 첫 번째 대위기였다.

유민 문제보다 더 심각한 것은 천한天漢 2년(BC.99)에 발생한 두 번째 위기였다. 생존하려는 많은 사람이 대담하게 무장해 관아에 반항하고, 고향에서 민가 재물을 약탈하는 일이 횡행했다. 안정적이던 사회질서가 매우 어지러워진 것이다. 반고는 당시 사회상을 많은 지방에 강도와 도적들인 판 치고, 혹자는 산을 점거해 스스로 왕이라 칭하며, 혹자는 요새를 점거해 교통 요지를 차단하는 일까지 생겼다고 기록했다. 이 문제를 해결하려고 한무제는 구체적인 해결책을 내놓았다. 한무제는 의복을 화려하게 하고 지위가 높아 보이고 매우 숭고한 모양으로 꾸민 사자를 파견했는데, 이를 수의사자繡衣使者라고 불렀다. 그들에게는 도끼를 쥐여줘 살기등등하고 위엄 있는 형상을 만들었다. 이런 조처까지 취한 것을 보면 당시 조정과 사회 사이에 긴장이 고조됐음을 알 수 있다.

한번은 태산泰山 부근에 산적들이 출몰했다. 이들은 험준한 산세를 이용해 집단으로 반항하면서 어떤 때는 도읍까지 공격했다. 한무제는 한 명의 사자를 파견해 그들을 소탕하고 더불어 일 처리를 잘못한 지방 관리들을 처벌하도록 했다. 사자가 도착해보니 태산 부근의 반당세력들이 다른 세력들과 연계되어 있고, 쉽사리 진압할 수 없었다. 또한, 지방 토호세력들이 그들과 왕래하면서 상부상조하고 있는 게 아닌가. 비록 전국적인 규모로 연합을 도모하지는 않았지만, 상황은 매우 심각했다. 한무제는 해당 지방 관리들에게 이들의 왕래를 철저히 감시하고 특히 태산으로 가는 사람들을 철저히 검문하도록 했다.

이 사건은 처리되면서 결과적으로 별다른 큰 영향을 끼치지는 않았다. 그러나 한나라의 통치자들에게 경종을 울리기에 충분했다. 사회적으로 불만을 품은 세력들은 나날이 늘어났다. 태산 일대에서 반항 세력을 제거하자 다른 지역에서 이와 유사한 사례가 끊이지 않았다. 조정을 더욱 당황스럽게 한 것은 이런 사건들이 조정에서 멀리 떨어진 지방에서뿐만 아니라 수도인 장안 부근에서도 발생했다는 점이다.

한무제 통치 만년에 출현한 유민과 민간 무장 세력들의 문제는 한나라 건립 뒤에 가장 엄중한 도전이라고 할 수 있었다. 이는 한무제가 일관되게 추진한 영토 확장 사업과 대외 정벌과 연관되어 있고, 재정이 소진되어 백성이 생존의 마지노선을 펼친 것이라고 할 수 있다.

한제국漢帝國의 실정이 분명했다. 한무제는 정책을 바꿔야겠다는 절실함을 느끼게 됐다. 한편 당시 한제국의 대외 개척은 어떤 상황에 직면해 있었는가? 한무제는 국책을 조정하기 직전에 몇몇 부대를 사방으로 보냈다. 한 부대는 이광리가 이끌고 흉노 전쟁에 나갔는데, 이광리가 무고의 사건으로 투항하는 바람에 붕괴하고 말았다. 또 다른 부대는 오늘날 산서山西 북부로 출정해 흉노 전쟁에 투입된 기존 부대와 연합하기로 했는데, 이광리의 부대가 무너지는 바람에 빈손으로 돌아왔다. 또 다른 부대는 서역西域 지방에서 활동했는데, 돌아올 때 굶어 죽은 전사자가 부지기수였다. 부대마다 실패한 원인은 제각각이었으나 종합해서 보면 이 시기 한제국은 대외 군사적으로 큰 타격을 입었고, 대규모로 영토 확장사업을 지속할 수가 없었다.

대내적으로나 대외적으로 닥친 문제를 해결하려고 부득이 정책을 수정하지 않으면 안 되는 상황이 됐다. 일찍이 공자孔子는 "한번

당겼다가 한번 늦추는 것이 문왕, 무왕의 도道다."《《예기禮記》〈잡기雜記〉》
라고 치국治國의 도리를 설명한 적이 있다. 만약에 한나라가 장구하
게 유지되려면 한무제는 통치책략을 바꿔서 적극적으로 국민 부담을
줄이고 생활을 안정시켜 원기를 회복하는 게 맞다.

윤대輪臺에서 자기 죄를 책망하다

정책이 바뀐 계기는 정화征和 4년(BC. 89)으로 무고의 사건이 발생한
지 2년이 지난 뒤였다. 이해에 한무제를 보좌한 승상은 상홍양桑弘羊
이었다. 그는 한무제에게 하나의 영토확장 안을 건의했다. 그것은 한
무제가 그동안 일관되게 시행했던 국책사업과도 일맥상통했다. 서역
에는 윤대輪臺라는 교통의 요지가 있다. 이곳은 한나라가 서역을 개
척하는 전진기지였다. 상홍양은 이 지방을 확실하게 장악하려고 군
대를 주둔하고 백성을 이주시켜 민전民田으로 개간하자고 주장했다.
이렇게 하면 서역 제국들이 두려워하고, 더 나아가 흉노에 큰 압력으
로 작용할 것이라고 했다. 상홍양의 이 건의는 이전 한무제의 정책에
부합하는 것이었다.

그러나 한무제는 이 상양홍의 건의를 거절했다. 또 이를 기회로
삼아 조서詔書를 하나 내리니, 이전의 국책을 반성하는 내용이었다.
이를 역사서에서는 '윤대죄기조輪臺罪己詔'라고 부른다. 이 조서에서
한무제는 이전에 자신이 시행했던 정책이 잘못이라며 반성했다. 내
용은 크게 세 가지였다. 첫째는 흉노를 공격하고 서역 제국을 경영하
려고 백성에게 부과한 물적, 정신적 피해를 반성한다는 것이다. 이전
한나라 군대는 보통 천 리를 행군했는데, 군량이 원활하게 조달되기

어려웠다. 그래서 왕왕 "강한 자는 키우던 가축을 잡아먹고, 약자는 길에서 굶어 죽은 자가 수천에 달했다."는 현상이 벌어졌다. 군대를 대규모로 원정 보내면 백성은 이들의 군량과 물자를 마련하려고 막대한 피해를 봤다. 한무제는 이를 반성한다는 것이었다.

둘째는 이전에 수행한 전쟁이 최종적으로는 승리를 장식했지만, 결과적으로 인력과 물자를 엄청나게 손해 보았다는 것이다. 셋째로 가혹하게 세금을 거두는 것을 반성하고 앞으로 농업생산에 전념하자는 것이다. 이것이 윤대죄기조의 기본내용이다. 한무제의 대외정책은 건원建元 3년(BC. 89)에 장건을 서역 사신으로 파견한 것으로부터 윤대의 문제로 정책을 철회하기까지에 장장 50여 년이 됐다. 이것이 한무제 만년에 발생한 첫 번째 사건이다.

한무제 만년에 발생한 두 번째 큰 사건은 태자를 잘못 판결했다며 이를 바로잡은 것이다. 무고의 사건으로 태자가 희생된 이후에 이광리와 유굴리는 창읍왕 유박을 새로운 태자로 만들려고 했다. 그러나 이 계획은 실패하고 유굴리가 피살된 지 얼마 뒤 유박 또한 사망했다.

유굴리가 피살되고, 유박이 아직 죽기 전에 일 년 반 동안에 희극적인 사건이 하나 일어나니, 바로 한무제 자신이 유거를 잘못 판결했다고 인정하는 조처를 내린 것이다. 여기에는 유거가 직접 모반할 생각이 없었는데, 모함에 빠져 잘못되었다는 의미가 함축되어 있다. 한무제는 어떻게 이렇게 바뀌게 됐나?

무고의 화마가 지나간 뒤, 한무제 본인도 이 사건을 돌이켜 생각

하게 됐다. 유거가 군대를 일으킨 까닭은 상황상 어쩔 수 없었으리라
는 것이다. 이때 마침 전천추田千秋라는 사람이 한무제에게 상서를 올
려 태자가 모함에 빠졌다고 주장했다. 그는 태자가 한무제에게 권한
을 위임받지 않은 상태에서 함부로 사람을 죽이고, 군대를 일으켜서
많은 사람을 죽인 것은 단지 하나의 실수로 비롯된 것이라고 했다. 전
천추는 꿈속에서 한 신령을 뵈었는데, 신령이 태자가 억울하게 죽었
다는 것을 자신에게 가르쳐주었다고 했다. 그의 기이한 주장에 한무
제는 다시금 지난날을 곰곰이 돌이켜 보고 이 사건을 뒤집어 놓았다.

　한무제는 우선 태자를 맨 먼저 음해한 무리의 괴수 강충이 이미
죽임을 당했으므로 그 일가를 멸족했다. 그리고 애초에 태자의 행동
을 잘못 보고한 태감을 불태워 죽였다. 그런 후에 태자의 반란을 선
동했던 사람들을 모두 찾아내 죽여 버렸다. 또 이런 징벌과 더불어
태자가 무고하다고 상소를 올린 전천추을 발탁해 대홍려大鴻臚로 삼
았다. 이 직책은 외교와 예의를 담당하던 고급관리직이었다. 이 밖에
한무제는 태자를 생각한다는 뜻의 궁인 '사자궁思子宮'을 만들고, 태
자의 원혼이 밖에서 떠돌지 말고, 돌아와서 쉬라는 뜻으로 '귀래망사
대歸來望思臺'를 지었다.

　학자들은 한무제의 조처가 이뿐만이 아니라는 걸 발견했다. 맨
처음 한무제가 태자가 일으킨 반란을 진압하라고 했을 때 어떤 사람
들은 진압과정에서 공을 세워 제후로 봉해지거나 또 어떤 사람은 자
살한 태자의 시체를 찾아서 제후로 봉해지는 사람도 있었다. 태자의
반란으로 공을 세워 제후로 봉해진 사람들은 모두 5명이었다. 이들

은 모두 2~3년 만에 죽임을 당하거나 혹은 자살한다. 이들은 한무제가 태자의 잘못을 덮어주는 과정에서 처절한 운명에 맞닥뜨렸다. 한무제가 만년에 국책을 수정한 것과 태자의 잘못을 덮어준 것은 어떤 관계가 있을까?

국책의 개정과 태자 사건의 관계

만약 무고의 사건이 발생하지 않고 유거가 황위를 계승했다면, 그는 한무제의 정책을 조정했을 것이 틀림없다. 유거는 부친과 많이 달랐다. 인자하고 관대하며 안정을 원했으며 문치를 주장했다. 무력을 숭상하고 적극적으로 대외확장 사업을 했던 한무제와는 확연하게 달랐다. 무고의 사건으로 태자가 죽고 나서 한무제는 국내외적으로 대두한 새로운 문제와 생전에 태자가 주장한 문치에 대해 심각하게 고심해보았다. 그 후에 결과적으로 태자의 주장을 따랐다. 그래서 태자의 잘못을 덮고, 국책을 조정한 것이다.

또 하나 흥미진진한 사건은 애초에 태자의 억울함을 풀어주었던 전천추가 승상이 된 것이다. 그는 부민후富民侯로 봉해졌다. 부민후란 호칭은 한무제가 대외확장 정책을 그만둔 뒤에 백성이 풍족한 생활을 하게 하려는 의미에서 지어준 것이다. 이를 살펴보면 한무제가 국책을 조정한 것과 태자의 사건은 밀접한 관계가 있다.

한무제는 일찍이 위청과 대화한 일이 있다. 한무제는 자기와 태자의 차이를 분석하고 이렇게 말했다. "만약에 후세에 짐과 같이한다면 이는 망한 진나라를 답습하는 것이다. 태자는 돈후하고 조용함을 좋아하니 반드시 천하가 편안해질 것이다."《자치통감》권 22) 이 말은 한무제가 태자를 칭찬하고 자신은 깎아내린 것이다. 한무제가 이 말을 언제 했을까? 위청이 원봉元封 5년(BC. 106)에 죽었으니 이 말은 그 전에 했을 것이다.

위청이 죽기 전에 관동 지방에서는 2백만 명의 유민이 발생했다. 이것은 한무제 통치 때 발생한 최대의 위기 중 하나였다. 한무제가 이 말을 할 때 아마도 스스로 위기감을 느꼈을 것이다. 최소한 무고의 사건이 발생하기 전에 한무제는 사회적으로 엄중한 문제가 도사리고 있고, 또 이를 해결하려고 국책을 조정할 필요성을 느끼고 있었을 것이다. 단지 스스로 벌려놓은 일이 너무 많았고, 사방에서 여러 문제가 발생해 손쉽게 발을 뺄 수 없었던 것이다. 마치 달리는 말 위에서 바로 내릴 수 없는 형국과 같다. 뒤에 태자 쟁탈전이 벌어지고 무고의 사건이 터지자 그제야 한무제는 본격적으로 국책을 조정한다. 요컨대 앞서 위청에게 했던 말을 살펴본다면 한무제가 한 정책 조정은 이미 오랜 숙고 끝에 얻은 결론이라는 것이 확실하다.

또 한무제는 왜 자신이 남긴 문제를 후인들의 역사적인 평가에 맡기지 않고, 자아비판을 하는 형식으로 처리했는가? 중국의 황제 제도는 비록 2천여 년간 지속했지만, 황제의 권위만으로 모든 것을 해결할 수는 없었다. 한무제가 비록 철권통치를 했지만 그렇다고 모든 것을 제 뜻대로만 했다고 생각하는 건 오산이다. 만약 자기 실정을 후임자가 처리하고 그 권위로 자신이 시행한 50년여 동안의 국책 사업을 부정한다면 이것은 큰 문제가 아니라고 할 수 없다. 또한, 하나의 정책이 시행되면 어떤 계층은 이익을 얻게 되는데, 이 계층은 한무제가 망령이 든다고 해도 반대할 것이다.

한무제가 만년에 과감하게 개혁을 추진했다는 것은 큰 용기가 필요한 것이고 대국적이면서 정치적인 결단이라고 할 수 있다. 이런 한무제 결단은 매우 분명하고 지혜로운 것으로 만약에 그가 이 문제를 개선하지 않았다면 한나라의 미래는 암울하게 됐을 것이다.

역사학자들의 다른 분석

마지막으로 우리는 역사학자들이 한무제의 개혁에 대해 어떻게 분석했는지 살펴보고자 한다. 사마천은 정화征和 3년(BC. 90)에 《사기》의 집필을 멈췄다. 그래서 정화 4년(BC. 89)이 중대한 전환점인데 다만 사마천의 생몰 연도가 수수께끼다. 우리는 사마천이 구체적으로 어느 해에 죽었는지 알 수가 없다. 정화征和 4년에 한무제가 윤대에서 자기 죄를 책망하는 조서를 내릴 때 사마천이 살아있었는지 알 수 없다. 그러나 우리는 《사기》에 한무제의 만년에 닥친 통치 위기에 대한 상세한 기록이 있다는 점을 눈여겨봐야 한다.

천한天漢 2년(BC. 99)에 일어났던 민간 무장봉기에 대해서 사마천은 《사기》〈혹리열전〉에 이를 상세히 소개하고 있다. 사마천은 당시 산둥, 하남, 하북 그리고 기타 남부 지방에서 일어난 민중들의 무장봉기 규모가 수백에서 수천에 달했다고 기록했다. 심각한 사회문제로 그 마음속에는 마땅히 한무제가 국책을 조정할 것으로 기대하고 있었을 것이다. 사마천은 최후에 한무제가 개혁하는 것을 친히 보지 못했을 수 있으니 유감일 수 있겠다.

《한서》와 《자치통감》에서 바라본 당시 상황은 달랐다. 한무제가 자신을 책망한 조서는 《한서》에 그대로 기록되어있다. 그런데 《한서》

에 기록된 조서는 이전 정책을 검토한 뒤에 한무제가 자기 죄를 책망하는 조서를 내렸다고 한다. 무엇 때문인가? 이전 국책이 어떻게 형성된 것인가에 관해 《한서》에서 한무제는 이렇게 강조했다.

> 고대에 경대부卿大夫들과 모의하고, 귀갑龜甲으로 점을 보고 정했는데, 상서롭지 못하면 행하지 않았다.
>
> 《한서》〈서역전〉

한무제가 이전에는 전통적으로 중대한 결정을 내릴 때 먼저 관원들의 의견을 수렴하고 더불어 점복卜을 해 신령의 계시를 받았다는 것이다. 관원들이 반대하고 점복 또한 상서롭지 못하면 행하지 않았다는 의미다. 이 말은 한무제가 정책을 결정할 때 충분히 다른 사람들의 의견을 수렴하고 또한 신령의 계시를 받은 다음에 행했다는 것이다. 예컨대 흉노와 전쟁할 때 위로는 승상과 어사대부 등의 고급 관료와 아래로는 지방의 하급관리에게까지 물어보았고, 모두 반대의견이 없을 때 전쟁을 치렀다는 의미다. 또한, 점복을 보는 관리에게 점복을 보게 해 모두 상서롭다고 할 때 시행했다고 한다. 한데 결과는 어떻게 됐는가? 최종적으로 실패해 국가나 백성에게 막대한 손해를 끼쳤다. 한무제는 국책으로 국가가 이 지경이 된 것이 한 사람 책임이 아니라 공통의 책임이라는 것을 강조하려고 위와 같은 말을 했던 것이다.

결국엔 자기 죄를 책망하는 조서는 유명무실한 면이 있다. 반고가 위 말을 먼저 기록한 것은 한무제의 책임을 덜어주기 위해서였다. 왜냐하면, 이 조서는 《한서》에 가장 먼저 수록됐기 때문이다. 《자치통감》에는 이런 조서의 내용을 수록하지 않았다. 그러나 한무제가 자기 죄를 책망할 때 그 내용이 실려 있다. 한무제가 대신들에게 다음과 같이 말한 것이다.

> 짐이 즉위한 이래 미치고 어긋나서 천하로 하여금 근심하고 고통스럽게 했으니 후회해도 소용이 없구나. 지금 일함에 백성에게 상처 주거나 해가 있으며 천하에 비용을 허비하는 것이 있다면 모두 그만두도록 하자!
>
> **《자치통감》 권 22**

《자치통감》에 기록된 이 내용은 비록 간단하지만 중요한 말이 다 있다. 한무제는 확실히 자아비판을 하고 있다. 모든 관료와 공동 책임을 강조한 《한서》의 조서 내용과는 큰 차이가 있다. 사마광이 이렇게 안배한 것은 두 가지를 강조하기 위함이다. 먼저, 한무제가 엄중한 사회문제에 대해 책임감을 느낀 것이고, 그다음에 황제가 되어서 마땅히 잘못을 인정하는 용기가 있었다는 것이다.

《한서》와 《자치통감》은 한무제의 자아비판을 이렇게 다르게 기록하고 있다. 반고는 한무제의 이번 조처를 '어진 성군의 뉘우침'으로 미화했다. 그러나 《자치통감》은 진솔하게 자기 잘못을 인정하고 바로잡아서 "망한 진秦나라와 같은 실책이 있었지만, 그 진나라와 같이 멸망할 화禍는 면했다."고 했다. 이 말은 한무제가 진시황과 같은 실책을 저질렀으나 스스로 반성하고 바로잡아서 진나라처럼 망하지는 않았다는 뜻이다. 이런 평가는 매우 객관적인 것이다.

한무제의 이 개혁은 한나라가 멸망하는 불운에서 겨우 벗어나게 했다. 그러나 한무제의 인생은 곧 마칠 때가 가까워졌다. 한무제의 남은 여정은 어떻게 전개됐나?

제
29
강

임종 때 어린 자식을 부탁하다

새로운 태자

한나라는 한무제 체제에 반세기의 시련을 겪었다. 무고의 사건이 지나간 지 얼마후에 한무제는 자기 임종이 점점 다가오는 것을 느꼈다. 이때 한무제의 장남은 이미 죽었고, 총애했던 이부인이 키운 창읍왕 유박도 죽어버렸다. 이제 가장 현실적인 문제는 누가 한무제 뒤를 계승해 방대한 제국을 이끄느냐였다. 대국을 이끌 지도자로 누가 적합한지 한무제는 신중히 고려해 결정했다.

고대 중국의 황위 계승원칙은 황제의 아들 중에서 결정된다. 한무제는 모두 6명의 아들이 있었는데, 그중에 장남인 유거와 다섯째 아들인 유박은 무고의 사건으로 죽었다. 당시 둘째 아들은 병들어 있었다. 그래서 태자로 선택될 아들은 세 명이 남았으니 바로 셋째 아들인 유단劉旦과 넷째 아들인 유서劉胥, 그리고 막내아들인 유불릉劉弗陵이었다. 셋째 아들과 넷째 아들의 모친은 이희李姬였고, 막내아들의 모친은 조첩여趙婕妤였다.

이 아들 중에서 누구를 계승자로 세울지 한무제로서는 매우 신중할 수밖에 없었다. 그러나 느긋하게 선택할 시간적인 여유는 없었다. 자기 생이 얼마 남아있지 않았기 때문이다. 한무제는 주저 없이 막내아들인 유불릉을 선택했다.

한무제의 이 선택은 전통적인 관례에 어긋난 결정이었다. 중국의 옛말에 "나라에 장자長者인 임금이 있으면 사직社稷이 복을 받는다."고 했다. 대개 연장자는 경력이 풍부하고 사상이 성숙할 뿐만 아니라 행동거지가 신중해 쉽사리 속지 않고, 권신들이나 기타 세력들에게도 지지받는다. 또 어떤 정책을 결정할 때는 신중하게 선택하고 경거망동하지 않는다. 그래서 고대 중국의 황위 승계자는 대개 장자를 선택해 태자로 삼는다. 그런데 한무제는 이를 무시하고 당시에 당시 7, 8세에 불과한 막내아들을 태자로 선택했다. 산전수전 다 겪은 백전노장과 같은 황제는 무슨 사정으로 일반적인 예법을 따르지 않고 유불릉을 선택했나?

유불릉을 태자로 선택한 이유

이를 알아보려면 한무제의 남겨진 세 아들을 살펴보아야 한다. 먼저 셋째 아들인 유단은 학문도 꽤 깊었고, 야심도 적지 않았다. 이는 《한서》〈무오자전武五子傳〉에 유단이 "경서經書와 잡설雜說에 박학博學했다."고 한 것을 보면 알 수 있다. 또 유단은 언변에 능했고, 모략이 있어서 각양각색의 인물들과 사귀었다. 따라서 유단이 황태자가 될 충분한 능력이 있었다고 볼 수 있다. 야심도 적지 않은 데다가 서른 살이 넘고 마흔에는 이르지 않아 황제가 되기에 적합했다. 그런데 한무제는 그를 황태자로 삼지 않았다. 바로 그의 성격 탓이었다. 유단은 성격이 급하고 모험을 좋아하며 참을성이 부족했다.

예컨대 무고의 사건이 발생할 때 유단은 장안에 있지 않고 자기 봉지인 연燕에 있었다. 그는 무고의 사건으로 큰 형인 태자가 죽고, 또 얼마 안 있어 둘째 형이 죽자 태자의 자리가 비었다는 것을 깨닫고 한무제에게 편지를 써서 장안으로 돌아오겠다고 청했다. 명백하게 서열상 자신이 태자가 되어야 한다고 생각했던 것이다. 그러나 한무제는 이런 성격을 좋아하지 않았다. 한무제는 간섭받는 것을 가장 싫어했다. 자신이 아직 결정하지 않았는데, 셋째 아들이 마치 스스로 태자가 된 것처럼 행동하는 것이 마음에 들지 않았다. 그래서 유단의 편지를 가지고 온 사람을 옥에 가두고, 그의 봉지封地마저 삭감했다. 만약 유단이 편지를 보내지 않고 천천히 한무제가 어떻게 결정할지 지켜보았다면 황태자가 될 수도 있었다.

넷째 아들인 유서는 성격이 유단과 같지 않았다. 유단은 박학다식하고 재주가 많았고, 문학적인 재질이 강했는데, 유서는 오직 무예와 힘쓰는 것에만 뛰어났다. 이 때문에 《한서》〈무오자전武五子傳〉에 유서는 "행동에 법도가 없었다."고 기술하고 있다. 한마디로 행동거지가 규범이 없고, 거칠고 경솔한 사내여서 황위 계승자로 부적합했다는 것이다. 결국, 한무제는 심사숙고 끝에 막내아들인 유불릉을 선택한다.

유불릉은 어려서부터 지혜로워서 다른 동년배 아이들보다 총명했다. 신체적으로도 다른 아이들보다 우람했다. 한무제는 아들 중에서 유불릉이 자신을 가장 많이 닮았다며 그를 편애했다. 또 다른 방면으로 유불릉은 나이가 적어서 독립적으로 행동하지 않았으므로, 아버지의 눈 밖에 날 일이 없었다. 그런데 한무제로서는 막내아들을 태자로 내세운 것이 큰 모험이었다. 유불릉은 행정능력과 판단력이 부족해 남들에게 속기 십상이었다. 또한, 외척이나 권신權臣들에게 위협당하거나 이용되어 꼭두각시로 전락할 가능성도 있었다. 한무제에게는 어린 유불릉을 태자로 세운 것이 크나큰 도박이었다고 할 수 있다.

태자의 생모를 죽이다

어린 태자가 황제가 된 후에 특수한 이익집단에 이용당하는 것을 막
으려고 한무제는 먼저 한 사람을 가차 없이 제거한다. 바로 유불릉의
생모였던 조첩여趙婕妤다. 잔혹하기 그지없으나 중국 역사에서 아들
이 태자가 되면서 죽임을 당한 생모들은 적지 않다. 무엇 때문이 이
런 잔혹한 일을 벌이는가? 필자는 한무제가 이런 극약 처방을 내린
것이 역사적 교훈에 있었다고 본다.

한나라 초기, 유방이 죽은 뒤에 권력이 여태후呂太后 손에 넘어
간 적이 있다. 그녀의 아들인 한혜제漢惠帝는 아무런 권위도 없었다.
뒤에 여씨 일가는 조정 대신들과 극렬한 충돌을 벌인 끝에 정변으로
문제를 틀어막았다. 이 교훈을 잊지 않던 한무제는 자기가 등극했을
때 그 모친인 왕태후王太后와 태황태후인 두씨竇氏까지 견제했다. 두
늙은 부인들은 각양각색의 방법으로 자기 사람과 가족들을 등용하
고 돌보고 있었다. 당시 한무제의 나이는 20세가 되지 못해서 두 명
의 태후에게 가로막혀 마치 상자 속에 갇힌 쥐새끼처럼 지냈다. 자기
뜻대로 일 처리를 할 수가 없었음은 당연했다. 또한, 유거가 태자가
됐을 때 모친 위자부와 외숙인 위청의 세력이 커진 것을 보았고, 이
부인을 총애하자 이광리가 위청의 자리를 대신하고 이씨 일가가 신

속하게 세력이 커진 사실을 잘 알고 있었다. 태자 쟁탈전에서 위씨와 이씨가 서로 대립하는 바람에 최후에는 수도가 피바다가 됐다. 기실 유거와 유박이 죽은 것은 모두가 모친 일가의 세력이 화를 부른 것이라고 할 수 있다.

한무제는 이 역사적인 교훈을 바탕으로 사전에 반드시 유불릉의 모친과 일족이 정치에 간여하는 것을 차단하려고 했다. 그래서 한무제는 유불릉을 태자로 삼기 일 년 전에 미리 손을 썼다. 한번은 조첩여가 한무제를 따라 감천궁에 있었는데, 작은 실수를 저질렀다. 이 실수는 너무 하찮은 것이라 사학자들이 기록조차 하지 않아서 어떻게 된 일인지 알 수도 없다. 그러나 한무제는 이 실수를 빌미로 조첩여를 가차 없이 욕하고 바로 하옥시키라는 명령을 내린다. 조첩여는 당황해 한무제를 쳐다보았지만 한무제는 이렇게 냉정하게 말했다. "잘 가거라, 너는 살아날 수 없다!"《자치통감》권 22) 그 뒤에 조첩여는 감옥에서 영문도 모른 채 죽었다.

고명대신顧命大臣

유불릉을 태자로 세우려고 그의 외척세력을 제거해야 했지만, 그 후
에 누가 태자를 보호할 것인가? 한무제는 7~8세에 불과한 어린아이
가 '어떻게 이처럼 방대한 제국을 다스릴 수 있을까?'를 자문해 그를
보좌할 사람을 찾아 나섰다.

중국 역사상 늙은 황제가 임종 전에 어린 아들에 황위를 넘겨준
일이 많았는데, 그때는 반드시 충성스럽고 능력 있는 신하에게 뒷일
을 맡긴다. 이런 대신을 '고명대신顧命大臣'이라고 한다. 어린 황제는
성장해 스스로 친정할 때까지 그들의 보호와 감독을 받아 정사를 펼
친다.

한무제는 누구를 고명대신으로 선택할지 신중을 기했다. 조건은
두 가지였다. 첫째는 성격이 침착하고 중후하며 듬직해야 할 것이고,
둘째는 지극히 충성스러워야 한다. 이 두 가지를 갖추지 못한 사람을
선택하면 나라는 파탄 나고 말 것이다. 또 고명대신은 권한이 막강해
군권까지 통솔하므로 잘못 선택하면 역성혁명도 일어날 것이다.

서한西漢 말기의 왕망王莽의 경우가 그랬다. 서한 시대 최후의 두
황제 중에 첫 번째 황제는 한평제漢平帝로 황제로 등극했을 때 나이
가 9세였다. 왕망은 그를 보좌했는데, 황제는 14세를 일기로 세상을

떠났다. 일설에는 왕망이 독살했다고도 한다. 그 후에 왕망은 더 어린 황제를 등극시켰는데, 그의 나이는 겨우 2세였다. 매번 조회가 열리면 왕망은 황제를 등에 두고 호령했으며 이것도 짜증 나자 황제를 제거하고 스스로 황제가 됐다. 고명대신이 황위를 찬탈한 전형적인 사례다.

물론 어린 황제를 잘 보필한 경우도 있다. 삼국시대의 유비劉備는 어린 유선劉禪을 제갈량諸葛亮에게 맡겼는데, 제갈량은 유비의 은혜에 보답하려고 유선을 끝까지 잘 보좌했다. 실제 제갈량은 "나라를 위해 온 힘을 다하고, 죽은 뒤에야 그만두었다."《후출사표》 이는 자기 생명까지 바쳐가며 어린 황제를 보좌했던 전형적인 사례다.

어떻게 고명대신을 선택하는가에 따라 어린 황제와 국가의 운명이 바뀔 수 있다. 과연 한무제는 누구에게 어린 황제를 부탁했을까. 한무제는 노련한 경험과 안목으로 대신 중에 곽광霍光을 주목했다. 곽광은 바로 곽거병霍去病의 이복동생이다.

한무제가 곽광을 주목한 까닭은 그가 한무제 곁에서 20년 동안 시종하면서 한 번도 실수를 범하지 않았기 때문이다. 실수하지 않는다면 참을성이 강하고 스스로 신중한 사람이라고 할 수 있다. 속담에 "본심은 한 겹 뱃속에 있다."는 말이 있다. 호랑이를 그릴 때 겉모습은 그려도 그 속은 그릴 수 없듯이 시간이 지나야 본심을 알 수 있다는 뜻이다. 한무제는 곽광의 충성도를 어떻게 평가했을까? 파악은 어려우나 곽광의 형인 곽거병은 한무제가 인정하는 충복忠僕이었다. 그래서 한무제는 곽거병이 죽었을 때 그 동생인 곽광을 대우하며 은혜를 베풀었다. 곽광으로서는 한무제에게 충성을 다해야 할 것이고, 20여 년 동안 실제 그렇게 행동했다.

한무제는 의심이 많았던 사람이다. 만약에 곽광 일인에게 대권을 쥐어주면 앞으로 어떤 일이 발생할지 몰라 곽광을 감독하고 보좌할 또 다른 고명대신을 선택한다. 그중 한 사람이 상홍양桑弘羊이고 김일제金日磾와 상관걸上官桀도 있었다.

먼저 상홍양이란 인물은 십수 년 동안 한무제를 따라 정사를 돌보던 인물이었다. 나머지 두 사람은 상홍양과 나이 차이기 별로 나지 않았다. 상홍양과 한무제는 서로 심보가 맞았다. 상홍양은 상인 가정 출신으로 이재에 밝았다. 한무제가 사방의 오랑캐를 정벌할 때 많은 재물이 필요했는데, 이때 그는 한무제의 가장 중요한 조수 역할을 했다. 한무제의 통치 기간에 상홍양은 계속 한무제가 펼치는 정책을 지지해서 신임을 얻었다.

김일제와 상관걸 또한 한무제가 매우 신임하는 사람들이었다. 특히 김일제는 행동거지가 근신하고 후덕했다. 그는 원래 흉노의 귀족이었는데, 뒤에 포로가 되어 장안에서 한무제의 말을 길렀다. 한번은 한무제가 자기 말을 키우는 곳에 갔는데, 마부들이 몇십 마리의 말들을 돌보고 있었다. 아리따운 궁녀들이 한무제를 수행했는데, 그녀들이 지나갈 때 마부들은 몰래 그 자태를 훔쳐보았다. 그런데 오직 김일제만이 곁눈질하지 않고 조용히 머리를 숙이고 말을 이끌고 천천히 지나갔다. 이 모습을 본 한무제는 그가 매우 성실한 사람이라 여겨 점차 중임을 맡겼다.

상관걸 또한 최초에는 한무제의 말을 키우던 사람이었다. 한번은 한무제의 몸이 편찮은 적이 있어서 한동안 말을 보러 가지 못했다. 이때 많은 말이 야위고 수척해졌다. 나중에 이 사실을 안 한무제가 화가 나서 책임자인 상관걸을 호출해 책망하니 상관걸이 울면서 말했다. "저는 황제께서 병이 난 것이 너무 걱정되어 말을 잘 돌보지 못했을 뿐입니다." 이 말을 들은 한무제는 그가 괜찮은 사람이라 여겨 신임하기 시작했다.

이렇게 한무제는 곽광, 상홍양, 김일제, 상관걸 등을 고명대신으로 임명했다. 이들은 그 출신 성분이 모두 달랐다. 곽광은 기실 위씨의 잔존 세력이었고, 상홍양은 오랫동안 한무제의 정책을 보좌했던 노신老臣이었으며, 김일제는 흉노에서 한무제에게 충성을 다 바치는 총신寵臣이었고, 상관걸은 신분은 낮지만 한무제의 심복心腹이었다. 이 네 사람은 모두 출신 성분과 정치적인 기반이 달랐지만 절묘하게 서로를 견제할 수 있었다. 그중 곽광의 세력이 커서 나머지 세 사람은 그를 제어하는 역할을 했다.

사학자들의 평가

한무제는 신중하게 고려해 최종적으로 막내아들인 유불릉을 계승자로 삼았다. 유불릉에게 좋은 통치환경을 마련해주려고 한무제는 임종 전에 두 가지 중요한 일을 했는데, 하나는 유불릉의 생모인 조첩여를 죽인 것이고, 다른 하나는 유불릉을 보좌할 4명의 고명대신을 선택한 것이다.

태자의 생모를 죽인 것은 《사기》에 기록되지 않았고, 《한서》와 《자치통감》에는 기록되어 있는데, 그 내용이 약간 다르다. 《한서》에는 조첩여가 감옥에서 울분을 참지 못해 죽었다고 했고, 《자치통감》에는 한무제가 명령을 내려 조첩여를 죽였다고 기술되어 있다. 이것은 의미심장한 차이다.

《한서》의 설법은 비록 한무제가 태자의 생모를 죽이려고 계획했고, 최종적으로 조첩여가 죽었어도 한무제가 직접 죽이지는 않았고 직접적인 사인은 울분 때문이다. 그러나 《자치통감》에서는 이 모든 일은 한무제가 안배해 생긴 일로 기록하고 있다. 《자치통감》의 설이 더욱 믿을 만하다. 한무제는 그만큼 노련한 정치가였기 때문이다.

조첩여가 어떻게 죽었는지 현장으로 돌아가 조사할 순 없다. 그러나 분명한 사실은 한무제가 태자를 선택하기 위한 바둑판에서 조첩여는 가정 먼저 희생된 바둑알이라는 점이다. 그녀가 어떻게 죽었든 간에 이는 모두 한무제의 계산으로 이뤄진 것이다. 그래서 사마광은 조첩여의 죽음을 한무제가 지시한 것이라고 서술한 것이다.

《사기》엔 무고의 사건에 관한 기록이 없을뿐더러 한무제가 태자를 세우고 생모를 죽인 일도 무고지화 뒤의 일이라서 당연히 기록은 없다.

많은 사람이 범하기 쉬운 한 가지 오해가 있다. 역사적인 사건이 일어난 시대에 살았거나 이와 근접하게 살았던 사학자의 기록이 더욱 사실에 가깝다고 믿는 것이다. 그러나 반드시 그렇지 않을 수도 있다. 한무제가 태자를 세우려고 생모를 죽인 사건으로 본다면 오히려 한무제 시대와 가장 시차가 많았던 사마광의 기록이 더 사실에 가깝다는 것을 알 수 있다.

고명대신을 선택한 일에서 우리는 한무제의 안목에 탄복하지 않을 수 없다. 한무제는 확실히 용인술에 능통했다. 한무제 사후에 한나라가 근 1백 년 동안 수성할 수 있는 원동력은 그가 선택한 고명대신들의 공에 기인한 것이다. 그중에 곽광의 활약이 대단했다.

공적과 과실에 대한 시비是非

무엇 때문에 한무제는
세 가지 면모를 가졌다고 하는가?

한무제는 대단한 업적을 남긴 황제다. 그 시비 공과에 대한 여러 가지 쟁론이 있으나 한 가지 부정할 수 없는 것은 그가 서한西漢 역사에 지대한 영향을 끼쳤고, 심지어 중국 봉건왕조에 거대한 영향을 미쳤다는 것이다. 중국 역사상 348명의 황제 중에 많은 황제가 역사에 어떤 영향도 남기지 못했다.

본서에서는 하나의 역사책이나 한 역사학자의 단편적인 기록으로 한무제와 그의 시대를 기록하지 않고, 《사기》, 《한서》, 《자치통감》을 비교해 가면서 한무제의 일대기를 살펴보았다. 그래서 책의 방향을 한무제의 세 가지 면모로 정했다. 세 사학자의 붓에서 살펴본 한무제의 면모는 각기 달랐다. 이는 그들이 독자를 속이려고 의도한 것이 아니다. 사학자마다 가진 고유의 가치관과 관점에서 관찰해 쓴 것이어서 한무제의 면모가 다르게 나타난 것일 뿐이다.

세 사학자 중에서 사마천은 자신이 살았던 시대와 한무제의 통치 기간이 거의 일치해 친히 목격한 것을 서술했다. 반고의 경우에는 한무제가 죽은 지 120년이 지나 장차 서한西漢이 멸망하고, 동한東漢이 일어나 다시 한실漢室을 부흥復興하려는 시대에 서술했다. 사마광은 한무제가 죽은 지 1천여 년이 지난 송대宋代에 와서 썼다. 이 세 사학자와 한무제 간의 거리는 큰 차이가 있다. 그들이 한무제를 바라보는 시각과 관심 또한 큰 차이가 있다.

필자가 제1강에서 언급한 것처럼 각기 다른 각도에서 한무제를 바라본 것은 마치 멀리서 쳐다보고, 가까이서 쳐다보고, 중간에서 쳐다본 것과 같다. 한무제를 하나의 명산으로 본다면 사마천은 산중에서 산속을 가장 진실하고 자세하게 보고 빠져나왔다고 할 수 있다. 반고는 서한西漢과 동한東漢의 교체기에 서서 서한에서 가장 중요한 업적을 남긴 황제를 기술함에 마치 산 아래에서 산 전체를 바라보는 입장에서 썼다고 할 수 있다. 그 산은 매우 웅장하게 보였을 것이다. 사마광은 한무제 시대와 너무 차이가 나서 마치 다른 산 위에 서서 조망하듯이 기술했다. 옛 시에 "다른 산의 보잘것없는 돌이라도, 옥을 갈 수 있다."(《시경詩經》〈학명鶴鳴〉)라는 말이 있는데, 이는 다른 사람들의 교훈을 통해서도 스스로 성장할 수 있다는 뜻이다. 이 말은 사마광이 편찬한 《자치통감》의 목적을 적절하게 비유하고 있다.

21세기의 역사 무대에서 다시 한무제 시대를 회고하면 당연히 우리만의 입장과 관념이 생길 것이다. 역사에서 왜 한무제 시대를 살펴보고 또 반복해서 해석해야 할까? 그것은 바로 다른 시대에 다른 관념과 사명으로 지난 역사를 새롭게 해석해야 하기 때문이다. 역사란 마치 어린 처녀를 어떻게 분장하느냐와 같기 때문이다. 예컨대 오늘 내가 집안사람과 다퉜는데, 매우 화가 나고 또 생각할수록 분통이 터진다. 그러나 2, 3일이 지나고 나서 다시 생각해보면 왜 사소한 일로 다퉜는지 모르겠고, 계속 화를 내는 것보다 화해가 좋겠다고 느낄 수 있다. 그리고 다시 3, 4년이 지나서 그 일을 생각해보면 아무것도 아닌 일로 정색했던 것이 무료하게 느껴질 수 있다. 역사를 회고하는 일도 이와 마찬가지다. 각기 다른 시대에 살았던 역사학자가 각기 다른 시대적인 배경 아래에 각기 다른 역사를 서술한 것은 지극히 정상적이다.

우리는 세 사학자의 각기 다른 서술과 오늘날의 인식을 결합한다면 새로운 결론을 내릴 수도 있을 것이다. 필자는 앞서 한무제의 일생을 "안으로 황권皇權을 강화하고, 밖으로 사이四夷를 복종시켰다. 미신과 신선을 숭배하며, 만년에는 종래의 정책 철회했다."로 정리했다.

한무제의 내정內政 성적

한무제는 각종 수단을 동원해 다른 세력을 제거해 황권 강화의 목적을 달성했다. 그중에는 제후왕의 세력을 비롯해 공경귀족은 물론이고 지방 권문세가와 유협의 무리까지 제거하고 빈한한 출신 중에서 자기 말을 잘 따르는 자들을 승상 등으로 발탁했다. 이 과정에서 한무제는 비열한 수단도 가리지 않았다. 특히 명망 있는 제후왕이었던 회남왕 유안劉安의 경우가 그렇다. 정치 투쟁을 하더라도 도덕이라는 울타리에서 벗어날 수 없는데, 그는 도덕의 척도를 가차 없이 포기하고 상대방을 제거해 진시황 이래 가장 강력한 중앙집권 통일왕조를 완성했다. 이는 긍정적인 측면에서 말한 것이다. 만약 비판적인 각도에서 보면 한무제는 황권을 강화하려고 사회 역량을 대표하는 유협들도 제거하고, 승상을 황제 곁에서 아첨이나 하는 사람으로 만들었다.

황권 강화와 더불어 주목해야 할 것은 한무제의 통치책략이다. 당시 관리들이 모두 법치 수단으로 통치를 공고히 했는데, 겉으로는 유술儒術을 표방했다. 사마천은 이렇게 말했다. "문법文法과 관리의 일에 익숙하고 유술儒術로 잘 꾸며졌다."《사기》〈공손홍전〉) 유술은 형법을 가리기 위한 공구로 사용됐다. 사마천은 한무제의 통치책략을 두 가지로 언급했다. 첫째는 엄혹한 법치로 통치하려고 대량의 혹리

酷吏들이 출현했다. 둘째는 한무제는 겉으로 유가의 경학과 문장으로 자기 통치를 정당화하고, 속으로는 냉엄한 형벌로써 통치했다. 당시 유학은 거짓 유학이라고 할 수 있다. 사마천의 이런 인식은 매우 심각했다. 우리는 오늘날 이것을 새롭게 평가해야 한다. 한무제의 양면성은 특수한 시대의 산물이고, 심원한 역사적 의미가 있다.

통치의 각도에서 보면 엄혹한 형벌로 사회를 다스리는 것은 진시황 통치의 특징을 연속하기 위해서였다. 전대의 풍조를 일거에 바꾸는 일은 매우 어렵다. 반란으로 진나라는 멸망했고, 황제의 성도 바뀌었으나 진나라 때부터 내려오는 사회제도와 사회상은 유사했다. 사람들의 사고방식과 생활습관은 전과 거의 비슷했다. 그래서 한무제가 혹리酷吏를 임용해 엄혹하게 형법으로 통치한 것은 역사의 연속성에 기인한 것으로 볼 수 있다.

유가 학자들을 기용한 것도, 역사의 한 변혁이라고 할 수 있다. 이런 일들은 진시황 시대에는 없었고, 한나라가 건립되고 발전하는 과정에서 도출된 것이다. 역사는 언제나 이렇게 한꺼번에 바뀌지 않고 조금씩 변해간다.

한무제 시기에 유학을 진흥해 배출된 인물 중에는 사마천의 안목에 차지 않는 사람들이 많았다. 예컨대 앞서 소개한 공손홍은 승상이 됐지만, 사마천은 그를 대단하게 여기지 않았다. 사마천의 눈에는 이런 사람들은 전형적인 거짓 유학자였기 때문이다. 그렇지만 그들 때문에 유학이 발전할 기회가 됐다는 점만은 부인할 수 없다. 그로부터 1백여 년이 지난 후에 반고가 살았던 시대에 유가는 이미 정치적 결정과 선비 생활의 근거와 신조가 됐다. 반고는 유학의 훈도를 받고 배양된 학자였다. 그래서 그는 《한서》에 한무제가 유학을 표창한 것을 두고 크게 칭송했다. 반고는 심지어 이렇게 말했다. "한무제가 등극해 결연히 백가 사상을 퇴출시키고 유가의 육경을 세상에 밝게 드러냈다."《한서》〈무제본기〉) 이런 태도는 사마천의 비판적인 태도와 사뭇 다르다.

사마천은 당시 거짓 유학자들의 출현을 심각하게 관찰했으나 그 역사적인 후속 발전 정황은 볼 수 없었다. 반고는 마침 이런 후속 발전의 영향을 받아서 새롭게 한무제의 이런 조처를 평가했다. 사마천은 앞에 서서 뒤의 물건을 보지 못한 것과 같다. 반고는 사마천의 뒤에서 사마천이 보지 못한 부분을 보았다. 사마천의 안목에 하찮아 보였던 물건이 뒤에 서 있던 반고의 안목에는 커 보였다. 그래서 두 사람의 시각차는 시비를 가릴 문제가 아니다.

한무제의 법치法治를 논할 때 다음과 같은 하나의 고사가 회자된다. 한무제의 누이동생 중에 융려공주隆慮公主가 있었는데, 뒤늦게 아들을 얻으니 그는 매우 총애했다. 뒤에 융려공주가 병이 들어 위중할 때 아들이 걱정됐다. 그녀는 한무제의 법을 엄격하게 집행해 자기가 죽은 뒤에 자기 아들이 법에 저촉하는 일이 생길까 봐 걱정됐다. 그래서 그녀는 죽기 전에 한무제에게 황금 천근과 전폐錢弊 천만을 주면서 만약에 아들이 죄를 지으면 속죄해달라고 부탁했다. 뒤에 그 융려공주의 아들이 과연 교만 방자해 술에 취해서 살인을 저질렀다. 그가 사형에 처할 위기에 놓였을 때, 많은 관원이 달려와 융려공주

체면을 봐서 죄를 경감시켜 달라고 한무제에게 청원했다. 그러나 한무제는 비정하게 이렇게 말했다. "나의 누이에게 아들이 하나뿐인데, 임종 전에 많은 재물을 주면서 나에게 돌봐달라고 부탁했다. 그러나 지금 조카가 엄중한 죄를 지었으니, 내가 만약에 사사로운 정을 따라 법을 어기면 법으로서 백성을 통치할 수가 없다. 그러면 나중에 내가 무슨 면목으로 조상들을 뵐 수가 있겠는가?" 최후에 한무제는 눈물을 흘리면서 법대로 처리하도록 명령을 내렸다.

이 고사는 《사기》에는 기록되지 않았는데, 《한서》와 《자치통감》에는 수록됐다. 특히 《자치통감》 기록은 매우 특별한 의미가 있다. 한무제의 역사 중 최후 부분이기 때문이다. 《자치통감》의 특징은 중요한 한 역사 인물을 소개할 때 최후에 대표적인 사례 하나를 소개해 그 사람의 평가를 대신하도록 안배했다는 점이다. 사마광은 비록 한무제가 혹리酷吏를 기용해 생긴 사회문제를 비판했지만, 한무제의 장점에 대한 총평을 위와 같은 사례로 대신했다. 기실 한무제가 법을 엄정하게 집행한 것은 배울 만한 일이다.

한무제의 내정에 대한 성적은 앞서 언급한 내용 외에도 만년에 정책을 철회한 것이 있다. 국책을 수정한 내용에서 세 사학자는 서로 의견이 달랐다. 이 내용을 분명하게 알게 해준 것은 《자치통감》의 기록 덕이다. 사마광은 한무제가 만년에 정책을 철회한 것을 세심하게 관찰하고 파악했다. 반고는 무고의 사건을 태자와 원한을 가진 소인물로 결부시켰고, 사마천은 당시 태자의 지지자로 무고의 사건을 숨기고 정면은 묘사하지 않았다. 많은 사람이 시간적으로 가까울수록 그 내용도 진실하다고 여기는데, 위의 경우는 반드시 그렇지 않다는 사실을 알 수 있게 한다. 한무제 만년의 사건에 대해서는 시차가 많이 났던 사마광의 기록이 가장 정확하다고 할 수 있다.

한무제가 중국 판도에 끼친 공헌

한무제의 치적 중에 하나가 대외적으로 사이四夷를 복종한 일이다. 사마천은 한무제가 서역의 대완大宛을 정벌할 때 마침 "관동關東에 메뚜기 떼가 일어나, 서쪽으로 둔황敦煌에까지 피해를 줬다."(《사기》〈대완열전大宛列傳〉)고 기록했다. 동쪽에서 서쪽에 이르기까지 메뚜기 피해를 본 백성이 전쟁의 부담까지 떠맡은 상황을 묘사한 것이다. 이 기록은 독자들 마음을 아리게 한다.

사마천은 한무제의 적극적인 대외 개척에 비판적인 태도를 견지했다. 이는 당시 백성의 참상을 직접 봤기에 가능했다. 사마천은 참으로 양식 있고 진실한 역사학자라고 할 수 있다. 사마천은 비록 한무제의 실책을 준엄하게 비판했으나, 긍정적인 측면에서 본다면 사이 정복으로 중국과 서역은 문화를 교류할 수 있었다. 한무제는 서쪽으로 천산天山 기슭에서부터 동쪽으로는 조선반도朝鮮半島까지, 남쪽으로는 해남도海南島부터 북쪽으로는 오늘날 몽고蒙古에 이르기까지 영토를 넓혀 나갔다. 처음으로 오늘날 다민족 통일국가와 같은 터전을 마련했다고 볼 수 있다. 이 각도에서 본다면 한무제가 중국역사에 남긴 공헌은 매우 크다고 할 수 있다.

이 밖에 영토를 확장하는 중에 일련의 명장名將들이 배출됐다.

가장 저명한 장군은 위청衛靑, 곽거병霍去病, 이광李廣 등으로 이들에 대해서는 《사기》, 《한서》, 《자치통감》에 모두 소상하게 기록되어있다. 사마천은 이광의 손자인 이릉李陵이 흉노에 투항한 사건에 연좌되어 한무제에게 치욕적인 궁형宮刑을 받게 됐다. 《사기》에는 이광과 이릉의 감정이 충만하게 묘사됐고, 위청과 곽거병의 인품이 어떤지 그들이 어떻게 한무제의 총애를 받고 높은 지위를 차지할 수 있었는지 무척 상세하게 기록되어 있다. 그러나 이런 사마천의 기록은 다른 결론을 도출했다.

위청의 성공과 이광의 실패에는 모두 원인이 있다. 위청은 지도력이 있고, 다른 사람의 의견을 잘 수렴한 장수였다는 특징이 있다. 그러나 이광은 개인적인 영웅주의 우월감에 도취했다. 한무제가 대담하게 위청과 곽거병을 발탁한 것은 매우 성공한 사례라고 볼 수 있다. 이것은 한무제가 인물 선발에 탁월한 능력이 있었다는 뜻이다. 그래서 사마광은 최후에 한무제를 평가할 때 전문적으로 용인술에 능하다고 기록해 놓았다. 결론적으로 한무제가 임종 전에 어린 태자인 유불릉劉弗陵을 보좌할 고명대신顧命大臣을 선택한 것을 보고도 그의 탁월한 용인술을 확인할 수 있다.

세 사학자에 비친 미신과 신선 숭배

사마천의 장점은 무엇일까? 그는 한무제와 직접 접촉한 경험이 있어서 내용이 가장 생동적이고 충실하다. 그래서 《사기》에 묘사된 한무제의 형상이 가장 선명하다. 한무제의 미신과 신선 숭배에서 《사기》〈봉선서封禪書〉에는 한무제가 미신을 믿고 신선이 되고자 어떤 행동을 했는지와 그 심리상태가 자세히 묘사돼 있다. 한무제는 신선이 되고자 사기꾼들에게 끊임없이 속았다. 사기를 당할 때마다 다음에 속지 않겠다고 결심했지만, 매번 새로운 방사와 도사들의 유혹에 넘어갔다. 또한, 방사들에게 막대한 재물을 주고 신선을 만나려고 했다.

사마천은 가까운 거리에서 한무제가 언젠가 한 번은 신선과 만나기를 갈망하는 심리상태를 자세하게 묘사했다. 같은 사건인데도 반고는 그 의미를 달리했다. 반고는 한무제가 신선을 찾는 일을 황당하고 가소로운 것으로 치부하지 말라고 강조했다. 그는 한무제의 행위가 하늘과 소통해 한나라의 안전을 장구하게 보전하려는 것이 목적이라고 보았다. 이를 살펴보면 반고가 사실을 왜곡하거나 감추고 한무제를 변호하는 말이 아니라는 것을 알 수 있다.

반고는 한무제보다 약 100여 년 뒤 사람으로 당시 사상 중 하나였던 천인감응天人感應 학설을 믿었다. 이 학설에서는 인간세계의 질서를 유지하려면 하늘과 소통하는 것이 매우 중요했다.

한무제가 미신을 믿고 신선을 찾은 일에 대해서 사마광은 다른 의견을 피력했다. 사마광이 살았던 시대는 한무제와 1천여 년간의 시차가 난다. 시대와 사상에 거대한 변화가 있었다. 한무제 시대의 시시비비는 그와 무관하다. 그는 한무제의 경험에서 교훈을 찾아 현재의 통치자를 도우려고 했다. 사마광이 한무제가 만년에 스스로 반성할 때 전문적으로 한무제가 미신을 믿고, 신선을 찾으려고 했던 것을 매우 후회한다고 기술했다. 그래서 만년에 한무제는 방사들을 전부 파면시켰다고 했다. 그러고 나서 다음과 같이 말했다고 기술했다. "지난 시절 어리석고 미혹해 방사들에게 속았다. 천하에 어찌 선인이 있겠는가? 다 요망할 뿐이다."《자치통감》 권 22)

이 내용은 《사기》와 《한서》에는 없다. 그래서 같은 사건인데도 사마광은 한무제가 자아비판을 하는 측면을 강조했다. 한무제가 정말 위와 같은 말을 했는지 고증할 수는 없다. 하지만 사마광이 이런 내용을 기술한 것은 그 의도가 분명하다. 그는 후세 제왕들에게 한무제를 닮지 말라고 경계했다. 신선을 찾는 일로 백성을 수고롭게 하고 재물을 소진하는 것은 결국에 백성의 원망만 높인다고 주장한 것이다.

사마천은 자기가 직접 본 내용대로 역사를 진솔하게 기록해 신선하고 생동감이 넘친다. 반고는 한무제 시대의 역사를 기록하면서 명확한 목적이 있었다. 서한왕조西漢王朝의 위대하고 영광스러웠던 시절을 동한왕조東漢王朝에 부흥시키려고 했다. 그래서 반고는 한무제의 행동을 합리적으로 미화시켰다고 할 수 있다. 또 사마광은 역사를 분석하면서 한무제가 진시황처럼 많은 착오를 범해서 무력을 남용해 전쟁을 일으키고 또 미신을 믿고 신선들 찾는 등, 백성을 수고롭게 하고 재물을 소진했지만, 진나라와 같이 망하지 않은 것은 자기 잘못을 인정하고 정책을 정정했기 때문이라고 주장했다. 이런 사마광의 주장은 후세 통치자들에게 한무제의 교훈을 통해 정신 차리고 나라를 잘 통치하라는 의미를 지니고 있다.

중국의 옛말에 "관 뚜껑을 닫으면 공과功過를 평가한다."는 말이 있다. 지금까지 한무제의 참모습을 세 사학자의 평가를 통해서 알아보았다. 다른 시대와 다른 환경에서 한 사람을 평가하는 것은 가끔 큰 편차가 나기도 한다. 다시 몇백 년이 흘러 사람들이 한무제를 어떻게 평가할지 예측할 수 없다. 필자는 이후에 어떤 사학자들이 어떤 역사를 썼든 간에 다음과 같이 묻고 싶다. 당신은 무엇 때문에 역사를 썼고, 어떤 입장과 각도에서 역사를 바라보았나? 또 다른 사학자들과 다른 견해를 지니고 있는가?

팍스 시니카의 롤모델, 한제국 그리고 한무제

중국은 56개 민족이 만든 다민족 연방 국가다. 하지만 주체는 한족 漢族이다. 한족의 인구가 대륙에만 12억2천만 명으로 전체 중국 인구 의 91.51%를 차지하고 있기 때문이다. 여기에 대만, 동남아시아, 구 미 등지의 화교까지 합치면 약 13억에 육박한다.

그러면 한족은 어디서 기원했고 또 어떻게 이렇게 많은 인구수 를 보유할 수 있었을까? 기실 한족은 혈연적 민족공동체가 아니고 문화적 민족공동체라고 할 수 있다. 최근 한족의 혈연적 공통점을 찾 으려고 과학적으로 여러 실험을 했지만, 아직 이렇다 할 공통점을 찾 지 못한 것이 그 같은 사실을 증명하고 있다.

한족의 기원은 상고시대 중원 일대에서 활동했던 화하족華夏族 이 주동이 되어서 사방의 이민족이라고 할 동이東夷, 남만南蠻, 서융 西戎, 북적北狄 등이 융합해 만든 연합민족으로 볼 수 있다. 그 계기는 진시황秦始皇이 중국을 통일한 후부터였다. 하나 진秦나라는 중국을 통일한 지 겨우 14년 만에 멸망해 버렸고, 한漢나라가 다시 중국을 통일한 것이 직접적인 영향을 끼치게 되었다.

한나라는 통일 중국을 408년 동안 통치했고, 이 기간에 중국의 판도는 더욱 확장되어 전대미문의 대제국 면모를 지니게 되었다. 또한, 문화적으로 크게 번영하고 이전에 화하족이 핵심이 된 중국인은 이때부터 대외적으로 스스로 '한인漢人' 혹은 '한족漢族'이라고 자부하게 되었고, 그들이 쓰는 문자, 글 그리고 언어를 '한자漢字', '한문漢文', '한어漢語'라고 하여 지금까지 중국의 공용문자로 통용하고 있다.

중국 역대 왕조 중에 중국인이 주체가 되어 대제국을 건설한 것은 진秦나라, 한漢나라, 당唐나라, 송宋나라, 명明나라, 중화민국, 중화인민공화국이다. 이 밖에 원元나라, 요遼나라, 금金나라, 청淸나라는 소수민족이 세운 왕조. 그중에서 중국인이 가장 자랑스럽게 여기는 왕조는 진나라, 한나라, 당나라다.

진나라는 최초로 중국을 통일한 왕조이지만 그 영역은 중원을 중심으로 한 기존의 제후국이었던 6국 왕조에 국한되었다. 비록 진나라가 중국을 통일했지만, 북방 흉노족의 위협에 못 이겨 결국엔 만리장성을 쌓아 흉노족의 공격을 대비했다. 진나라 이후에 한나라를 세운 한고조 유방 역시 진나라를 멸망시키고 서초패왕 항우를 굴복시켰지만, 후일 흉노족을 공격했다가 포위되어 겨우 목숨을 구걸하여 연명했다. 그 후부터 한무제가 등장하기 이전까지 중국은 흉노와 굴욕적인 화친을 청하고 조공의 형식으로 각종 진귀한 재물을 상납해 흉노족의 비위를 맞추었다.

그러나 한무제는 등극한 뒤 흉노에 대한 기존의 정책을 바꿔 수세에서 공세로 돌아섰다. 한무제는 제국의 총역량을 동원해 수십 년 동안 대대적인 흉노정벌에 나섰고, 그 결과 막북 이남에서 흉노족을 몰아낼 수 있었다. 이 일은 당시 세계적인 사건으로 비화하여 중국 북방에서 쫓겨난 흉노족이 유라시아를 넘어 서방을 공포의 대상으로 만든 훈족으로 탈바꿈하기도 했다. 이 흉노족을 몰아내려고 한무제는 먼저 실크로드를 개척해 서역의 다른 제국과 외교관계를 수립하고(혹은 정벌하고), 사방 영토를 확장해 한나라를 명실상부한 대제국으로 만들었다.

조선조 문인인 성대중(成大中, 1732~1812)은 《청성잡기青城雜記》에서 한무제를 두고 이렇게 평가했다.

> 한무제는 보기 드문 영명英明한 군주다. 역사서에서는 무제가 무
> 리한 정벌로 백성들에게 재앙을 끼쳤다 하여 비판하지만, 오랑캐
> 가 중화中華를 어지럽히는 것을 무제가 아니면 누가 꺾을 수 있었
> 겠는가? 진시황秦始皇과 같은 위무와 재능으로도 만리장성을 쌓
> 아 오랑캐 침공에 대비하였을 뿐이었다. 국경 밖으로 나가 오랑캐
> 를 정벌한 것은 무제 때부터였으니, 오랑캐들이 중국을 두려워하
> 게 된 것은 무제 때문이다. 중국을 한漢이라고 칭하는 것이 어찌
> 한고제漢高帝와 한문제漢文帝의 위엄으로 인한 것이겠는가. 육경六經
> 을 표출한 것도 한문제나 한경제景帝는 하지 못한 것이었다.(이는 한
> 무제부터 시작된 것이다)

오늘날 관점에서 보면 한무제는 팍스 시니카(Pax Sinica)의 서막
을 열었다고 할 수 있다. 팍스 시니카는 중국 패권으로 동아시아는

물론 세계 질서와 평화가 유지된다는 의미를 내포한다. 실제 당시 한무제가 열어놓은 팍스 시니카 시대는 서방에서 팍스 로마 시대와 더불어 세계 질서를 유지하는 양축으로 자리 잡게 되었다.

한무제 이후, 팍스 시니카의 시대는 당나라 때에 다시 결실을 보게 되는데, 이때는 기실 당나라가 실크로드를 새로 개척하고 영토를 확장했다기보다는 한무제 만든 것을 계승했다고 보는 게 옳다. 따라서 한무제가 실제 최초의 팍스 시니카 시대를 열어놓았고, 지난 2천여 년 동안 중국 역대 왕조는 한무제의 정책을 롤모델로 삼았다고 할 수 있다.

오늘날 중국은 다시 팍스 시니카의 시대를 모방하고 있다. 중국이 공산화한 후에 처음에는 패권주의를 추구하지 않고 굳게 죽竹의 장막을 치고 자유세계와의 활발한 교류를 거부했다. 실제 세계를 지배한 팍스 아메리카와 정면충돌을 원하지 않은 것이다. 마치 진시황 때 흉노가 두려워 만리장성을 쌓았던 것과 유사하지 않은가? 그러나 등소평의 실용적인 개혁개방이 시작되고부터는 자기 실력을 감추고 힘을 비축하는 도광양회韜光養晦의 시대를 거쳐 이제는 대제국의 굴기崛起를 꿈꾸고 실천 중이다. 이제 팍스 시니카가 맞서는 그 대상은 과거의 흉노가 아니라 팍스 아메리카이며, 신실크로드를 개척해 동아시아와 전 세계에서 팍스 아메리카의 영향력을 줄이고 견제하는 데 주력하고 있다.

신실크로드란 2013년 9월 시진핑 중국 주석이 카자흐스탄과 인도네시아에서 행한 국제연설에서 처음 언급한 것으로 일명 '진주목걸이 전략' 혹은 '일대일로一帶一路' 전략으로 불린다. 그 전략은 과거의 한무제 때 서역을 개척했던 것을 롤모델로 삼아 중국 동해안부터 인도차이나-스리랑카-파키스탄 등의 주요항구를 진주목걸이처럼 연결하여 해상에서 무역 통제권을 강화하고, 한편 중국 시안-우루무치-타지키스탄-두산베-이란-터기 이스탄불-모스크바-로테르담-베네치아를 잇는 육상 실크로드 일대一帶를 합친 개념이다. 이 일대일로 프로젝트로 아시아를 넘은 유라시아 60여 개국 44억 인구를 포괄하는 유라시아 지역을 포괄하는 전략으로 한무제 시대와 마찬가지로 아시아의 맹주가 되어 팍스 아메리카와 건곤일척乾坤一擲의 승부를 걸고자 하는 것이다.

중국은 이 같은 아시아 지역 패권 전략을 넘어 그리스, 스페인 등 지중해 해안 항구 및 아프리카, 남미 각국의 항구와 운하 등을 사용권까지 손을 뻗치고 있다. 중국은 팍스 아메리카와 더불어 팍스 시니카 시대를 열어 세계 문명의 양축으로 자리 잡길 고대하고 있고, 종국적으로 유일한 초강대국으로 부상하고자 매진하는 것이다.

이는 허황한 공언이 아니다. 경제적으로 오늘날 세계 곳곳에서 중국이 실질적으로 추진하는 여러 사업을 통해서 이를 확인할 수 있다. 중국은 이미 세계 최고의 외환보유국으로, 2008년 세계 금융위기 이후 실추된 미국의 지도력을 상쇄한 대안 세력으로 대두하고 있다. 중국은 오래전부터 계획적으로 미국을 비롯한 서방 각국의 채권을 매입하고, 아시아 인프라 투자은행AIIB을 성공적으로 설립하고, 매년 가공할 만한 무역수지 흑자를 거두고 있으며, 세계 최대 공장에서 세계 최대 소비시장으로 변모하고 있다. 지금 세계 경제학자들은 이미 G2의 시대가 개막되었다고 평가하고 있다.

비단 경제뿐만 아니라 문화면으로도 중국은 영역을 크게 넓혀 베이징올림픽에 이어 상하이 엑스포까지 성공적으로 치러냈다. 군사적으로도 미국, 러시아와 더불어 우주경쟁에 돌입하고, 그들의 해상 함대는 동남아시아 깊숙한 곳까지 그 영역을 넓히고 있다. 그 일차적인 목포는 중국 부흥을 위한 자원 확보이며, 궁극적인 목적은 팍스 시니카를 실현하려는 것이다.

이렇게 급변하는 중국이라는 거대한 국가와 인접한 우리나라가 앞으로 선택해야 할 정책은 무엇인가? 잘못하면 팍스 시니카와 팍스 아메리카의 힘에 눌려 마치 고래 싸움에 새우 등이 터지는 꼴이 나기 십상이다. 그리되면 낙동강의 오리 알처럼 어디도 의지하지 못하는 처량한 신세가 될 것이다.

그런 신세가 되기 전에 우리는 팍스 시니카의 실체를 정확히 파악해야 하고, 이를 알려면 더욱 한무제 시대를 되돌아보아야 한다. 한무제 시대에 이미 우리나라는 그들의 침공을 받아 우리 영토에 한사군

漢四郡이 설치된 적이 있었다. 이러한 치욕적인 일이 반복되어서는 안된다. 만약 우리나라가 주도적으로 통일전략을 펼치지 못하면 북한 지역은 다시 과거 전철처럼 중국 영토로 편입될 수도 있을 것이다.

마지막으로 많은 역사 비평가들은 한무제의 여러 실책에 대해 논하는데, 간과하지 말아야 할 것이 하나 있다. 바로 한무제가 많은 실책을 범했지만, 만년에 자기 실책을 솔직하게 인정하고 다시 백성을 위한 정책으로 선회했다는 점이다.

조선조의 실학자이자 호남 3대 천재로 알려진 위백규(魏伯珪, 1727~1798)는 《존재집存在集》에서 한무제를 다음과 같이 평가한다.

윤대輪臺에 관한 조칙詔勅*을 과감하게 내렸으니, 위대하도다, 왕의

---

* 윤대輪臺에 관한 조칙詔勅 : 한무제는 평생 흉노를 비롯한 서역의 오랑캐를 정벌하는 데 주력하여 국력이 많이 고갈되었는데, 만년에 이를 깊이 후회하여 마침내 윤대 지역을 포기하면서 아울러 자신을 자책하는 조서를 내렸는데, 이를 윤대조輪臺詔라고 한다.

말이여! 칠십 노인이 스스로 어리석고 미혹함을 인정하며 만백성 앞에 포고했으니, 일식이나 월식이 회복되듯이 명쾌하고 분명 성인聖人이 될 자질이었다. 애석하게도 처음 조정의 신하 중에는 동중서董仲舒 같은 어진 신하가 없었고 모두 공손홍보다 못한 인물들이었다. 황제가 이미 오직 한 가지 일에 마음을 쏟아 최선을 다하는 학문적인 기반이 없었는데, 아래에 있던 자들이 모두 위태로운 인심人心을 가지고 바르지 못한 길로 인도했으니, 황제가 어떻게 구부러지지 않을 수 있겠는가? 만일 관을 쓰지 않고 만나지 않았던 사람*들이 십수 명 있었다면, 무제는 넉넉히 동중서의 임금이 되었을 것이다.

위 말은 한무제가 성인의 자질을 지니고 있으나, 집권 초기에 급

---

* 만일 관을 쓰지 않고 만나지 않았던 사람 : 한무제가 평상시에 대장군 위청이나 승상 공손홍과 사사로이 만날 적에는 때로 관을 쓰지 않았지만 급암汲黯을 만날 때는 항상 관을 제대로 쓰고 예의를 차렸다고 한다.

암汲黯 같이 직언하는 충신들이 부족했기 때문에 성인의 대열에 끼지 못한 아쉬움을 토로하는 것이다. 필자도 위의 글을 읽으면서 중국에 많은 바른 지식인들이 등장해 중국 지도자들을 올바른 길로 인도해 주길 희망하고 있다. 하지만 중국이 한무제가 만년에 정책을 선회한 것처럼 올바른 방향으로 가지 않을 때, 한반도는 과연 어떤 운명에 처하게 될 것인가? 우리의 깨어있는 지성들은 이 문제에 대해서 심각하게 고민할 필요가 있다.